人際和諧與衝突

本土化的理論與研究

黃曬莉◎著

推薦序

　　黃囉莉女士的博士論文，即將正式出書。過去，我在台灣大學心理學系所指導的博士論文，都是以期刊論文的方式發表，只有囉莉的論文內容與結構兩皆複雜，分篇發表不易，最適合以專書的方式問世。此書印行在即，囉莉問序於我，甚願藉此機會，略贅數語，表達一些個人的看法，以為她首次出書之賀。

　　在博士論文的誌謝詞中，囉莉說到我曾向她發過「你的指導教授真難為」的喟嘆。其實，我對每一位指導過的博士研究生，幾乎都發過類似的喟嘆。現在因為年紀大了，怕傷到做論文的學生，這樣的喟嘆只能放在心裡。我之會有「指導教授難為」的感歎，主要是因為我對博士論文的期望很高，研究生常會遇到瓶頸而難以突破。當此之時，我看到了他們的困頓，但也確知他們終能突破思考上的瓶頸，撥雲見天。在近似討價還價的過程中，我必須堅持自己的要求，反覆辯解、勸說及激勵，在「戰況」激烈的時刻，自不免有「你的指導教授難為」的歎息。其實我何嘗不知，他們也有「你的研究生難為」的感受，只是不敢說出來而已。

　　作為博士論文指導教授，我向來不贊成視研究生為「學術勞

工」，將自己想做（或正在做的）大型研究計畫的一部分，交給學生當學位論文研究去做，以達到為自己的大計畫蒐集部分實徵資料的目的。在這樣的作法下，研究生常不瞭解整體計畫的理念，對自己的論文研究就會只知其然，不知其所以然。在年輕學者的成長過程中，博士論文研究的訓練極為重要，研究生與指導教授雙方都應慎重其事。在此一研究訓練中，所提升的水準愈高，所到達的境界愈好，將來在學術上的成就就會愈大。

　　基本而言，現代心理學是一門實徵科學（empirical science），因此心理學的研究生必須接受良好的實徵研究訓練。但是，好的學者必須是一個擅長創造與運用概念的人（即「概念人」），好的心理學者也不例外。基於這樣的認識，我一向認為博士論文研究應該包括從理論概念之建構到實徵研究之完成的全套完整訓練。尤有進者，在過去二十多年來，我一直以推動華人心理學的本土化研究為職志，因此，凡是我指導的學位論文，必須採用本土化的研究取向。在發展本土心理學的歷程中，我希望他們每一位都將成為「虯髯客」，為自己選擇一個重要的研究領域來開疆闢土。根據以上的想法，我要求所指導的博士論文研究都能做到三件事。第一，採取本土化的研究策略，研究華人的某類重要心理與行為；第二，針對該類心理與行為的探討，提出一套本土化的概念或理論，以為從事實徵研究的根據；第三，就所擬研究的重點問題，設計本土化的研究程序，製作本土化的研究工具，以及蒐集本土化的研究資料。

　　這樣一套完整的訓練過程，所強調的是喚醒、培養及發揮研究生對學術研究的企圖心與創造力。但在我們的教育環境長大的

博士研究生，常是企圖心不足，創造力缺乏。他們常將博士論文研究當作一種關口或考試，但求順利過關取得學位，對學術研究既無多大企圖心，也乏足夠創造力。在理論性概念的創發上，這種情形最為明顯。特別是在創造性思考方面，他們最易遭遇瓶頸，長期難以突破，因而受到很大的挫折。遇到這種情形，指導教授不宜輕易退卻，過早降低標準。依我個人的經驗，只要指導教授以堅定不移的態度，在思考方向與策略上耐心地加以誘導、分析及鼓勵，持之以恆，終將喚起對方創造性思考的能力，逐漸克服難關。超越困頓所獲得的成就與喜悅，會使當事人此後更敢於也更樂於從事創造性思考，良性循環於焉形成。影響所及，理論建構與研究品質都會提升到更新更高的境界。

　　以上這一套博士論文研究的訓練過程，曬莉都經歷過了，其中的甘苦也只有她自己才能深切體認。在這裡我要坦承一件事情：在概念與理論的建構方面，我對曬莉的要求是特別嚴苛的。我這樣做是有道理的。她所研究的華人心理與行為主要是和諧與不和（衝突）。在社會生活中，中國人自古即極強調人際和諧，又特別忌諱人際不和（衝突）。在小傳統的文化中是如此，在大傳統的文化中也是如此。但過去的大傳統並未發展出有關和諧與不和的心理學理論，中國思想史裡所討論的有關概念，則大都屬於形上學的層次。西方心理學雖然已有初步衝突理論的發展，但其重點卻是放在衝突類型的分析。

　　對華人本土心理學來說，和諧與不和是極為重要的研究課題，但過去華人心理學者所從事的有關研究，大都直接援用西方心理學的衝突類型理論，不免有格格不入的缺點。曬莉與我商定

以人際和諧與衝突作爲她的博士論文研究題目時，我建議她先利用中國思想史（特別是心理思想史）的文獻，發展一套關乎人際和諧與不和的形上學理論，然後再以此理論爲基礎，建構一套關乎人際和諧與衝突的心理學理論，最後再自此理論選擇幾個重要問題，從事實徵性的研究。對一般博士論文的研究而言，這樣的要求是嚴了些，但我深知囇莉確有達成這一學術任務的能力。我的預測沒有錯，她終於相當程度地完成了任務。我相信囇莉已經深切體認了創造性思考的威力與好處。

　　在囇莉的博士論文中，和諧與衝突的形上學理論、心理學理論及實徵研究環環相扣，達到了一種「三位一體」境界。爲了保持論文內容與體系的完整性與統合性，實有以專書形式出版的必要。本書的問世即是爲了這一需要。讀者細閱此書即可發現，其中所提出之和諧與衝突的形上學理論及心理學理論都是高度本土化的，所報導的實徵研究及其發現也是相當本土化的。整體而言，從全書內容的創造性、統合性及本土性來看，它已爲華人心理學的研究提供了重要的貢獻。這可能就是中國心理學會何以頒給囇莉「蘇薌雨教授博士論文獎」的理由。

　　對華人人際和諧與衝突的研究而言，本書的問世是一重要的里程碑。此書的流通應可結束長期以來套用西方衝突類型理論的時代，從此進入運用和諧與衝突的本土化理論從事本土化實徵研究的階段。書中內容爲人際和諧與衝突的研究開啓了廣闊的新方向及新課題。今後此書會成爲從事這方面研究者必讀之書，從中可以找到很多值得探討的問題。我也熱切期望囇莉本人能努力不懈，繼續在家庭中與（企業）組織內分別從事有關人際和諧與衝

突的系統性研究，爲華人本土心理學的發展締造更多更大更好的成果。這是曬莉的第一本書，希望今後她能陸續出版第二本書（《家庭中的人際和諧與衝突》？），第三本書（《企業組織中的人際和諧與衝突》？），甚至第四本書，等等種種。只要在學術的志業中不斷耕耘，必能在追求與創造知識的生涯中安身立命。

楊國樞

序於一九九九年五月十日深夜

多軌夾縫中的詰辯

～出版自序

　　三年來，我曾試著將論文拆成多篇短作，一來有利於學術期刊之發表流傳，二來又得以增長自己的研究著作欄，但總覺得掛一漏萬，缺乏一氣呵成之感。現今在楊國樞教授的邀約之下，博士論文將以專書的形式正式出版；以一個學界初生之犢而言，得有個人的學術專著問世，自是別有一番感受。想到自己多年埋首伏案、細細雕琢才粗具雛型的成果將揭露於世人之前，不免夾雜著現身的驚喜、擔憂、羞怯、妄幻等種種相互矛盾、百味雜陳的心情；也許正因爲她不祇是一本客觀的研究著作，同時還是一部穿梭著各種生命歷練與體驗的作品罷。

　　模糊了主客界線，卻拉出了一條條長長的共鳴線。楊先生視她爲在地的春筍，生機盎然，似乎有著無限繁殖的可能；梁覺教授從中體會出新意，增補了多年的研究路線；文榮光主任有感於其深邃面，冀望用她來再探華人幽闇心靈的底層；黃光國教授取其精要，重構華人的衝突化解模式；還有諸多學人們嘗試追逐共鳴線，接續著交錯編織一幅幅的拼布畫。而愚駿如我者，時而在畫內悠游染抹著，時而在畫外遙遙相望著，跳進跳出間卻剪不斷那絲絲的依戀，也擺脫不了那橫豎的擔子。

　　總是不時地自問著，千錘萬擊之後，除了一張以資證明的文
憑，一份藉以維生的工作外，究竟還鑄造了些什麼？長期的勞心
志、苦筋骨究竟成了生命的基調或是傷了身心，視研究爲畏途；
披荊斬棘、開疆闢土之後究竟是想要安頓休養，或是更激起了生
命的原動力，生發不斷？遲疑之間，但見層層峻峰迎面而來—原
來過了一山，還有一山山，而自己更是深陷其中，難識來時路，
不得輕言掉頭；原來蚵礐客開疆闢土之後，並不是瀕臨一望無際
的平原，祇待墾荒栽種罷了。那麼，輕撥瀰漫的雲霧，試著描繪
峻嶺稜線，又見何等景象？

　　本土化的探究，開啓了主體性的追尋。書中關於人際和諧／
衝突的理論建構，係從華人的基本思維—陰陽和諧觀，以及深層
文化之建構爲論述的起點，這是文化主體性的彰顯。以和諧爲基
調從事關於衝突的論述時，旋即面對流行於國內外現代社會與學
界中，以社會交換論及人爲追求最大利益的理性動物爲根基之
PDG 衝突論。無遠弗屆的主流心理學，所召集的是來自世界各地
師承西方學術的學人，用主流的語言，主流的思辯方式，共同凝
聚成獨大的一言堂。相對的，一群怠倦霸權論述的東西方學人，
悄悄地創立了一個小小的哲學心理的論述及研究天地，橫跨國
界，也超越文化疆界，易經陰陽論成了人類心靈的深層結構。這
麼說來，本土化挑戰國際化之處就不應祇是在地／跨國的界域或
實體問題，而更是涉及中央／邊陲，主流／另類等論述的辯證。

　　華人的社會行爲是特別需要鑲嵌在人際脈絡上論述的。綿延
二千多年的制式儒家文化設計，將華人的心理與行爲框限在各種
角色規範中，長期積澱之下，實然與應然之界線顯得模糊而反思

乏力；尤其男女性別及親子關係更是建構在主從／附屬的上下位階上，強制且僵化了人性的差異。那麼，本土化的論述或研究，除了釐清文化建構心理的機制與實體之外，也亟需進一步的批判與解構。目前，本書在這方面的著墨還不多，卻預留了相當可開展的空間。

現代社會經濟結構及生活方式正急遽變遷中，人際角色與關係也逐漸多元化，後現代解構主義的興起，正是質疑框限的緣起與歷程，亟欲回歸人性本源。另一方面，全球化的潮流卻迫使各界走向標準化以合同；祇是劃一的判準與遊戲規則由誰制定，是既有的權力鞏固者，或是以高分貝發聲的弱勢族群。看來，兩者之間的拉鋸，在這個世代祇會增強而不會弱化。

從華人的人文智識傳統推衍出現代社會科學的概念與研究命題，這條路走來崎嶇漫長又危機重重；就像台灣的宿命一樣，有著切不斷的強勢文化源流，想要謀個對等的發聲位階，卻弄得國際視聽砲聲轟轟。現今，身處學術的邊陲，資源短缺，遙望中央正集中資源，複製著缺乏在地生命力的論述與研究，頻頻向國際主流趨同附和。獨立與依附之間的吊詭，在此展露無遺，教人不得不越發感慨位居邊陲者命運的多舛。

不論如何，楊先生素有學術聲望，多年來在其迭創學術高峰之際，一直不遺餘力地挺進氣息微弱的本土心理學，以為華人心理學界留下一絲命脈，在此謹致最高的敬意。畢業後，楊先生依舊不吝督促砥礪，多方肯定支持，卻又留放空間，讓我務自飛翔遨遊；此番論文能夠付梓成書，也是楊先生不媚俗世的美意之一，一併藉此深表謝意。另外，論文出爐後，來自海內外各方先

進與友人的回讀及批評賜教，讓我迭有新意，也在此謹表個人最誠摯的謝忱。最後，本書中各項論點、概念與研究都還在草創階段，雖再三修正，但難免疏漏有誤；祈望讀者與各位同好惠予匡正指教，以爲後續研究發展之師。

黃囉莉

一九九九年七月初序

二〇〇六年一月再版修訂

誌　謝

～博士論文原序

　　論文完成了，暫時告別那段「醒時是無邊紛雜的資料與論辯修辭；夢裡是遺忘的舊創與新愁」的夢魘式日子。近日裡，百事似忙，心中卻有餘閒；往事歷歷，反思中不覺再編織擬仿一個記憶中的「我」。遙想年少狂狷時，以一句豪語「安定阻礙成長」，拒絕且割捨了多少「看得見未來」的生涯，投向「充滿未知」的場域，也將自己拋向飄泊的十餘載。或許「最初的飄泊是蓄意的，怎能解釋多少聚散的冷漠？」（《延陵季子掛劍》，葉珊）

　　甫決定以學術為志業之初，即知當以數年的沈潛換取終生的安身立命，祇是未料這條通往烏托邦的路途卻是崎嶇多舛。首先面臨的困境即是，如何在「道德的熱情」與「六親不認」之間尋得平衡點，明知鍛鍊培養「隔離的智慧」（擷自《殷海光話語》）係當務之急，誰知卻在擺盪穿梭之際有所蹉跎。

　　最後，終究憬悟到學術人才的培育養成，猶若置身於煉獄之中（探恩師楊國樞之語），焠煉的不啻思考上的獨立，更包含情感上的獨立。唯獨留存的是對知識的癡狂，以及「意識到生命的荒謬，仍孜孜不倦」的傻勁（取卡繆對薛西弗斯之詮釋）。五年來的生活寫照，從「兩腳踏翻塵市路，一肩擔盡千古情」到「有

人間我塵世事，擺手搖頭說不知」，所勾勒的正是一幅「脫胎換骨」的轉化畫像。如果問及安身立命之道，不過是「有當然、有自然、有偶然；盡其當然，聽其自然，而不惑於偶然」罷了。

千呼萬盼中出爐的論文，挾帶的是多少人的悉心經營與牽掛，在此將一一表述我的懷念與感激之意。

指導教授楊國樞不愧是論文的最佳領航人。他不但具有清楚的遠航目標，也有練達的導航技巧。如他先斬釘斷鐵地要我揚棄那篇「在資格考口試中高分通過」，卻是「不中不西」的構思，然後再交付我一個「建構純本土理論」的夢想。論文初期，楊先生予我充份的信任，沒有質疑，也沒有逼問，大多是好奇地詢問進度，見我寫得興味盎然且津津樂道我的「發現」，即任我自由揮灑。直至積累十餘萬字文稿後，楊先生隨即逐字閱讀。凡我心虛一筆帶過之處，他都能揪出來一一提問，不讓我輕描淡寫虛幌而過；多處難以達意的句型也在他的潤飾之下，顯現畫龍點睛之妙。另外，他雖任我遨遊於質化研究新場域，卻不讓我沈醉在迷離的敘說中，硬是逼出一個量化研究，要我紮紮實實走完「從理論建構至實徵性研究」全程，以完成他理想中博士人才之完整訓練。

論文後期，頑強的我脫軌而行，橫生枝節，以致岌岌可危。楊先生旋即快刀斬亂麻，穩住我的根幹，直向目標逼近。雖然他不禁喟然直歎「你的指導教授真難為」，我仍由衷感懷他的寬容與剛勁。走完了訓練全程，不但奠築了深厚的研究根基，也為未來開發了不盡的研究寶藏。如果這論文對華人本土心理學領域有所貢獻的話，我願意把所有的榮耀歸於楊先生。

另外，身為楊先生的學生十餘載，所浸淫的不獨是他思辨的清晰與犀利，還有他治學的功力與嚴謹，開放的視野與胸襟，學

術性的堅持與開拓，培育與提攜後進的美意。最重要的是，他夙夜匪懈地向前行進，不但迭創其生涯高峰，也讓作學生的我追趕得好辛苦。今日學位的完成，教人惋惜的是頓失親炙教誨之便，但願他日在學術的道上，楊先生仍能一本初衷，不吝繼續千錘萬擊。

　　黃光國教授是我進入心理學學術生涯的啓蒙之師。從碩士論文開始，即讓我參與各種論文的寫作與發表，奠定了日後的學術性向與信心。長年來，無論課堂上或課堂下，黃老師的親和與寬厚，引領我暢所欲言，不覺煉就學術論辯的勇氣與批判性思辨的習慣。黃老師治學的誠篤、好學不倦的精神、以及「將炮灰轉化爲營養」的氣度與智慧，一直是我私淑的典範。還有，在我失意時，老師鼓舞我要「打落牙和血吞」，得意時（論文口試時）一記「當頭棒喝」督促我日後要無止盡的反思。這一切我都銘記在心，日後若我的思路迭有新意，我願意將它獻給黃老師。

　　李亦園教授以其深厚人類學學養所創構的「三層面和諧均衡」模型及系列性研究，帶給我論文相當的啓發。論文口試時，李教授所展現的學術耆宿的風範，不僅讓口試現場瀰漫智慧的火花，也在旁聽的學弟妹們中傳爲佳話。謝謝李先生對論文的抬愛與指引，增益了我對論文後續研究更多的信心。

　　李美枝教授悉心閱讀論文與指正的美意，讓我頗有深獲知音之感。黃俊傑教授從史學角度所作出的提醒與肯定，朱瑞玲教授與丁興祥教授提出的種種質疑與建議，都促使我對論文中的想法更加清晰化，且對後續的研究有所啓示與助益。

　　另外，楊中芳教授在初期提供了重要的文獻，讓我的論文構思急轉直下，在此謹誌最深的謝意。徐嘉宏主任對論文寫作格式的把關與指正，讓我學習良多。耀盛學弟多年來作爲我論文構思

與論辯的初始討論對象；功餘、芷芬燃眉之急的協助；最重要的還有雅琳在編輯上的盡心與賣力，將論文雕琢得雅致又賞心悅目，也都在此一一致謝。

惠玲、娜敏、峰碧、海韻諸同學兼閨中密友，廷隆、麗伶、佳音由於因緣匯聚，情同手足，都是我的最愛。我們都在生命的浪濤中浮沈過，深諳「能有所享受當然是幸福的，但能夠忍受卻是另一種勝利」，我們也在百般試煉中體會生命的眞諦，且從中超越再造「新我」。我們聚散離合雖不定，砥礪祝福卻常繫；我們曾共享酸甜苦澀的過去，也將共築無限可能的未來。今日論文的完成，代表「未竟之事」的階段性結束，這一切喜悅與苦澀的成長將獻給這些與我共度生命揚昇與沈滯的摯友們。

心理系南館「博士角隅」的眾家學兄弟姊妹們（族繁不及備載）共同學習、砥礪、休閒、紓洩之經驗，心理系教授群的學力四溢，本土心理學討論小組參與者的百花齊放，「姊妹之家」的溫馨與「上帝的保守」，舊大陸社「英雄（雌）豪傑們」的激勵，技術學院諸同仁的愛護，「耕心小組」成員的亦生亦友，亞新、之琦、彥妤、筱鳳、永銘等友人長期的支持，也都在我論文寫作期間共譜交響曲，敎人迴腸盪氣。

最後，父母雙親是我的愛與痛。感謝他們賦予我健康的軀體，樂觀進取的性格；他們面對困頓的堅毅力，平日善待眾生的敦厚心，都是我終生的感動所在。母親的日日念佛迴向，心道師父的結緣護持，都讓我心存感恩。今日若算有所小成，他日將有反哺回報時。

黃曬莉

八十五年七月廿四日

摘　要

　　本書旨在提出一套有關中國人人際和諧與衝突的本土化理論。爲了使理論具有「本土性契合」與彰顯「文化的主體性」，本書採取「主位式取徑」的研究取向及「和諧化辯證觀」的思維典範，作爲理論建構的思考進路。另外，爲了深化理論與研究的本土性，作者也試圖將文化／歷史納入理論建構的思考架構中。本書提出一套由下層結構（農業爲主的生產方式、親緣關係的社會結構、大一統的政教體系）至上層結構（天人合一思想、禮治思想、國家意識型態化儒學）的探索意識型態（文化思想體系或文化深層結構）之視角（見圖1－1），以進行大傳統文本之解讀。

　　接著，本書從意識型態（文化思想）中抽離出隱含其中的三種和諧觀，即辯證式和諧觀、調和式和諧觀、統制式和諧觀（見表3－1）。此三種和諧觀分別對應三個不同的層次，即宇宙觀層次、人倫社會層次及國家社會組織層次；且隨著對應層次的不同，三種和諧觀從著重心靈的境界朝著重情理的境界，再朝著現實功效的境界轉化。在此基礎下，本書再以和諧化辯證觀的思考架構，在「和諧至上」的前提下，相對應於三種和諧觀推衍出中國人的三種衝突觀，即失合式衝突、失調式衝突及失序式衝突。

另外，本書也對應上層結構所隱含的意涵，就個人的理想人格、人際間的情理倫常以及群體組織的功效利益考量，歸納出和諧的三重功能以及衝突的三重負功能。和諧的三重功能是：其一，內外和合是中國人的理想造型與意象，也是中國人「道德心」的展現；其二，人際和合勾勒出人間群居生活的融洽與秩序，也展現了中國人的「情理心」；其三，和諧是交相利之媒介，也是中國人「功利心」的展現。相對地，衝突的三重負功能是：使人在道德上居劣勢，在情理上失去立場，且使人在多方面付出昂貴代價。簡言之，在意識型態中所彰顯的價值體系，都一致地肯定和諧的正向價值及衝突的負向價值。

最後，本書再將和諧觀、衝突觀、和諧化方式、衝突化解方式綜合起來，以「和諧化辯證觀」為思考架構，加上虛實二元對立轉化的辯證觀點，建構了一個有關中國人的「人際和諧／衝突動態模式」（見圖4-1）。在此動態模式中，人際和諧與衝突是在「關係」的脈絡中動態地轉化，以「和合」為始，以「關係斷裂」為終。人際和諧係在「和合性」與「差異性」之間拉鋸消長，呈現虛實的轉化；人際衝突則在「問題的焦點化」與「情緒的擴昇化」間拉鋸消長，呈現虛實的轉化。

為了將這些概念與理論模式落實在中國人的具體心理與行為層次，本書進行了三個實徵性研究。這些研究的目的，一方面是檢証或修正既有的概念與理論模式，另方面則是藉以擴充或發展相關的新概念與新的理論模式。

研究一是有關中國人和諧觀／衝突觀的字義與俗諺語之分析，其目的在於確認從意識型態（大傳統文化）中探索所得的和諧觀／衝突觀，與日用語言或諺語（小傳統文化）中反映出來的和諧觀／衝突觀是否相互呼應。**研究一**以 Wittgenstein 有關「語

言遊戲」的概念為思考進路，環繞著「和」字及其語言家族（合、同、統），再環繞著「衝」字及其語言家族（沖、爭、訟、矛盾）進行有關字義與俗諺語之蒐集及分析，以瞭解小傳統中所反映的和諧觀／衝突觀及其功能。

研究一的字義分析顯示，意識型態層次中的三種和諧觀都可在「和」的靜態性意涵及合、同、統的字義（分別為協調而和、齊一而和、附從而和）中獲得呼應，大傳統中所論述的和諧的三重功能，也都可在常引用或奉行的格言或俗諺語中看到。「衝突」的靜態性（指不和合的緊張狀態）與動態性（指外顯的爭執過程）兩種意涵隱含著衝突具有「內隱」與「外顯」兩面性。「內隱衝突」對應虛性和諧，動態性意涵則對應「外顯衝突」。意識型態中的三種衝突觀及三重負功能，也有相當的俗諺語與之呼應。

研究二主要目的是試圖瞭解本書所建構的「人際和諧／衝突動態模式」，及意識型態中探索所得的和諧觀／衝突觀落實在具體生活經驗的情形。研究二依「紮根理論」的質化研究原則，輔以「詮釋循環」及「雙重詮釋」的資料解讀方法，就蒐集所得的二十六位成人的敍說素材，一方面進行「人際和諧／衝突動態模式」之檢証，另一方面進行理論的精緻化，或產生新概念、新命題使理論得以擴充。

研究二成功地將大傳統中的和諧觀／衝突觀與「和諧／衝突動態模式」中的虛實人際和諧／衝突的抽象概念結合起來，進而從質化資料中建構出日常生活世界的六種人際和諧基本類型（投契式和諧、親和式和諧、合模式和諧、疏離式和諧、隱抑式和諧、區隔式和諧），以及六種人際衝突基本類型（論理式衝突、摩擦式衝突、抗衡式衝突、抬槓式衝突、糾葛式衝突、爭鬥式衝

突）。六種人際和諧之間具有轉化性關係，它們是在兩造間的和合性與差異性（分別性）兩力相互消長下呈現量變而質變的轉化，且在不同的虛實程度上呈現出次序性（見**表6－4**）。相同地，六種人際衝突類型也是在問題焦點化與情緒擴昇化兩力相互消長下，呈現虛實轉化及虛實程度的次序性（見**表6－5**）。此外，**研究二**也發展出關於各人際和諧／衝突類型間轉化關係的命題，以及初步勾勒出影響各類型人際和諧／衝突的相關因素（見**圖6－1**至**圖6－6**）。

研究三的主要目的是扣緊質化研究（**研究二**）所獲得的新概念與新命題，進一步根據心理衡鑑原則，將理論概念轉為可測量之變項，接著再以量的分析來加以確認及檢証，以便建立可概化之通則。

研究三確認**研究二**中的六種人際和諧類型（投契式、親和式、合模式、區隔式、疏離式及隱抑式）具有相當的構念效度。因為六種人際和諧類型與六種不同人際行為指標（即本真取向、情義取向、順適取向、領域取向、形式取向、抑制取向）之間，有高度的效標關聯效度及區辨效度（見**表7－9**）。

研究三也證實：不同的角色關係或關係特性（重要性、平等性、利益性、接觸性等）對形成不同的人際和諧經驗有較明顯的影響。在人際溝通方式及其他各種人際情境（如助人情境、意見對立情境、不愉悅情境、不公平情境及衝突後之情境）下，六種和諧類型間的反應方式雖然沒有細微的區分，但在實性與虛性兩類和諧脈絡下則有顯著的不同。另外，**研究三**也印證了人際知覺具有自証式預言之特性，即受試者在實性和諧脈絡下傾向較正向的人際知覺，在虛性和諧脈絡下則傾向負向的人際知覺。**研究三**也顯示，在不同的和諧脈絡下，關係感受（情緒）有顯著的差

異。在衝突的歸因方面，為數最多的受試者將衝突歸因於「論理式衝突」，次多的受試者將衝突歸因於「摩擦式衝突」。此結果印證了**研究一**的推論：「爭理」與親近關係中的情緒性衝突，在俗諺語（小傳統文化）中受到較多的正向支持與包容，故易為當事人作為自利性歸因之憑藉。

簡言之，質化研究（**研究二**）中藉由深度訪談所建構的概念及概念間之關係，有一部份在量化研究（**研究三**）中已獲得初步印證，其餘部份則尚待進一步的研究來確認。**研究三**顯示的意義是：質化研究所建構的特則式構念，可以依據心理衡鑑的原理轉化為測量變項，進而從事通則式的量化分析。

總之，本書結合理論建構與三個實徵性研究的意義是：證實以中國人的基本思維（和諧化辯證觀或陰陽辯證觀）及文化傳統（意識型態）建構本土化理論的可能性；也就是說，中國文化中的人文思想（智識傳統）也能成功地轉化成社會科學的研究概念，提供從事實徵性研究的理論基礎，從而導引系列性的相關研究。

內文目錄

推薦序………………………………………楊國樞……i

多軌夾縫中的詰辯～出版自序………………黃曬莉…vii

誌謝～博士論文原序…………………………………xi

摘要…………………………………………………xv

上篇　理論建構部分………………………………………1

第一章　緒論………………………………………………3

　第一節　問題之提出………………………………3

　第二節　和諧化的辯證觀…………………………12

　第三節　中國人和諧觀之根源……………………14

　　一、農業為主的生產方式→天人合一的思想………19

　　二、親緣關係的社會結構→倫理本位的禮治思想………21

　　三、中央集權的專制政教體系→國家意識型態化的儒學…23

第二章　第一章中國人和諧觀的意識型態基礎……29

　第一節　天人合一的思想…………………………29

　　一、天為支配者、人為附從者的天人辯證關係………31

　　二、人為主體、天為人賦予之意義………………34

　　三、天與人皆為本然，卻相對立…………………36

四、天人分職，各不相涉…………………………………39

結語：和諧化的辯證與和諧化機制……………………40

第二節　倫理本位的禮的思想……………………………43

一、禮的初始義涵………………………………………44

二、禮的理論化…………………………………………46

三、禮的豐富化…………………………………………47

結語：和諧化的辯證與和諧化機制……………………62

第三節　國家意識型態化的儒學…………………………66

一、儒學的法家化………………………………………67

二、儒學的陰陽家化……………………………………70

三、儒學的官僚化………………………………………76

四、儒學及其互補結構——儒釋道合一………………81

五、儒學發展的頂峰與僵化——新儒學………………86

結語：和諧化的辯證與和諧化機制……………………91

第三章　中國人的和諧觀與衝突觀………………………95

第一節　隱含在意識型態層次內的和諧觀………………95

一、辯證式和諧觀——宇宙觀的層次…………………95

二、調和式和諧觀——人倫社會秩序的層次…………101

三、統制式和諧觀——大一統國家社會秩序的層次……106

第二節　隱含在意識型態層次內的衝突觀………………110

一、失合式衝突——辯證式和諧觀下之衝突…………110

二、失調式衝突——調和式和諧觀下之衝突…………111

三、失序式衝突——統制式和諧觀下之衝突…………112

第三節　和諧的功能性……………………………………115

一、「和」係中國人理想人格的境界——中國人「道德心」
　　之反映……………………………………………116

二、「和」係中國人有情有理的人間世──中國人「情理心」之展現‧‧‧‧‧‧‧‧‧‧‧‧‧‧‧‧‧‧‧‧‧‧‧‧‧‧‧‧‧‧119

三、「和」係中國人交相利的媒介──中國人「功利心」之表現‧‧‧‧‧‧‧‧‧‧‧‧‧‧‧‧‧‧‧‧‧‧‧‧‧‧‧‧‧‧123

第四節　衝突的負功能‧‧‧‧‧‧‧‧‧‧‧‧‧‧‧‧‧‧‧‧‧‧‧‧127

一、道德的劣勢‧‧‧‧‧‧‧‧‧‧‧‧‧‧‧‧‧‧‧‧‧‧‧‧127

二、情理的失據‧‧‧‧‧‧‧‧‧‧‧‧‧‧‧‧‧‧‧‧‧‧‧‧128

三、高昂的代價‧‧‧‧‧‧‧‧‧‧‧‧‧‧‧‧‧‧‧‧‧‧‧‧129

第四章　中國人的人際和諧／衝突動態模式‧‧‧‧‧131

第一節　人際和諧／衝突的虛實性及其轉化‧‧‧‧131

一、和諧的虛實性及其轉化‧‧‧‧‧‧‧‧‧‧‧‧‧‧132

二、衝突的外顯（撕破臉）‧‧‧‧‧‧‧‧‧‧‧‧‧‧133

三、衝突的虛實性及其轉化‧‧‧‧‧‧‧‧‧‧‧‧‧‧134

四、中國人的「人際和諧／衝突動態模式」‧‧135

第二節　中國人的和諧化方式‧‧‧‧‧‧‧‧‧‧‧‧‧‧137

一、個人內心的層次‧‧‧‧‧‧‧‧‧‧‧‧‧‧‧‧‧‧138

二、關係倫理的層次‧‧‧‧‧‧‧‧‧‧‧‧‧‧‧‧‧‧141

三、社會規範的層次‧‧‧‧‧‧‧‧‧‧‧‧‧‧‧‧‧‧143

四、功效思慮的層次‧‧‧‧‧‧‧‧‧‧‧‧‧‧‧‧‧‧145

第三節　中國人的衝突化解方式‧‧‧‧‧‧‧‧‧‧‧‧149

一、協調‧‧‧‧‧‧‧‧‧‧‧‧‧‧‧‧‧‧‧‧‧‧‧‧‧‧150

二、抗爭‧‧‧‧‧‧‧‧‧‧‧‧‧‧‧‧‧‧‧‧‧‧‧‧‧‧156

三、退避‧‧‧‧‧‧‧‧‧‧‧‧‧‧‧‧‧‧‧‧‧‧‧‧‧‧160

四、忍讓‧‧‧‧‧‧‧‧‧‧‧‧‧‧‧‧‧‧‧‧‧‧‧‧‧‧162

第四節　關係與人際和諧／衝突‧‧‧‧‧‧‧‧‧‧‧‧172

下篇　實徵研究部分⋯⋯⋯⋯⋯⋯⋯⋯⋯⋯⋯⋯⋯⋯175

第五章　中國人和諧／衝突觀的字義與諺語之分析（研究一）⋯177
　第一節　研究概述⋯⋯⋯⋯⋯⋯⋯⋯⋯⋯⋯⋯⋯⋯⋯⋯177
　　一、研究緣由⋯⋯⋯⋯⋯⋯⋯⋯⋯⋯⋯⋯⋯⋯⋯⋯177
　　二、研究步驟⋯⋯⋯⋯⋯⋯⋯⋯⋯⋯⋯⋯⋯⋯⋯⋯180
　　三、研究資料來源⋯⋯⋯⋯⋯⋯⋯⋯⋯⋯⋯⋯⋯⋯181
　第二節　有關中國人和諧觀的字義及諺語之分析⋯⋯⋯182
　　一、「和」字及其語言家族的字義之分析⋯⋯⋯⋯182
　　二、與「和」有關的格言及俗諺語之分析⋯⋯⋯⋯189
　第三節　有關中國人衝突觀的字義及諺語之分析⋯⋯⋯195
　　一、「衝突」及其語言家族的字義之分析⋯⋯⋯⋯195
　　二、與「衝突」有關的格言及俗諺語之分析⋯⋯⋯198
　第四節　總結與討論⋯⋯⋯⋯⋯⋯⋯⋯⋯⋯⋯⋯⋯⋯209
第六章　中國人人際和諧／衝突之質化研究（研究二）⋯213
　第一節　研究緣由⋯⋯⋯⋯⋯⋯⋯⋯⋯⋯⋯⋯⋯⋯⋯213
　　一、紮根理論⋯⋯⋯⋯⋯⋯⋯⋯⋯⋯⋯⋯⋯⋯⋯⋯214
　　二、質化研究⋯⋯⋯⋯⋯⋯⋯⋯⋯⋯⋯⋯⋯⋯⋯⋯217
　第二節　研究程序⋯⋯⋯⋯⋯⋯⋯⋯⋯⋯⋯⋯⋯⋯⋯220
　　一、資料收集方法⋯⋯⋯⋯⋯⋯⋯⋯⋯⋯⋯⋯⋯⋯220
　　二、訪問技巧⋯⋯⋯⋯⋯⋯⋯⋯⋯⋯⋯⋯⋯⋯⋯⋯221
　　三、受訪樣本⋯⋯⋯⋯⋯⋯⋯⋯⋯⋯⋯⋯⋯⋯⋯⋯223
　　四、研究者⋯⋯⋯⋯⋯⋯⋯⋯⋯⋯⋯⋯⋯⋯⋯⋯⋯225
　　五、資料分析原則⋯⋯⋯⋯⋯⋯⋯⋯⋯⋯⋯⋯⋯⋯226
　第三節　質化分析結果：新概念與新命題⋯⋯⋯⋯⋯227
　　一、實性人際和諧的內涵及其轉化⋯⋯⋯⋯⋯⋯⋯227

(一)投契式和諧……………………………………228
(二)親和式和諧……………………………………235
(三)合模式和諧……………………………………245
(四)各類型實性人際和諧之間的轉化……………255
二、虛性人際和諧的類型及其轉化…………………256
(一)區隔式和諧……………………………………258
(二)疏離式和諧……………………………………265
(三)隱抑式和諧……………………………………277
(四)各類型虛性人際和諧之間的轉化……………291
三、實性／虛性衝突的內涵及其轉化………………292
(一)論理式衝突／抬槓式衝突之內涵及相互轉化…295
(二)抗衡式衝突／爭鬥式衝突之內涵及相互轉化…296
(三)摩擦式衝突／糾葛式衝突之內涵及相互轉化……306
(四)各類型人際衝突之間的轉化…………………317
第四節　總結與討論…………………………………318
第七章　人際和諧之基本類型及其相關因素（研究三）……327
第一節　研究方法……………………………………328
一、研究工具…………………………………………328
二、研究程序…………………………………………333
三、研究樣本…………………………………………334
第二節　研究結果……………………………………336
一、受試者在問卷中各部份作答之情形……………336
二、背景變項與各種和諧類型之關係………………340
三、角色關係與各種和諧類型之關係………………342
四、關係特性與各種和諧類型之關係………………345
五、各種和諧類型之基本人際取向…………………350

　　六、各種和諧類型之溝通取向……………………352
　　七、和諧類型與助人意願之關係…………………354
　　八、和諧類型與對立意見的反應方式……………356
　　九、和諧類型與對不愉悅之事的反應方式………356
　　十、和諧類型與對不公平之反應方式……………361
　　十一、和諧類型與衝突類型之關係………………361
　　十二、和諧類型與衝突後之反應方式……………364
　　十三、和諧類型與人際知覺………………………366
　　十四、和諧類型與關係感受………………………375
　第三節　總結與討論…………………………………385
第八章　總結與綜合討論………………………………391
　第一節　理論建構的歷程……………………………391
　第二節　理論的驗證：三項實徵性研究……………395
　　一、研究一…………………………………………395
　　二、研究二…………………………………………397
　　三、研究三…………………………………………399
　第三節　方法學上的重要議題………………………402
　　一、和諧化辯證觀的世界性意義…………………402
　　二、理論建構與實徵研究之接筍…………………404
　　三、質化研究與量化研究之接筍…………………408
　第四節　未來研究方向………………………………410
　　一、和諧／衝突模式的進一步的驗證……………411
　　二、和諧／衝突理論的拓展………………………413
　　三、與國際性相關理論之扣連……………………413
參考文獻…………………………………………………417
附錄：人際相處問卷……………………………………439
書評………………………………………………………447

圖表目錄

上篇　理論建構部分……………………………………………… 1

第一章　緒　論

　　表　1-1　三種辯證觀之比較 …………………………… 13

　　圖　1-1　和諧觀根源的概念結構 ……………………… 19

第二章　中國人和諧觀的意識型態基礎

　　表　2-1　天人關係類型與和諧化機制 ………………… 42

　　表　2-2　禮的義涵與豐富化 …………………………… 64

　　表　2-3　禮與法之異同 ………………………………… 65

　　表　2-4　儒學之國家意識型態化 ……………………… 92

第三章　中國人的和諧觀與衝突觀

　　表　3-1　和諧觀的意涵………………………………… 114

第四章　中國人的人際和諧／衝突動態模式

　　表　4-1　中國人的和諧化方式及和諧化機制………… 148

　　圖　4-1　中國人人際和諧／衝突動態模式………… 136

　　圖　4-2　實性人際衝突化解方式之結構分析………… 150

下篇　實徵研究部分……………………………………… 175

第五章　中國人和諧／衝突觀的字義與諺語之分析（研究一）

　　表　5-1　「和」的字義意涵及其相關詞……………… 185

表　5－2　與「和」有關的格言及俗諺語……………………190

表　5－3　與「衝突」有關之俗諺語…………………………200

表　5－4　與「衝突」負功能有關之俗諺語表………………203

表　5－5　與「爭」有關的俗諺語……………………………205

表　5－6　與「訟」有關之俗諺語……………………………208

第六章　中國人人際和諧／衝突之質化研究（研究二）

表　6－1　實證主義與後實證主義之異同……………………216

表　6－2　實證主義典範與自然主義典範之對照………………218

表　6－3　受訪者基本資料……………………………………224

表　6－4　各類型人際和諧之主要特徵及其轉化關係…257

表　6－5　各類型人際衝突之主要特徵及其轉化關係…293

圖　6－1　投契式和諧之概念架構……………………………234

圖　6－2　親和式和諧之概念架構……………………………244

圖　6－3　合模式和諧之概念架構……………………………254

圖　6－4　區隔式和諧之概念架構……………………………265

圖　6－5　疏離式和諧之概念架構……………………………277

圖　6－6　隱抑式和諧之概念架構……………………………290

圖　6－7　大傳統和諧／衝突觀與人際和諧／衝突之關係

　　　　　……………………………………………………294

圖　6－8　人際和諧／衝突之轉化流程（例一）………310

圖　6－9　人際和諧／衝突之轉化流程（例二）………312

圖　6－10　人際和諧／衝突之轉化流程（例三）……314

圖　6－11　人際和諧／衝突之轉化流程

　　　　　（例四：衝突循環鏈）………………………316

第七章　人際和諧之基本類型及其相關因素（研究三）

表　7－1　量化研究的樣本結構………………………………335

表　7－2　受試者針對問卷中各部分之作答情形⋯⋯⋯　336

表　7－3　背景變項與各種和諧類型之關係⋯⋯⋯⋯　338

表　7－4　角色關係與和諧類型之關係⋯⋯⋯⋯⋯⋯　343

表　7－5　和諧類型分布在各種角色關係上之性別差異⋯

　　　　　⋯⋯⋯⋯⋯⋯⋯⋯⋯⋯⋯⋯⋯⋯⋯⋯⋯　344

表　7－6　關係重要性與和諧類型之關係⋯⋯⋯⋯⋯　346

表　7－7　關係的利益／平等性與和諧類型之關係⋯⋯　347

表　7－8　接觸性與和諧類型之關係⋯⋯⋯⋯⋯⋯⋯　349

表　7－9　六種和諧類型之基本人際取向⋯⋯⋯⋯⋯　351

表　7－10　六種和諧類型之溝通取向⋯⋯⋯⋯⋯　353

表　7－11　和諧類型與助人意願⋯⋯⋯⋯⋯⋯⋯　355

表　7－12　和諧類型與對立意見之反應方式⋯⋯⋯　357

表　7－13　和諧類型與對不愉悅之反應方式⋯⋯⋯　359

表　7－14　和諧類型與對不公平之反應方式⋯⋯⋯　360

表　7－15　和諧類型與衝突類型之關係⋯⋯⋯⋯⋯　362

表　7－16　和諧類型與衝突後之反應方式⋯⋯⋯⋯　365

表　7－17　人際知覺之因素負荷量⋯⋯⋯⋯⋯⋯　368

表　7－18　人際知覺因素間之相關係數⋯⋯⋯⋯⋯　369

表　7－19　三種實性和諧的人際知覺之比較⋯⋯⋯⋯　371

表　7－20　三種虛性和諧的人際知覺之比較⋯⋯⋯⋯　373

表　7－21　六種和諧類型在人際知覺因素上之平均分數⋯

　　　　　⋯⋯⋯⋯⋯⋯⋯⋯⋯⋯⋯⋯⋯⋯⋯⋯⋯　374

表　7－22　和諧感受之因素負荷量⋯⋯⋯⋯⋯⋯　378

表　7－23　和諧感受的因素間之相關係數⋯⋯⋯⋯　379

表　7－24　三種實性和諧感受之比較⋯⋯⋯⋯⋯⋯　380

表　7－25　三種虛性和諧感受之比較⋯⋯⋯⋯⋯⋯　383

表　7－26　六種和諧類型在在人際知覺因素上之平均分數

　　　　　·· 384

圖　7－1　六種和諧類型在人際知覺因素上之比較······ 375

圖　7－2　六種和諧類型在感受因素上之比較·········· 384

上篇

理論建構部份

　　本書旨在提出一套有關中國人人際和諧與衝突的本土化理論。為了使理論具有高度的「本土性契合」，本書採取主位式取徑，以本土文化、社會、常民為主體，根據本土哲學的、歷史的、文化的、社會的觀點，進行本土心理學理論的建構。同時，為了深化理論與研究的本土性，在研究之前就把文化／歷史放在思考架構之中，本書提出一套由下層結構（農業為主生產方式、親緣關係社會結構、大一統政教體系）至上層結構（天人合一思想、禮治思想、國家意識型態化儒學）的探索文化（意識型態）的視角。

　　此一視角是跨越幾千年的尋根工作，鑑於早期的意識型態不可能橫跨歷史時空，一成不變地保留至今直接影響現代人。在考慮歷史的深度之後，作者認為：各種傳統思想經歷了創生、擴充、轉化、融攝等歷史演變過程，最後在彼此的有機連結下形成了「文化積澱」（文化深層結構），成為中國人集體意識的基礎。在此文化／歷史視角下，本書從而探索出意識型態（文化積澱）中存在的和諧觀與和諧化機制。

　　辯證觀是中國人的基本思維架構，和諧化辯證觀更使得中國文化體系有別於其他文化體系（如西方文化的衝突辯證觀、印度

文化的中觀辯證觀）。在此基礎下，本書接著再以和諧化辯證觀的思考架構，以「和諧至上」為前提，相對立於和諧觀與和諧化機制，推衍出中國人的衝突觀與衝突化解方式。至於和諧與衝突對中國人的功能與負功能，本書也對應下層結構所隱含的意涵，就個人的理想人格、人際間的情義倫常，以及群體組織的功利考量，提出和諧的三重功能與三重負功能。最後，本書再將和諧觀、衝突觀、和諧化方式、衝突化解方式綜合起來，加上虛實二元對立轉化的陰陽辯證觀點，建構了一套有關中國人「人際和諧／衝突的動態模式」。

第一章
緒　論

第一節　問題之提出

　　衝突向來爲哲學家、歷史學家、政治學家、社會學家、經濟學家、心理學家、管理學家及精神醫學家們所關注。它是人類社會中不可避免的現象，無論在日常生活的經驗或各式媒體的報導中，有關衝突的主題也一直是敘述與傳播的焦點。許多人更投入大量的時間與精力去深入瞭解衝突的緣由，且試圖化解衝突，以降低衝突帶來的危害。

　　衝突所指涉的範圍相當廣，它可以是個人內在的衝突（intra-personal conflict），如角色衝突、認知衝突、目標衝突、價值觀衝突、道德衝突等；或是人際間的衝突（interpersonal conflict），如親子衝突、夫妻衝突、角色間衝突、上司下屬間衝突等；或是群體間的衝突（intergroup conflict），如勞資衝突、族群衝突、組織間衝突、國際間衝突等。一般而言，心理學家的主要旨趣是個人內在的衝突及人際間的衝突，社會學家的主要旨趣則在群體間的衝突。

　　早期心理學家研究衝突時，多把注意力放在個體的層次上。
Freud 的精神分析論本質上就是一套有關衝突的心理學（Arlow，
1984），也是一套從衝突的觀點來論述人性或人格的心理學
（Kris, 1950；Maddi，1976）。此一衝突人性觀認為：人不可
避免地緊嵌在兩種相互對立且不可改變的力量的衝突中（如本我
與自我之衝突，或本我與超我之衝突）。兩種力量若能有所調整
而保持動態的平衡（dynamic balance），則是一種心理健康的狀
況；若未能平衡將產生神經質衝突（neurotic conflict），且易導
致精神官能症（neurosis）（Fenichel, 1945）。人際衝突則由於
個體將內在的衝突移情（transference）至人際關係上之故。

　　沿襲心理動力論的某些觀點（即認為人的行為是由某種趨力
（drive）所驅動，將朝著需求滿足的目標前進），Lewin
（1948）提出場域理論（field theory），指出正向的目標對個體
具有吸引力，負向的目標則對個體形成拒斥力。「衝突」乃概念
化為：在個體內同時具有方向相反、力量相等的兩力之處境。依
此定義，Miller（1954）進行了一系列的實驗研究，並將衝突分
為三種類型，即雙趨衝突（approach-approach conflict）、雙避
衝突（avoidance-avoidance conflict）以及趨避衝突（approach-
avoidance conflict）。簡而言之，衝突是一種處境，是一個人無
法在兩相反方向目標之間作一明確決定時，所陷入的緊張或焦慮
不安的狀態。

　　至於兩造衝突（dyadic conflict）（包括人際衝突、群際衝
突、國際衝突等）的定義，則顯得相當紛歧。紛歧的原因來自對
兩造衝突有興趣的研究人員相當多，其學科訓練背景不同，所處
理的衝突之性質也相異。其中最易混淆之處是衝突與競爭之區
分。早期社會心理學的研究大多將衝突當作競爭的產物或競爭的

一種變形（即缺乏規則或規範之競爭），而多是研究競爭（衝突）與合作之模式及其相關影響因素（如 Deutsch, 1949；Schelling, 1960；Rapoport, 1960；Boulding, 1962；Kelley, 1970；Terhune, 1970；Patchen, 1970）。及至 Fink（1968）提出區分衝突與競爭的十四項指標之後，許多特別探討衝突與衝突解決模式的著作與研究即陸續出現（如 Deutsch, 1973；Nye, 1973；Tedeschi, Schlenker & Bonoma, 1973；Robbins, 1974；Filley, 1975；Holemes & Miller, 1976；Thomas, 1976；Sternberg & Soriano, 1984；Rahim, 1986；Sternberg & Dobson, 1987；Bisno, 1988），有關衝突的定義也較具共識。基本上，大家都同意衝突是一種互動的狀態（interactive state），它包含對立性（opposition）、匱乏性（scarcity）及阻撓性（blockage），亦即衝突的存在必須至少包含對立的兩方，其興趣、目標或利益是互不相容的，同時資源（如金錢、地位、權力等）也是有限的。衝突中對立的雙方都有情緒、認知及行為上的反應。Holmes 與 Miller（1976）卻認為衝突有兩大類，一為實質性衝突（realistic conflict），即具有客觀基礎之衝突（如資源匱乏引發利益衝突）；另一為自閉性衝突（autistic conflict），即個人內在的敵意或緊張情緒，藉著似是而非的公開性「理由」引爆出來而與他人發生衝突。他們主張社會心理學家應多著力於研究自閉性衝突，因其較具心理的意涵。

　　歷來有關衝突解決模式的研究，大多是以實驗室中囚犯困境遊戲（prisoner's dilemma game，簡稱 PDG）的研究為主流。這類研究將受試者的兩種行為反應，即坦白招認（confess）或保持沉默（remain silent），分別當作對衝突情境的競爭性反應（competitive response）或合作性反應（cooperative re-

sponse），並據此簡明的行為反應，建構了一系列與競爭或合作
行為有關的影響因素與互動模式。由於因犯困境遊戲的研究典範
（paradigm）過度簡化人類在人際衝突中的行為反應，一般學者
咸認為在實際的人際衝突情境中應該還有其他的衝突解決模式存
在（如 Burke, 1970；Hall, 1972；Anderson, 1976；Sternberg
& Soriano, 1984；Sternberg & Dobson, 1987ect.）。後來，
Hall（1969）直接將 PDG 中的競爭性反應轉化為追求個人目標
的向度，合作性反應轉化為考慮人際關係的向度，再根據此兩向
度建構成戰鬥型、友善型、退縮型、整合型、妥協型五種衝突化
解模式（Filley, 1975）。Thomas（1976）也將 PDG 中的競爭
性反應與合作反應轉化為積極或消極（assertive vs.
unassertive）與合作或不合作（cooperative vs. uncooperative）
兩個向度，同時也建構出競爭、調適、逃避、協調、妥協等五種
不同的衝突化解方式。

　　Thomas 的學生 Rahim 則進一步將此五種衝突化解方式編製
成行為量表（Rahim, 1983a, 1983b），從而探究出那一種衝突
化解方式適合或不適合那一種情境，以便對衝突管理作建言
（Thomas, 1977；Rahim, 1986）。除了組織中的衝突管理之
外，此一「五種衝突化解模式」的基型也廣泛應用於描述一般人
際衝突或親密關係衝突的處理（Johnson & Johnson, 1987；
Pruitt & Rubin, 1986；Liu, 1993）。這些對衝突處理方式的分
類，係源自社會交換論（socialex change theory）的理念，假設
人類行為是理性的，以追求自己最大的獲利為目標。

　　至於對衝突本質的看法，向來就有不同的觀點。從 Plato 與
Aristotle 的時代開始，直至十七世紀 Hobbes 與 Locke 的「社會
契約論」為止，一向認為維持秩序才有利於社會，衝突所造成的

紛亂將對國家社會造成威脅（Rahim，1986）。十九世紀時，Darwin 的「適者生存論」指出物種因為面對環境的挑戰才得以成長且生存。若將此適者生存的理念運用於人類社會，那麼人類與環境之間的衝突反而是人類成長與發展的契機。此時，Marx、Engel 及 Hegel 的衝突辯證觀（conflict dialectics）（成中英，1977/1986）也已成形。衝突辯證觀意指：正（thesis）、反（antithesis）兩對立面的存在是客觀事實，正反兩對立力量的衝突過程經協調後會形成更高層次的新綜合體（synthesis），世界將循此正、反、合的辯證過程不斷地發展前進，直向理想國逼近。這些秩序與衝突孰優孰劣的問題，基本上是從世界本體或人類社會的歷史演進，抑或國家秩序的宏觀視角來討論的。

　　二十世紀前葉，社會學家 Simmel（1908/1955）則換了一個視角來論述衝突。他認為適量的衝突就如秩序與合作一樣，對社會或群體（group）具有適應的正向功能，可以幫助群體的形成與持續。美國社會學之父 Parsons（1949）正好持相反的觀點，其結構功能論（structure-functional theory）假設社會的本質是穩定性、整合性以及功能性，因而強調社會秩序與社會正常結構的維持。Parsons 將衝突看作是「功能失調」，它是破壞性、分裂性及反功能的，而且衝突基本上是一種病態（disease）。這樣的想法對二次大戰前後的社會科學界具有莫大的影響力，以致此時期的研究焦點集中於尋求價值取向的一致（Bernard，1950），以及如何減少衝突以達到社會整合。爾後，Coser 承襲 Simmel 對衝突的觀點，並就 Simmel 的衝突論中精煉出有關衝突功能的十六個命題，每一個命題都試圖與其他理論或經驗研究連結，以便對衝突的建設性潛能提出強有力的支持論點。從此，衝突也具有建設性功能這樣的觀點開始席捲相關的社會科學界。

但是，此一衝突功能論的論述主要是著眼在社會（組織）與團體的層次上，是否擴及人際關係的衝突則有待進一步釐清。

社會心理學家 Deutsch（1969, 1973, 1974）結合了 Marx、Freud、Lewin、Mead 及囚犯困境遊戲（PDG）之觀點，對衝突的功能性提出綜合性的看法。亦即，衝突同時具有建設性與破壞性，端視衝突的程度（量）而定，祇有適度的衝突才具有建設性。目前，這樣的觀點受到許多學者的認同（如 Assael, 1969；Schmidt, 1974；Robbins, 1974），甚至進而主張衝突的處理之道不在於將衝突完全消除，而是要維持適量的衝突。一旦衝突量太低，還要試圖促發衝突，使社會、團體或人際關係保持「健康」（Rahim & Bonoma, 1979；Miles, 1980；Hill, 1982；Walton, 1987；Bisno, 1988）。

然則，中國人的衝突觀或衝突解決模式又是如何？目前有關這方面的研究可說是付之闕如，祇有一些零星的探討如鳳毛麟角般點綴著華人本土心理學的研究領域。Pye（1970/1992）研究中國人的政治文化後指出，中國人相當重視秩序的維持，對於混亂有恐怖感。Solomon（1971）與孫隆基（1983）也認為中國人有害怕動亂、嚮往秩序的傾向。張德勝（1989）則沿用 Freud 精神分析論中的心理情結（complex）之概念，認為中國文化因經歷了春秋戰國時期的動亂創傷，以致往後的兩千多年都潛藏著「談動亂而色變」而追求秩序的情結。這些看法多由政治社會秩序面著眼，且是借用 Freud 的概念將個人的心理衝突面引申至文化層面，而不是從中國人全面的生活經驗來談論中國文化中關於衝突與和諧的觀點。Pye（1982/1989）的研究又指出，中國的官僚文化到處更充斥著「觀察風向、避免衝突」的習性。Huang（1977）的研究發現，中國人應付衝突的方式有面對現實、靠自

己獨斷獨行及忍耐三種。祇是他們兩人都沒有對中國人的衝突觀或衝突解決模式提出系統性的看法。周丁浦生（1984）曾試圖從中國傳統思想中強調「和與穩定」及「和與容他」的規範，推衍出中國傳統衝突處理之特點。但是，她對傳統思想沒有系統性的觀點，對衝突處理的概念與分類亦直接取自 Thomas（1976）的「五種衝突處理方式」之基型。如此中西合璧，將就湊合，教人頗有張冠李戴、似是而非之感。

　　Leung 等人（Leung, 1987, 1988；Leung & Lind, 1986）從事一系列有關程序正義（procedural justice）的研究指出：屬於集體主義（collectivism）文化價值的中國人比較強調人際和諧與團結，不同於個人主義（individualism）的美國人之強調個體自主與競爭；在分配的過程中，中國人多採取平等法則（equality rule），以逃避衝突。中國人也較傾向選擇不爭議的過程（non-adversary procedure），一旦有爭議，也較喜歡以第三者介入（mediation）或談判（bargaining）的方式來解決衝突。陳舜文（1994）延伸此一爭議過程的研究，只是將自變項改為關係變項，而不再採用文化變項。Trubisky, Ting-Toomey 及 Lin（1991）亦以集體主義／個人主義為自變項，以 Thomas（1976）的五種衝突處理方式為依變項從事研究，發現中國人在處理衝突時多採取調適與逃避的方式。這些研究基本上都是從文化比較的（cross-cultural）觀點，以文化客位式取徑（etic approach）從事研究。這種取徑是將西方現成的理論概念強加在中國人的身上，以致不易瞭解中國人之人際衝突的真正焦點所在，對衝突解決模式亦缺乏深層的分析。

　　為了能從中國人自己的觀點有系統地理解中國人的衝突觀及衝突化解模式，本論文擬提出一套有關中國人之衝突觀與衝突化

解模式的本土化理論。至於究竟要具有什麼樣的特性才算是一個本土化的理論？或是，一個本土化的理論之建構或研究要從何處下手？關於這兩個問題，雖然目前華人本土心理學研究領域中的學者們尚未取得一致性的判準，但仍可歸納出一些重要的共識。

首先，本土化的理論必須具有「本土性契合」（楊國樞，1993），即「一種當地之研究者的思想觀念與當地之被研究者的心理與行為之間密切貼合的狀態」（頁24）。因此，為了使理論具有高度的「本土性契合」，本論文將採取主位式取徑（emic approach），以本土文化、社會、常民為主體，根據本土哲學、歷史、文化、社會的觀點，進行本土心理學理論的建構。

接著，在研究體材的選擇方面，根據黃光國（1993）的建議，本土化的首要任務是要有鮮明的「問題意識」，亦即「所研究的問題，對於本土社會或文化是十分關鍵的重要問題」，同時，「必須源自研究者個人生命體驗的終極關懷」。另外，楊中芳（1991）所提出的「本土定向的研究」，也主張要「以實際觀察中國人所得的心理及行為現象為研究體材」，同時要「選擇中國人所熟悉的心理想法或經驗為研究概念」。本論文作者基於長期的觀察與體驗，深感有關衝突與衝突化解的問題，是中國社會中人際心理與行為的核心問題之一。雖然「衝突」是泛文化的普同現象，但由於中國社會的本質是「關係本位」（梁漱溟，1963），中國社會心理的神髓是「關係取向」（何友暉、陳淑娟、趙志裕，1989），且中國人之所以為「人」即在於人際關係（Hsu, 1985），亦即中國人的「自我」是在人際網絡中定位的，因而，從「人際衝突」入手來探索中國人的衝突問題，必定比從「個體的內在衝突」入手更具有文化／社會的關鍵性意涵。

最後，關於如何深化理論與研究的本土性，楊中芳（1993）

認爲：

> 「要深化本土心理學研究，最好是在研究之前就把
> 文化／歷史放在思考架構之中。這樣的架構可以讓
> 我們從一個較全面的角度來瞭解某一個具體行爲現
> 象，並可以引導作一系列有連貫性的研究去有系統
> 地探研這個現象。最後這一系列的研究可以幫助我
> 們發展出一些可以解釋中國人心理及行爲的模式及
> 理論。」（頁129）。

朱瑞玲（1993）也認爲：從認清具有文化與歷史本質的人類心理或生活佈局開始，進而提出適於描繪中國本土社會的理論概念，再到建立心理學理論系統，心理學本土化才能眞正展開。蘇國勛（1993）更認爲經由通變中和的路向追求自然、人、社會三者的協調（辯證）發展，是中國文化的精微要義，也是本土化的關鍵之處。

鑑於以上諸多見解，本論文將以和諧／衝突之形上學中的和諧化辯證觀爲思考架構，以文化／社會之和合性與分別性的辯證關係來鋪陳研究主題的理論思路。換言之，欲探討中國人的衝突觀，必先從中國人的和諧觀著手，才能反映其衝突的特色。欲探究中國人的人際衝突也必須先釐清中國文化的和合性與社會結構的分別性（差序性），而中國人的人際關係則在和合化與分別化的辯證之下，反映著以「和」爲最高的指導原則與理想境界。在這些理念之下，本論文將建構一套有關中國人的人際和諧與衝突的理論。同時，爲了將理論概念落實在具體的心理與行爲層次，亦將進行一系列的實徵研究，一方面用以驗証所提出的理論，另

一方面作爲進一步擴展理論的基礎。

第二節　和諧化的辯證觀

　　形上學決定人類觀察世界的方式，也提供人類解決問題、進行研究的方向。在此意義下，和諧／衝突的形上學提供了各種藉以運思、分析各種和諧與衝突問題的辯證觀。在此套形上學中，有三種辯證觀，一種是「和諧化辯證觀」（dialectics of harmonization），另一種是「永恆進步辯證觀」或稱「衝突辯證觀」，第三種是「中觀辯證觀」（Madhyamika dialectics）或稱「超越辯證觀」（成中英，1977/1986）。此三種形式的辯證觀，其產生的文化背景迴異。它們是各在不同的文化經驗、需要及刺激下形成的，邏輯結構上有其基本的差異，目的也不相同（見表1-1）。本論文擬以「和諧化辯證觀」的觀照來探討中國人的衝突觀，乃基於儒、道兩家對和諧／衝突的思考方式即屬和諧化辯證觀。儒家與道家思想的理念系統，無論在傳統中國的文化、社會或個人的層次上，均提供中國人完整的價值體系、行爲規範、修身準則，乃至生活因應方式。因此，和諧化辯證觀的思考架構，可以讓我們更貼切地瞭解中國人的衝突觀，以及衝突的化解／因應方式。

　　在和諧化辯證觀之下，「和諧」與「衝突」是兩個互相界定的範疇（mutual defining categories），它們之間有互涉的概念關係（成中英，1977/1986）。成氏並利用中國哲學中一些相關的概念，對「和諧」與「衝突」的直觀意義加以澄清。就直觀意義來說，「和諧」是：任何兩個可以區分，但仍有伴存（co-ex-

表 1-1　三種辯證觀之比較

	和諧化辯證觀	永恆進步辯證觀（衝突辯證觀）	中觀辯證觀（超越辯證觀）
主要代表	儒家、道家	黑格爾、馬克思	大乘佛學龍樹「四段否定式」
本體之限設	●實在界是整體性、統合性 ●實在界本身是和諧化或和諧化歷程	●實在界或歷史有客觀衝突存在 ●衝突是實在界不可或缺之元素	●和諧與衝突是幻界或是假象界之事物 ●否定和諧與衝突（實在界之命題皆在否定之列）
邏輯運思	●萬物之存在為對偶性 ●對立的雙方在本體上是平等的 ●對偶具互生性與互補性 ●互生與互補是成就整體所必需之條件	●每一存在有正、反兩面 ●經由正反之綜合可達更高層次之存在 ●經由正、反、合，世界不斷向前進，以逼近理想世界	●實在界是斷說之結果 ●每一斷說均為一否定 ●應捨棄對斷說及其否定之肯定 ●從衝突中解脫出來以達悟境界（般若）
衝突之本質	●無本體上的真實性 ●源自未能與實在界相合 ●人與自然變化較少和諧	●衝突是邁向進步之關鍵角色 ●衝突存在使鬥爭成為必需 ●透過不斷鬥爭消滅矛盾並產生本質上之改變	
和諧化或衝突化解決之道	●自我調整（道進現實之轉化） ●自我與世界關係之調整（本體認識之轉化）	●衝突是不可避免且不能化解	●超越衝突 ●以超越問題化解問題
目的	●社會與國人均不自覺朝向和諧	●世界朝向更美好前進	●達到真相相激悟境界

isting）或繼存（succeeding）關係的力量、歷程或抽象思考對象
（entity），如果他們各自的強度、具體性、能產力（produc-
tiveness）及價值有賴於對方的支助，則此兩者即形成一個和諧
的整體（harmonious whole）或一種有機的統一（organic uni-
ty）；相反的，若兩個可區分的力量、過程或抽象思考對象之間
缺乏和諧，乃至相互牴觸、傷害、甚而摧毀對方的狀態，即是衝
突。既然「和諧」與「衝突」兩者在概念上是一種辯證關係，所
以，欲探討中國人的衝突觀，必得從中國人的和諧觀切入，從中
國人對「和諧」的深切熱愛與期待，方能反映中國人對衝突的深
沉懼怕與抗拒。

　　另外，就和諧化辯證觀來看，整個宇宙、人類社會、個人生
活的大方向是趨於和諧與統一的，衝突不過是一種不自然的失序
與失衡。萬物間的差異與對偶是衝突、對立的原因，但是衝突與
對立中卻蘊涵著互補性與互生性；對立的雙方在本體上是平等
的，可以經由調整而達到和諧化；衝突與對立的存在是為了完成
生命界的和諧，以及在變化的世界中創化繼起的生命，以生生不
息。在此意義下，和諧不是一個靜態的結構，而是一種動態的過
程；和諧是終極的理想與目標，在追求和諧的過程中，化解潛在
或已在衝突的機制（mechanism），即是一種和諧化機制。職是
之故，欲探討中國人化解或因應衝突的方式，必得從審視中國人
的和諧化機制（harmonization mechanism）著手。

第三節　中國人和諧觀之根源

　　中國人最根深蒂固的願望乃是追求和諧，不論是自我修養或

是涉及世事，甚至面對宇宙大自然，「和諧」是中國人的共同價值觀，也是中國人的共同思維方式。共同價值觀指的是共同的要求、理想及願望，共同思維指的是共同的認知或認識。

從中國哲學的發展史來看，「和諧」一直是各家思想的核心觀念（陳榮捷，1967）。早期儒家中庸之道（中，平也；庸，和諧也）的人本主義與道家強調內在和諧的自然主義，雖然對世事看法迥異，卻都以「和諧」觀念爲其基調，同時共同倡導人與自然之和諧。中古哲學係環繞著陰陽之說而朝各個方向發展，淮南子與董仲舒雖然將陰陽觀念變爲一種智力遊戲、一種神祕遊戲，最後變爲迷信，然而其基調仍是陰陽調和與大小宇宙的「和諧」觀念。第三期的新儒家從理學、心學發展到最後三百年的實學，最終仍肯定「理」與「欲」之相諧合，人、萬物與宇宙之相和合方爲「道」之實現。所以中國哲學史的交響曲乃以「和諧觀」爲主調而譜出樂章的。另外，中國傳統哲學中的價值學說雖有儒、法、道、墨四家，但最終的分歧是落在和合化與分別化的問題之上，而漢武帝以降，墨學中斷，法家成爲隱性文化，道家流傳不絕，儒家占據主導地位，「和諧」也因此就成了中國傳統文化的最高價值原則（張岱年，1990）。簡言之，在思想體系的層次上，追求「和諧」的意識型態（ideology）一直獨佔鰲頭，倨居領導地位。

李亦園（1988，1993）以其深厚的文化人類學素養，根據田野資料，潛心探索台灣民俗信仰中的宇宙觀之後，提出含蓋自然系統（天）、有機體系統（人）以及人際關係系統（社會）三個子系統的「三層面和諧均衡」模型，並論及中國文化最基本的運作法是追求和諧與均衡，也就是經典上所說的「致中和」。而且不僅代表大傳統的士大夫知識份子以此「致中和」的和諧均衡理

念來表達抽象的宇宙觀及國家社會的運作法則，而且代表小傳統的一般民眾之日常生活，也以追求個體與家庭的和諧爲鵠的。另外，楊中芳（1992）在分析中國人的價值體系時，雖然將它分爲文化層次、社會層次以及個人層次三個體系，卻也不免發現此三個層次的價值體系均以追求和諧、和合、秩序、穩定、均衡等爲中心思想或基本價值。曾仕強（1992）也認爲傳統文化中的價值觀可以「同心、合德、不居功」七字（即維繫人際和諧之意）來代表；同時引申出儒、道、法、墨各家思想也都蘊涵著謀求「人和」的價值觀。錢穆（1979）談及中國人的民族性時，認爲中國人是和合性多於分別性，傾向於愛好和好、和順、和睦、安和、崇尚和平等，不喜歡抗爭、違逆、對立、競爭、爭鬥；梁漱溟（1963）、吳經熊（1967）、韋政通（1968）、文崇一（1972）、楊懋春（1972）、孫隆基（1983）等人在觀察或闡述中國人的民族性或行爲特性時，也都持雷同的見解。

因此，無論就宇宙觀、思維方式、價值觀等諸面相（aspect）來討論，或從文化層次、社會層次或個體層次（level）來觀照，均一再地揭櫫「和諧觀」是中國文化的核心觀念，「和合性」是中國人心靈之所繫。換句話說，和諧觀是中國人的共同意識型態，是中國社會與經濟因素之上層結構。

然則，何以「和諧」會成爲中國人的共同思維與價值觀呢？我們可以循著生存的自然環境決定生產方式，生產方式決定社會存在的形態，社會形態決定意識型態的方向來探索；但是，辯證唯物論中所論証的一對一的單純因果關係，或者說，文化完全從屬於經濟條件的論點，並不是本文所要採取的觀照點。因爲，生產方式對上層結構的制約是多樣性、多元化的；同時，在社會的發展過程中，各民族作爲歷史發展的主體，會依民族的性格或心

理特質對歷史進行選擇與干預；另外，歷史的偶發事件或個別歷史人物的影響也會左右文化、社會的發展。目前，比較歷史學的研究結果也顯示出此一觀照點的優勢性。

例如，對中國與歐洲作比較研究之後，發現兩者之間存在著巨大差異。歐洲早期是以農業自然經濟爲主，行封建專政制度，但是因商品經濟的順利發展，卻有繁榮發達的奴隸社會和資本主義社會，而中世紀的封建制度是一個黑暗得幾乎停滯的時代。中國雖然也是以農立國，但是奴隸制度卻發展不夠充分，而及早實行宗法封建制度。春秋、戰國時代，封建制度雖一度解體，但在上層結構的意識型態方面卻呈現百家爭鳴、百花齊放的現象。直至秦統一天下，漢武帝獨尊一家以後，中國社會結構就在以儒家爲主結構，道家爲互補結構的相互調節之下，形成了超穩定結構達二千多年之久（金觀濤、劉青峰，1983），也讓中國經歷了世界上最長久最昌盛的封建社會。在此期間，商品經濟雖然發祥甚早，卻未能充分發展，而自給自足的精耕小農經濟卻在中土根深葉茂地開出燦爛的花朵，加上王權和儒生的結合，透過宗法一體化結構對社會實行強固控制，加以重農抑商，以致資本主義一直處於難產狀態。另外，中國的科學技術在十六世紀之前一直遙遙領先，近二百年卻遠遠落後，實乃因中國文化中的倫理中心主義與直觀外推思想相互結合後，對自然現象抱持著「萬物交感」的有機自然觀之故。此一有機自然觀，雖然導致了中國古代的科學發展，卻因陷入神秘主義和迷信的泥淖，難以發展出超越倫理的中立性是非判斷，以致近代科學精神在傳統中國難以生根（金觀濤、劉青峰，1983）。

所以，在歷史的發展過程中，生產方式確實對社會意識型態造成莫大的影響。但是，政治結構及社會結構的殊異也會造成多

樣化的意識型態。許倬雲（1988）認為使傳統中國的社會結構及文化呈穩態發展的要素是：精耕細作農業、親緣連帶以及文官制度等文化三原色。金觀濤、劉青峰（1983）也論及要追溯中國社會呈停滯性發展的原因，必先考察中國的經濟、政治與意識型態三結構的特點，以及它們之間如何相互調節與相互作用。馮天瑜（1987）亦指出，半封閉的溫帶大陸大河型的地理環境，農業型自然經濟的生存基本方式以及家國一體的宗法社會是滋生和發展中國古代文化的土壤，並鑄造了富於中國特色的社會意識型態，而此意識型態就是天人相與、上下相依、王民相維的世界觀、倫理觀和政治觀三者合一的思想體系。另外，楊國樞（1981）從文化生態學與生態心理學的觀點，提出一套從「生態環境→經濟型態→社會結構→社會化方式→性格與行為」的理論模式，說明中國人在傳統的農業生態環境中，如何發展出一套重視和諧與秩序的嚴密農業社會結構。

　　中國文化雖然有時代和地區性的差異（譚其驤，1987），但仍具深層的共同性。在深觀傳統文化的共同性之後，不可否認的，生存方式的經濟層次，社會組織的格局與形式以及政治結構的特性與穩定性都對文化意識型態具有決定性的影響。這種以社會經濟為基礎，經由政治為中介環節而形塑出意識型態的思想觀念，而這些意識型態或思想觀念又反過來作為影響人們日常行為活動的基本理念的一系列作用過程，亦即，由下層結構制約上層結構，而作為上層結構的思想理念又轉而向下影響的雙向互動過程，是探究文化心理結構或研究民族性格的優勢角度，也是本論文將採取的論証視角（見圖1-1）。因此，本論文為了探索「和諧觀」在傳統中國的發生根源及其作為中國人的意識型態❶與文化心理之深化過程，勢必先要從中國文化的下層結構的生產方

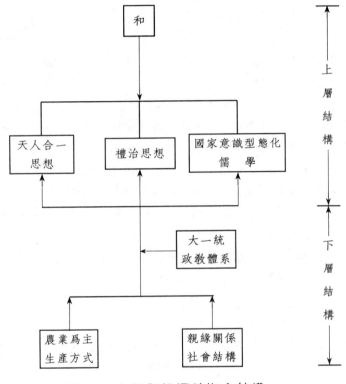

圖1-1　和諧觀根源的概念結構

式、社會結構以及政教體系三方面及其相互作用著手。

一、農業爲主的生產方式→天人合一的思想

　　中國從新石器時代即以農業生產爲主（劉超驊，1981）。農業活動使人類脫離了浪費時間精力的漁獵經濟，開始生產糧食，

不但免於飢餓匱乏，又有餘裕來創造較高的文明。中國早期農業文明係起源於利用自然的結果，而非征服自然。雖然 Toynbee（1934）認為中國文明起於征服黃河水患，Wittfogel（1957）也認為中國由於多水患而治水，由治水而控制人力資源甚而形成東方專制。這些中國文明起源於征服自然的說法在二十年代曾喧騰一時，卻已被新近的考古成果推翻（杜正勝，1981）。事實上，中國的先民會選擇最有利的環境定居，故村落遺址多在傍鄰小河的臺地、丘陵上，並不在大河附近，這樣不但取水方便，又容易耕墾。所以中國文明是在天人和諧的環境裡蘊育成長的。既然農業生產者靠天吃飯，就必須十分注意自然的因素，不願將自然當作敵人，人與天是合作的關係，人與自然之間只有共生與協調，遂產生了天人合一的思想。

中國古代文化起源於農業文明，以農業生產為基礎的人們基於農作物生產的需要，由觀察自然的節氣、規律來安排農業活動以及制定生活時序，同時又對「自然」此一超越人力控制的力量賦予神祕色彩，故先民對「天」的意識主要存在於日常勞動生產的實際活動與宗教信仰之中。「天人合一」的思想除了體現在中國的農業生產活動、天文曆書、宗教、信仰、醫學、飲食觀、婚葬儀式等各方面；「天人合一」也透過中國的哲學、歷史、文學、藝術、科學、政治、社會等諸領域，展現著豐富且多彩多姿的風貌。

天人合一的思想也反映在中國人的宇宙觀上。宇宙觀是一個民族對於世界的看法和假設：假設由什麼實體及力量控制宇宙，宇宙如何組成，人在世界之中有怎樣的角色及地位（Kessing，1981）秦漢統一中國之後，漢文化的宇宙運作理念是「天人合一的宇宙觀」，漢文化的宇宙解釋系統是「陰陽五行的宇宙觀」

（呂理政，1990）。這種天人合一的宇宙觀，在理念上排斥一個與社會或個人對立的天或自然，而視天、人、社會為一均衡而和諧的整體。這種宇宙觀也反映著中國人的現實取向（陳榮捷，1987），蓋自兩漢以來宇宙觀所處理的問題，雖然涵蓋國家政治、社會道德、個人福址等各層面，但是一直沒有脫離以宇宙觀處理人事的基本態度。簡言之，中國人「天人合一」的宇宙觀主要不是為了探索瞭解宇宙（自然）而存在，而是為了解決人事而存在。

二、親緣關係的社會結構→倫理本位的禮治思想

　　中國文化的發源地在黃河流域的中原腹地，中原腹地大得等於一個小世界，其間沒有嚴重的交通阻礙。但是黃土並不天然的肥沃，有賴人為的努力，一分耕耘才有一分的收穫，因此需要長期保持一塊耕地才能有好的收穫。這種長期改良的精細耕種的穩定性很強，不但需要大量集中的勞力，以應付季節性的需求，並造成人口密集在窄鄉附近。從已發掘的考古資料顯示：大約黃河中游一帶有兩三千個居住遺址，密集程度與今日類似（何炳棣，1969）。精耕細作的小農經濟，耕地面積小，農民聚居於村落，合作方便，且易於相互保衛以獲安全，世代定居，安土重遷。人群的組織是血緣和地緣的結合，村社是中國社會的基本單位，村社又包含家庭家族與鄰里鄉黨兩大環節（杜正勝，1982）。血緣銜接地緣，由家庭而家族，由家族而鄉黨。如果血緣一脈相承，則關係由親而疏，由濃而淡；若鄰里鄉黨沒有血緣關係，也會產生「假血緣」或「類親緣」，即非親人而視若親人，鄉親就像家人，整個村落像個大家族。許倬雲（1988）認為這種以親緣關係

爲主的社會，正是中國文化的要素之一。

像這種沒有具體目的，祇因爲自然生長而發生的社會，依 Durkheim（1893）的定義來說是一種機械連帶（mechnical soli-darity），依費孝通（1948）的說法是一種「禮俗社會」。換句話說，此種以親緣關係爲主的社會係以「禮」作爲整合的力量，不但穩定性極強，自我調節力量也很強，更浸透到一般現實生活與風俗習慣中。親緣社會既以「禮」爲本，那麼也就是一講求倫理，重視尊卑長幼等級秩序的「倫理本位」社會。所謂倫理本位的社會是指：社會組織是以家庭關係中五倫倫理推衍而來的差序格局，社會關係是以人際的倫理（相與）爲基礎，由內向外層層的擴大，在層層關係所構成的鉅大網絡中，有倫理關係所界定的綱紀，亦即每個人各負有相對的應盡的義務，這些義務如父慈、子孝、兄友、弟恭等。倫理本位的社會由血緣的親疏決定了人際間的等級序列，也使得個人無法在網外生存。

中國的農業自然經濟除了蘊育親緣關係爲主的社會之外，同時又促使血緣宗法的制度得以發展與保存。一般認爲，中國的社會制度與組織雖然歷經種種變遷，但是，以父家長爲中心，以嫡長子繼承制爲基本原則的宗法制度，以氏族血緣紐帶聯繫的宗法社會，卻延續了數千年之久，與其對應的意識型態也在文化中積澱下來。血緣宗法制度是由氏族社會演變而來，殷商時初具雛型，西周時即發展完善；這種制度是透過幹上生枝、枝上生枝的方式，將天子、同姓諸侯、卿大夫、士、到庶人，用血緣紐帶連接起來，也就是將血緣關係上的長幼、嫡庶、大小宗和政治上的君臣上下尊卑統一起來。血緣宗法制度所衍生出的宗法意識，除了重視血緣關係與祖先崇拜之外，最重要的是以三綱五常的倫理體系爲人際關係的準繩。後來，由於氏族社會朝向國家政體發展

之時，並未充分解體，而形成「家國一體」的特殊格局，因此，倫理體系不祇是在於維繫家族的秩序，同時也是社會、國家秩序的本源。李澤厚（1985）認為這種以原始氏族社會為淵源，建立在小生產自然經濟之上的「血緣宗法制」是中國傳統的文化心理結構的社會歷史基礎。而倫理體系的「禮」則是建立在宗法等級制之上，而又反過來維護宗法等級制的上層結構意識型態。

簡言之，中國的精耕細作小農經濟，產生了以親緣關係為主的社會，親緣關係是講求血緣情感和倫理規範的，而界定倫理綱紀以維護血緣宗法等級制，並使血緣情感和倫理道德外化的正是「禮」治的思想。因此，我們可以說倫理本位血緣宗法的社會是中國社會結構的特色，以倫理本位血緣宗法為基礎的禮治思想是對應此社會結構的意識型態，也是中國文化心理的基礎之一。

三、中央集權的專制政教體系→國家意識型態化的儒學

人群結合的最基本方式有地緣性和親緣性兩種。當初級群體逐漸擴大為更大群體時，就必須組織化以幫助人們面對困難重重的生態環境。群體組織之後會產生集體的力量，此力量超越個人力量之上，使團體在集體的約束之下，形成有政治意識的團體，此即為「政團」（states）（許倬雲，1988）。從政團的發展來看，人群因共同利益聚居為村落，村落因聯盟而發展為城邦，而城邦為政團之基礎，因此，文明起源之際即是政團出現之時。就政治結構而言，「政團」的蘊育完成使得人們不會祇計較食糧之獲得，而更重視人際關係之處理，即利用政團的組織來分配資源，於是人與人之間，「治人」與「治於人」之關係更加明確，

社會有了階層的劃分，更有「統治階層」的出現，這些人從生產行列中分離出來，可以不事勞動而以管理他人為業。

　　中國自帝舜時代開始即有政團出現，也就是說統治階層已開始出現（杜正勝，1981）。但是，中國的人群結合是以血緣為基礎，例如，炎帝與黃帝兩個族群號稱兄弟關係；商代之時才有地區性的「邑」和親緣性的「族」兩種政治單位；西周之時則選擇以血緣來結合人群，宗法氏族取勝，邑變為族的附屬品，致使政團的擴大來自親緣團體之擴大。西周這種親緣性的政治體，親緣組織與權力分配重疊，是一種家國不分的「血緣宗法」封建貴族制度。封建貴族之制度，幅員狹小，國家、社會範圍既小，組織又簡單，人與人之關係較直接，以「禮」即可維持應有之關係。春秋戰國之際，封建貴族政治崩解，天子微弱，諸侯強盛，維繫社會之綱紀逐漸失效。同時，國家社會範圍漸廣，組織日趨複雜，人與人關係日趨疏遠，以人治人之方法逐漸行之困難，故逐漸走向「法治」。

　　秦滅六國之後，政體由貴族分權變為君主專制的統一大帝國。秦始皇在政治統一之後，即廢私學，立各家學者為博士，試圖統一思想。漢武帝時，董仲舒更罷黜百家，獨尊儒術，是思想統一的第二步。接著又設立察舉制度，建立文官系統，人才選拔以具備儒家意念為主，如此則儒學就正式取得正統地位而成為國家意識型態（張德勝，1989）。儒學原是春秋戰國時期的一家之言，它是孔子就古代血緣宗法中的「禮制」進行反思之後，將其潛在思想表達出來，使之成為普遍的政治社會歷史觀和人性觀，不但使宗法得以延續，同時可作為形塑中國人的一套關於「禮」的理論（馬振鐸，1989）。一旦成為國家意識型態之後，就必須進一步有所轉化。首先，由一派學說變為國教，就需要從理論落

實到實踐層次；其次，作爲一家學說可以祇環繞某一主題立言以
反映時代問題即可，但是轉化爲國家意識型態之後，就必須顧及
多數人等的利益，力求妥協，並且提出全面性的思想體系，以觀
照世界。如此，才能一方面爲統治者確立社會秩序，使霸業永
垂，另一方面又提供人民理解事物、指導行爲的世界觀。

　　儒學國家意識型態化之後，不但總結過去，而且吸收法、
道、陰陽各家思想，成爲全方位化的思想體系。此時儒學雖然遠
離孔子原始儒學的基本精神，卻也進入了另一個新的階段。但
是，儒學變爲國家意識型態，主要是獲得漢代政教體系的支持，
其擅長原是在倫理和政教學說。董仲舒爲了替統治者找到合法化
的藉口並加以制衡，將陰陽家的「天人感應」說引入儒學；雖然
補充了儒學的宇宙觀，卻不覺強化了統治者的專制性和讖緯術數
之流行而掉入迷信的泥淖中，使儒學陷入困境。東漢王充等人雖
然強烈抨擊「天人感應」論，卻難挽儒學的危機。另外，文官制
度的政教體系雖然維繫了儒學的正統化，卻也因爲造就了特殊階
級（例如，門閥士族、紳士階層或名士之流等「士」的階層），
使儒學官僚化、教條化、形式化且功利化。知識分子爲了逃避腐
敗的現實以及擺脫繁瑣沈悶的經學，大都重新崇尙老莊的自然主
義。魏晉之時，流行淸談玄學；隋唐時，佛學更因中國化而佔據
思想和信仰的主流，不祇下階層百姓信佛，知識分子中「居士」
也相當多。於是，形成儒、釋、道（玄）三敎並行之趨勢，儒學
雖然暫時失去正統地位，卻潛藏著再度轉化的契機。

　　在此同時，唐朝之韓愈鑑於道敎與佛敎破壞封建社會的綱常
名敎，遂興起復古運動，極力批判道敎和佛敎之危害性，企圖爲
儒學爭取正統地位，並自許爲孟子以後儒家「道統」之繼承人，
而開啓了未來「道學」之先河。宋明之後，道學批評又吸收道、

佛兩家的思想，形成「理學」，又稱「新儒學」。如此，不但將不同的思想流派統合為一新的整體，在上層結構中出現包括自然、社會和個人生活各方面的思想體系；同時，擴大其社會基礎，使影響力遍及社會各階層，再度居於主宰性的正統地位，宋、元、明、清四朝也都以「理學」為正統思想。因此，新儒學使儒學的發展達到了頂峰，同時也是另一次僵化的開始。

　　簡言之，中國的政治社會結構，從早期的政團起源發展至家國一體的宗法封建制度，秦漢之後更成為中央集權的大帝國，並延續二千年之久，直至辛亥革命為止。帝制中國是深受儒家思想支配的國家，儒學作為國家意識型態，雖然已從先秦的儒家思想中有所轉化，但是受到專制帝國政教體系之牽制，以致一再地面臨困境與危機。然而，儒學卻不斷地迎接各項挑戰，融合各家思想，在悠悠歷史長河中，不斷地轉化並開創新局，展現其強韌的生命力。因此，國家意識型態化的儒學，因轉化而呈現多元且豐富的面貌，並在中國人的意識型態（上層結構）上發揮無以倫比的影響力，不論是積極的或消極的。

註　釋

❶「意識型態」（ideology）最早是源自法國哲學家 Destuttde Tracy
（1980），意指「觀念之科學」（science of ideas），爾後歷經各式的指意
與爭議。直到1927年，Marx 出版〈The German Ideology〉一書，始確立
ideology 意涵，其「辯證唯物論」認為人的思想活動（上層結構）往往受
社會及經濟等條件（下層結構）之影響。此時，「意識型態」即指任何思
想體系，如信仰、價值、倫理、政治思想等，這些都是 socially deter-
mined，也就是社會與政經因素的上層結構。知識社會學家 Mannhein 則認
為 ideology 是「style of thought」，其中一種為「particular ideology」，意
指「某一階級或集團中所通行的一套思想」，另一種則為「total ideolo-
gy」，意指「ways of life」。社會學家 Parsons 則認為 ideology 是一種詮釋
基模（interpretative schema）。人類學家 Geertz 則認為 ideology 是一種符
號系統（symbol system）。由此可見，「意識型態」（ideology）一詞將
因研究者研究需要之不同，而有所迭變。本文主要承襲 Marx 的想法並加
以修正（如圖1-1之概念模式所示），其中「意識型態」係指相對於生產
方式、社會結構以及政教體系等下層結構之上層結構部份，是文化思想體
系，也是屬於「total ideology」，集團對象是「中華民族」；不特別指定
哪一個時代，而是橫貫中國先秦至清末之歷史，具有「歷史積累」之意
涵，引申為「中華民族的集體意識」。「意識型態」一詞在文中，係屬整
套文化觀察視角的重要一環。

參考資料

⑴《西洋哲學辭典》（1967/1976）布魯格編著，項退結編譯，臺北：國立編
　譯館暨先知出版社出版。

⑵〈 The dictionary of modern thought 〉(1977 /1981). By Alan Bullock & O-
　liver Stallybrass. British：Richard Clay Ltd.

第二章
中國人和諧觀的意識型態基礎

在探索了中國的生產方式、社會結構以及政敎體系（下層結構）之後，吾人得知，與其相對應之意識型態（上層結構）係：天人合一的思想、倫理本位的禮治思想以及國家意識型態化的儒學。這些居於上層結構的意識型態也是中國人「和諧觀」的意識型態基礎。以下，將就此三方面分別詳細闡述。

第一節　天人合一的思想

凡是研究中國文化的學者們都同意：「天人合一」是中國文化中的基本思想模式（如唐君毅，1953；梁漱溟，1963；Bodde，1965；蔡英文，1982；余英時，1987；楊慧傑，1989；方東美，1900；劉長林，1990；韋政通，1990；呂理政，1990；張亨，1992）。此思想模式是中國人的人生之最高理想所在（錢穆，1951），同時也是中國人的文化心理基礎（成中英，1974），它不但支配著個人，也支配著群體的行為。「天人合一」的意涵是：人與天地萬物一體（余英時，1987）；或說「宇宙是整體，而人參與其間，以致人與自然為一體的信念（張亨，

1992）；或說「人的世界（人道）與自然界（天道）是一致的，所以人類社會反映著自然界的秩序與和諧」（Bodde，1965）；也可以說：「人是一個小宇宙，每個人都帶著全宇宙的訊息」（劉長林，1990），亦即，天與人的一致性是完全的等同。簡言之，天人合一思想，主要表現在中國人對「人與自然的關係」的思考上，同時又把人與自然關係的思考所得，移轉或反映至人與其自身，人與他人，或人與社會的關係上，而這些關係都是以「和諧」為運作原理與最高的目標。

就認知意義來說，「天人合一」是中國人藉以了解自然、宇宙、生命不可或缺的命題或假設，而以「宇宙觀」、「世界觀」、「宇宙意識」等方式出現；就文化上的意義來說，它是中國文化的核心所在，而以「天人相與」、「天人不二」、「天人一體」、「天人相應」、「天人合德」、「天人一氣」、「天人相副」、「天人不相勝」等不同的面貌呈現，卻都反映著雷同的思想模式。

天人關係是迭經演變的。在最早的神話和傳說中有關「天人交通」的記述是「天人合一」的原始型態，此時，人神不分，天人相接，宇宙是整體而人參與其間，因而蘊涵著人與自然萬物一體的信念（張亨，1992）；及至西周末年，人們對「天」的理念才開始醞釀出一種有距離的客觀審視態度；到了春秋末期，經過社會、政治各方面的變動，才進一步轉變成概念上的分析與反省（蔡英文，1982），天人關係的思辨也從此展開。由於對「天」的理念或假設之不同，歷來遂有不同類型的天人合一論（蔡英文，1982；楊慧傑，1989；韋政通，1990；張亨，1992），如天人相應型、天人合德型、順任自然型、天生人成型等，這些天人合一論不但論証各種不同的天人關係，同時為中國人的和諧觀與

和諧化機制之思考提供了不同的重要來源，以下特就天人關係的
不同辯證類型分別一一討論。

一、天為支配者、人為附從者的天人辯證關係

　　在「天為支配者、人為附從者」的天人辯證關係中，係把天
當作帝、神，視天為一有意志、無所不在、具有智慧與無上權
威，且代表人間正義、公理之存有，它還能左右人間之事物；簡
言之，天是人格化的天，代表權威，具有支配力、主宰力。

⊙敬德修德・永言配命

　　在周初，天與人的關係是「天生烝民」（《詩、大雅》），
意即人為天所生。此時，人間與天相應者是「天子」，天子承受
天命為人間之王。天帝具有仁愛的特性，但是，天帝的仁愛是藉
著「王者愛民」來表達，因此，「天」與「王」是在「愛民」這
一觀念上連結起來了。但是「天命靡常」，上天不會永遠眷顧一
王一朝，祇有敬德、修德、仁愛天下百姓的王者，才足以與天命
相符應，甚至要德行不已，才能「永言配命」（《詩、大
雅》）。此一德命符應說之重點不僅在於統治權轉移的問題，同
時強調天帝具有懲罰人的權威，懲罰的對象不是一般百姓，而是
在位的失德君主（李杜，1978）。這也昭示著，若要維繫主從關
係的和諧，唯有支配者敬德修德、仁民愛物，方能永言配命。

⊙尚同兼愛・天志為法

　　墨子承繼「天人相應」的宇宙意識，並將之轉化於政治結構
的構思中，企圖建立一套神權論（蕭公權，1982）的政治秩序，
以達平治天下之效。墨子認為，天子治天下應當以「天志」為
「法儀」，確立群體生活中人人必須遵守之共同標準。法儀係由

統治者來確立，但統治者則必須「總天下之義，以尚同於天」
（《墨子，尚同篇下》），而「天」是正義公理之化身，其意志
是指向人生之至善；若統治者在引領群體的秩序上，不以「天」
的意志爲意志，則天會降臨不祥的徵兆與災變以警戒統治者。例
如：「當天意而不可不順。順天意者，兼相愛、交相利、必得
賞；反天意者，別相惡，交相賊，必得罰」（《墨子，天志篇
上》）。群體的秩序則來自群體中人人之「上下同義」，亦即無
論思想上、價值判斷上及意志上均凝聚成一體，此爲「尚同」之
義。另外，墨子也列舉：國與國之間相互攻伐，家與家之間互相
篡奪，人與人之間互相戕害；君對臣無惠，臣對君不忠；父不
慈，子不孝，兄弟之間不和睦等現象，係起因於「不相愛」之故
（《墨子，兼愛篇中》），因此，主張以「兼相愛、交相利」之
法儀來加以改變。但是，「兼愛」是根據「天志」而來的；因爲
父母、君王等人之愛都是有差等之「別愛」，祇有「法天」才能
「兼愛」。兼愛是治理天下的最高理想，所以，依墨子的看法：
人是經由「尚同兼愛」而達到主從關係的和合境界。

⊙**自然人事・律則協奏**

　　古人從日月四時的運行、曆數推算和天文星象中體會到天道
（即自然現象）的規律性，因而把天當作普遍性的律則，可以爲
人所效法或與人事相應。其中由以《易經》一書爲代表。《易
經》是一套術數，一部占筮書，始於八卦，衍變爲六十四卦，三
百八十四爻。卦象符號之演變係用以反映宇宙（遠取諸物）、人
生（近取諸身）的複雜變化，這就是《易經》的本義（韋政通，
1979）。《易經》卦象中所象之天地風雷山澤等自然現象，跟卦
爻辭中所描繪的人世生活的喜怒哀樂、吉凶禍福等就預存著天人
相感相應相交融之關係；而《易經》中所涵納的天人協奏係指：

自然法則與人事規律具一致性（劉長林，1992），例如：乾卦的六根陽爻表示天下萬物都處於永恆運動過程中。此過程是一級一級的上升，達到最上層不能前進則折返下來，開始新的循環，這是隱喻人事的發展總是經歷從弱到強，又由盛而衰的過程。因此，六十四卦既可看作是一個訊息變換的系統，同時又是一個關於宇宙與人事變化的訊息儲存系統，換言之，《易經》已將宇宙的全部道理和變化囊括到六十四卦之中。古人就在變化中找出規律來，以判斷吉凶悔吝，作為人生行為之導引（徐復觀，1963）。因此，《易經》所彰顯的是：人與天可以相感應，天道會影響人事，術數即傳達其中之消息，人生行為的準則可因「法天法象」而得。

　　《易傳》則根據《易經》的框架，以義理的形式解釋《易經》；它以儒家思想為主旨，同時又吸收了道家與陰陽家的思想。《易傳》直指自然現象中本來就蘊涵著種種德性：天地的德性就是生生不息地生長發育萬物，日新月異地使世界不斷更新。如《繫辭》云：「天地之大德曰生」「日新之謂盛德」「盛德大業至矣哉」；《象傳》也云：「天行健，君子以自強不息」。《易傳》又指出自然的屬性與人的品德相關。例如，坤卦象徵大地，爻辭：「直、方、大、不習，無不利」比喻人若具有正直、端方、大度等像大地一樣的好品德，即使遇到不熟悉之事物或處境，依然順暢吉利。這些都是天地萬物與人合德的觀念，同時顯示著以盛德大業作為達到天人關係和諧的必要功夫進境。

　　另外，《繫辭》云：「一陰一陽之謂道」，係指：道是陰陽相互對立和相互作用的變化規律，它是天地萬物和社會人事的共同規律，卻在宇宙、社會、人事上各有不同的表現；如「立天之道曰陰與陽，立地之道曰柔與剛，立人之道曰仁與義」（《說卦

傳》）。顯然，《易傳》以天地人「三才」並列爲天人和諧的「太和」境界之基礎，同時指出社會人事要類比陰陽之道以達天人合一。

二、人爲主體、天爲人賦予之意義

　　以孔、孟以及《中庸》爲主的天人合德論係視人爲主體、天爲人賦予之意義，亦即從人的道德實踐中賦予「天」意義，「天」具有道德法則與實體的意義，道德自我的充分覺醒與實現才能建立人與自然、人與人的和諧關係。

⊙下學上達・性道合一

　　在孔子的思想裡，對傳統的「天」並沒有作正面的批判或否定。他一方面視「天」爲一自發自然的運動，另一方面將「天」安置在道德實踐中，給予它一種「存有論上的意義」（ontological meaning）（蔡英文，1982），即賦予「天」德性之意涵。在《論語，憲問篇》中有「不怨天，不尤人，下學而上達，知我者其天乎」之說，意即透過「下學」的堅苦實踐歷程，而「上達」天德的境界。又《論語，爲政篇》說到「五十而知天命」，意指經由道德實踐（以仁爲本）而與天命契合無間。這是孔子將由上而下的天命方式轉化爲由下而上的升進方式，並在自証自驗中說明性道合一，天人不二之現象。換句話說，孔子主張道德實踐（下學）是保証與產生世界和諧與秩序（上達人德與天德同齊的境界）的路徑，雖非立竿見影，但至少通過長期的努力亦終會有成（成中英，1982）。

⊙反身而誠・以達天德

　　孟子把原始信仰中的「天」轉化爲超越的實體（張亨，

1992），並把「心」、「性」、「命」、「天」扣緊起來立論（蔡英文，1982），從孔子的「下學上達」往前推進一步，以內在德性的充盡來論證天爲道德之無限義。孟子認爲：凡人皆有惻隱、羞惡、恭敬、是非之心，即所謂仁、義、禮、智四端，此四端之心的道德意識乃深植於人之內在（「萬物皆備於我」）；亦即，促進和諧之道德先決條件已備於人之內在，唯有透過自我反省的功夫（反身而誠）（《孟子，離婁篇》），體認與實踐「本心」——即「四端之心」（《孟子，盡心篇》），以「盡其心」（《孟子，盡心篇》）爲行爲指導原則，才可以在人群中表現美善的行爲。換句話說，人不用向天以認識自己，只要內顧即可知天；天與人和諧之線索就在人本性之內，人在道德實踐之後，自能獲致和諧之天人關係與社會秩序（陳榮捷，1967）。而此一內在與超越的同一不但是眞實的「天人合一」，其所形成的天人連續體（homo-cosmic continuum）更建構出天人／人倫／社會政治各層面間環環相扣之價值體系（Huang & Wu, 1993）。

⊙擇善固執・貫通天人

　　《中庸》相傳爲孔子之孫子思所作，代表秦漢之際的儒家思想。其中首段與末段多論及人與宇宙之關係，其基本精神與孟子接近；中段則多言人事，就孔子學說多所發揮，同時又爲儒家之人本精神提供形上學之基礎，不但使儒家思想更向前邁進一步，且對後世影響力甚大（馮友蘭，1944；陳榮捷，1967）。

　　《中庸》開章之句：「天命之謂性，率性之謂道」，就是說：人之所以爲人的本性是由天所命，而天命無所不在，具有普遍之意義，受命之個體則爲一特殊之存在；但天命的普遍性與受命的個體統合爲一，使特殊的個體也具有普遍的存在意義，因此，天命是價值之源。但是，人一旦自覺到人性由天所命時，則

人的一切價值理想由天命轉移到人自身。從此，人性不僅是人的一切價值理想之本源，同時也是天地萬物之所本，人為天地萬物之主宰，人文本位充實而圓滿。這不但解答了人性之來源，同時也為人性提供了形上的根據，更使儒家人本精神向前邁進一步（馮友蘭，1944；錢穆，1951；徐復觀，1963；陳榮捷，1967）。人性與天命既然有內在之關連，有限之個體即具有無限之可能，，那麼，人與天的天人一貫亦指有限與無限之貫通。簡言之，天人一貫是《中庸》關於天人關係的想法，其立論點在於天命之謂性。

《中庸》也承繼孟子的天人合德概念，但是孟子特重修養工夫，講求盡心，而《中庸》則主張「率性」、「修道」和「盡性」，並對終極境界賦予較多思考。《中庸》的主要概念是「誠」，「誠者，天之道也；誠之者，人之道也。誠者，不勉而中，不思而得，從容中道，聖人也；誠之者，擇善而固執之者也。」（《中庸，第二十章》）。因此，誠既是人之道，又是天之道，誠是貫通天人，使心性天合一的；誠是天人合一之道（吳怡，1972），但是，誠在形上的意義雖是貫通天人，在實踐的意義上卻是天人有別；亦即，人是透過「擇善而固執」以實現天道之誠，而在終極境界處則是天人不分。簡言之，《中庸》是以天為道德的形上實體的和諧觀，以擇善固執的「誠」貫通天人關係的和諧化機制。

三、天與人皆為本然，卻相對立

天的另一重要意涵是「自然」，此時，「天」既不是有意志的，也不是道德法則之代表，而是「不受人力與任何外來力量的

干涉，而自作安排，自然如此」之概念（陳鼓應，1970；蔡英文，1982）。天是一種自然，自然是一種本然的狀態，泛指一切存有物的本性。人是大自然的一部分，人類純眞和質樸的狀態即生命之本然，並與萬物爲一和諧之整體。但是，文明的創生使得人面對無止境的險阻和困境，在克服的過程中又充滿挫折和不安，在此，「天」又是與文明相對的義涵，「天」是人超越人世活動而解放自由的精神境界。

⊙道法自然・復歸於樸

在老子的思想裡，「天」同時包含自然現象、萬物本性、道的質性或境界三層意思，而且「自然」並不是指客觀存在的自然界，而是指一種不加強制力量而順任自然的狀態。人生命的本源是自然，作爲萬物本源的道或天也是自然，天之道（天活動之原理）與人之道（人世活動之原理）是相對立的概念，祇有道法自然，以自然爲萬事萬物之準繩，才能天人合一，獲致純樸且和諧之人生。

天道是自然無爲的。「天地不仁」、「天道無親」都意指「天地」是無意志、無目的的，祇有「不爭之德」（《老子，第68章》）才得以配天，與自然合而爲一。自然之道是「輔萬物之自然」，而讓其「自化自成」。因此，自然無爲並不是指無所作爲，而是指：以自然之方式輔助萬物自然發展，不以意志和目的妄加操弄或干預，反而獲得功成事遂。但是，文明創造與社會生活皆不能不靠人的意志和目的之追求來達成，順任自然、返樸歸眞的生活似乎一去而不復返。老子卻認爲：經由特定的修道工夫，仍然可以達到與自然合一的境界。此時，在個體方面，要「復歸於嬰兒」，不讓生命的本眞（常德）離失；要甘居人之下，不與人爭勝；要把感覺官能之活動減至維生之最低限度。在

人際關係方面，要「挫其銳，解其分，和其光，同其塵」，意指在群體中要去鋒銳，不引起紛擾，昏昏沌沌，混同於塵俗。要棄利、絕巧、少私、寡欲，以達「大成若缺」、「大盈若沖」、「大直若屈」、「大巧若拙」等淳樸平易之生活（陳榮捷，1967）。這些都要靠「致虛守靜」之工夫，使心靈無所執、無所求、知欲俱消，才能「復歸於樸」，返回生命之本眞。簡言之，老子是以「道法自然」、「復歸於樸」來達到天人合一的境界的。

⊙坐忘幻化・超越對立

　　莊子和老子一樣都取「天人對立」之義，但老子認爲人必須法天以消除對立，而莊子則認爲要透過「坐忘幻化」的工夫，以超越主客對立，返歸於生命本眞的絕對境界，即天人合一的境界。這些工夫就是要克制人爲的衝動，以免「以人滅天」；還要「坐忘」（墮肢體、黜聰明、離形去知、同於大通），即忘天下、忘物、甚至忘生（《莊子，大宗師篇》）；更要利用高度想像作用（imagination），把人間處境視爲「大夢」，與宇宙整體互相幻化，以達人天無別、「天人不相勝」（《莊子，大宗師篇》）的和諧境界。另外，莊子又特別重視「心齋工夫」（張亨，1992），主張經由無知無己的心的虛靜工夫以追求與萬物冥合的精神境界。莊子認爲，心的本性是虛是靜，與道、德合體，但是人的情緒和意欲會使人違離自然本性，唯有克制人之意欲才能得「虛靜靈明」的「至人之心」，此時，自然可以「任天而動，與日俱新，而與造物者遊」（張默生，1969）。人生境界至此，其精神是圓滿自足，逍遙自由，天地萬物與人渾然爲一，這是精神超越帶來的天人合一。

四、天人分職，各不相涉

　　荀子對天也是採取自然義的宇宙觀（馮友蘭，1944；李杜，1978），卻視天爲客觀的、有理有則的實體，天是有秩序、有規律、萬物並陳而不雜亂的宇宙整體，天遵循一定的自然法則而生成消長。天是不知不識、沒有意志的，它不能降禍福於人，亦不會隨人之好惡而改變其生成消長法則，人世間的治亂是由人自己所造成，與天沒有關係；而人類對應或利用天的方式才是決定人生禍福之所在，也就是說，天人分職，各不相涉，此即所謂的「天人之分」。荀子雖然主張天人分際，但並不因此而強調人要與自然鬥爭，或主宰並利用「天」這個客體，而是承續孔子、孟子的思想理路，主張「天人和諧」（蔡英文，1982），盡人力以「自求多福」（馮友蘭，1944）。在主觀上要有清醒態度與奮鬥精神，客觀上要有實效，因此，體察與遵循自然的規律乃是天人和諧的基礎。

　　基本上，荀子認爲人天生具有好利、疾惡、耳目聲色等欲望，人生活在群體中，若任欲望恣意發展則會造成爭奪、殘賊、淫亂等現象，所以必須以「禮」來約束人本能的情緒欲望，才能表現合理性、中規矩之行爲。「禮」本質上是一種外部規範，即透過外在的壓逼形塑，使人的欲望與行爲有所收斂，反過來說，人在成就其爲人（即「人成」）之過程是一戰戰兢兢、執守禮節的過程（韋政通，1979）；但最後所顯現之人格則是與整個宇宙大自然呼應，且彰顯出一種大圓融、大和諧的狀態。換句話說，荀子將「天」作爲一種隱喻（metaphor），指出人在實踐「禮」的最終境界時顯現出的清明、廣大、自由自律的生命氣象與人格

狀態正如宇宙整體般的和諧（蔡英文，1982）。簡言之，人是透過「禮」之實踐而獲致人格的和諧。

　　「禮」除了可以達成個人似「天」般的和諧之外，對群體而言，「禮」的基本作用則是透過「分」（即有所分別或分際）而使得群體（或社會）和諧有秩序。《荀子，富國篇》指出：「人之生，不能無群，群而無分則爭，爭則亂，亂則窮矣。故無分者，人之大害也；有分者，天下之本利也。」，意思是說：人生不能沒有群體生活，若群體生活沒有「禮」作為分際的根據，必然會產生爭奪，爭奪引起混亂，混亂導致窮困，因此，「分」是群體生活致「和」的根本。又《荀子，王制篇》云：「人何以能群？曰：分。分何以能行？曰：義。故義以分則和，和則一，一則多力，多力則強，強則勝物。」意即，「群」是一個有秩序的結構體，但此結構體形成的條件在於「分」，在於「分中有和」，人類社會就在「有所分、又有所和」之情況下，形成一個有秩序的更高系統，使其擁有較強大之力量而居於萬物之上。簡言之，體現「分」的「禮」是社會有秩序與和諧的基礎，而人類獨具的分辨理智能力，則是和諧化的機制。

　　總之，天人分職確定「天」祇是自然者，它不能決定人間之禍福、治亂、興亡，人間事端賴人自身去解決。另外，經由「禮」，人節情制欲，成就了人自身；經由「分」，人獲得了社會秩序。荀子「天生人成」的理念，不但揭櫫了有所分際的天人關係，同時也指示了成就政治社會和合化、秩序化的根源。

結語：和諧化的辯證與和諧化機制

　　總之，中國人以農業為主的生產方式（下層結構）產生了天人合一思想的意識型態（上層結構）。而此天人合一思想所彰顯

的人與自然之關係，不僅反映在人與社會，人與他人，或人與其自身的關係上，同時也反映在中國人的宇宙觀、世界觀之上，而影響中國人的基本思維、信仰、情感與價值觀等，成為中國人民族性的文化心理基礎。

　　中國人天人合一的思想發源極早，原始神話中的天人交通記述和人與萬物一體的信念是其初始型態。爾後，由於意識到天人分化，於是隨著對「天」之觀念和對「天人關係」假設之不同而衍生出不同的天人合一之論證以及和諧化機制（見**表2-1**）。雖然這些假設各不相同，但它們天人合一的共同理念是：人與自然不是絕對的對立與隔絕，天與人之關係是交感和諧的，人也是在與天合一的關係中實現自身的價值；將天人關係推衍至人事之上，和諧不僅是個人、家庭以及社會的理想境界，代表著元亨利貞、萬事順遂；和諧也是一種人格境界，代表內外和順，內心怡樂，生命充實而圓融。顯然的，天人合一思想係在天人關係的和合化與分別化辯證之下轉化而成；亦即，天人關係是從天人不分的原始渾然和合型態，歷經天支配人、天超越於人、天人對立、天人不相涉的分別化，而最後又轉化為人與天地萬物一體的天人合一境界，這也是至善至美、生意盎然、絕對自由的和合境界。

　　至於天人合一之道（即和諧化機制），雖然涵蓋甚廣，但歸納之後亦可發現：在此天人合一的思想系統之下，欲達和合境界（內心和諧、人際和諧、群居和諧），從個人的修養工夫做起最為重要。其中道德實踐、盡心盡性、執守禮節、分辨理智，以及擇善固執等「自制內控」、「主動積極」的機制都指出：人是從主動的道德積累工夫中達到和合境界的。另外，自然無為、不爭自化、致虛守靜、坐忘幻化等「無固無執」的機制，則提供另一套被動、退讓的機制，使人們「以退為進」而達到和合境界。還

有，法象法天、陰陽之道等仿效自然律則的機制，或執守禮節、群居定分等「規範」機制，則開啓人們從獲知天意的「外控」方式或遵循規範的「外制」方式中達到和合境界。

表2-1　天人關係類型與和諧化機制

天人關係	對天之觀點	和諧化機制
天爲支配者 人爲附從者	• 天是帝、神（人格化） • 天有意志、主宰力（權威） • 天是正義、公理之代表 • 天是自然律則	• 敬德修德 • 仁民愛物 • 尚同兼愛 • 法象法天 • 陰陽之道 • 盛德大業
人爲主體 天爲超越實體	• 天是超越實體 • 天是道德法則 • 天是人性與價值之源	• 道德實踐 • 反身而誠 • 養性盡心 • 率性而爲 • 擇善固執
天人對立	• 天是自然（本然狀態） • 人亦是自然之一部份 • 天代表超越人世之精神境界	• 自然無爲 • 不爭自化 • 致虛守靜 • 坐忘幻化 • 超越對立 • 無知無己
天人分際	• 天是客觀的自然實體 • 天人分職（天人無涉） • 人類社會自成秩序系統	• 執守禮節 （自身和諧） • 群居定分 （社會和諧） • 分辨理智

第二節　倫理本位的禮的思想

中國的精耕細作小農經濟，產生了以親緣關係為主的社會，親緣關係是講求血緣情感和倫理規範，並界定倫理綱紀以維護血緣宗法的等級制，那麼，「倫理」指的又是什麼呢？

「倫理」即人倫之理，也就是各種人際關係中所共守的規範（韋政通，1991）。梁漱溟（1963）認為：「倫」即倫偶，指人們彼此之相與，而相與之間，關係遂生。人生而有種種關係，此種種關係即種種倫理。家庭中，父母子女是天然的基本關係，兄弟姊妹亦是，外出求學或工作，則有師徒、同學、同事等關係。亦即隨著一個人年齡與生活的開展，其四面八方，若遠若近有數不盡的關係。是關係就有倫理，而倫理始於家庭卻不止於家庭。梁氏還認為：中國人就家庭關係推廣發揮，以倫理組織社會；換言之，中國是倫理本位的社會，也是關係本位的社會。

費孝通（1948）則認為：「倫」即淪也，指水文相次有倫理，代表條理、類別或秩序；所以「倫」重在分別，特指有等差的次序。那麼倫理就是指人和人往來所構成的網絡中的綱紀，一種有差序的綱紀，如親親、尊尊、長長、男女有別等皆是。因此，費孝通認為中國社會結構的基本特性是「差序格局」，此差序格局是指：一種以「己」為中心所形成的一圈圈往外推的同心圓波紋。

因此，人倫是人與人之間的關係，倫理則是維繫不同關係的原則。中國是倫理本位的社會，倫理本位強調的是：人際互動

時，應先清楚與對方之「關係」及相對應之「理」，方能決定自
己該採取的態度與行爲方式。「關係」指的是彼此相對應之名分
地位，「理」是因應相互之關係而有相對應之情誼與義務。關係
有親疏遠近、長幼尊卑，與之對應的理也就非齊一等同，而是有
所差序的。人倫以五倫爲主，即父子、君臣、夫婦、長幼及朋友
等五種關係。相對之倫理則是：父子有親、君臣有義、夫婦有
別、長幼有序、朋友有信（《孟子・滕文公篇》）。五倫係以父
子爲首，足見其強調人與人之間的自然關係（情感性關係），再
以「己」或「家庭」爲中心，延伸至其他關係，使整個社會形成
層層的關係網絡，網絡中的每一個結都附著一套行爲規範和道德
要素，以致所有價值標準無法超脫人倫而存在，於是中國社會的
倫理體系因而建立，家族、社會、國家之秩序也因而成立。

　　那麼，何種「關係」與何種「關係法則」或「行爲規範」相
配方爲合宜？倫理又是從何而來？這就是隱藏在倫理體系之後的
「禮」的意識型態或禮治思想了。

一、禮的初始義涵

　　「禮」是指社會公認合適的行爲規範（費孝通，1948），而
「合於禮」就是說這些行爲做得對，做得合宜。行爲規範的目的
係在配合人們的行爲以完成社會的任務，滿足社會中各分子的生
活需求。從另一方面來說，禮也是一系列的社會制度，不但使人
類有別於禽獸，又使社會成員之間有所差別，社會有一定的結構
形式。換句話說，禮強調「別」，及對不同等級身分的人作不同
的規定，從而才能有一系列的行爲規範來「定親疏，決嫌疑，別
同異，明是非」（《禮記・曲禮》），而將等級制的社會制度和

行為規範融合為一。

　　古人所謂「禮」係始於飲食、婚配、養生、送死等風俗習慣，用以滿足人類的生活需要（《禮記・禮運》）；爾後，成型於祭祖的儀式。從禮字的結構上可以看出：(1)禮字從豐，豐是行禮之器，是在一個器皿裡面盛兩串玉具以奉神，所以禮的主要形式是用禮器舉行祭祀儀式。古人有三大祭：天神、地祇和人鬼，其中祭祖是重點。(2)禮字從示，表示擴展為對人，其後更擴展為吉、凶、軍、賓、嘉各種儀制（郭沫若，1954）。古人正是透過這些原始禮儀活動，將群體組織起來，按照一定的秩序和規範進行生產與生活，以維繫整個社會的生存與活動。因此，這套禮儀對氏族成員便具有強制性和約束力，相當於後世的法律，一種未成文的習慣法（李澤厚，1985）。

　　西周之初，《周禮》將原始禮儀和氏族統治體系加以規範化和系統化，「禮」遂形成一套系統的典章、制度、規矩、儀節，其功能也益形增加。此時，禮是以血緣父家長制為基礎的「親親」、「尊尊」制度，對上下等級、尊卑長幼等有明確而嚴格的秩序規定；由此更延伸為宗法制、分封制和繼承制，以維護貴族內部各階層的權力和名分之差異，「禮」也逐漸變為替氏族貴族服務的專利品。因此，一部《周禮》可以說是周代政治制度和社會生活的總結；禮不但和權力、財產的再分配結合在一起，同時更突出以血緣關係與等級差別規範社會行為的觀念。此期間，禮主要還是宗法社會的典章制度，它根據每人在宗法等級中的身分，規定他在祭祀、婚喪、節慶、宴飲、以及日常生活中俯仰登降、揖讓周旋等舉止和衣飾器物的使用；禮，也是一種制度化的儀式規範，這套儀式規範相當以社會階級地位為基礎，並以一套嚴密的名號稱謂、禮儀器具、以及儀式行動，來約束人們在各種

正式社會情境中的儀式行爲（黃光國，1988）。簡言之，此時，
禮是人們透過生活日用、風俗習慣表現出來，反映人際關係差等
的社會規範，其政治控制意義大於倫理道德意義。

二、禮的理論化

　　春秋戰國之際，禮崩樂壞，沿襲二千多年的古禮面臨危機，
其中以不遵古制和僭越影響最大，卻使得禮樂節文的享用範圍擴
大。爲了提供繁縟的傳統禮樂知識，於是湧現了一批以此謀生的
「儒士」。「儒士」是春秋大動時新出現的社會階層，沒有固定
的宗法依附關係因而有較強的主體意識，卻又深諳禮樂知識而與
宗法制度有較多的關聯；由於在教學中反覆咀嚼禮樂知識，自然
不滿足於只對禮樂形式的掌握而進一步追求禮中之道。於是，以
孔子爲主的儒士，透過對禮樂知識的反思而建立系統的「禮的理
論」或「禮的哲學」，這也是「儒學」建立的主要標誌（張端
穗，1982；馬振鐸，1989）。

　　「禮」理論化之後，不衹對社會生活提供了具體規定，同時
對社會生活本質賦予普遍性的理論觀念，即貫通「禮」的道理；
要求世人不僅外表遵循禮儀規範，更要在內心掌握禮意，培養禮
的精神。例如，孔子從其對禮的新認識中發現禮的本質是：表達
人之情與人之理的形式（呂紹綱，1989）。但是這種表達卻不可
以任意的，社會生活中人們不免受血緣關係和政治關係及其交錯
（即人際關係有親疏上下之差等）的約束，爲了反映這些差等的
人際關係，就要以「度」和「分寸」來表達。這便是禮，一種必
然也是必要的禮。孟子則以「恭敬之心」與「辭讓之心」來說明
禮，並將禮列爲天賦的「四端之心」之一，因此，禮成了自覺的

道德意識，從外在規範變成人的內在需求，個人也有了獨立的道德判斷之自由。禮也就此進入了倫理道德的範疇，並擁有其獨特的意識型態。

三、禮的豐富化

儒學爲了豐富禮的理論，還不斷地對「禮」重新解釋而使之豐富化。孔子承續周禮，由親親而言仁，由尊尊而言義，以「正名分」重新穩定君君、臣臣、父父、子子的主從隸屬關係，以「仁」釋「禮」，對禮的發展有重要的貢獻。「仁」本是人與人的組合，孔子賦予道德屬性，而成爲人與人的倫理基礎。在此之前，禮僅具有外在的強制性和約束力，它是人類和動物有所不同的社會標誌。但孔子將「禮」解釋爲「仁」：「克己復禮爲仁」，即將外在的禮儀轉化爲內在的文化心理結構（李澤厚，1985），「禮」因爲有了「仁」而出現了內化爲修己之道的新面貌。

「義」與「禮」經常並稱，內容互殊卻相輔爲用。「禮者因人之情，緣義之理，而爲之節文者也。故禮者謂之有理也。理也者，明分以諭義之意也。故禮出乎義，義出乎理，理因乎宜者也」《管子・心術篇》。「禮」根據「義」以規範人與人之間行爲的合宜性。因此，以義定禮的標準，使禮的合宜行爲具備客觀理智性、公平性以及權宜性。

但是，與儒家相對立的法家管子，雖主張法治，卻也重視禮教，商鞅變法雖然對禮有所批判，但是並未廢禮（蕭公權，1982）。荀子則對禮、法對立採取調和的態度，而提出禮爲法之本、法爲禮之用的想法。荀子的「禮」論是從人性本惡開始，爲

了制止紛爭以免社會崩潰，需要以禮定分；他強調禮是由人創造的社會控制系統，於是引法入儒，使禮與法同歸；「禮」也因爲有了「法」的依據和充實，而外化爲治人之政與強制性之教化。在《禮記》中，主張禮法合流，於是國家法權與道德修養融爲一體，禮兼具德化與刑罰兩種功能，而爲往後歷代王朝所沿襲，使中國成爲一個「禮治社會」。即以「禮」治理社會，以「禮」規範社會活動中人與人之關係，並維持社會秩序（汪德邁，1987）。

另外，孔子認爲：「禮之用，和爲貴」（《論語·學而篇》）又說「立於禮，成於樂」（《論語·泰伯篇》），所以「禮」除了要求人們遵守禮制，服從倫理規範之外，還要調節內外與人際等差，以達和諧統一。而實現此「分中有和」、「和而不同」的理想目標者，正是禮與樂。意即，「樂」之「和」補償了「禮」之「分」，「禮」與「樂」因而相輔相成，而使萬事萬物自然有別又自然有序，並構成和諧之整體。

簡言之，禮的豐富化是透過儒家不斷地對「禮」重新解釋而獲得的。以下將分別從(1)以仁釋禮，(2)以義定禮，(3)禮與法之合流與分殊，(4)樂與禮之相輔相成，來闡釋禮的豐富化。

(一)以「仁」釋「禮」

「仁」是孔子思想系統的中心。「仁」字在《論語》中出現百次以上，含意廣泛而多變化，因而後人不斷提出各種不同的詮釋。根據李澤厚（1985）的看法，孔子講「仁」是爲了解釋「禮」與維護「禮」；維護或恢復「禮」的體系是「仁」的根本目標，解釋「禮」，使「禮」的義涵更加豐富化、多面化。以下即一一討論「仁」如何豐富化「禮」。

1.「仁」的差序性

　　許愼《說文》解釋「仁」的字意:「仁,親也;從人二」,孔子又解釋「仁」爲:「愛人」。由此可見,「仁」是指兩個人相處的道理,在二人關係中相親相敬,即爲「仁」。此義與「倫理」之義涵相通,足見「仁」也是倫理之基礎。仁的實踐是有差序性的(黃光國,1988),要「能近取譬」有先後順序,其中以「事親」爲第一優先順序,然後再依照關係的親疏,由近而遠,層層往外擴充,在不同的人際關係中「踐仁」。例如,《孟子‧盡心篇上》:「親親,仁也」;《孟子‧離婁篇上》:「仁之實,事親是也」;《論語‧學而篇》:「弟子入則孝,出則悌,謹而信,汎愛衆,而親仁」。由此可見,「仁」的實踐是以「孝」、「悌」爲基礎,把「親親、尊尊」作爲仁的標準,從縱橫兩方面將親親(血緣)關係和等級制度建構起來,並加以維護。這也正是符合「禮」以血緣爲基礎,以等級爲制度的統治體系。同時也反映「禮」本身的差序性:即「尚賢使能,等貴賤,分親疏,序長幼」(《荀子‧榮辱篇》)的差序性社會秩序(黃光國,1988)。

2.「仁」的人道性

　　「仁」雖從「孝」、「悌」開始,卻不囿限於血緣或類親緣關係,而是要將親人之愛推及他人。「老吾老以及人之老,幼吾幼以及人之幼」,從「差等之愛」到「泛愛衆」,由「親親」而「仁民」,這是「仁」所強調的社會性與相互性,旣建立嚴格的等級秩序,又具有「博愛」的人道性(李澤厚,1985)。仁者愛人,「愛人」一詞中所稱的人是指自己以外的他人,一個懂得「愛心」的人,必然是「待人以誠,推己及人」,此即忠恕之道,也是「仁」的主要義涵。忠恕就消極面而言是:「己所不

欲，勿施于人」；就積極面而言是：「己欲立而立人，己欲達而達人」。也就是說，自己有所立，有所達，也要使他人有所立，有所達，如此，大家的需求皆獲得滿足，這是「仁者愛人」的最高境界。而「立」的內容就是「禮」。《論語·泰伯篇》：「立于禮」，《論語·季氏篇》：「不學禮，無以立」。在在都表明祇有遵循「禮」的內容，才在社會上站得住腳。換句話說，如果大家都按照禮的規定，滿足自己的欲求之外，又能推己及人，那麼，人人在「禮」的範圍內，依照自己的角色、身份、地位，彼此相互體恤，自能消除歧異、爭鬥而達穩定、和諧。簡言之，「仁」因緣於其人道性，而對個體提出了社會性的義務與要求，也致使「禮」特別強調社會互動的義務性與相互責任性。

3.「仁」的自主性

　　「禮」本來是對個體具有外在約束力的一套習慣法規、儀式、禮節、規範；一種外在的儀節形式。但是，孔子解釋「仁」時，從「孝悌」開始，也就是將整套「禮」的血緣基礎定為「孝悌」，又將「孝悌」建築在親子關係的情感上；如此，就把「禮」從外在的規範約束，解釋為人心的內在要求，把僵硬的強制規定，提升為自覺的理念，使倫理規範與心理欲求融合為一（李澤厚，1985）。由於強調內在的心理原則，「仁」，作為人性的心理原則，或為內在的倫理，或為先驗的道德規範，因而成了更本質的東西，而外在的形式（儀）與外在的實體（禮）反而成為從屬且次要的。「仁」作為內在的心理原則，是強調個體的主體性，突出人的主動性和獨立性，所以孔子一再強調「為仁由己，而由人乎哉？」，「仁遠乎哉！我欲仁，斯仁至矣！」（《論語·顏淵篇》）。雖然，求仁復禮完全取決於自己，但是仍然要靠勤奮學習，如「不學禮，無以立」（《論語·季氏

篇》），「六藝之教以禮爲中心」（《禮記・經解》）；以及講求克制和鍛鍊意志力的自我修養工夫，如「克己復禮」（《論語・顏淵篇》），「約之以禮」（《論語・雍也篇》）。

　　簡言之，「仁」把外在的「禮」變爲內在的人性心理原則，使「禮」的外在的強制性變爲內在自覺的理性活動，「禮」的基礎因而更加深化且穩固了。

(二)「義」定「禮」

　　在孔子的觀念裡，「義」是君子的本質，也就是作爲君子的條件和基礎。《論語・衛靈公篇》云：「君子義以爲質，禮以行之，遜以出之，信以成之，君子哉」。《里仁篇》又云：「君子之於天下也，無適也，無莫也，義之與比」。由此可見，「義」是君子立身爲人的原則，也是治事的標準。但是，「義」比較偏重人與人的關係和具體的行爲，亦即「義係有關人與人具體關係的德行」。《禮記，禮運篇》有詳細的說明：「父慈、子孝；兄良、弟悌；夫義、婦德；長惠、幼順；君仁、臣忠，十者謂之人義」。「義」與「禮」內容互殊而相輔爲用。義是透過禮來表現，禮則根據義以規範人與人之間行爲的合宜性。因此，「禮義生而制法度」（《荀子・性惡》），又「禮義以爲紀，以正君臣，以篤父子，以睦兄弟，以和夫婦，以設制度。」（《禮記・禮運》）。亦即若社會中各層級均謹守禮義之教，則社會秩序自臻正理平治。那麼，「義」所含蓋的諸多面貌又如何豐富化「禮」的義涵？以下將一一討論。

1.「義」的理智性

　　「義」與「知」相近，即知是非善惡之所在，也是一種以「仁心」爲基礎所作的道德判斷，以符合人事之宜（黃光國，

1988）。但是，「仁」是惻隱之心，與「情」相若，自然偏向主觀的情感性；而「義」則是人性中自發的「正義感」，包括「羞惡之心」、「恭敬之心」、與「是非之心」，用以知人知事以行仁，是偏向客觀性與理智性的（成中英，1986）。換句話說，「義」是以理性爲基礎，對外在事物作客觀的認識、判斷之外，再據以採行的態度與價值取向。「義」既然強調客觀性與理智性，那麼就以追求平等法則（principle of equality）或公平法則（principle of equity）爲主，而非受主觀情感或與己關係之影響。因此，「義」與「仁」相違時，「義」就更需要以「知」爲基礎，以求對事實的利害關係和「義」之大小有所評估。「父爲子隱，子爲父隱」的大仁必須加以肯定，以免父子反目背棄，人倫基礎動搖而危害社會秩序；但是，在肯定「義」爲更大之仁時，也可以犧牲親親之小仁而「大義滅親」。《孟子‧告子》：「仁，人心也；義，人路也」，又「以仁爲思，以義爲理，以禮爲行」（《莊子，天下》）。因此，「義」的理性判斷，既要以「仁」爲基礎，更要兼顧「禮」（人倫秩序）的維持。

2.「義」的差序性

　　如前節所述，「仁」是具有差序性的，也就是說，在實踐「仁」時，是有先親後疏，由近至遠的先後程序。「義」之判斷既以「仁心」爲基礎，那麼「義」的標準則會因個人互動對象的不同而有所差異。如《荀子‧非十二子篇》所言：「遇君，則修臣下之義；遇鄉，則修長幼之義；遇長，則修子弟之義；遇友，則修禮節辭讓之義；遇賤而少者，則修告導寬容之義」。義的差序性，在五倫或十義的倫理體系中除了論及的親疏遠近的基本人際差序關係之外，還蘊含著「上下、尊卑」的等級關係。強調上下關係的倫理，是要求下對上要忠心順從，上對下要慈愛體恤，

因此，在「十義」中，凡是扮演「父、兄、夫、長、君」等居上
位或支配者的角色時，應當遵守「慈、良、義、惠、仁」等原
則，而扮演「子、弟、婦、幼、臣」等居下位或從屬者的角色
時，則要遵守「孝、悌、聽、順、忠」等行為原則。

　　但是，這些「人義」看似相對性的（如：父慈子孝），但是
倫理體系的「義」是「因情而有義」，「顧名而思義」，所以是
強調以對方為重的「義務」（梁漱溟，1963），「義務」成了第
一序的概念（余英時，1984）。因此，「義」也就是一種盡其在
我，對自己負責的態度。另外，《中庸·二十章》：「仁者，人
也，親親為大。義者，宜也，尊賢為大。親親之殺，尊賢之等，
禮之所生也」。「義」雖以「尊賢」為最大，但在作「義」的判
斷時，仍要秉持理性分辨「賢」的差等性。一旦確認「賢」者為
「大賢」之後，也要「從道不從君，從義不從父」（《荀子·子
道篇》）。《荀子·禮論》：「禮者，分也，義者，宜也，尊卑
有分，分得其宜」。簡言之，「義」強調「合宜」的差序性，使
「禮」在強調「上下尊卑」分際清楚的人際關係中，建立起了和
合化的人倫秩序。

3.「義」的公義性

　　義利之辨是孔孟思想的重心之一。對孔子而言，「利」主要
是指一個人私有的利益，通常包括財富或因個人所佔地位而獲致
之權力，也就是富與貴；相對的，「義」的意義係：就理性考慮
他人及全體的需求而加以節制及合理化個人需求之態度與原則，
以謀求人與人共同和諧的生活（成中英，1986）。簡言之，
「利」指小我的利益，「義」指大我的利益；「利」是私心，
「義」是公心，「義利之辨」也同時意含著公私之辨。「利」是
每個人自然之欲望，但是「義」卻要求人要注意這個自然欲望是

否與大眾的利益相衝突。因而，義是一種理性態度，一種捨己從眾的原則，實行此一原則之人即是自覺且具德行之君子。所謂「見利思義」、「義然後取」（《論語・憲問篇》），「君子喻於義，小人喻於利」（《論語・里仁》），在在都顯示著「義」原則之表現。

從義利之辨的討論可以得知：「義」是一個人尊嚴之所在，也是一個人肯定他人的理性態度。「義」是對人我之際利益的調和與裁決，也是一種對全體利益的理性肯定。因此，「義」是人之正路（《孟子・離婁上》），必要時，「舍生取義」，也就是「捨權利」、「盡義務」，而使個人所以為人之價值得到肯定與完全。那麼，一個和諧有秩序的「禮義」社會，也就是重公義、捨私利，或依「義」而以個人所得來增進公利，並成就個人人性價值的社會，一個利人又利己的理性和諧社會。

4.「義」的時中性

《中庸》云：「義者，宜也」。宜就是合於時宜，也就是《中庸》所說的「中節」或「時中」；另外，《荀子・儒效》也提及：「曷謂中？曰：禮義是也」。也就是說，掌握「中」的分寸，就是禮義。那麼，「中」的意義又是如何呢？孔子討論「中」時，多以「中道」或「中行」稱之，即指道之至中至正，也就是無過不及，不偏不倚之意。《中庸》則解釋「中」為：「喜怒哀樂之未發謂之中」，亦即，就人性而言，乃指情性未發之狀態，一旦情性發動，一般是難以維持至中至正的狀態。但是「發而中節謂之和」，意指：若情性之發動，合乎客觀之事理（合宜），那麼也就具體實現天下人事之和了。「中」也是指「執其兩端，用其中」的「中庸之道」，但是「執中」之時，要通權達變，具靈活性，否則「執中無權，猶執一也」（《孟子・

盡心篇》），一旦僵化，則將破壞「致中和」的和合境界。

簡言之，「義」提供「禮」一套客觀理性且公平之行為標準，同時指出執行「禮」時的輕重考慮及優先順序，另外又強調合宜行為的通權達變，使得禮雖然有具體的標準，卻不是一成不變的規範，它隨時世變化而變化。

(三)禮與法之合流與分殊

在傳統中國，禮與法經常容易混用。一般而言，「禮」與「法」均有廣狹兩義。狹義之「禮」為儀，「法」之狹義為刑，而廣義之禮與法則為一切社會及政治制度。但是，「禮治」是以儀文差等之教為維持制度的主要方法，而以刑罰為輔，「法治」則以刑罰之威為維持制度的主要方法，而以儀文差等為輔（蕭公權，1982），因此，禮與法之間沒有絕對的分界，都是用來協調社會成員間之相互關係。

1.荀子的古禮新義、禮法同化

以孔子為宗的儒家一向主張恢復「周禮」以治春秋之亂。春秋時人之論禮，狹義指禮之儀文形式，廣義指一切典章制度。而儒家所重視而闡明者是廣義之禮，並不是冠婚喪祭，揖讓周旋諸事。其中荀子以廣義之禮為基礎，以隆禮義替代尊周文，以禮治思想替代孔子之德治與孟子之王道思想，再配合性惡之說以及客觀實用的理智主義，不但集先秦禮論之大成，蔚為一家之言，並為法家啟蒙之先進者。荀子一反孟子之性善論而主張人性本惡。《荀子·性惡篇》曰：「人之性惡，其善者偽也」。又曰：「從人之性，順人之情，必出于爭奪，合于犯分亂理而歸于暴」。意即，人生而有好利、疾惡之心，耳目聲色之欲，若順其自然發展，縱欲而不知節制，則會引起爭奪殘賊，淫亂隨之而生，因此

需要「化性起僞」，也就是加以社會化以改造人性。

　　依荀子的觀點，人之天性不能消治，但是可以教化。「化性」需要憑藉兩種力量，一種是習俗，即以禮義爲中心的習俗，另一種是靠個人的積學，經由積學工夫，使禮義內化，成爲生活習慣的一部分。因此，在教化的過程中，禮義不僅是外部的規範，同時要加以內化；禮義作爲客觀存在的社會規範或制度時，則要依賴聖人或君子運作才能發揮功能；禮義要能內化，則基於人的特色：分辨能力（義）。

　　荀子既言性惡，必主張制性而重禮，此謂「禮定分以節人之欲」（馮友蘭，1946）。《荀子・禮論篇》曰：「禮起於何也？曰，人生而有欲，欲而不得，則不能無求；求而無度量分界，則不能不爭。爭則亂，亂則窮。先王惡其亂也，故制禮義以分之，以養人之欲，給人之求，使欲必不窮乎物，物必不屈於欲，兩者相持而長，是禮之所起也」。「禮」係藉節欲之手段以圖人人生活最大可能之滿足。也就是說，禮是一種分配原則，禮起源於控制與滿足人之欲望，對物質要求有適度分配，使物質與欲望互相制約，長保協調。

　　但是，「人之生而不能無群」，欲使人群而相安，則必須有所「分」。「分」是指人與人之間有上下、貴賤、長幼、親疏之別，即「使貴賤之等，長幼之差，知愚、能不能之分，皆人載其事各得其宜」（《荀子・榮辱篇》）。又，《荀子・王制篇》云：「人何以能群？曰：分；分何以能行？曰：義；義以分則和」。即，「分」、「別」後的對偶式的人際關係之間有一套行爲准則，那就是「義」。一般而言，人與人之間，權利不定則爭享受，義務不定則爭怠工，因此，藉「禮義」以釐清每個人之權利與義務，一旦權利義務確定而週知，則人人各安其位，各司其

職，社會亦達不爭不亂之境地。簡言之，禮義之目的在養民裕民，以建立「群居和一」的社會，禮義之手段則是「分」，以便分工合作，維持人際和諧。但是，禮義之功能發揮，端賴君子、聖人之運作。「人道莫不有辨，辨莫大於分，辨莫大於禮，禮莫大於聖王」。又說：「聖也者，盡倫者也。王也者，盡制者也。兩盡者足以為天下極矣」（《荀子‧解蔽篇》）。又謂：「天地者生之始也，禮義者治之始也，君子者禮義之始也」（《荀子‧王制篇》）。根據荀子的觀點，具有辨、分、義等理智者，即為君子、聖人，也祇有他們是理想的人君，可以「推禮義之統，分是非之分，總天下之要，治海內之眾，若使一人」（《荀子‧不苟篇》）。

因此，荀子論禮，除了以明貴賤，別上下、異君臣為要義之外，更大唱「尊君」之論，而且聲稱「君權為絕對的」，這種想法已與法家接近。另外，荀子對禮、法採取調和態度，「禮者，法之大分」「法者，治之端也」，此時，禮、法已有同化之跡象。事實上，按蕭公權（1982）的看法：『封建宗法社會，關係從人，故制度尚禮。冠婚喪祭、鄉射飲酒、朝會聘享之種種儀文，已足以維持秩序而致治安。及宗法既衰，從人之關係漸變為從地，執政者勢不得不別立「貴貴」之制度以代「親親」』。因此，新起之制度雖亦稱「禮」，但禮之內容已較廣泛，容易與廣義之「法」相混。荀子之禮治思想具有此過渡時期之特色，雖言禮，但不為春秋封建之舊禮或純儒；雖論「尊君」「治法」而為法家之先進，但仍以人為本，法為末。

2.禮法分殊

在傳統中國，「法」之狹義為刑，廣義則為一切社會政治制度之總稱。「法治」指的是，君主按照制度以行賞罰之意。先秦

　　法家之「法治」思想，係以君王爲主體，而以「法」爲工具；因此，雖言「以法治國」，但仍屬「人治」思想，無異於孔、墨、孟、荀諸子以君王爲治權之最高執掌者。祇是，儒墨「貴民」，法家「尊君」，孟荀以仁義禮樂爲治術，而法家則任法行之。另外，儒家「以敎爲政」，目的在兼善天下，以個人道德之發展爲政治之最高理想，因此，雖禮義與刑法並用爲治術，而以禮義爲主，稱之「禮治」；反之，管子「以敎行法」，禮義敎化之目的則在要求人民順服以事國君，此爲「法治」。秦漢之際，《大戴・禮記》曾提及禮與法之比較，曰：「禮者，禁於將然之前；而法者，禁於已然之後」。

　　由此可知，「禮」雖然強調社會規範對外顯行爲之制裁，卻更重視處理「未然」的主體關係，即處理行爲目的尚未決定前一般社會成員之態度。「未然的主體關係」指的是：事先界定的各成員之間主動主體與被動主體之相互關係，也是一種「未然的人倫」；如此，則和歐洲國家法權思想中的「法」所規範的當時行爲之目的，即客體，有所不同（汪德邁，1987）。此處之「法」則指刑法，是實施於已然之後，一種就行爲之後果行賞罰之工具。

3.商鞅、韓非之法治思想

　　先秦時，管子、荀子揉合禮法，使得禮與法之消長迤迤邐邐近二百年之久。及至商鞅變法，尊君權、任法術之法治思想才日臻嚴謹；爾後，韓非更以法、術、勢三者集法家思想之大成。因此，欲論法治思想，當以商韓爲主。法家的法治思想的主要特色有：(1)性惡論，(2)反智論，(3)尊君論，(4)齊一論，(5)權術論；這些都和禮治思想有明顯的分野。

(1)性惡論（法）　　荀子雖認爲：人之性惡，但可以經由「節

欲」、「化性」而爲善，故主張以禮義敎化爲政；然而，法家諸子則認定：人之性惡，卻無爲善之可能，故刻薄寡恩，主張嚴刑峻罰以爲政。韓非更明言：人之本性自私自利，即使父母子女、家庭骨肉之間亦難免計較私利，遑論對他人（《韓非子‧六反篇》）。因此，在商韓的法治思想裡，法（賞罰）是唯一的是非善惡標準，人要絕對地受制於法，人的行爲也必須在法所控制的範圍內活動（韋政通，1991）。

(2)反智論　韓非旣認定人性的本質是趨利避害，「法」是唯一的價值標準，自然相信人的思想可以威脅利誘加以控制（余英時，1976）。儒家的德治（禮治）主義主張：尚賢使能，臣子對君主有規諫之責任，而且從道不從君；韓非則認爲：以仁義智能治國，必導致卑主而危國，故「有道之主，遠仁義，去智能，服之以法」（《韓非子‧說疑篇》）。這是一種反智主義，主張君主應視民智「猶如嬰兒之心」般無知，而且「民智不足用」（《韓非子‧顯學篇》）；君主對其左右，更不必求其智、求其賢（《韓非子‧孤憤篇》），以免妨礙法術統治；君主祇要要求臣子百姓知法守法，自然可以獨行「專制統治」。

(3)尊君論（勢）　以君爲主體而以法爲工具是先秦法治思想的特色，這是不同於歐洲國家的法治思想：以民爲國家之主體，視法律爲最高權威，法權高於君權（蕭公權，1982）。法家以尊君重國爲主旨的法治思想，使得法家雖自許爲「以法治國」，卻仍不脫「人治」思想本色。韓非的勢治之說（勢即君權）是：不問君主的行爲如何而要求臣子以無條件服從；亦即，君父享有絕對之權利，臣子則要盡無限之義務，即使面對暴君賊父，亦不改其忠孝行爲。如此強調君勢，不但使得君權達到極至，並將道德劃分於政治領域之外，同時也爲未來中央集權的君主專制政體立下了

理論基礎。

(4)**齊一論**　禮治的特性是強調「別」，即對不同等級身分的人作不同的規定，以致具有多歧性與多制性，所謂「刑不上大夫，禮不下庶人」即是。而法治的要求是「齊一」，即「聖人之為國也，一賞、一刑、一教」（《商君書》），「紲羨齊非，一民之軌，莫如法」（《韓非子・有度篇》），即在實行賞罰時，不考慮人的等級身分、對所有人實行同一標準，這是法的齊一性。齊一之後，法不分歧多制，「齊於法而不亂」而可以達到齊民、治眾的目的。又，法有了齊一性之後，「法不阿貴，繩不撓曲。法之所加，智者不能辭，勇者弗敢爭。刑過不避大臣，賞罰不遺匹夫」《韓非子・有度篇》，這種賞罰無私才可能達到公平性，而展現法治的積極面，這也是法治的最重要價值所在。但是，以法為唯一代表公義的標準，齊平了法以外的一切是非和價值標準，將使法喪失多元價值的調和與平衡，而埋伏著變成僵化死法令的可能性，則又顯示了法治的消極面。

(5)**權術論（術）**　權術之論以申不害最重視，韓非則承其餘緒而加以補充。韓非假定君臣之間是赤裸裸的利害關係，絕無仁愛信義可言。君之權位是臣所覬覦，臣處心積慮欲謀奪權位，君則處心積慮以保持其權位。此時，君主最需要的是使用權術。所謂「術」是指人主所獨用以駕馭群臣的方法，而「法」是由君臣所共守的。基本上，消極之術指君主要無所信任，以不給臣下有任何逢迎窺伺的機會；積極之術則指要君心獨斷，不給臣下有弄權竊勢的機會（蕭公權，1982）。換句話說，為君者要使自己深藏不露、高深莫測，且不能信任他人以免受制於人，以維護君主獨尊之地位。如此，君主則顯得無好惡之心，無慈悲之心，與「法」的齊一秩序整合無間。

（四）樂與禮之相輔相成

　　基本上，禮強調的是社會規範對個人的約制，那麼其作用又如何呢？《禮記》云：「禮者，因人之情而爲之節文，以爲民坊者也。」又《孟子・離婁篇》：「禮之實，節文斯二者是也」。由此可見，禮之作用有兩方面，一方面爲「節人之情」，另一方面爲「文人之情」（馮友蘭，1949）。這是指：人的情緒與欲望之流露應該有適當的節制，恰到好處即是「中」，若過或不及則易與他人或自身內在之其他方面有所衝突。「禮」即是使得情緒、欲望表現適中的外在規範，目的在於防止人與人之衝突，以及調和己身之諸情緒欲望。《樂記》也云：「先王之制禮樂，人爲之節。」由此可知，樂之功用也在於節人之情，使發而合乎中道。禮樂之目的相同，皆在行教化，使人有所節制而表現適中。

　　「樂」包括聲樂、器樂、舞蹈以及詩歌等，表演時通常穿著彩繪服飾與手持象徵性舞具。「樂者，審一以定和者也，比物以飾節者也，合奏以成文者也。」（《荀子・樂論》）。音樂和舞蹈皆是由各種不相同的音符和動作所組成，但是，由於按照一定的音律安排，卻構成節奏協調的和諧整體，這正是「分中求和」的典型體現。「故樂在宗廟之中，君臣上下同聽之，則莫不和敬；閨門之內，父子兄弟同聽之，則莫不和親；鄉里族長之中，長少同聽之，則莫不和順。」（《荀子・樂論》），這樣看來，被劃分爲不同等級的人，就如五音六律一樣協調起來了。「禮」也是將每個人的社會地位和從屬關係，透過不同的互動原則或禮儀表現出來，以維持社會秩序。所以說，「禮義立則貴賤等矣，樂文同則上下和矣。」（《樂記》）。因此，以禮樂治天下之目標均在於「分中求和」了。

《禮記》：「樂者，天地之和也；禮者，天地之序也。和故百物皆化，序則群物皆別」，又「樂者爲同，禮者爲異；同則相親，異則相敬；樂勝則流，禮勝則離。合情飾貌者，禮樂之事也。……樂曲中出，禮自外作；樂由中出故靜，禮自外作故文。大樂必易，大禮必簡。樂至則無怨，禮至則不爭。揖讓而治天下者，禮樂之謂也。」（《樂記》）。樂與禮，一和一序，一化一別；一主同一主異，一爲中出一爲外作；一易一簡，一天一地；兩者相輔相成，並以追求和諧與秩序爲最高目標。

簡言之，禮起源於風俗習慣，而後成爲約束生活與行爲的制度化儀式規範。隨後，加入「仁」的理念，使禮具有倫理風範和內在自覺的理性；以「義」爲標準，使禮有了客觀公平和權宜性；加入「法」制概念，禮更爲社會秩序與教化不可或缺之一環，最後再以「樂」之「和」補償「禮」之「分」，禮與樂相輔相成，而禮義風尚逐成爲建構「大順」理想社會的基礎。這些即是儒學不斷地對「禮」重新解釋而使之豐富化之結果。

結語：和諧化的辯證與和諧化機制

「禮」起源於滿足人類生活需要的風俗習慣，成型於祭祀儀式，並衍生出各種儀制活動，最後更形成一套系統的、制度化的儀式規範，而具有了約束與強制人類社會行爲的力量。因此，「禮」是一種行爲儀式規範，也是一種社會制度，目的是建立人際（社會）的和諧與秩序，同時又具有維護宗法等級制的作用。

爾後，儒家將潛藏在禮制中的思想予以理論化，於是，禮不祇對社會生活提供了具體規定，同時賦予普遍性的理論觀念。其中，「禮」因以「仁」詮釋而內化爲修己之道，與「義」並稱而界定了合宜的行爲法則，與「法」合流而外化爲治人之政與強制

性之教化，最後更與「樂」相輔相成而節情飾欲、調整內外；經過如此多面且豐富的轉化之後，「禮」提供了更多樣之和諧化機制（見**表2－2**），賦予社會和諧與秩序化更穩定之基礎。總之，「禮」除了是一些具體的典章制度和儀式規範之外，還有豐富的禮的意識型態。

　　因此，禮的初始義涵係在人際的分別性、差序性以及等級性的基礎上建立人際（社會）的和諧與秩序，也就是說，其和諧觀強調的是「秩序化之和諧」，這樣的和諧是建立在「差別性」的固定化之上，而潛藏著同一化與極端化的可能性。經儒學理論化且豐富化的禮治思想，所彰顯的則是「和而不同」的和諧觀。意即，在不影響人際（社會）和諧的前提之下，允許個人主體意志與信念的存在。

　　在和諧化機制方面，禮制所提供的和諧化機制是：安分守己，即安於自己的等級身分，避免非分之想與非分之事以維護人際（社會）秩序；。此機制較易導致同一化之和諧。孔子的禮的理論裡，「仁」所提供的和諧化機制是親親原則，即在血緣人倫的親疏之別上而愛有差等；但是仁還特別強調人倫關係的相互責任義務，以及個體的主動性和自主性。此機制所導引的是達到「和而不同」之和諧。「義」所提供的和諧化機制是合宜性之判斷，即在摒除自我的私心之下，以客觀理性、不偏不倚、重義輕利、盡其在我爲原則，卻又要通權達變。此和諧化機制雖然指向靈活圓融的大和諧，卻因其強調片面性義務與貶抑小我的情緒欲望，而潛藏著片面化的危機。而「樂」所提供的和諧化機制是協調原則，即在承認差異的基礎上求得和諧，其所彰顯的和諧也是「和而不同」的和合境界；但是，若過分強調節情飾欲，則可能顯得矯情而缺乏生生不息的自然氣息與生命力。

表2-2　禮的意涵與豐富化

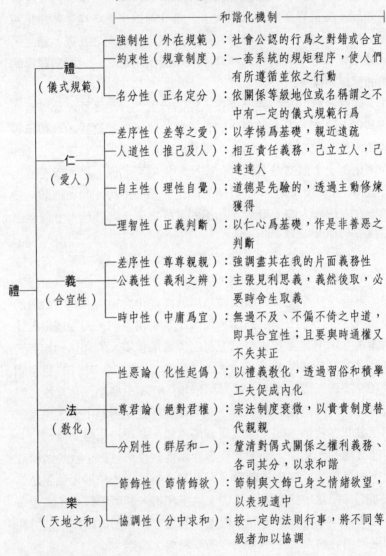

```
├──────────────和諧化機制──────────────┤

              ┌─ 強制性（外在規範）：社會公認的行為之對錯或合宜
              ├─ 約束性（規章制度）：一套系統的規矩程序，使人們
      禮       │                    有所遵循並依之行動
   （儀式規範）─┤
              └─ 名分性（正名定分）：依關係等級地位或名稱謂之不
                                    中有一定的儀式規範行為

              ┌─ 差序性（差等之愛）：以孝悌為基礎，親近遠疏
              ├─ 人道性（推己及人）：相互責任義務，己立立人，己
      仁       │                    達達人
    （愛人）──┤
              ├─ 自主性（理性自覺）：道德是先驗的，透過主動修煉
              │                    獲得
              └─ 理智性（正義判斷）：以仁心為基礎，作是非善惡之
                                    判斷

              ┌─ 差序性（尊尊親親）：強調盡其在我的片面義務性
      義       ├─ 公義性（義利之辨）：主張見利思義，義然後取，必
    （合宜性）─┤                    要時舍生取義
              └─ 時中性（中庸為宜）：無過不及、不偏不倚之中道，
                                    即具合宜性；且要與時通權又
                                    不失其正

              ┌─ 性惡論（化性起偽）：以禮義教化，透過習俗和積學
      法       │                    工夫促成內化
    （教化）──┤ 尊君論（絕對君權）：宗法制度衰微，以貴貴制度替
              │                    代親親
              └─ 分別性（群居和一）：釐清對偶式關係之權利義務、
                                    各司其分，以求和諧

              ┌─ 節飾性（節情飾欲）：節制與文飾己身之情緒欲望，
      樂       │                    以表現適中
   （天地之和）┤
              └─ 協調性（分中求和）：按一定的法則行事，將不同等
                                    級者加以協調
禮
```

　　另外，荀子將古禮賦予新義之後，使得禮與法有同化之趨勢，更奠定了禮治思想作為協調社會成員間相互關係之基礎。荀子提供的和諧化機制是理性控制原則，無論是自我控制亦或教化外制，都是導向「和而不爭」的群居和諧。但是，因其立足於性惡論與尊君論，而潛藏著極端化與統一化的危機。

　　但是，禮與法也有其殊異之處（見**表2-3**），使得禮與法雖然同為社會政治制度之基礎，但仍分屬不同的意識型態：禮屬於封建宗法，而法適用於統一大帝國。換言之，禮與法之間的同化與分殊之辯證關係，也反映在中國的社會結構與政教結構之拉鋸上，同時在中國歷史的演進中扮演著重要的角色。

表2-3　禮與法之異同

	相同之處	相異之處	
		禮	法
定義	社會及政治制度（廣義）	儀（狹義）	刑（狹義）
人性基本假設	性惡論		
治理之基礎	·主張教化　　·分配原則　　·人治	·以教為政·以道德發展為目標·分別性（多歧性與多制性）·情境性·尊君為上，卻貴民（人為本，法為末）	·以教行法·以「順服以事權威」為目標·齊一性（賞罰無私）·非情境性·君權至上（君為主體，法為工具）
刑政特色	·懲罰為主	·一般態度（禁於將然之前）	·行為之目的與後果（禁於已然之後）
運作基礎		·理智主義	·反智論·權衡主義
社會結構基礎（下層結構）		·血緣宗法制（倫理本位社會）	·大一統專制政體

　　總之，禮治思想的和諧觀是在差序化中追求和合化，它主要
是在建立在群己關係的辯證之上，也就是群體價值和個人自我價
值的辯證或是自我控制和自我發展的辯證之上。儒學「禮」理論
中所彰顯的「和而不同」的和諧觀是重視群體價值同時又肯定個
人自我價值的；但是，隨著差異的固定化，即將個人同納或同鑄
於某一固定同模（角色）中，不免逐漸地貶抑個體的自主性與獨
特性，而強化了群的一體化價值。至於和諧化機制，也就跟著在
自主與外制，理與欲（情），公與私的辯證中激盪著。

第三節　國家意識型態化的儒學

　　秦漢的統一在中國歷史上是件大事，它不僅在政治上建立了
中央集權的專制政體，也融合了各民族或部落形成統一的漢族。
為了配合大一統的政體，也亟需有統一的思想，統一的理論根
據。儒家思想就在這樣的歷史背景下被獨尊為國家意識型態。
　　至於何以儒家會成為國家意識型態？此乃因春秋至漢初，社
會、政治、經濟有了根本的變化。中國多數人民以農為生，但以
前為農奴，秦漢之時為自由農民。農民聚其宗族，耕其田疇，使
宗法社會依然留存。儒家學說所揭櫫的正是小農社會的倫理，且
將已存於民間的倫理提升到理論層次，而儒家所倡導的禮制早期
一直適用貴族宗法社會，貴族崩潰之後，使得平民亦得用貴族之
禮教制度。另一方面，秦王施行法治，以法術統治，強調富國強
兵，雖然爭得了天下，卻由於法家思想過度尊君抑民，片面維護
統治者利益，使得秦朝無法長治久安，十六年後即告解體。漢代
基於前車之鑑，立儒學為國教，儒家尊君抑臣卻又貴民，雖然不

是直接有利於專制皇帝，卻使統治階層與被統治階層有了交會點。一般人民的利益和想法受到尊重，可以生活在自己的天地中，與上層的科層帝國毫不相干。如此，不但統治者得以長治久安，又可適合人民胃口。

　　秦漢成立統一大帝國之後，有了「建設時代」的需要，但是只有儒者通曉王朝的典籍、制度，不但理論化，又有具體可行之辦法，其中尤以「六藝」爲然。六藝廣含上古文化的傳統，兼容並包多種思想，容易爲人引申附會，極富彈性，即使獨尊儒家之後，亦不必排斥其他學說思想。另一方面，儒學作爲專制政體的獨尊思想，必得和現實政治妥協，於是使得儒家真精神大打折扣。其中變化較大且影響社會行爲較深厚者有三部份：(1)儒學法家化，(2)儒學陰陽家化，(3)儒學官僚化。以下分就此三部份加以一一論述。

一、儒學的法家化

　　先秦之時，儒家思想是根據宗法之背景而樹立政治理想，希望君主能以身作則，化正萬民，這是一種德治思想。相對的，法家思想揚棄宗法，別樹「專制」爲政治理想，但惟恐君主以私意亂法而爲佞臣所乘，而主張法術勢，這是法治思想。簡言之，儒家貴民，法家尊君，儒家以人民爲政治之本體，法家則以君主爲政治之本體。沈剛伯（1973）認爲：中國社會於先秦之時，由農業社會演進至商業社會，法家思想是因應社會商業化而產生的，換句話說，儒家思想適合農業社會，法家思想適合商業社會。

　　秦漢之後，中國社會形成雙重結構，下層的小農社會較適用儒家倫理，上層科層帝國的辦事方式則以法家精神爲主導，（楊

慶堃，1959）此乃因政府內部行政管理以及外部社會秩序的維持都是法家見長之處。或者說，原始儒家是從鞏固宗法紐帶立論，基於血緣觀念與心理基礎，講求倫理情感，而法家是從統一帝國與專制君主的統治秩序著眼，為了能服務統治者之政治目的，法家精神講求政治實踐的功利效用。

總之，農業社會是親緣關係為主，商業社會則是地緣社會為主；宗法制以血緣為基礎，統一專制政權以功利為基礎；因而人倫（人際）關係也從情感性偏向工具性。因此，漢代以後，儒學為了因應世變也不免隨著下層結構之轉變而朝向法家轉化，此即儒學法家化現象。根據余英時（1976）的看法，儒學法家化不祇在思想層次，同時在政策層次上，主要表現於兩方面：一為肯定刑法在維持社會秩序方面的功能，二為引進「君尊臣卑」的論點。茲分述如下：

1.重視刑法

西周之時即開始用刑於平民身上，意味著統治者以懲戒手段禁止人民逾越本分。東周時，有些施政者強調用刑，不但針對社會變局立了許多新法，使用刑的內容更新；更將施刑的範圍擴大，施刑的對象從平民擴及貴族，即所謂「王子犯法與民同罪」，如此，可以使君王獨攬大權而不與貴族分享。孔子卻無視用刑之理，一向貶刑政而主張德治禮治，《論語‧為政篇》云：「道之以政，齊之以刑，民免而無恥。道之以德，齊之以禮，有恥且格」，這就是原始儒家的立場。

秦漢之際，代表儒家思想的《禮記》將禮樂刑政並列，認為此四者是維護社會秩序的中流砥柱，《禮記‧樂記》云：「……禮樂刑政，其極一也，所以同民心而出治道也」。又云：「……禮樂刑政，四達而不悖，則王道備矣」。於是，儒法兩家結束德

法對立，而主張德法兼施。

但是，德治思想在傳統中國一直居於主導地位。西漢劉向主張德治與法治兩者必須兼探，但德治爲決定施政成敗的主要因素，而法治爲輔助因素。東漢陳寵曾言：「禮之所去，刑之所取，失禮則入刑，相爲表裡者也」。東漢班固也言：「聖人治天下，必有刑罰，所以佐德助治，順天之度也」。由此可知，德法兼施的必要性是建立在一主一輔的輕重地位上，而且是德先法後；德治爲本，法治爲末；或說「德禮爲政教之本，刑罰爲政教之用」。就功能時效而言，平世用德治，亂世則用法治，換句話說，法治具緊急處分之價值與效能，此時不祇要大量使用刑罰，而且要科以重刑。

然而，德主法輔這些祇是停留在理念層次上，至於實際運作層次，則是不斷增訂刑罰，而少聞問禮樂；輕德治而專賴法治，於是「陽儒陰法」或「名儒實法」成爲傳統中國政治文化的標籤。

2.君尊臣卑之論

先秦儒家中，孔子主張各安其分，責斥以下犯上，卻也強調君主應對臣下慈愛體恤。至於孟子則明言君輕民貴；荀子雖大唱尊君之論，但不卑民，甚至有「從道不從君」之言。

漢代董仲舒，基於「陽尊陰卑」提出「君爲陽，臣爲陰；父爲陽，子爲陰；夫爲陽，妻爲陰」的「三綱說」，亦即「君爲臣綱，父爲子綱，夫爲婦綱」的教條。事實上，孟子的五倫說，以及《禮記》中的十義說，都以父子關係居首，且強調相對責任性。《韓非子·忠孝篇》中的三綱之說：「臣事君、子事父、妻事夫、三者順，則天下治；三者逆，則天下亂」。因此，漢儒以君臣關係爲首，且重視片面的絕對性義務。換句話說，先秦儒家

最重視孝，最尊敬父；到了漢代，君父同尊，忠孝混合，此即是
一種儒學法家化現象。即使到了宋朝，大儒朱熹雖然對法家多所
貶抑，但提到君臣關係時仍說：「君尊於上，臣恭於下，尊卑大
小，截然不犯」。由此可知，君尊臣卑的論點貫串整部中國歷
史。

⊙小結

　　總之，儒家基於血緣宗法，講求倫理情感並主張德治思想，
而法家則從專制帝國的統治秩序著眼，講求實踐功效並主張法
治。秦漢之後，歷代王朝多主張德法兼採而且德主法輔。於是，
法家受儒家影響，以致中國的法理必須有倫理化精神的表現，雖
言法治，實為人治；也就是說，法律必須與天理（或事理）和人
情貼切配合。而儒學也因獨尊為國家意識型態，必得要朝向法家
化，重視刑政且力主君尊臣卑；也就是說，使得重視人之內在動
機與自主性的基調轉化為強調人之外在行為與強制性力量；相對
性責任義務之倫理轉化為片面絕對性義務之規範。

　　另外，由於漢朝以降中國政治是在理念上行德治，實際上行
法治，足見實踐的功效性愈受重視。這種理念與作法之間有極大
出入之特性，在歷史文化中長期積澱下來，可能是形成影響中國
言行不一致，陽奉陰違，認知與行為區隔化（compartmentali-
zation）之文化心理基礎。

二、儒學的陰陽家化

　　先秦儒家的孔孟思想很少涉及宇宙論，荀子雖然有精闢的
「天論」，但是其「天生人成」的概念，主要是闡揚人文精神。
老子根據有、無，動、靜，陰、陽，剛、柔，盈、虛等抽象概

念，利用純智性的思考推演，建立了一套宇宙論。鄒衍所代表的陰陽學派即將陰陽與五行相結合，再配上時序的變化並根據一串實物的符號，用「數」來表現宇宙萬物自然現象，而自成一套新的自然哲學。這套自然哲學，比老子的宇宙論更接近科學，應用性更廣，同時也更充滿迷信（韋政通，1979）。

秦漢之際，被公認為儒家經典的《易傳》所建構的天人哲學大體系，即是由儒家的道德精神和陰陽家的自然哲學混合而成。其中尤以「天人感應」的天人合一觀，經由《易傳》的發揮，再與儒家的「天人合德」接筍，形成中國爾後兩千多年宇宙論的總根源，也形成了中國人最主要的世界觀。《易經》是由原始的卜筮傳統演變而來的，《易傳》的詮釋根據在《易經》，因而不免將人事與自然現象類比，使得深具人本思想的儒家倫理轉化為充滿神祕性質的神頒倫理。因此，儒家的倫理規範雖然依舊，精神基礎卻已改觀。《易傳》雖然使得儒學擴及天地萬物，但其自律自主之精神也隨之轉化。

漢武帝之時，啓用董仲舒之建議，獨尊儒術。董仲舒是深受陰陽家影響之儒者。為了配合「中央集權一人專制」的大一統政治社會體制，董仲舒建構了「宇宙圖式政治」（蔡英文，1982），他將陰陽與金木水火土的五行概念，配合東西南北四極的方位概念，讓大一統的政治體制秩序，類比宇宙秩序之和諧。如大一統的疆域可以代表世界之四極，大一統政體的施政、節慶、祭典代表宇宙運行之規律、節奏。如此一來，專制政體的統一秩序代表宇宙秩序，大一統政體的統治權力的功能在於鞏固人類社會秩序與宇宙秩序的和諧。

另外，董仲舒以「天人感應」論為軸心，並把五行運轉的機械論與天為主宰的意志論揉合在一起，形成一獨特且綜合各家的

天人宇宙基模。董氏認爲：「天」是宇宙人間之最高主宰，由天、地、人、陰、陽、五行共十項因素結合而成，「天地之氣，合而爲一，分爲陰陽、判爲四時，列爲五行」（《春秋繁露・五行相生篇》）。也就是說，人格天（天志，天意）是以自然天（陰陽、四時、五行）來呈現自己，前者是具有宗教、神祕意味的主宰性，後者是機械或半機械性。那麼，人對「天志」、「天意」的服從，也代表著人要對陰陽、四時、五行等機械秩序之順應。因此，天人感應包含兩部份，一爲天人同類，自然感應，充滿機械論傾向，另一認爲天有喜怒和賞罰，災異出於天的意志，這是目的論。

　　天人感應論的基礎是天人同類的觀點，其中「人副天數」，指人是天的副本，宇宙的縮影，人是小宇宙，天是大宇宙，天人旣同類即可以相比附、相感應。於是，凡是人身的種種均可與天相比附，人的意識和行爲可以引起自然界的異常變化。天人同類的另一意涵是：陰陽五行的宇宙結構呈均衡、穩定、和諧，其基本運作法則是「比相生」、「間相勝」，相生相勝所構成的回饋、循環系統，旣是天道，也是人道，也就是說自然事物的運行法則，也是人間世事的倫常秩序；人類社會之基本組織，可取法於「天」，人事倫常等可與陰陽、五行、四時等相類比。例如，五行的關係就是社會倫理的關係，「官制象天」之說，即人間的五官與天上的五行相對應，人世之國無異於天國。如此一來，儒家的倫常政治綱領有了系統的宇宙基模爲基礎，儒家所嚮往的「人與天地參」的宇宙觀（世界觀）也得到了具體的落實。另一方面，結合了「宇宙論」後，儒學也進一步與小傳統或通俗文化合流（余英時，1987，頁182～183）；有了此一普同性世界觀之後，儒學也才能成功地扮演帝國的國家意識型態（林聰舜，

1995）。

儒家陰陽家化之後，此一陰陽五行的天人宇宙基模影響中國
文化最深者，可以從三方面具體的來看。

1. 倫理絕對化

孔子講仁，最基本是確立人的道德主體性，它的直接表現在
「愛人」，但是董仲舒主張道德天啓說，認爲仁取之於天，義也
由天而生，人的道德行爲不必靠心性工夫，只要法天即可。然
而，董仲舒更進一步將倫理之基礎建於「陰陽」之上，再將尊
卑、貴賤、善惡等與陰陽相配，於是「君臣父子夫婦之義，皆取
諸陰陽之道」（《春秋繁露‧基義篇》）；亦即，君、父、夫爲
陽而貴而尊，且爲統治者，臣、子、妻爲陰而賤而卑，且爲被統
治者，那麼，先秦儒家的倫理相對觀就因此轉化爲絕對性倫理。
換句話說，人與人之間不再源於仁、義、禮、智或良心之是非、
理性判斷，而是尊卑貴賤之間的順逆問題，順者爲善，逆者爲
惡，如「陽行於順，陰行於逆」、「惡之屬盡爲陰，善之屬盡爲
陽」、「善皆歸於君、惡皆歸於臣」（《春秋繁露‧陽尊陰卑
篇》）。如此一來，三綱倫理的片面絕對化，也是一種專制化，
絕對權威化，它爲奴性道德披上神聖外衣，把道德的壓抑合理化
以致成爲後世中國民族性中逆來順受的文化心理基礎。

2. 借天意合理化且制衡權威

董仲舒的天人感應論，一方面爲專制政治尋求合理化解釋，
另一方面又企圖爲至高無上的君權建立制衡的力量。也就是說，
一方面提倡君權絕對化，將君權推到無以復加的地步，另一方面
又藉「天」給予君王一種限制，藉災異的天譴和天威，向君主做
道德性的訴求，如此宗教性的天治與道德性的人治就結合起來
了。

　　董氏認爲：天子受命於天，一方面要法天，遵守道德律，表現天心的仁愛，另一方面要順著四時、五行的特性施政，例如春天務農、秋冬肅殺等。這樣，天子不但可以享有與天同等的尊位與權威，也可使人間太平、風調雨順，如果天子違背天意，不行仁政，任刑濫殺，或逆五行特性，春行秋令，冬行夏政，則不但天下多事，人民怨懟叛變，而且破壞宇宙秩序，自然界會出現災異，如地震、水災、火災、動植物反常變異等。同時，君主權威喪失，造成王朝或自身傷亡。這種「災異示警」，幾乎成爲後世的常規。

　　因此，陰陽五行的宇宙基模，雖讓君王位居萬民之上，卻仍受制於系統之中，換句話說，將儒家一貫講的仁義德治提升到宇宙論層次上來制約君權，同時將儒家從主體道德論証的倫理也轉化爲從客體宇宙論系統來立論。

3.實用功利理性的精神

　　董仲舒畢竟是一個儒者，它雖然將陰陽家、道家、法家與儒家結合，但也用儒家的仁義學說與積極主動精神改造了陰陽家的宇宙系統。原始陰陽家重視自然「天」運行的規律，要求人要謹慎遵循，使得人們在「自然」、「天」面前只能誠惶誠恐地消極順應。然而，董氏將孔子仁學中的情感原則注入陰陽五行學說裡，使自然人情化，而不祇是外於人的客觀律令。如「仁，天心」、「和者、天地之所生也」、「天亦有喜怒之氣，哀樂之心，與人相副」等（《春秋繁露》）。由此可見，天人同一體，不僅在物質、自然上相連，又有精神、情感上之相通。

　　如此，「人道」可以主動地參與「天道」，換句話說，陰陽五行的宇宙論裡，儘管強調客觀結構的法則，卻仍充滿人的主動性。因爲，一般而言，「天」只給予事物「可能性」，若要變爲

現實性，仍待人之努力。如「治亂興廢在於己」、「凡人有憂而不知憂者凶，有憂而深憂之者吉」、「多行仁義可以守住天下」、「多行孝行，天地養以衣食」。這一切均強調，「人」能影響「天」，「人事」能夠影響「天意」，吉凶禍福是可以主動趨避的，人能夠因有所預見而積極努力，終可扭轉和改變既定的不利局勢。簡而言之，陰陽五行的天人宇宙基模，表面上充滿了神祕色彩，內在卻也強調個人的主動性。它承繼了儒家「天行健，君子以自強不息」積極主動的人生觀，也強調心性修養功夫的實用性與功利性。

⊙小結

　　總之，先秦儒家立足於人本精神，主張道德自主性與透過心性工夫以達「天人合德」的和諧境界。在《易傳》一書中，儒家初步與陰陽家結合，其「天人合德」與「天人感應」接筍，人事法則類比於自然法則，儒家的倫理精神從人本走向天（神）意，從自律性轉化為他律性。儒學立為國教且陰陽家化之後，「天人感應」的和諧觀再與陰陽五行的機械性宇宙秩序相結合，人事的倫常秩序更因為類比陰陽五行的機械性秩序，而使倫理精神從基於情感原則的相對性責任義務轉化為基於尊卑原則的片面性絕對義務倫理，且與貴賤、善惡、順逆、吉凶等相連結。

　　陰陽家化的儒學，一方面以系統的宇宙基模為基礎，將儒學擴及宇宙萬物，並藉天意與自然的機械秩序將倫理絕對化、他律化；另一方面，又將「人」從形上之「道」拉下至形下之「器」，因此，人雖失去了道德自主與自律，但是因為擁有對客觀的機械性自然秩序的瞭解與操控力，而擁有另一層次的主動性與控制權，即藉心性修養或其他倫理規範行為影響天意，以趨避吉凶禍福，並因此而伏埋了中國民族性中實用功利理性之基礎。

三、儒學的官僚化

　　秦漢之後，國家走向中央集權的專制體制，大一統的局面亟需富有效率的行政機構，一套客觀有效的行政系統，這是「法」的另一意涵：客觀化的文官制度（bureaucracy）。這套文官行政體制，表面上類似近代官僚系統，具有職能分化、各有定規、不講情面等法治特性，這是法家傳統的存續和發展，也是法家見長之處。但是，在秦始皇時代，文官制度祇是工具性的，也就是說，文官是皇帝的工具，只能行使政權而沒有治權。但是漢武帝之後，開始實施察舉制度，甄試內容以儒學為主，於是文官制度指的是一個由孝悌、讀書出身和經由推薦、考核進用的制度。它不但是專制皇權的行政支柱，在多方面有利於維護統一王朝的穩定，另一方面也從制度上落實了儒家「學而優則仕」的理想。如此一來，文官制度從純工具性蛻變為工具性和目的性兼具的政教體系，在中國延續了二千多年。

　　原始儒家的政教體制是建築在血緣倫理和君主個人的道德修為之上，講的是「修身、齊家、治國、平天下」的內聖外王；漢代以後，國家意識型態化的儒學，所具有的天道觀念、大一統觀念、綱常教義，使得專制文官制度得以合理化、神聖化與神祕化（王亞南，1948）。也就是說，將政治倫理建築在宇宙自然秩序的比附之上，政治的興衰治亂與是否遵循「天道」有關，而這天道即包含「官制象天」的文官制度。如「天以四時之選，與十二節相和而成歲，王以四位之選與十二臣相砥礪而致極」（《春秋繁露·官制象天》）。另外，三綱教義不但對君權、父權、夫權的絕對化加以確認，而且使「國家家族化」或「家族政治化」，

國和家相通，君權和父權相互爲用。這種政治倫理，靠下對上、卑對尊的絕對服從來維持，使被支配者都對支配者百依百順，因而擴大了文官制度的運用範圍。

　　文官制度政教體系的專制化與擴張化之後，也使得儒學益形官僚化，且歷經後世的沿革，進而表現在科舉制、紳士階層、人情關係功利化之上。此三方面對中國民族性之影響甚爲巨大。

1. 科舉制

　　漢武帝開始實施察舉制度，從各地選拔俊傑人士進入政府，政府政令也經由各地俊傑之士到達各地，考試內容以儒學爲主。因此，文官制度使得上下之間，即皇帝、士、民之間，不但擁有溝通管道，也因爲共擁儒家意念而有了特定的統治規範。兩漢用人，爲了選賢任能，採取多元察舉制度。亦即，除了從博士弟子員中經考試選用之外，還有「徵辟」方式，即在中央有徵召，在相國有闢舉，在郡國有定期舉薦，因而造就了許多講經學儒術的閥閱士族（何啓明，1982），其後裔也不免有種種社會經濟便利和特權勢力。徵辟的標準主要是「鄉評」，這是極不易掌握的標準，推行日久之後，則產生「名不符實，賈不本物」之弊。曹魏之時，改以「九品官人制」來評品任用。由於評品也沒有具體的客觀標準可以依循，自然多以門弟高低爲準，而造成「上品無寒門，下品無世族」的現象。九品官人法由魏晉推行到唐初，漸漸地愈來愈像「變相的世襲制」（王亞南，1948）。門閥士族因享有特權又世代相襲，形成一種新興的貴族——「士」的階層，不僅是政治上的貴族，而且是文化上與精神上的貴族。這些家世門弟，不但經濟實力與政治權力變得賞不可勸，罰不易加；同時因爲世世爲官，無需力求治績，易養成清談的風尙，造就「竹林七賢」或「名士」（特指受老百姓擁護，敢於批評時政的知識份

子）之流，進而倡導反名教、綱常、禮教的思想。如此，不但威脅到中央集權君主專制統治的賞罰權，也與專制官僚政治的基本精神相牴觸。

於是，唐朝之後，創建科舉制。科舉取士的方法，一方面將封鎖的仕途開放，讓一般所謂「下品」或「寒人」有上達的展望，藉以沖淡官民之間的對立情緒，使官僚社會的階級具有通融性。另一方面，利用熱中科舉或利祿的知識分子，把人的思想囚限在一定的範式中，使人的意志集中到固定目標之上。如此，則可以將統制仕途與統制思想合一，而完成治化與教化的統一。而且，科舉限制愈嚴，競爭愈烈，其對思想之統制也愈容易，下級官員對上級官僚亦愈易卑躬屈節，謹守綱常名教，而不犯上作亂。最後，不但專制政權得以保持，專制的正統思想也藉著政教合一的科舉制而得以保存延續且制度化。

2.紳士階層的威權

統一帝國出現之後，國家權力與社會權力經常處於拉鋸戰之中，因為國家需要建立社會力的基石，又要打散社會勢力，才能擴張權力鞏固王權，此時文官制度中之官僚正是國家與社會拉鋸戰中的制衡角色（許倬雲，1988）。官僚系統由於察舉、考試制度的配合，使得出仕的專業官員亦或未出仕而留在民間的紳士，均擁有儒家意念。儒家思想肯定且執著君臣之義，不但為出仕經世的儒者提供實現理想的「道仕」觀念、態度，也為退隱的儒者提供俟時而出的「時隱」思想（劉紀曜，1982），即「天下有道則見，無道則隱」《論語‧泰伯篇》。而所謂「道」，指的是一種儒家認定的政治規範。

事實上，未出仕的儒者，如離職、退休、居鄉的官員或尚未出仕者，在社會上形成特殊的紳士階層。他們雖然在野，但是在

朝內卻有同學、同僚、門生等種種關係；他們雖然已經沒有政權，但卻因擁有財富和規範知識、傳統價值觀等正統意識型態的支持，而擁有地位和威權。

　　紳士的威權主要是表現在長老權力和領導權力（費孝通，1948）。長老權力指的是：紳士對於地方上的傳統、倫理、風俗習慣等負有指導的責任；領導權力指的是：領導地方對公共事物的處理，無論是地方自治的公務抑或上級委託的公務。所以紳士一方面受到地方民眾的敬重和信服，另一方面也受官府倚重。若運用得當，儼然像地方領袖，可以決定一切，主宰民眾禍福；必要時，又可以代表地方人民說話，和官府周旋抗衡。於是紳士被看待成中間人物或制衡者，同時也經常被推崇為地方發生衝突時的仲裁者或評理者。

3.人情關係的功利化

　　文官制度企圖將行政管理法制化。法制化的有效性必須仰賴君、臣、民上下都尊重此一公開建立的制度，但是在儒學正統化的意識型態下，君權絕對化使得君王超乎法律之上。於是，君王的話語即是法律，君王的好惡即決定官員的官運與生命，那麼，百官只要向君王負責，弄好與君王（上司）的關係，即可充分運用或分享君王的絕對支配權，一味地圖其私利。於是，法律規章徒具形式，官僚作風雖然代表有諸多繁文縟節，但也隱含著祇要講形式即可，辦事不必過分認真，過於徹底，留有餘地，才能達到面面俱到的靈活妙用。

　　科舉制除了鼓勵知識份子熱衷於仕途，有機會「以天下為己任」之外，長期的文官制度更給予在朝為官與在野的紳士以種種實利和特權。這些特權包括：享受教育機會的特權，免賦權、免役權、居鄉享受特殊禮遇之權，包辦地方事業之權，打官司奔走

公門之權，作買賣走私漏稅之權，畜養奴婢之權，子孫繼承官位
之特權等等（費孝通，1948）。官員、紳士通常也是大地主，享
有優越的經濟地位和權勢，不但保護己有之財產，更可以擴增財
產。於是做官代表發財，有官場關係代表有利可圖，有禍可避。
新官到任也要先尋求紳士的支持。官權和紳權合作也就相得益彰
了。

　　於是，有了「關係」就代表有了特權。中國社會又是以血緣
宗法為主，服膺倫理本位的意識型態。因此，文官制度實質上即
造就了從屬或依附於各種親緣關係的人情網絡，除宗族、地域之
外，門生、故舊亦是。人身依附、人倫關係也因傾向功利化而形
成一套以「關係—人情—面子」為運作系統的權力遊戲，歷經文
化積澱，至今仍為中國人社會行為的基型（黃光國，1988）。

⊙小結

　　總之，中央集權的專制政體需要文官制度作為行政支柱，同
時統一思想以穩定王朝。文官制度政教體系之專制化與擴張化不
僅強化了儒學之國家意識型態化，更使之官僚化。文官體系中以
察舉或科舉考試用人制度之影響層面最為廣大深遠。其一是，儒
學制度化不但統一了思想，使官員士人共擁儒家意念，而且界定
了正統思想與非正統思想之分野。其二，思想與仕途合一，不但
使得正統思想功利化，而且伏埋著倫理秩序功利化之潛在因素。
其三，文官體系造就了特殊階層，如士階層或紳士階層，他們是
新興貴族，擁有地位、威權及特權，由於居中制衡與仲介之角色
以及其所建立之廣泛人際網絡（人脈），使得人情關係益發功利
化。

四、儒學及其互補結構——儒釋道合一

　　自從漢武帝獨尊儒術之後，即利用政治力量維護儒學的正統地位，行思想文化的專制統一，春秋戰國時期的諸子百家不是被壓抑就是被吸收而自然衰落凋零。道家雖未處於正統地位，也未被吸收融化，反而獨獲生存發展空間，在中國歷史的意識型態層次上發揮莫大的影響力，至今不衰。根據金觀濤、劉青峰（1983）的觀點，此乃道家思想是儒家思想的「互補結構」之故。儒道共存，不但構成對世界較完整的瞭解，同時對居主導地位的儒學予以必需的補充，兩者互補又共存，因而增益正統意識型態的穩定性和保守性。

（一）互補結構的義涵

　　所謂「互補結構」係指兩種意識型態的價值觀與內在結構間存在著既相反又相通的關係。儒道之間的互補關係是指：在儒家體系的價值觀之前加一個負號，即可以獲得類似道家的價值觀和社會觀。例如，儒家主張大一統的大國統治，道家則主張小國寡民；儒家主張積極干預事物，道家主張聽其自然；儒家從人際關係中確認個體的價值，老莊則從擺脫人際關係中尋求個體的價值；還有，道家在政治上主張「無爲而治」，在事功上主張「絕聖棄智」，在倫理上主張「絕仁棄義」，廢棄禮儀制度等，都顯示出道家與儒家的對立。換句話說，儒道兩家在處世態度、情感表達以及行爲意向上恰好相反，然而在思想方法上卻有相通之處。因此，人們很容易在相互互補的兩種意識型態中轉化。

　　因此，道家作爲正統意識型態的補結構，雖不居主導地位，

但卻可作為在現實生活中失意或不滿於現狀卻又無力改變它的那些人的精神避難所。歷代的儒生也因而都具雙重性，得志時持儒家意念，失意時持道家意念。盛行於魏、晉時代的「玄學」即為此現象之代表。

(二)玄學的興起

魏晉之際，政治大動盪，戰亂頻仍，人命如芥，社會秩序崩解，教條化的倫理規範、道德準則也面臨挑戰。從歷史演進來看，這也是大解放的時代，「士」階層：(1)欲從充滿迷信與鬼神的「神鬼哲學」中解放，(2)欲從禮法桎梏中解放，(3)欲從便亂巧說、支離拘迂的經學中解放，(4)欲從政治迫害中解放（韋政通，1991），於是玄學興起。玄學是流行於魏晉時代的思潮，又稱「新道家」，是沿著道家（老子）思想中唯心主義路線發展的，以《易經》、《老子》、《莊子》三本典籍（稱「三玄」）為主要依據，並將「老莊」並稱，以有別於老子思想中唯物主義的路線，即漢代所謂之「黃老之術」（馮友蘭，1991d）。

玄學主要是運用「辯名析理」（即抽象思維）的方法來辯論關於「名與實」或「有與無」等問題；也就是說，他們是討論哲學認識論中有關共相與殊相，一般與特殊之問題。玄學大師郭象在《莊子注》中即評述道：辯名析理是「無經國體制，真所謂無用之談也」，即不能解決實際問題，但是至少可以「以宣其氣，以繫其思」，即使氣力有所發洩，思想有所寄託；辯名析理是一種「戲豫」，即一種智力遊戲，精神遊戲，不僅可以「使性不邪淫」，提高人的精神境界，比「賭博下棋」好一些，最大的作用還在於訓練和提高人的抽象思維能力（馮友蘭，1991d）。

因此，魏晉之名士們，見面時多在辯論抽象概念，不談實際

問題，其言談就是一種「玄談」、「清談」，其心態是一種
「虛」、「曠」的「玄心」，一種「後得的混沌」的精神狀態，
既脫離自然的實際，也脫離社會的實際，這是一種「自我超
越」，也是一種「自我解放」，也是魏晉一代名士風流人物追求
的精神面貌。簡言之，玄學延續老莊思想，對外在威權持懷疑與
否定的態度，希望能徹底擺脫外在的規範和束縛，從心理上完全
泯滅外在的事物，如仁、義、名、利等，以冀求自我的覺醒，達
到獨立自主、絕對自由（不似儒家所主張通過主動選擇和現實行
動來爭取個體的獨立自主），使心靈得到真正的解放，無限的超
越，且與宇宙、自然合一。

（三）佛學的融入

　　佛教在漢代傳入之初，影響並不大，但是，隨著老莊道家學
說的興起，及清談玄學之盛行，佛教也藉此迅速傳播。佛學和玄
學的道家有些相似之處，它們都是主觀唯心論，在思想上是偏向
「出世」的。它們認為現實人生是無常的、苦的，最好能脫離日
常社會生活，以求達到一個解脫世間煩惱的涅槃境界或幻化世
界，即成佛或成仙，是較消極的一種社會思想；儒家思想則主張
「入世」，注重社會內的事務，如社會組織與人倫關係，是較積
極主動的社會思想。

　　佛、道均關注生死、形神的問題，同時都虛構一「神不滅」
或「無死」「長生」的佛、仙世界，也都講究修持或修煉的方
法。在心理適應上，道家講無為、虛靜、超脫塵世，佛學講性
空、覺悟、圓融無礙等，都充滿玄機妙理，相當吸引人，不少知
識分子即以玄學為橋樑過渡到佛學的境界去。但是，佛學是把精
神不滅和生死輪迴、因果報應結合起來，說明「神不滅」論，而

道家則發揮老子「嗇」的想法，從對人的精神與身體之保養得法，即勞逸結合，形神俱養以求「長生久視」（葛洪·《抱朴子》），即「肉體成仙」。在方法上，玄道用的是「辯名析理」的方法，從有無的問題開始，而佛學則用「止觀」的方法，從生死輪迴的問題出發，去觀察一切事物的緣合緣離，生生滅滅，以求止於對虛幻不實的留戀貪愛。及至隋唐時期，佛教與玄學結合形成中國化教派：天台宗、華嚴宗和禪宗。其中尤其禪宗，逐漸取代道家成爲正統意識型態的補結構（金觀濤、劉青峰，1983）。

佛學的宇宙觀和儒學是很不相同的。儒家視整個宇宙大自然都是由萬物交感而成的有情世界，從萬物的生滅之中發現生生不息之德；而佛學卻視有情爲煩惱之根源，以萬物之生滅爲幻無常。對儒家而言，人是一道德的存在，人生的意義和目的在實現道德自我，實現的途徑則是由修身、齊家、治國到平天下，最後達到「仁者與天地萬物一體」；而佛家的人生意義和目的則是跳出社會倫理的範疇，破除客觀世界和現實自我之執著才能實現終極價值。

禪宗更是主張要破除對任何語言、思辨、概念、推理的執著，不依靠任何外在的權威、偶像，而是要在日常生活中，透過實踐活動、直觀體會、親身感受，循自己本性，才可能「悟道」。而悟道是以「瞬刻永恆」、寧靜淡泊、清澈純淨的內心愉悅展現出，這是一種徹悟的心靈境界，也是一種超越的人生境界。

道家與佛學作爲儒學的補結構，除了增益其正統化的穩定性之外，對中國民族性的文化心理結構之影響有積極與消極兩方面。就積極面而言，可使人對惡劣的環境和政治採取不合作的傲

世態度，對充滿苦難與無奈的人生採取超脫的態度；可幫助人擺
脫日益物化、商品化、機械化、形式化的功利陷阱，使個體獲得
自我領悟；可以使人忘懷得失、擺脫名利、超越庸俗的現實和生
活束縛，而與生意盎然的大自然打成一片，從中獲得生命的力量
和意趣；也可提供防衛機轉以作為人們心靈創傷和生活苦難的安
慰，使不致走向自我毀滅之途。就消極面而言，道佛是一種心靈
哲學，可能帶給人們虛無、消極、被動、苟安等麻醉作用，形成
精神上的自戀，使人在逃避現實的「超越」、「解脫」之中失去
奮爭的勇氣和動力。

⊙小結

　　儒學由於因應國家意識型態化所引發的一連串轉化，一方面
使得儒學邁向新的格局，另一方面也因為變得強調外在強制力
量、片面性絕對化倫理及功利化、形式化而使得儒學陷入了新困
境，不但人文精神盡失，而且漸行教條化、腐化。人們在飽受束
縛與挫折之餘亟思解放與超越之道，而產生了玄學。後來又逢佛
學傳入中國，更為飽受桎梏的心靈帶來另一清徹靈明的境界。玄
道與佛學提供了與儒學相反的世界觀、處世態度、情感表達以及
行為意向，以作為儒學的互補結構，使儒學得以延續；同時使儒
釋道合一，構成了中國傳統文化的「多元結構」（烏恩溥，
1989）。

　　玄學所運用的「辯名析理」是一種智力遊戲，也是一種精神
遊戲，它可使人沈溺在抽象思維中，暫時脫離現實世界，因而具
有自我解放與自我超越之作用。佛學則運用「止觀去執」的方
法，從事物的離合生滅中破除一切虛幻不實的留戀貪愛，以求
「悟道」。因此，玄道、佛學不但補充了儒學，使其保守穩定，
而且提供中國人因應人生挫折重要的心理機轉，也是中國民族性

的文化心理基礎。

五、儒學發展的頂峰與僵化──新儒學

（一）新儒學的興起

　　玄道與佛學雖然補充了儒學的不足之處，但是就儒學的立場
而言，它們卻破壞了封建社會的綱常名教。於是韓愈興起復古運
動，提倡「道學」以維護儒學的正統地位。宋明之時，宋儒為了
解決「國弱民貧」之時弊，並鑑於韓愈批佛的經驗，知道「只用
力於文字語言之工」是不能戰勝佛道的（《朱熹・昌黎先生集考
異》）。於是從「本然之全體」上建立本體論，融合儒學的禮法
綱常，道家的宇宙生成、萬物化育論，以及佛學關於抽象與具
體、本質與現象的思辨哲學，以「理」為其哲學邏輯結構的最高
範疇，此即「理學」；因其奉孔、孟儒學為正宗，又與古典儒學
有別，故又稱為「新儒學」；它不僅復興了儒學，又為儒學打開
了新局面，使儒學的發展邁向另一高峰。

　　新儒學也指宋明這一階段的儒家思想，因對理氣、心性、天
理、人欲之辨有歧異而有各派之別，其中可以集理學大成之朱熹
為代表。新儒學討論的都是關於「人」的問題，包括：人在宇宙
中的地位和任務，人和自然的關係，人與人之間的關係，人性和
人的幸福，其目的在於追求人生各種對立面的統一，即「同天
人，合內外」、「渾然與物同體」（馮友蘭，1991）。如此，不
但將宇宙、社會和個人匯整起來，最重要的是將「倫理」提高到
本體的層次，賦予形上的依據，重建「人」的哲學。

1.天理的必然性

　　理學的主旨是：萬物皆起於理，理生氣，氣生萬物。天地間只有一個理，「理」具有本體的意義，不僅是天道、性、命之理，也是陰陽五行變化之理，倫理道德之理。如此一來，儒家的倫常與宇宙基模連結起來，從「天」（宇宙）而「人」（倫常），天人相接而合一；道家的「道體」與儒家的「倫理」也都實現於差序的人倫之中，人世間的「道」或「理」也是宇宙之道或理的一部分。根據李澤厚的看法（1985e），朱熹的理學體系之根本核心是：應當（人世倫常）＝必然（宇宙規律）；也就是說，人們所「應當」遵循、服從的規律、法則和秩序即「天理」，也是萬事萬物之「必然」。那麼，這個超越宇宙萬物而具支配主宰力之「理」，也就是人世倫常之「應當」。因此，人世的倫常道德、行為規範係來自超感性、超經驗之絕對命令——天理，與個人之功利、幸福、快樂無關，而且人不可違抗它。

2.理一分殊的定分性

　　除了強調先驗理性（「天理」）之外，理學還有「理一分殊」的論証。「理一」係指萬物皆由「太極」產生，「分殊」則指萬物雖皆由太極衍生出來，卻千差萬別，各具其理，各有一定分。天理是絕對的，「分殊」也是固定不變且合理的，因為它是理的體現。「理一」固然重要，「分殊」更重要，因為每個人在社會「所屬之位不同，則其理之用不一」，而且「萬物之中，各有一太極，而大小之物莫不有一定分」，這種「定分」指的是社會中的大小等級和親疏遠近之差別，朱熹稱之為「天分」，而「天分即天理」。朱熹要求人們「須著安於定分，不敢少過始得」，而且要「親其親，長其長，則是義之和」，「君得其所以為君，臣得其所以為臣，父得其所以為父，子得其所以為子，各

得其利便是和」。因此，三綱五倫等人身依附關係，是「義之
利」，也是「利之和」。如此看來，朱熹承認人是有差別的，爲
了証明差別之永恆性與合理性，將董仲舒之「神學」外衣換上
「天理」之外衣，使得三綱五常變成了天理，變得更牢不可破。
「理一分殊」論更把絕對對立化作和諧，把「不和之甚」統一在
天理之中成爲「甚和」。

3.去私欲的和合境界

　　朱熹理、氣並論，將人性分爲「天命之性」與「氣質之
性」。「天命之性」具有全部之天理，是善的；氣構成人之形
體，「氣質之性」則是理與氣相雜之人性，因爲氣有清濁昏明之
別，因而氣質之性就有善有惡。另外，朱熹認爲人人都有「道
心」和「人心」。所謂「道心」是指心之體，源於天命之性，是
天理也是未發之心，其具體內容是仁、義、禮、智、信等五常，
是純粹理性；而「人心」則指心之用，是心發動之後產生之情
欲，是源於氣質之性，也是「情」，屬於「已發之心」。因爲道
心只能通過人心顯現出來，所以易爲人心的私欲所蒙蔽；換言
之，道心人心本一心，但有天理與人欲之分，而從天理出來的行
爲稱爲「義」，從人欲出來的稱爲「利」。

　　亦即，在本體上「心」即具有雙重性，又潛藏著矛盾性，而
消除矛盾以獲得統一的方法是要「去人欲，存天理」，即「人欲
盡處，天理流行」。另外，惡之源有二：一爲私欲，另一爲剛柔
失於偏；而私欲宜以「公」克之，剛柔失偏宜以「中」克之（周
敦頤·《通書》）。因此，如何在天理、人欲，或公義、私利兩
相矛盾之間取得均衡協調，或剛、柔（前者係義之恰到好處，後
者係仁之恰到好處）適中並濟，就成了理學特別著意之處。基本
上，理學主張以道德行爲的積累來達到矛盾對立的統一與和諧，

而此道德行為則專指私欲之克服消除，也就是「義利之辨」或「公私之分」；統一後之和合精神境界即「同天人，合內外」。簡言之，外在的天理與內在的心性、理欲之間的和諧統一，即是天道與人道互相貫通的「天人合一」的和合境界。

(二)新儒學的僵化危機

「天理」是宋明理學所建構出來的最高本體，也是社會道德倫理的最高原則和價值標準。但是在把天理作為道德理想和價值取向的過程中，不免框架、干預、主宰了人的自然性及基本欲求，也和人的基本價值和尊嚴愈來愈疏離；天理雖是非功利的，卻是一種高高在上的絕對命令，易形成精神壓迫、扼殺功利、窒息人欲。天理設想得愈美愈善，道德理想與道德實踐之間的距離也愈來愈遠，而潛藏著脫離現實的危機（張立文，1989）。

理學使儒學發展到達頂峰，並成為中國封建社會後期（宋明元清四個朝代）的正統思想約七百年之久，理學是官方思想的正宗，科舉考試以朱熹註之《四書》為出題範圍，文體是八股文，易流於形式；再加上中國社會結構的超穩定系統特色，最後因缺乏外在的激發及內在的動力而停止發展，最後終於逐漸僵化（金觀濤、劉青峰，1983）。脫離現實加上僵化，理學就顯現出極端的禁慾主義與等級森嚴。禁慾主義，來自「存天理、滅人慾」的要求，等級森嚴來自「三綱五常」的「天理」化，於是「餓死事小，失節事大」、「尊者以理責卑，長者以理責幼，貴者以理責賤，雖失，謂之順，卑者、幼者、賤者以理爭之，雖得，謂之逆」，「酷吏以法殺人，後儒以理殺人」，「名教罪人、禮教殺人」等都是理學的壓抑與扼禁人性在歷史上對中國人所造成的慘重傷害。這些弊病被貼上「封建思想」、「奴隸道德」及「奴隸

性格」的標籤，不斷地遭受到近代思潮的批判。

⊙小結

「新儒學」除了承繼「道學」而負有復興儒學的使命之外，最重要的是，它企圖整合自然、社會和個人生活各方面的思想體系，脫離鬼神與術數的迷信，恢復儒學的人本精神，同時使儒學向上達本體論層次，向下則遍及社會各階層，因而使得儒學再創新頂峰。

新儒學將儒家的倫理與宇宙基模連結起來，使得人世倫常等於宇宙規律，人世的道德規範即「天理」，即「必然」，它超越個體的感性與經驗，而具有「絕對命令」、「不可違抗」之性質。「理一分殊」的觀念，更將三綱五倫的人倫等級秩序予以「定分」化，「天理」化，使得絕對對立（天理）成爲和諧的基礎。至於和諧化之機制，新儒學以爲：「去人欲、存天理」或「義利之辨」是最基本的，至於格物致知、允執厥中、窮理盡性、情理協調等也不失爲天人合一重要的途徑。

雖然，新儒學爲了承繼孔孟的傳統而將高高的「天理」回歸至人情化的「仁心」基礎上，同時強調倫理道德的自覺與自律性。但是，由於過度強調天理的必然性與絕對對立，使得內在自發性的動力不足，伏埋著脫離現實與僵化之根源，並成爲形成中國人遵循禮教教條的權威性人格，以及以禮教罪人的權威性攻擊之文化心理基礎。

結語：和諧化的辯證與和諧化機制

秦漢之後，政治上建立了中央集權的專制政體，爲了建設專制體制，亟需統一思想。由於儒學本身兼容並蓄多種思想，極具

彈性，且儒學所倡導的禮教制度，不但適用於貴族，又適用於平民，使統治者與被統治者有所接筍，因而被獨尊為國家意識型態。作為專制體制之國家意識型態，儒學有多方面的轉化，以因應現實政治與社會，在維持其正統地位之外，也包容了各式的互補思想（見**表2-4**）。這些改變使得儒學不斷開創新格局，也產生了不少副作用。在漫長的歷史長河中，國家意識型態化的儒學，為中國的民族性奠定了深厚的文化心理基礎。

顯然的，政教體系（下層結構）從血緣宗法變為大一統專制政體，人倫關係也從情感性為主朝向工具性（功利性）為主；但此兩力量相互對立，又相互滲透，形成一種拉鋸關係。在家族倫理體系裡，原來應以血緣情感為主，卻因政治化而崇尚家長威權與上下等級排比；人倫關係也就從情感性的相對義務責任，變為功利性的絕對性義務規範。在官僚體系裡，原來應以工具性的工作關係為主，卻又滲入血緣情感，即工作關係在擬親化之後導致人情關係的功利化。

另外，儒學在天人關係的思考上也幾經轉折。先秦儒學講求仁義為主的禮治，重視人倫關係，但缺乏本體論的論證；兩漢時出現天人感應的神祕論，儒學由重人走向尊神（天）；魏晉後，神祕論不夠精微，德治又顯得虛假而教條化，於是出現以道體為重的道學。但在人性論方面受到佛學的刺激，宋明時又轉向關於天道性命問題的討論，儒學又由重道轉向尊天。換言之，儒學原是從人道體察天道，充滿人本色彩；國家意識型態化後，卻不斷要求人與天同一，人道仿效天道，最後甚至人道服從天道。「天」在陰陽五行觀的機械化後，從生生不息的自然法則變為具有絕對的主宰性和必然性。人倫關係的相互情誼，也因遵循天道而變成絕對應當而必然的規範。

表2-4　儒學之國家意識型態化

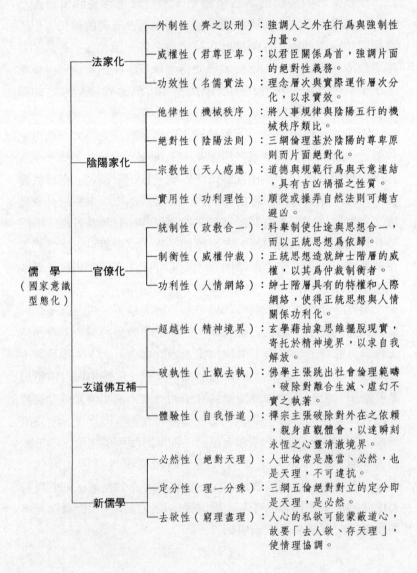

儒　學
（國家意識
型態化）

法家化
- 外制性（齊之以刑）：強調人之外在行爲與強制性力量。
- 威權性（君尊臣卑）：以君臣關係爲首，強調片面的絕對性義務。
- 功效性（名儒實法）：理念層次與實際運作層次分化，以求實效。

陰陽家化
- 他律性（機械秩序）：將人事規律與陰陽五行的機械秩序類比。
- 絕對性（陰陽法則）：三綱倫理基於陰陽的尊卑原則而片面絕對化。
- 宗教性（天人感應）：道德與規範行爲與天意連結，具有吉凶禍福之性質。
- 實用性（功利理性）：順從或操弄自然法則可趨吉避凶。

官僚化
- 統制性（政教合一）：科舉制使仕途與思想合一，而以正統思想爲依歸。
- 制衡性（威權仲裁）：正統思想造就紳士階層的威權，以其爲仲裁制衡者。
- 功利性（人情網絡）：紳士階層具有的特權和人際網絡，使得正統思想與人情關係功利化。

玄道佛互補
- 超越性（精神境界）：玄學藉抽象思維擺脫現實，寄託於精神境界，以求自我解放。
- 破執性（止觀去執）：佛學主張跳出社會倫理範疇，破除對離合生滅、虛幻不實之執著。
- 體驗性（自我悟道）：禪宗主張破除對外在之依賴，親身直觀體會，以達瞬刻永恆之心靈清澈境界。

新儒學
- 必然性（絕對天理）：人世倫常是應當、必然，也是天理，不可違抗。
- 定分性（理一分殊）：三綱五倫絕對對立的定分即是天理，是必然。
- 去欲性（窮理盡理）：人心的私欲可能蒙蔽道心，故要「去人欲、存天理」，使情理協調。

　　大一統體制影響下的和諧觀，強調的是同一、齊一的「統一化和諧觀」，這種和諧觀係指有一處於統治地位的較高標準或成分，發揮著支配作用，而其他的標準或成分則屈於服從地位。這種主從性的和諧觀，排斥差異性或獨特性，而使和諧單一化或極端化；大一統政教體系下，絕對的尊君（父）與三綱五常是人倫關係的絕對化標準，和諧化機制則以附從為主。「統一化和諧觀」的另一可能性是：在基本原則不受動搖或威脅的前提下，對微小的差異性或獨特性採取較寬容的態度，於是才有「儒道互補」，又有「儒釋相融」，而道釋所提供的和諧化機制則是另一相反方向的極端。

　　至於和諧化機制方面，國家意識型態化儒學所提供的和諧化機制（見表2－4）是：以外在的強制性或實用的功利性達到秩序化或和諧化的目標。這些外在強制或實用功利包括：定於一尊的正統思想或三綱五常的絕對性規範，身分地位的威權性，權衡利害的實用功利原則。另外，相對於外在強制或實用功利的另一極端，則是擺脫一切名利、威權、規範的束縛，而以超越、破執、內在體驗等精神化方式來達到和諧。顯然的，上下依附關係所達到的和諧，其和諧化機制也不免向兩端極化：一方是拘泥於權力功利的現實衡量，另一方則不斷地擺脫現實以尋求超越。

　　總之，大一統政教體系下的和諧觀是以絕對化的標準固定個別性、差異性，而形成統制化和諧觀。和諧化機制則在情感性與工具性，權衡利害與擺脫現實之間的相互滲透、辯證之中激盪著。

第三章
中國人的和諧觀與衝突觀

從第二章的討論得知，中國人和諧觀的意識型態基礎是天人合一的思想、倫理本位的禮治思想以及國家意識型態化儒學。天人合一思想主要是從宇宙觀的層次立論，倫理本位的禮治思想所討論的是人倫社會秩序的層次，而國家意識型態化儒學所涉及的則是大一統國家組織秩序的層次。因此，欲探索中國人隱含在意識型態層次內旳和諧／衝突觀，可以分別從宇宙觀的層次、人倫社會秩序的層次以及大一統國家、組織的層次來著手。由於本研究係以和諧／衝突的辯證觀爲思考導引，因此，欲探討中國人的衝突觀，可以從中國人的和諧觀的對應中切入。以下將分別討論隱含在意識型態層次內的和諧／衝突觀。

第一節　隱含在意識型態層次內的
　　　　　和諧觀

一、辯證式和諧觀──宇宙觀的層次

宇宙觀是一個民族對於世界的看法和假設；假設宇宙是由什

麼實體及力量所控制，宇宙如何組成，以及人在宇宙中的地位和角色爲何（Kessing, 1981）。中國人的宇宙觀是一關聯性的（correlative）、有機的（organic）的宇宙觀（Schwartz, 1985）。這種宇宙觀是假設：宇宙是一所有物質的均衡共存體，物質的存在不是某一超自然的權威所安排（西方則是有外在而又神聖的立法者的宇宙觀），它們都遵循著各自的天然本性和一定模式而存在且運作著。

中國人的宇宙觀也是一種「陰陽宇宙觀」，從西周時代（約爲公元前1000年）開始，中國人即以「陰陽」解釋宇宙現象，並視陰陽爲宇宙的基本構成與運作力量。此一陰陽宇宙觀，Schwartz（1985）稱之爲「中國心」（Chinese Mind），因它是中國人對宇宙萬物最原生最精華的表達方式，用 Granet（1930）的話來描述，它代表中國人基本的思考結構（structure of thought）；以 Carl Jung（1959）的語言來講，它也是中國人的集體潛意識（the collective unconscious）。

「陰陽宇宙觀」指的是：在中國人的思想中，不論是自然或人的世界，充滿了許多對立／對偶的概念（antithetical /polaristic concepts），如陰陽、有無、天人、動靜、內外、理氣、理欲，道器、文質等。這些對偶，基本上是對立卻又互補與互相需要的，經由兩者的互動，可以彼此調和（reconcilable）或形成一更高層次的綜合體（synthesis），即互動的過程是不斷地相生相成，但終究不是靜止在絕對的對立上。換句話說，對偶雙方間是有特定關係的，這種關係類似高低、左右、內外這種對立而又互補的關係，雙方間也有成比例的相合或相互滲透（interpenetration）等平衡性互動，最後並成就一個功能性的有機整體（functionally organic whole）。而此一有機整體，即一和諧的統一

體,此一有機變化的歷程,也是一和諧化的歷程。

因此,從宇宙觀的層次來討論,中國人所具有的和諧觀是一種「辯證式和諧觀」。此一和諧觀認定:和諧是以對立而又相關關的對偶結構為基礎,並經由相生相成的互動歷程來呈現。此一和諧觀又具有以下諸特性。

1.先驗性

辯證式和諧觀中的和諧是以「道」來表達的,而「道」又是一種「預先的和諧」(馮友蘭,1991)。《易經》中,道乃壹,即太極,它是實在界(reality)的基本狀態。此一代表天、地、人及萬物的「道」,是一有秩序的結構,也是一變化的過程,充滿創生的能力。而「一陰一陽謂之道」,即指陰陽是一切事物之構成,而「道」是發展的總規律;或是說,變化的過程是由陰陽兩種相反但相成之動能,不斷地生化又統合。換言之,世界是一不斷生化的統合體,雖然充滿了不同的事物,但卻循著對偶式的互動過程和諧發展,以和諧始,亦終於和諧。

老子在《道德經》中所說的「道生一,一生二,二生三,三生萬物」,「萬物負陰而抱陽,沖氣以為和」,顯然是強調陰陽二氣之自然變化與自然統合即是宇宙萬物的本體——也就是「和諧」。由此可見,以「道」為主的辯證式和諧觀,其和諧是一種先驗性的(a priori)和諧。

2.動態性

陰與陽是對偶現象的抽象概念,它們源自「道」。陰與陽不是相反或敵對,而是互補與互生,雖然以相互推移(「剛柔相推」)、相互摩擦(「剛柔相摩」)、相互衝擊(「八卦相蕩」)等各種形式表現,但是,陰與陽之間並不一定有緊張或敵意,祇要順其自然運行,都是一種和諧的表徵。張載以氣論為

主，他在《正蒙》中說道：「太和所謂道，中涵浮沈、升降、動靜、相感之性」。「太和」指的是宇宙的精神面貌，「道」是宇宙發展的規律。他又說：「兩端循環不已者」是「天地之大義」，即宇宙變化的總過程，是陰陽相感相盪的過程，此一過程，即「太和」。由此可見，和諧是一動態的過程，而不是靜態的結構。

3.轉化性

　　陰陽互動的重要原則是「相互轉化」，亦即陰陽的發展達到一定限度就會轉化為其對立面，這也是「物極必反」的規律。此一規律，使得世界永遠處於未完成中，也就是永遠在轉化中。《易經》認為，由於事物在一定條件下可以互相轉化，所以主張人應該採取積極態度，應用轉化原則，不要讓事物的某一面發展到極點（激化），經常預備接受其反面，以保持「既濟」，又可促進事物的發展；那麼，事物的變化便不斷地更新與前進，此即「日新之盛德」。

　　但是，道家則以「相對原則」看待事物（陰陽）之間的對偶或對立，也就是說，世上任何事物的區分都是互為條件的，善與惡，美與醜，真與不真，禍與福等價值都是相對的，並無絕對的客觀基礎。對立面在「互相轉化」的運作原則下，正負價值可以相互轉化，而且是無條件自動轉化，不需要主動的努力或修為。因此，以退為進，以弱勝強，以柔克剛，以少勝多，以不爭為後取等方式就成為趨向和諧的處世重要原則。

4.質變性

　　周惇頤在《太極圖說》中，進一步發揮陰陽之說：「太極動而生陽，動極而靜，靜而生陰。靜極後動，一動一靜互為其根，分陰分陽，兩儀立焉。」即是說：陰陽兩對立面雖然同時存在，

相互依存，但是其地位並不平等，其中一居主位，另一居次位，而和諧統一的性質即由居支配地位者來決定。但是居主位者發展到極端，將轉化爲次要地位，而原來居次位者即轉化到主要地位，而決定了統一體的性質。

張載在《正蒙》中也指出：「太和所謂道，中涵浮沈、升降、動靜、相感之性，是生絪縕、相蕩、勝負、屈伸之始」，意即在「流行」變化的過程中，浮／沈、升／降、動／靜等對立面都處於「相感」「相蕩」的衝突中，相互衝突的結果，造成一方佔優勢、另一方佔劣勢的「勝負」「屈伸」狀態。他又說：「有像斯有對，對必反其爲；有反斯有仇，仇必和而解」，意即在衝突的過程中，佔優勢者並不能完全消滅其對立面，最後是「仇必和而解」，而不是「仇必仇到底」。由此可見，即使衝突是必然的存在，但終究會化解而歸於「和」。

朱熹在《語錄》中進一步詮釋：「陰陽何以謂之道？當離合看」。從「離」的一面看，陰是陰，陽是陽，兩者有所區分，有所差異。但是從「合」的一面看，一陰一陽才是道，因爲「屈伸往來、循環不已」，意即陰陽也代表屈伸和消長；在屈伸消長的過程中，變化從而產生。當舊的消去，新的一面佔上主位之時，此一和諧統一體經歷了「質變」而煥然一新。

簡言之，在辯證式的和諧觀裡，強調陰陽並非平行或對等的，而是一居優勢一居劣勢，而居優勢者起主導作用，決定了當下統一體的性質。在動態的變化過程中，充滿了相感相蕩的衝突，但是由於對立面的相互滲透與相互轉化，致使衝突不會激化，統一和諧體不會破裂，最後並以「太和」爲依歸。此一動態的發展，也因陰陽兩面的互爲主導，而經歷了質變。

5.循環性

　　陰陽互動的另一項原則是「反復原則」，一往一來謂之「復」，「復」也暗示著歸真或歸於變化之源的「道」，因此「復」就是一種「循環」。循環式的和諧觀強調事物的周期性變化與動態平衡之表現形式，以及自我調節的能力。自然界中，四時、晝夜、生死等都表現周而復始的循環，「窮則變，變則通，通則久」（《繫辭傳》），《繫辭傳》又說「往來不窮謂之通」，「往者，屈也；來者，信（伸）也，屈信相感而利生焉」，那麼，萬事萬物的生生不息，也是在陰陽的反復循環中才得以實現。世間的變遷是遵循循環式的反復原則，那麼一切的相感相盪也會在反復循環的過程中化解。這種循環式的和諧觀，一方面承認新事物的層出不窮，另一方面又堅守「萬變不離其宗」的圓道觀，亦即以和諧始，亦以和諧終，在一往一來的相推中，最後並沒有新事物的出現。

6.善美樂境界

　　在《易經》中，和諧與善、吉利是一致的。因為，人若了解「道」的動跡，並以己身配合此動跡，乃能成就至善與大吉大利，因此「和諧」具有正面的價值觀。人除了本性是傾向追求和諧之外，另一方面也可以透過道德上的修養來追求和諧，這也是「天人合德」的和合境界。

　　理學家認為「和諧」是一種「人與天地萬物一體」的精神境界。在此和合境界中，天地萬物生生不息的過程是人的價值準則、仁愛精神（仁心）以及天的價值之體現。因為天道與人性合一，所以天心與人心、宇宙價值與人的價值也都是相互貫通的。但是，人們或為「氣」所縛，或被「見聞」所限，或受「私慾」所阻，人心從天心中異化而失卻了與萬物一體的精神境界。但

是，人祇要從兩條路徑下手：一為道德修養功夫，去欲存心、變化氣質，另一為擴大知識，即格物致知、窮理盡性，經歷一番艱苦的自我改造，則最終可實現與天地一體的和合境界（馮友蘭，1991）。

道家則認為，除了至善之外，和諧還是至美至樂的境界，也是一種沒有私欲、干預、強制，不計利害、是非、功過，忘乎物我、主客、人己，這是一種「審美」的觀照（李澤厚，1990a），而此將對立性統一的和諧，更是「美」的基素（朱光潛，1983）。和諧也是自由自在、不受束縛、寧靜平和的精神（心靈）愉悅（樂感）境界（李澤厚，1990b）。人祇要從價值與觀念的執著中解放出來（即認知上的轉化），以超越世俗的「道」為取向，即可達此和合境界。

二、調和式和諧觀——人倫社會秩序的層次

宇宙觀除了思考宇宙的本質之外，還有有關宇宙功能的思考。中國人有關宇宙功能的思考是反映在天人合一的思想中。對中國人而言，「天」具有多義性，主宰之天俯視著整個人類世界，由個人到家庭、到國家、到天下，維持著秩序與和諧；自然之天與義理之天則指出自然之運行係宇宙的最高原理，宇宙本身的秩序與和諧（即天道），是人類自身或社會秩序與和諧（即人道）之本質，或者是應仿效之對象。

那麼，「天道」與「人道」之間又如何接筍呢？此可以《中庸》和《樂記》中的和諧觀為代表。《中庸》有云：「中也者，天下之大本也，和也者，天下之達道也，致中和，天地位焉，萬物育焉」；亦即，自然界之和是「大和」，是「太和」，是「萬

物並育而不相害，道並行而不相悖」，而社會中的和是「天下之
達道五」，即君臣、父子、夫婦、兄弟、朋友等「五倫」。而
《樂記》中則主張「樂者天地之和也，禮者天地之序也，和故百
物皆化，序故群物皆別」；這說明「樂」係利用聲之大小清濁的
不同，互相調配構成之「和」。「中庸」與「樂」之和都是一種
「調和式和諧」，代表社會中之「和」，以與自然界之「和」相
對應。

調和式之和是在差異（分別）中求和諧，它兼容相異乃至相
反之事物，並加以調節，使其保持一定的分別，又不超出一定的
限制，進而相輔相成而達到整體性的和諧。這種和諧即是「和而
不同」的境界，向上可與宇宙觀中的「天道」（自然之和諧與秩
序）接筍，在人世間又可作為人倫和諧社會與秩序之寫照。

這種強調調節或協調的和諧觀，亦主張「以禮節和」與「以
權佐和」，以兼具原則性與靈活性，個別性與群體性，並因此建
構盡善盡美的和諧境界。但在調節的過程中，其所強調的是透過
對「大本」與「達道」之「固執」去實現天道與人道之和諧；或
在假設「人心之所同然」（四端之心）的基礎上，要求人要力行
「盡其在我」的義務原則；抑或以「人倫」關係將人套繫在固定
角色的框框中，以「禮」的規則或儀式制約人行為的界限等等。
這些途徑都可使調和式和諧逐漸轉化為「秩序化和諧」，並在和
諧化過程中，因內在的矛盾而潛藏著激化或僵化之危機。調和式
和諧觀亦可以下列諸面貌呈現及詮釋。

1.中庸性

「中庸」之和係指：「和」中包含各種相異的成分，但是若
要合眾異而成和，則眾異必須都有一定的限度，且恰如其分，無
過無不及，此即所謂「中」或「中節」。由於眾異都保持著一定

的限度，彼此間也就因相互調和而保持著相對的平衡，此一平衡狀態即是「庸」、是「常」、也是「和諧」，一種「調和式和諧」。如果其中某一份量超過或不及某一限度，則會失去常態性平衡，此即「不和」之狀。

2．相濟相成

在調和式和諧觀中，「和」的意涵是指不同的元素配合得適當而達到均衡、協調與統一的狀態。史伯以「以他平他謂之和」來詮釋。《國語・鄭語》裡記載史伯與鄭桓公的談話，史伯曰：「和實生物，同則不濟。以他平他謂之和，故能豐長而物生之」。例如，和五味以產生香甜可口之美味，和六律以發出悅耳動聽之音樂，金木水火土五行相和以造百物。換句話說，衆相異事物之間各含有互依之成分，也就是這些互依之成分使得整體得以和諧發展而產生新的事物。

另外，晏嬰以「濟其不及，以泄其過」的「相濟相成」觀念來豐富「和」的意涵。在《左傳・昭公二十年》中記載著晏嬰與齊桓公的對話，齊桓公問：「和與同異乎？」，晏嬰說：「異，和如羹焉，水、火、醯、醢、鹽、梅，以烹魚肉，嬋之以薪。宰夫和之，齊之以味。濟其不及以洩其過，君子食之以平其心。」意即，「和」就如作羹湯，各種材料在一起，「濟其不及以洩其過」，可以因物物相互調和而得到新的事物。晏嬰更以君臣關係爲例詳加說明。「君之可中有否，而非絕對之可，故臣獻其否以成其可；君之否中有可，而非絕對之否，故臣獻其可以成其否。是以政平而不干，民無爭心」。意即，可否是相反卻也相成，正反雖相異實相濟，那麼，若將不同的意見合在一起，「相濟相成」的結果，君臣之間可得「政平而不相干」的新和諧。顯然地，在這兒，「和」強調的是各成份的互補相成，而不祇是相混

合而己。

3.節制性

中庸的調和式和諧觀裡，最重要的是要有原則性，或說節制性。即孔子所謂「以禮節和」。禮是以「中」爲限度的，「夫禮所以制中」，即爲了避免激化與衝突，要力求適中與恰當，使兩端向中均衡發展。在人倫社會中，禮一方面是順人情（仁），另一方面是治人情（義）；順人情指依從人的喜怒愛惡，讓愛有差等；治人情指規範人情使之有節制，治人情的標準是人義，指在人倫關係中，每個人有其一定地位、一定責任，而完成一定的責任即是「義」。「和」既然是由眾異之「節」所構成，使各部分都限制在一定界線之內，那麼，此一和諧體自然以維持均衡爲重，而沒有質變之意涵。

4.權宜性

雖然中庸之和以「中」爲限度，但是「中」並不是指兩端之間等距離的那一點，也不是固定在一個點上，否則就是沒有變通（無權）了。如《孟子・盡心篇》曰：「執中無權，猶執一也」。因此，「中」要加上「時」的概念，即「時中」（「君子之中庸也，君子而時中」），亦即隨著具體情況之變動而變化之靈活運用，也就是權宜性。但是，權宜性之和如果缺乏原則性，爲和而和，則是一種「鄉愿」，即「德之賊」。另外，「時中」的權宜性是指在平排著的各種情況中作選擇，並沒有上升發展之意，因此，雖然原則性與變通性兼具，本質上仍是一種「折中」式的調和式和諧。

5.差異固定化

調和式和諧的重點之一是求和諧於差異，荀子更以「明分使群」強調社會安定的基礎是根據禮義的標準，將人加以劃分，致

尊卑有序，上下有別。但是分與別的秩序化，雖然是避免爭亂的基礎，更重要的是，「分而後群」「別而後兼」的「和一」和諧。「明分使群」的和諧，雖然承認個體差異性的存在，但是，以禮義作爲衡量「宜」的標準，卻也使得和諧建立在等級秩序的固定化之上。

《易傳》中則將此差異之和，進一步抽象化，透過陰陽之二分來比附君臣、父子、夫婦等關係的尊卑貴賤，並嚴格界定陽尊陰卑的等級順序，雖然《易傳》勾勒出由「窮」至「變」至「通」再進入「久」的和諧境界，使和諧有動態性之發展，卻也因將等級順序固定化而潛藏著僵化之危機。

6.不爭性

調和式和諧觀認爲：人類社會的失序失和（即亂象），主要係來自缺乏節制與資源有限。如《荀子》所謂：「求而無度量分界，則不能不爭，爭則亂，亂則窮。」（《禮論篇》），又說「欲惡同物，欲多而物寡，寡則必爭矣」（《富國篇》），又說「爭則亂，亂則離，離則弱」（《王制篇》）。顯然地，荀子看到人的基本欲求是雷同的，但可以滿足的資源又有限，欲求沒有節制（「度量分界」），資源又太少，自然引起爭奪，爭奪則引起亂、離、弱、窮等不利現象，反而更降低人類自身的幸福。因此，調和式和諧主張要「和而不爭」。不爭指的是：(1)不爭利欲，如「戒之在色」、「戒之在得」等；(2)嚴以責己，不與人爭鬥，如「矜而不爭」、「群而不覺」、「君子反求諸己」、「與人爲善」、「成人之美」等；(3)不爭權力（不越權），如「不在其位，不謀其政」、「君子思不出其位」、「名正言順」等；(4)依規定競爭，即若要有所爭，則必須按照「禮」的遊戲規則來，如「君子無所爭，必也射乎！揖讓而升，下而飲，其爭也君子」

（《論語・八佾篇》）。

三、統制式和諧觀──大一統國家社會秩序的層次

　　在維持社會秩序的層次上，調和式和諧觀強調「和而不同」的理想，它一方面為顧及群體的和諧性，另一方面兼容個別的差異性，以禮作為節制的原則，以權作為變通的靈活性。但是，隨著社會與國家組織的逐漸龐大與轉型，其內在的矛盾性在現實面上突顯了出來，以致逐漸朝向激化。尤其是秦漢之後形成的大一統政體，為了統一社會秩序、統一思想、統一仕途，於是和諧觀也從調和式和諧觀，逐漸轉變為秩序化和諧觀，最後更激化為統制式和諧觀。

　　統制式和諧觀的基本特色是統多為一，其「和諧」並不是讓各成分平分秋色、平起平坐，而是其中某一成分居於統治地位，發揮主導作用，而其他成分則居於從屬／附從地位，抑壓其個別性帶來的歧異性，以齊平同一的方式呈現，而達成大一統的統制式和諧。因此，統制式和諧不僅突顯居支配地位者的統治性和居附從地位者的同一性，同時，也具有外制性、功利性、形式性等諸特性，而這些特性也彰顯出統制性和諧是建立在外顯的、可計量的、可稱謂的之上，同時並考量利害權衡以及現實上的功效。

　　統制式和諧亦有其互補形式存在，即在形式上不威脅「和諧」的原則下，允許被動、消極的個別差異性存在，尤其是在精神層次上。如此，一方面可加強統制式和諧之穩固性，但在另一方面，當形成和諧的支配性力量消失之後，則各分子散漫如沙，沒有交融，以致無法環環相扣自成和諧系統。總之，統制式和諧

觀所具之特性，可以下列諸項來表示。

1. 統一性

　　統制式和諧的特點之一是其統一性或縱向性。統制式和諧是建立在縱向平衡之上，亦即在縱向的等級關係上，各維持一定的比重，甚至強制性地限定其行為，使其在各自的職分上，居下者附從於居上者，而保持著主幹與分枝狀的穩態和諧平衡，這也可說是統一式和諧。墨子的「尚同於天子」，主張人民附從於統治者。荀子所設想的「群居和一」、「推禮義之統」，使人民在「明分」之下有服膺統一規範的社會秩序。法家的法術勢皆奉「君權」為至上，並以「法制」為統一綱紀之工具。董仲舒獨尊儒術，指出「大一統者，天地之常經，古今之通義」，使得統一者提高至本體論地位；又說「合，必有上必有下」（《春秋繁露・基義》），使得「和合」關係建立在主從相配之上。新儒家更在「道統」的口號下，提倡「理一分殊」的論調，並以「天理」為萬德之綱。文官制度也以正統思想一統士民的思想。倫理的片面絕對化更蘊涵著主從關係。這些統一式的和諧觀，目的在於使部分連成整體，使分歧歸於一致，而其和諧化之基本機制則是：居上位者由某一佔絕對優勢者或居上位者發揮其具支配性之影響力，使居劣勢者或居下位者因附從於它而獲致一統端緒的和諧。

2. 同一性

　　「同」本身是衡量相等、一致之尺度。在某些範圍內，「同」與「和」是同義字，即和諧之意，同時具有良好的、正面的積極意涵，如同道、同心同德、同心共苦、同一條心等，《禮記・禮運篇》中所描述的大同世界，即指涉著夜不閉戶的和樂世界。但是有時候「同」與「和」卻有層次上的高低之分。例如：孔子所謂「君子和而不同，小人同而不和」；史伯與鄭桓公的對

話也提及「去和而取同，必弊者也；……和則生物；同則不繼，
……若以同裨同，盡乃棄矣」；晏嬰與齊桓公之對話：「君所謂
可，據亦曰可，君所謂否，據亦曰否；若以水濟水，誰能食之？
……」，可見，「和」與「同」是不一樣，「同」是以水濟水的
簡單同一性，無法產生新事物。在《中庸》中，「和者天下之達
道」，「和」具有上達天德之宇宙觀意涵，但是文中又指出「今
天下，車同軌、書同文，行同倫」，則落在國家政體的統一層次
上論述，其作用顯然較「和」為次要。另外，墨子的「尚同於天
子」，要求民與天子同義；法家設計的「齊一於法」的社會，讓
人民一統在法治之下，根據同一的價值取捨標準，同納一軌，同
鑄一型，以便國家社會秩序之運作。因此，「同」是「統」的另
一面，占優勢或居上位者講求「統」，居劣勢或居下位者求
「同」。在這兒，「同」是抑制個別性、差異性，使趨於一致，
以便統一在整體的和諧之下。

3. 外制性

　　統制式和諧的另一特性是其外制性，也就是說，這種和諧是
以外在的規範、威權或功利為訴求，強制性地要求各分子局限在
某一權利範圍內，盡其名位或角色的義務、本分，以維持雙方
（或團體）的和諧，若逾越本分，則遭受懲罰或獲致其他不利之
後果。例如：最高權威者是「天」，順天之意則得天賞而吉利
至，逆天之意則受天罰而災禍至。另外，君權（權力）或法制也
都具賞善罰惡的威權，可透過教化或外在的強制以維繫和諧與秩
序。因此，統制式和諧強調的是，藉由外在的力量強制地或誘使
地使各份子趨向和諧。

4. 功利性

　　功是指效果，利是指實質利益。統制式和諧既具外制性，自

然也具功利性，因其必得認爲人的行爲是趨利避害且具計算之心，以實際效用爲目標。這種將功利原則當作取捨是非之理的和諧觀，即深諳和諧之功利原則。雖然，在附從於統制性價值時（如存理滅欲），可能將犧牲某些自我的私利，但就功利性的角度來看，權衡利害輕重之後，所作「利中取大，害中取小」的選擇，可能一方面以公利或利他爲重，另方面卻從公利或利他中轉化爲自利。另外，像「自然法則」、「正統思想」抑或「人情關係」，也因可作爲獲致功利的媒介，故也充分顯現其功利性和諧。因此，和諧因具兼利或交相利之特色，致能誘使人附從之，而衝突則將於己於人不利，故避之唯恐不及。

5.形式性

在統制式和諧中，如禮制與法制均強調依名分界定人的等級地位、職務身分、及行爲的權利義務範圍或界限，然後才可以「循名而責實」，即依其名分審視其是否「未盡本分」或「越分」，以便行賞罰之實，這是相當具功效性的統制方式，其積極面是易使行爲名實相符。但從另一方面來看，若人們老是循功利原則，依從或受制於名分角色而行動，以求取和諧，久之可能與個人內在之眞實本意疏離或區隔，而形成內外不一致的表面附從之和諧，即形式性和諧。此種形式性和諧，可能因另有一股與支配性標準不和或衝突的力量，受到強行壓抑或循其他管道而洩出，而造成另一種形式的名實不符。

6.互補性

統制式和諧的另一重要特色是，在大一統和諧的基本原則不受動搖的前提下，對微小的個別差異（尤其是內隱的、不可計量的，不違反名位的個別差異）採取寬容的態度，像外儒內法（名儒實法）、儒道互補以及儒釋相融等這些基本格局等皆是。統制

式和諧，因其以名位角色套繫了個人的獨特性，且使差異固定
化，加上其外制性、功利性及形式性，易使人的外顯行為與其內
在動機或意向疏離，造成心理的壓抑與不滿足感。因此，道家與
佛學乃在個人的精神世界裡，提供一廣闊的允許個別性存在的自
由空間，以平衡或互補統制式和諧所帶來的壓制感與疏離感。簡
言之，統制式和諧一方面以強勢支配的力量形成和諧，另一方面
又允許被動的、消極的互補形式存在，以穩固強制性的統一式和
諧。

第二節　隱含在意識型態層次內的衝突觀

一、失合式衝突——辯證式和諧觀下之衝突

　　從宇宙觀的層次來看，中國人的辯證式和諧觀主張宇宙萬物
是趨向和諧與一體的，和諧才是實在界（reality）的基本狀態與
構成。在此意義之下，「衝突」則是一種暫時的失序或失衡，沒
有永久的意義；換言之，宇宙與人生經驗中的衝突、矛盾、失
序、失調（相感相盪）係對偶互動過程中的過渡現象。

　　在《易經》中，「衝突」是一種惡或不吉。對人而言，衝突
係來自未能與「道」的動跡相合，或說個人與環境、時代及周遭
人缺乏和諧之故。因此，它顯示了人的軟弱或無能，未能體會道
變化的微妙，以致無法自我主宰來與「道」配合而獲致和諧。另
一方面，它也鼓勵人們盡己所能去理解「道」的變化，並在適當
時機下，努力發揮理性以調整自身的行為，便能避開衝突。

道家由於是採「相對原則」，認為萬物間沒有絕對的區分與差異，或是說，萬物間的區別與差異在本體上是可超越的（transcendable）。那麼，由於區分或差異所引起的衝突與對利則更是可超越的，它不過是和諧或齊一的另一面而已。亦即，祇要從價值與觀念的執著中解放出來（即認知上的轉化），以超越世俗的「道」為取向，即可避開或化解衝突。這種提供精神境界以化解問題的方式，基本上是取消了問題，使問題變為不成問題。

二、失調式衝突——調和式和諧觀下之衝突

在《中庸》的調和式和諧觀裡，衝突係來自某一方未恪守人倫觀係中的名位本份，其行為「太過」或「不及」，即未「中節」，以致失去平衡而不能成「和」。換言之，如果未遵循「禮」的規範，行為舉止未合乎禮儀，抑或未調整己身的情緒慾望使其流露恰到好處，則易引起人與人之間的衝突。荀子也論及「人多」、「事多」、「物少」，「財寡」的資源有限、分配不易是爭亂的主要原因之一，但是人的慾求沒有節制則易使爭亂更甚。因此，解決爭亂固然要從增加生產著手，但限制人的欲求使其「度量分界」才能根本解決爭亂。

總之，在調和式和諧觀裡，衝突是源自人在情感，慾望或行為的表達上未能「中節」、「合宜」或「適度適量」。致使整體失去平衡而形成的紛亂狀態。衝突也是社會失序、人際失和、個人失控的不利、不宜、不能群的離弱狀態。化解衝突最好的辦法則是遵循禮的規範。從社會方面而言，要正名分工，讓每個人有固定的角色規範可以依循；在個人方面，則要開啟個人內在的道

德本性（四端之心），擇善固執，還要透過修身養性或積學的工夫，將禮的角色行為內化為個人主體性的一部份。

三、失序式衝突──統制式和諧觀下之衝突

統制式和諧觀是以富強、權威及效率（功利）為主要目標，以國家（組織）、社會、人倫秩序為絕對至上。由於統制式和諧是一種片面界定主從關係的附和式和諧，因此，在此意義下，「衝突」係來自居下位者對居上位者之未能「附從」或「逆而不順」，抑或未能與其它居次位者「趨同」、「附和」或「協調一致」、「同心同力」。「衝突」所表徵的是兩人間內隱的不和、不順、不利、淡漠以及疏離等，抑或外顯的對立，爭執或抗爭等，不但給雙方關係帶來緊張和壓力，同時可能威脅到威權及利益的保有。

例如，禮俗社會中的「傳統」，法治社會中的「法」或大一統專制政體中的「正統思想」，均是具絕對性支配地位的規範。人倫關係中，君王、上司、家長、長者、丈夫、男性等也都具有絕對性的威權，與之相對應之臣子、下屬、子女、幼者、妻妾、女性等則順從以求和諧。Hsiao（1979）在討論帝制中國的制度化仲裁法一文時也指出，統治者與被統治者所鑲嵌而成的和諧關係是不穩定的；在此上下統制關係中，和諧充其量祇是個理想，其中含藏著諸多衝突的可能性，帝制中國因而必須將化解衝突的方式加以體制化。

因此，面對失序式衝突，化解衝突最好的辦法則是：權衡利害之後，居支配地位者以各種形式的威權強制居次位者服從，或以權威者做仲裁者，令雙方妥協而折衷協調；居下位者則以忍讓

順從為主以求和諧。最後亦可以超越之方式，遠離或跳脫主從性之關係（無論在精神層次上超越抑或實質上跳脫或斷絕此關係）以化解衝突。

結　語

　　從意識型態上的探討可以得知，中國人的和諧觀不但具有豐富的意涵，同時也因為對應層次的不同而有所轉化（見**表3-1**）。從宇宙觀的層次來討論，中國人的和諧觀是辯證式和諧觀。此一和諧觀強調和諧是兩對立面相生相成的動態歷程，具有轉化、質變以及循環等特性，同時它是一種善美樂的至高境界。但是，將從宇宙層次（天道）所獲致的和諧觀推衍至人倫、社會秩序的層次時，即轉化為調和式和諧觀。此一和諧觀強調異中求和（和而不同），亦即要調節相異或相反之事物，使其在限制內保持分別性，以達相輔相成之整體性和諧。在調節的過程中，雖然兼具原則性與權宜性，但因強調「禮」的節制性與不爭性，並使其間差異固定化，遂使此一和諧觀潛藏著僵化之危機。及至大一統國家組織的層次，為了統一秩序，和諧觀更從調和式轉化為統制式。此一和諧觀強調由支配者將從屬者間的歧異以齊平同一的方式統合起來，而達到外制性、功效性及形式性之和諧。並且，因有互補形式之存在，乃使消極性差異有了生存之空間。

　　中國人的和諧觀由於對應層次不同而呈現明顯的轉化。其所對應的層次從宇宙至人倫社會及至國家組織，隱含著從著重心靈的境界，朝向著重情理的境界，再朝向現實功效的境界轉化；於是，和諧觀也從動態的和合境界，逐漸加上節制性而以調節為重，最後則因固定化而極化為統制式和諧。和諧觀在這樣的轉化過程中逐漸失去其彈性、動態性及美樂性，取而代之的是僵硬

表3-1　和諧觀的意涵

一、辯證式和諧觀
（宇宙觀層次）
- 1.先驗性：和諧是「道」，也是實在界的基本構成
- 2.動態性：和諧是陰陽相感相盪的過程
- 3.轉化性：物極必反的原則，即達到極點之後會轉化為對立面
- 4.質變性：優勢者與劣勢者相互滲透轉化，使動態的發展過程不斷經歷質變
- 5.循環性：事物具周期性變化，且有自我調整的能力
- 6.善美樂境界：和諧代表善，也是至美至樂的精神境界

二、調和式和諧觀
（人倫、社會秩序層次）
- 1.中庸性：一種強調平衡狀態，以保持天、人、萬物並育之和諧
- 2.相濟相成：各事物間含有互依之成份，相互配合、互補相成可產生新事物
- 3.節制性：以禮節制各成分，使保持一定限度內以維持均衡和諧
- 4.權宜性：隨情況之變動而靈活運用節制性原則，以免僵化
- 5.固定化：將差異固定在等級秩序中，使得差異化之和諧轉化為秩序化之和諧
- 6.不爭性：認為爭奪引起亂、離、弱、窮等不利現象，故主張安分、不爭

三、統制式和諧觀
（國家、社會秩序層次）
- 1.統一性：由居上者發揮支配力─統居下者之端緒、使分歧歸於一致的主從關係之和諧
- 2.同一性：要求居下者抑制個別性、歧異性之和諧
- 3.外制性：以外在之規範、威權或功利為訴求，強制各份子趨向和諧
- 4.功利性：以功利為媒介權衡和諧之利害輕重
- 5.形式性：強調依地位、名分、等級界定行為限制，致使和諧成為形式性而與內在疏離
- 6.互補性：允諾不傷大體的個別性與自由空間，以平衡統制式和諧帶來之壓力

的、形式的卻也充滿著功效性的和諧觀。三者所彰顯的和諧境界固然有所不同，但卻同時都認定：和諧極具正面價值，並能帶來吉祥或有利之後果，而且透過某些和諧化方式即可獲致和諧。

中國人的衝突觀相對於豐富的和諧觀則顯得簡明多了。在辯證式和諧觀之下，「失合式衝突」是暫時的失序或失衡，卻也是必然的過渡現象，同時它代表著惡或不吉。在調和式和諧觀之下，「失調式衝突」是一種不平衡的紛亂狀態，或因情欲、行為未能節調整制而產生的爭亂，它代表一種離弱。至於統制式和諧觀下之「失序式衝突」，則是一種內隱的緊張或外顯的爭執，它來自份子間的未能趨同或附和，代表的是一種威脅。

由於對應的和諧觀不同，使得衝突觀亦有所不同，其相異處主要是對衝突之起因持不同的觀點，使化解衝突之道或和諧化之道亦有所不同，當然最後所獲致之和諧狀態亦因而不同。至於對「衝突」本質之看法則大同小異。基本上，三種衝突觀都認定衝突具有負面價值，同時將帶來不利之後果；但是，卻也都認為祇要透過某些方式，衝突是可以避開或加以化解的。

第三節　和諧的功能性

從前兩節的探索得知，基本上中國人的和諧觀有三大類型，即辯證式和諧觀、調和式和諧觀以及統制式和諧觀，且彼此呈現著辯證轉化的關係。和諧觀之不同一方面係指涉其所對應之層次不同，另一方面也顯示著中國人的和諧觀是將宇宙觀中萬物皆和的概念，投射到個體的「小宇宙」中而為個人內在心靈之和，接

著將此和諧轉化至人際之間而主張人倫之和，最後再擴展至社會國家層次而主張人在群體中之和。像這樣的天人連續體（homo-cosmic continuum），即從天人延伸至人倫（家庭）、社會政治，各層面之間呈現一致且協調的價值體系，沒有斷裂，正是中國文化中「三層面和諧均衡模型」（李亦園，1988，1993）的寫照，也正是中國文化有別於西方文化之處（Huang & Wu, 1993）。

從積極面來看，和諧代表一種善美樂，它認為萬物或人們在和諧中，不但可獲致心靈上的愉悅美樂，同時可獲致現實界中的吉與利。從消極面來看，和諧代表無爭攘、紛亂、疏離的狀態，它使人們安處在理性中而免除情緒上、欲求上以及行為上的失控，同時可避免現實界中的凶噩或不利。

顯然地，「和」是中國人追求的基本價值之一。那麼，為什麼要追求和諧？其目的又何在？我們從大傳統的意識型態層次可以發現：「和」具有多方面的功能，無論是作為個人的修身準則，人際或社會的行為規範，文化的價值體系，或是生活的因應方式，「和諧」均提供正面的指向。以下將從三個層面與角度來討論和諧的功能性。

一、「和」係中國人理想人格的境界
──中國人「道德心」之反映

中國儒道兩家思想中的理想人格是「『德』合天地，『道』濟天下」的聖人（蔡明田，1982），雖然這些理想人格是針對人君或領袖人物而發的應然要求，但一般人民則被鼓勵在修己的工夫中，將希聖希賢視為可欲，人人皆可勉力而為之。

　　《尚書》中，帝堯是典型的聖君，他敦睦九族，協和萬邦，上下祥和，民生樂利。這樣的修德致和即是內聖外王的最終目標——和同天下。《周易》中的「大人」也是理想人格的體現。《乾卦‧文言傳》云：「大人者，與天地合其德，與日月合其明」，《繫辭下傳》也云：「天地之大德曰生」。於是，生生之德乃進德、行德，並自強不息以成「盛德」大業。此「大人」是具有「圓而神」的大智慧，體現天地精神的「大和諧之人」；同時順受命定的「未濟」，具有鞠躬盡瘁、死而後已之悲劇精神。

　　孔子則以「發憤忘食，樂以忘憂，不知老之將至」的「下學而上達」，「不怨天、不尤人」，最後達到「從心所欲不踰矩」的大通、大樂的天人合一境界。孟子認為仁義禮智四端之心為人所固有，將此善端加以存養擴充，即可達到神聖人格的境界——至善，這種從「萬物皆備於我」到「上下與天地同流」的德性生命，是「仁義」的理想造型，而與人為善、與民同樂的「樂以天下，憂以天下」，也是一種「當仁不讓」的浩然之氣。

　　在《老子》一書中，道、德、常之字義，其特質都是「和」，其具體表現是一種「圓而神」的精神。聖人以「道」保身、治國、平天下，一切皆以「和」為本。另外，「和光同塵」的「玄同」境界，所呈現的「愚」的樣態——「大巧若拙，大辯若訥」，也是一種含藏的大智慧。而「和」者，也是「自然」而已。老子主張道法自然，強調不爭之德，即是「聖人之道，為而不爭」。莊子的思想重心是「道」。其理想人格以「真人」稱之，是偏就「內聖」的境界，具體的修道成聖法門是：經由無己、心齋、坐忘等而進入遊刃有餘、逍遙自在的「道心」境界，亦即「天地與我並生，萬物與我為一」的道通為一的天德流行，超越而又內在的大慧命。在此，萬事萬物得到最妥善的安頓，其

價值也獲得完全而充實的肯定。這種「隨遇而安」與「知其不可奈何而安之若命」的心態，與孔子的「知其不可爲而爲之」有異曲同工之妙。

在理學中，「天人合一」代表一種幸福、至樂，一種精神享受、解放與自由之樂，讓人從「有限」中解放出來以體驗無限。例如，程子所謂「仁者渾然與物同體」，陸王心學的「存天理去人欲」以修得「無入而不自得」的境界，都是一種「道心」的展現。《大學》中提出三綱領及八條目作爲「自天子以至庶人，壹是皆以修身爲本」的基礎，使得修身落實爲人人可行的生活規範。《中庸》中以知仁勇三達德爲修身基礎，強調率性、愼獨、致中和之「誠之聖者」，而「誠者，不勉而中，不思而得，從容中道，聖人也」。誠是內外和諧的心理境界（Lifton，1967），內在和諧使一個人能自然地有正常的行爲；外在的和諧，使一個人能在對他人的關係上找到合適的行爲。這是一種內觀的、自發的「道德性」（金耀基，1992）。最後，因修身而得之「庸德之行與庸言之謹」也是一種「至德」的境界，一種與「從心所欲不踰矩」相似之境界。

總之，唯有充滿道心的至德者能允執厥中，旁通應和，尤其是「中庸」、「大愚」、「不爭」的智慧方能將世俗的不完美社會點化爲可能的人間聖地而作逍遙遊，並以「貫通內聖外王之道，參贊天地之化育」，完成人之所以爲人的價值理念，這是一種「道德」的氣象，是中國人自我實現的理想造形與意像，也是中國心的基型之一。

因此，「和」是中國人「道德心」的展現，一種至善至美至樂的境界，一種從世俗社會中解脫或寄望的「內在而超越的神聖世界」，一種自我實現時的心靈境界。在古思想家中，它以「天

和」、「太和」、「中和」、「天人合一」等概念出現，在一般
人的語言中，則以「和諧」、「和樂」、「和悅」、「和順」、
「和氣」等描述內心狀態的方式呈現，它是個人修身養性的最終
目的與境界，一個令中國人深深嚮往的精神境界。它也是中國人
維持個人人格完整完整性，以及完成生命意義之所在（黃俊傑、
吳光明，1992；Huang & Wu, 1993）。同時，它也給人們帶來
智慧與祥瑞。

二、「和」係中國人有情有理的人間世
——中國人「情理心」之展現

　　儒家的基本關懷是指向現世的社會生活，其目的在建立一個
世俗的和諧秩序。而此和諧秩序的基本架構是倫理。倫理也就是
「人倫之理」，它包含兩個層面。「人倫」面指的是人與人之間
隨著親疏遠近的不同關係而來的種種「情份」，故人倫關係即是
情誼關係（梁漱溟，1963）。「理」則是「理分」的觀念，它是
指因應各種關係與地位而言，必有相對應之義務，此義務是人際
關係所共守的規範，一種克制私欲，以對方為重的義務（梁漱
溟，1963），也是「做人」必須完成之部分（勞思光，1972）。
簡言之，倫理包含人之「情」與人際相對待之「理」；而整個社
會則依賴此一套倫理關係互相適應、調和以達到和諧、平衡、秩
序化的境地。

　　中國人經常將「情」與「理」相提並論，如「合情合理」、
「合乎情理」等。情理是「道德」的世俗化，「禮」的通俗化，
同時也是一種外在於個人而存在的規範。「情理」亦指「常
情」、「常理」，因為它基本上假設：人之喜怒欲惡是大致相同

的，因此是成年人「將心比心」、「設身處地」之後，或多或少可以掌握的「人際常識」，因為它根植於日常生活故而具有極大的社會性。以忠恕之道為例，忠恕是指「己之所欲亦施於人」、「己所不欲，勿施於人」，而這欲與不欲是平常人之欲與不欲，它是「不出乎常人一念之間」的（馮友蘭，1940）。

　　一個中國人若被形容為「人情練達」或「通情達理」，則是指此人善於待人接物，與善於把握人與人相處之分際；相反的，一個中國人若被斥責為「不懂人情」，那就意味著他缺乏「禮」的概念，不顧「倫理」，不能處理好人際關係。《禮運》中說：「何謂人情？喜、怒、哀、懼、愛、惡、欲，七者非學而能。」《世說新語》則謂：「太上忘情，其下不及情，情之所鍾，正在吾輩。」可見，人情的確是人之常情，生而自發之情。但是，待人處世若祇是依情而行，則將為情所累，所以，太上要忘情，即指要以理化情或以情從理。

　　諺語云：「只人情世故熟了，什麼大事做不到？只天理人心合了，什麼好事做不成」，由此可見，「天理」與「人情」是待人處世的兩大支柱。一般而言，理是一種物之理、事之理，也是一種關係之理。宋儒稱之為「天理」，除意指其為「本然而有」的所以然之外，亦引為客觀的「當然之則」。而俗諺語中的「天理」、「人情」除了有押韻對仗之美以外，「天理」取「在天之必然＝人世之應然」之義，指的是「應該遵循的行為規範」。因此，順理而行自然能沈著、能寬容，循客觀事理作事即可不摻私心，如此一來，也就與「禮」同義了。「禮」是群體秩序賴以維繫的根本原則，也是人生活在群體中所必須謹守的規範。這些規範不論是從生活中長期演化所得亦或聖人所定，它都具有普遍性的義涵；人一持守它，人與人之間就能夠有所度量、有所分界而

不爭不亂。

　　禮是根植於「人情」的（馮友蘭，1940），禮是依人之情（仁的一面），同時是治人之情（義理的一面），因而情理協調（樂的一面）是禮的最高境界。在儒家思想裡，人是從踐仁、執義、尊禮中彰顯存在的價值，同時維繫人群體生活的秩序。

　　孔子以仁釋禮，固然強調「仁」是體現於人的自覺意識，而開闢了生命的內在世界；但是，他更強調「仁」不祇運作於內在自我，而是彰顯在人我之間具體的互動中。「克己復禮為仁」，顯然的，禮雖然以「仁」之愛為出發點，但是更強調節制情欲的克己而和諧。至於荀子則更主張只有謹守禮法，從事磨練、勉強、擇善固執以及種種後天的積習工夫等難苦歷程，才能求人心之順適並切中物之大理（即情理）。

　　中國人常將「倫理」與「道德」並稱，似乎不講「倫理」的人其道德即有所欠缺。倫理是以「禮」作為行為規範的，它訂出各式各樣的長幼尊卑之規矩讓人依循，不能破壞，否則被視為「失禮」或沒有「教養」。換句話說，禮是一套人與人之間不必訴諸語言的規範，一種經過長期薰陶所形成的內在自發的做人的規約，這是「禮」試圖以「凡俗為神聖」（杜維明，1989）之處。從而可知，「道德心」是從個體層次立論，強調個體內在而超越的的精神境界，是一種「自在而和諧」。而「情理心」則是將「神聖落入凡俗」，即將道德心落實在人際與社會層次的現實面，以維持人際與群居的和諧及秩序為目的，是一種「克己而和諧」。

　　「情理心」的著力處始於家庭或家族。「家」是中國社會的基礎。自古以來，中國人就相當重視家，因為「家」是個人情感表達的起點。親人間的情感是自發且原生的，因此家中的人際關

係是以「情感性關係」爲主，而人際互動法則以「需求法則」爲優先（黃光國，1988a）。「仁」的意涵也是從「親親」爲起點。但是除了情感之外，中國家庭中的「人倫關係」更受到普遍的重視。

例如，《孟子》與《中庸》中所談論的五倫，家庭人倫就佔三個，家庭中講求「父慈子孝，兄友弟恭，夫義婦順」，即要求每個人即使在和「家人」相處時，也都要謹守一定的禮節，以使得一家人情感融洽，關係和睦。尤其是傳統中國社會一向以幾代同堂、累世同居的氏族爲主，由於家族人口衆多，成員複雜，且各有私心，人多接觸多，摩擦也多，不易和諧，因此更需要人倫的禮節和規矩來界定彼此的關係，約束個人的行爲，以使家族和諧而有秩序。家族和諧化與秩序化的最大功能在使家族興旺、福祿雙至，而充滿了和樂喜氣。假若家族不和睦，則可能因充滿暴戾之氣而致萬事不順遂，進而引起家族衰落，家業破敗。

中國人的人倫關係不僅表現在家庭中，同時也擴及宗族鄉里乃至社會。於是，中國人由親而疏，由近而遠，將一些原本用於親屬間的情誼與儀節倫序（即情理心），逐步施行於宗族、鄉里、甚而社會上一般人。「老吾老以及人之老，幼吾幼以及人之幼」以及「一表三千里」都是這個意思。只要沾上一點邊，即可認作親戚。也就是希望整個社會能如同一家人一般，不但遵循各種不同的規矩禮數（理），同時情感融洽（情），關係和睦，進而形成一有情有理的人間世。換句話說，有情有理的和諧理想社會係來自社會中的每一人際關係都具有相對應的倫理內涵，而社會成員也都能善盡其角色之倫理責任。

因此，「和諧」也是中國人「情理心」的展現，它彰顯一種人際間、家族內有仁有義、不爭不亂的禮讓關係，以及秩序化群

體，同時也彰顯一個有情有理的俗世理想社會。在古思想家中，它以「大同世界」、「大順世界」、「禮儀之邦」、「倫理社會」等形式出現，更以「父慈子孝」、「兄友弟恭」、「夫唱婦隨」等和樂景象出現。

三、「和」係中國人交相利的媒介
——中國人「功利心」之表現

　　「功利心」是一種將重功利、重功效的價值標準放在最優先考慮的一種心態或心意；「功利心」也近似實用主義的「有用＝眞理」，主張以客觀的實際效用來檢驗觀念與行爲的價值。

　　一般而言，「功」是指功業、功效，「利」是指實質的或物質的利益。廣義的「功利」是人類的自然欲望，也是社會中一切價值的基礎和核心，它制約著其他價值的存在與作用。例如，富國利民是政治與社會的重要價值取向之一。即使強調個人修爲的「道德」或人際間的人情義理，其內在實質或核心內容也都涉及「利益」，因爲道德的思慮與行爲或待人處事的通情達理也都以「兼利」、「交相利」、「利天下」、「利人利己」的形式出現。

　　墨子認爲「兼愛」才能達到人際、家庭、社會以及國家間的和諧與長治久安，而「禍亂」則起自彼此之「不相愛」。「兼愛」的實質內容即是「交相利」，它包含兩方面。一方面係指相互地、平等地、普遍地「愛」；另一方面就是在「愛」時應給對方以「利益」，使對方在愛中獲利，因爲「利」是人民的衣食之需，也是人們生存的基本條件（《墨子》：「衣食者，人之生利也」，「民，生爲甚欲」）。因而，交相愛猶交相利，平等愛即

平等互利，普遍地愛即是使天下皆得其利。

除了墨子兼重義利之外，《易傳》也主張義與利是合而爲一的。例如，《乾卦》說「利者，義之和也」，又說「利物足以和義」，意即利於他物就是義的和諧，施利於他物就符合義。宋明之際，李覯、蘇洵、葉適、陳亮等人更提出「人非利不生」以及「道無功則虛」的說法，並主張「義利相爲用」，甚至認爲超越功利，空談義理，對人群社會是沒有助益的。儒家思想的重心在於義利之辨，但是也認爲義與利並非完全相反之兩事，「義」中並不排除利的內涵，祇是要注意區分此「利」是私利或是功利，是一己之利或全體之利，是應然或是不應然。

儒家通常把「利」窄化解釋爲一個人私有的利益與好處，而且特指身外的財富或由所居地位而伴隨之權力，亦即「富」與「貴」。但是「義」則是理性地調整與節制一己之私欲，認識並考慮大衆的利益。因此，「利」係指私心或小我之利益，「循利而行，必見爭攘」（《孟子》）；「今人之性，生而好利，順是，故爭奪生而辭讓亡焉」（《荀子》）。「義」則指公心或大我之利益，求義或循義而行並非致利害於不顧，而是就大體及應然之利害關係加以認識與裁斷，而以「大公之利」、「全體之利」、「應然之利」爲依歸。因此，重義輕利才能共享一般利益，並獲致人與人共同的和諧生活，使人人生活快樂與舒適。義與利雖然有合一的時候，但「功利心」所指涉的多爲個人的私欲或「我群」的利益；而「情理心」所到之處則指涉著公義、公利抑或「他利」。

「功利心」對法家而言就等於「平常心」，因爲法家認爲：人性基本上是好利且自私的，而且人的行爲都是「用計算之心」，且「計之長利也」（《韓非》），即使人與人之間的關係

也是赤裸裸的利害關係。雖然儒家在五倫的關係之上蒙上溫情的
「仁愛」紗幕，法家卻在紗幕之後發現冰冷的「欲利之爭」實
質。法家又認為：除了「人性好利」之外，而且「世情尚爭」，
「利使國強」，「功使人貴」，於是主張「崇利簡義」（趙復
洁，1990）。這些想法在秦漢之後的大統一政治運作與社會現實
中發揮了巨大作用，即使獨尊儒術的格局形成之後，為了發揮法
的功效性，強調「有功則賞，有罪則罰」，或為制衡權威而主張
順天之意則得天賞，逆天之意則得天罰。這都使得「功利計算」
成為行為的準則與習慣，甚至內化為價值核心。

　　另外，中國的法治思想是以「君」為主體，以「法」為工
具。也就是說，在法家的思想裡，君主是目的性價值，「法術
勢」則為工具性價值。由於尊君是法家價值體系的前題或基礎，
因此法家在執法時，雖然他們主張「必出於功利」、「去私心行
公義」（《韓非子》），但所謂「公」並非指全體成員的利益和
願望，而是以君主為主的權威和關係人物的利益及意欲，即「人
主之功利也」、「人主之公義也」（《韓非子·飾邪》）。如此
一來，則使權威人物的「私欲滿足」得到正當性。再加上「倫理
絕對化」也使得尊者、長者以及權威者片面獨享優勢與利益，而
卑者、幼者以及弱勢者藉附從取得利益的鑲嵌關係也得到合理
化。在「陽儒陰法」的格局中，儒家的義利之辨也就不免流於形
式化了。

　　文官制度的官僚化使得正統威權得以樹立。由於利益與威權
連結在一起，接近威權或與威權交易者又可分享權威者的利益，
於是藉著紳權在地方上的建立，不但威權從中央蔓延至地方，甚
至從官場蔓延至商場或家族。再加上關係網絡的普遍建立，人情
關係自然益形功利化。於是，功利心不但正當化、合理化，而且

也普遍化了。

　　因此，一方面功利心是紛亂的肇始者，另一方面「和」卻是中國人功利心的展現之處，因為中國人深信：惟有透過「和」，才有更大的利益可言。而這樣的「和」，不論其性質為辯證式、調和式抑或統制式之和，均與功利有不解之關係，其中統制式之和更是以「功效」與「利益」為核心。

　　與「和」有關的辭彙中，如同心協力、和衷共濟等都指出，若人人捐棄己見，一統在共同的目標之下，那麼因同心或和衷而致之「和」可以產生極大之力量，以克服困難，最後則對人人有利。還有，在與「和」有關的俗諺語中，更充斥著以「和」為媒介方能獲致利益——無論是實質的或精神的利益——之說法，如「和氣禎祥來，乖戾禍殃應」、「和氣生財，忤逆生災」等。

　　總之，「和諧」亦是中國人的「功利心」展現之處，它彰顯一種利人利己、天下共利的雙贏社會，它使人在交相利間猶獲交相愛，同時使人在忍讓、附從之餘，可捐棄小而短暫之私利，以獲得大而長久的公利。

小　結

　　總之，和諧主要是中國人道德心、情理心及功利心之展現；換言之，人們或人類社會所以要追求和諧，主要係和諧反映了中國人的理想人格境界，指示著有情有理的人間世，同時又可作為人們交相利的媒介。追求和諧最基本的功能是，它不但可使人們在現實的世界中萬事順遂、生財獲利、己利利人，同時提供一個有秩序的禮儀社會，讓人們在世俗中擁有超凡入聖的理想國；另一方面，就個人而言，追求和諧也為個人帶來內在心靈的恬靜愉悅，達到上與天同，渾然與萬物同體的天人合一的最高境界。

第四節　衝突的負功能

　　從辯證思考的角度著眼，兩對立概念之間是相互關聯的。《孫子兵法‧作戰篇》說：「不盡知用兵之害者，則不能盡知用兵之利也」，亦即用兵的危害性與利益性是相互依附的。因此，相對於和諧是中國人的「最愛」，衝突則中國人的「最怕」。因為，衝突代表不平衡的紛亂、離弱狀態，也是一種內隱的緊張、外顯的爭執或威脅。相對於和諧所帶來的各項功能，衝突亦有其負功能（dysfunction）。衝突的負功能可以從三方面來討論。

一、道德的劣勢

　　在傳統中國，當衝突爆發（撕破臉）之後，一般而言，當事的雙方很容易陷入相互指責、叫罵、攻擊甚至互揭瘡疤的景況之中，同時伴隨著言語上、態度上、行為上的「失態」，這些都是失去自制的指標。從第三者的角度來看，一旦衝突發生，也大都將重點放在當事人行為、情緒失控的一面，試圖中斷或撫平當事人的情緒，而較少直接去談論或論斷理上孰是孰非。這就是「幫人幫言難幫理」、「管事不管錯」、「既和不講理」的心態，強調著和諧比講理更重要。何況，「爭利起於人各有欲，爭言起於人各有見」，「有爭兩貪之故也」（呂坤，《呻吟語》），雖然，當事人自認有理，，一定要爭出個是非曲直來。但引發衝突之後，難免陷入意氣之爭，為人所看不起；如又強詞奪理，更易受到貶斥。

　　簡言之，不管有理無理，一旦進入衝突場中，當事的雙方不但在心境上陷入焦慮、不安或氣憤而失去和合恬愉，同時行爲失控又受他人貶斥；修身、養性、做人皆有不是，以致在道德上處於劣勢。這就是爲什麼在傳統中國社會裡，肇事者鬧上公堂打官司，或是請調解會評理，雙方都會受到斥責（費孝通，1948）。在現代社會中，即使「貴」爲最高民意代表，如果在廟堂上動起「干戈」，也會受到輿論與民意的抨擊，公共形象大打折扣，被貶爲「鄉野莽夫」或「涵養太差」，因爲「爭者，兩小人也」。

二、情理的失據

　　在傳統中國，人與人間的往來是依「禮」而言；也就是說，「做事循天理，出言順人情」是一套人與人之間不必訴諸語言的規範，它也是禮治倫理社會中相約成俗的「人情世故」。一般而言，衝突發生（撕破臉）時，當事的雙方都極力強調自我主張與權利，這就不免破壞了倫理中「以對方爲重」的情誼與義務，也違背了「將心比心」、「設身處地」的常情常理。

　　何況，禮尚往來通常是不斤斤計較自己的利益，尤其是在親密關係或熟悉關係中，由於長期共同生活或經常往來而互相拖欠著人情，來來往往，保持著人與人間某種程度的互助且依賴的關係，這就是人情網絡的本質。因此，一旦撕破臉，衝突外顯，也難免會清算人情總帳，數算著「我爲了你做了多少事，盡了多少心，犧牲了多少……」、「你又如何地虧待了我……」。清了帳，就逼向「絕交」的邊緣，相互不欠人情，以後也無需往來了。

　　因此，撕破臉之後，嚴重者則關係斷裂，從此不相往來；無

法斷裂的人際關係（如血緣關係），則變得疏遠淡漠，甚至形同陌路，減少了人情往來；即使勉強維繫了關係，就像破鏡重圓難免有裂痕，時時刺傷著情理心，不時隱隱作痛。祇有進一步進行和諧化工夫，才可能逐漸淡化，並袪除表面上的和諧，再產生愉悅的和合人際關係。

　　簡言之，衝突的外顯不但是一種傷情傷理、情理失據的失禮行為，同時也會對人際和諧產生不等的破壞性。

三、高昂的代價

　　不和表面化（撕破臉）之後，可能帶來相當多的弊害，並付出各種高昂的代價。這可分就三方面來談。

1.個人性代價

　　不論是維持表面和諧而內在有所不和，抑或與他人撕破臉而使 衝突外顯，個人都會因失去和諧而充滿焦慮不安。因為一方面懷疑自己是否和諧化能力不夠，無法化解不和於無形；另一方面也懷疑是否自己容忍不和的能力不夠，以致讓不和表面化。這些自己修心養性及能力上的缺失，是令人坐立難安的。同時又擔心是否會受到他人貶斥而使自己在道德上居於劣勢，另外可能還要花費更多的心力來化解內隱或外顯的衝突。這些情緒上的緊張、擔心、不安、以及多費心力，都使得個人在心理上倍感壓力，精神上倍受折磨，甚至減弱自我效能或工作效率。這些都是個人在衝突發生之後需要付出的昂貴代價。

2.社會性代價

　　撕破臉之後，人際關係出現裂痕，關係也變得淡漠疏遠，同時也減少人情上的往來。這些人際關係的隔離與惡化，除了情誼

上受挫之外，也無法再同心協力合作做事，於人於己皆為不利。
再則，可能進而不利於所處的社會團體或團體成員，如家庭、家
族、組織、社會或國家等。例如，「家中不和鄰里欺，兩口不和
被僕欺」、「兄弟不睦家業破，夫妻不和孩子歹」、「家鬧，萬
世窮」、「家吵，敗」等。

3.生存性代價

　　就另一更廣的層面而論，衝突也會影響人類的生存幸福感。
福祿壽喜是生存的價值所在，禍亂災殃則是人人避之唯恐不及。
一般而言，「天災人禍」中，人禍大多來自衝突的激化，天災原
是屬於非人力所及的外控地帶，但是中國人卻巧妙地將它轉化為
人力有其可及之處，自然災害與人類行為有了因果連結；亦即
「和氣禎祥來，乖戾禍殃應」，「和氣生財，忤逆生災」，天災
成為人類行為失序的反映。顯然的，衝突激化將帶給人們生存上
的威脅感。

第四章
中國人的人際和諧／
衝突動態模式

> 有像斯有對，對必反其爲；
> 有反斯有仇，仇必和而解。
> ～張載～

第一節　人際和諧／衝突的虛實性
　　　　及其轉化

　　從意識型態與探索中，可以看出中國人的和諧觀／衝突觀的多樣性。現在，若從「虛實辯證」的角度來切入分析，可以發現：基本上和諧有虛實兩種性質，即有「實性和諧」與「虛性和諧」之分。而兩者間的彼此轉化，便是「虛實轉化」。這樣來分析和諧的性質，一方面係採辯證的思考方式，另一方面也正可呼應辯證性和諧觀中所彰顯的和諧的動態性、相互轉化性、相感相盪性以及循環性。相對應地，衝突也可以分爲「實性衝突」與「虛性衝突」，兩者之間一樣具有「虛實轉化」的性質。

一、和諧的虛實性及其轉化

(一)實性和諧與實中帶虛的和諧

所謂「實性和諧」係指兩人（或兩成分、兩單位、兩力、兩團體等）之間統合無間、和合如一的和諧狀態。辯證性和諧觀所指出的和諧的預先性、善美樂境界，以及「和」之字義中所描述的和諧的內在心靈、人際關係或行為舉止狀態等，都是屬於實性和諧。但是，這樣的和諧終究祇是一種理想的狀態，在世俗中是難能可貴的。

「實中帶虛」的和諧係指和諧中潛藏著可能導致不和的因子，祇是尚未被察覺或觸動而已。這些可能引起不和的因子可能是來自人與人之間的差異性，需求的未滿足或個體的自主性受到抑制，自我主張未能伸張等。調和式的和諧觀中所含蓋的中庸之和，以他平他之和，相濟相成之和，節制性之和，權宜性之和，差異固定化或不爭之和，字義中的「調整而和」、「協調而和」等，都是屬於「實中帶虛」的和諧。為了提高不和因子之察覺閾或避免不和因子被觸動，此時即已有一些和諧化機制開始運作，以轉化「實中帶虛」為「實性和諧」，抑或避免轉化為「虛性和諧」。

(二)虛性和諧與虛中帶實和諧

「虛性和諧」是指：表面上維持和諧，檯面下卻暗藏著不和。這是因為有些不和因子被察覺或被觸動而形成的。例如，差異固定化與不爭之和，統制式和諧觀中所彰顯的統一性、同一

性、外制性、功利性以及形式性、互補性，以及字義中所顯示的
止爭而和、附從而和等都屬於「虛性和諧」。身處此虛性和諧狀
態中的人，會運用各種和諧化方式（見下節），試圖化解不和，
以轉化爲實性（帶虛）和諧，或擴大不和之容忍力，以維持表面
上之和諧。

　　另外，純「虛性和諧」則指：衹形式上維持表面之和諧，內
中卻暗自較勁而進行爭鬥之實，以遂行或擴大己欲或己利。此
時，表面的和諧衹是一種工具性或形式性，目的在掩飾或有利於
內鬥之進行，抑或在等待更佳的時機（策略性忍讓），才揭露不
和之事實。

二、衝突的外顯（撕破臉）

　　虛性和諧也是一種靜態的衝突，內隱著「不和」所帶來的緊
張、壓力以及焦慮。雖然可以運用各種和諧化方式試圖將之轉化
爲實性和諧，但是若和諧化不成功，抑或內在爭鬥持續進行，則
此「不和」將逐漸擴大而突破表面和諧的防線，使內在爭鬥揭露
出來。此一突破和諧形式而揭露爲外顯衝突的轉折過程，中國人
稱之爲「撕破臉」。「撕破臉」指的是：不再忍受形式上的和
諧，而將實際上感受到的不和直接而公開地表達出來，而形成外
顯的衝突。外顯的衝突則泛指語文上、口語上或肢體上的爭執、
爭鬥、甚而攻擊的過程。

三、衝突的虛實性及其轉化

(一)實性衝突（實焦衝突）與實中帶虛衝突

　　所謂「實性衝突」係指兩方的爭議或爭取純粹針對具體可辨的事由，如意見之爭或資源之爭。爲了讓爭議或爭取祇局限在特定的議題或事物之上，以及避免或減弱其他無關因素之介入或干擾，實性衝突通常都有一定的遊戲規則可以依循，讓雙方得以純理性來爭議或爭取，而衝突之結果也有明顯的輸贏可以論斷。因此，實性衝突也多以「據理力爭」、「競爭」稱之。

　　但是，純「實性衝突」也祇是一種理想。通常，衝突過程中難免牽絆著情緒或其他的無關因素，而影響衝突的過程以及衝突問題的實質解決。此種衝突即是「實中帶虛」的衝突。從第三章中有關衝突字義義涵的分析中可以得知，無論「衝突」或「爭」都指示著兩力相對立、抵觸、不和合的狀態，爭執或爭奪的過程中含帶著緊張或焦慮不安等情緒，甚至有外顯的紛亂或失序之象，這些都將干擾理性的思辨以及公開、合理競爭之進行，或衝突問題之合理解決。亦即，情緒或其他因素的干擾將遮蔽引發衝突的實質原因及問題解決之目標。

　　另外，實性衝突的結果是論及輸贏的，因此肇事雙方都不惜辯訟力鬥、拼命爭取獲勝；居優勢的一方拼命追打攻擊，居劣勢的一方也使力防衛抵抗，致使衝突不斷高升，情緒也愈激化。激化的情緒像煙霧彈，充塞整個衝突的進行，模糊了衝突的實質焦點，此時即從「實焦衝突」轉化爲「虛焦衝突」。「實性衝突」也可能因雙方勢均力敵而使衝突激化，導致兩敗俱傷的雙方皆輸

的局面；另一方面，「實性衝突」若經適當的衝突化解程序，可
使雙方皆贏或一方認輸，則進入「虛性和諧」狀態，最後也可以
再經和諧化方式作用而成爲「實性和諧」。

(二)虛性衝突（虛焦衝突）與虛中帶實衝突

　　所謂「虛性衝突」係指激化的情緒，像煙霧彈一樣模糊了衝
突的焦點，使得衝突中充滿緊張性、威脅性以及爆發性的情緒傾
洩或攻擊性行爲。這可能由於長期的「不和」所積累的負面情
緒，藉由某一事端爲導火線而引爆出來，一時之間卻找不到待解
決之具體問題；也可能由於「實性衝突」不斷高升而使情緒激
化，最後卻遮蔽了衝突的具體原因或待解決之具體問題。此時，
如果運用一些冷靜化策略使情緒緩和或平靜下來，將可發現：隨
著情緒傾洩旣盡問題也隨之消失，則此爲純「虛性衝突」；若情
緒緩和平靜下來，抽絲剝繭之後，仍然有清楚可辨的問題焦點，
則此爲「虛中帶實」的衝突。

　　「虛性衝突」可能經由「冷靜化」機制而轉化爲「實性衝
突」，並進入衝突化解的階段；也可能經由「淡化」機制而轉化
爲「虛性和諧」；「虛性衝突」也可能不斷擴大，最後由於衝突
激化而徒使肇事雙方關係斷裂，以消除問題代替解決問題。

四、中國人的「人際和諧／衝突動態模式」

　　旣然，和諧／衝突本身都具有虛實性，虛實之間可透過不同
的機制加以轉化，而且和諧與衝突之間也可以轉化。那麼，將具
虛實性的和諧／衝突以及其轉化機制之間的關係聯結起來，則可
以建構一套中國人人際和諧／衝突的動態模式，如圖4－1所示。

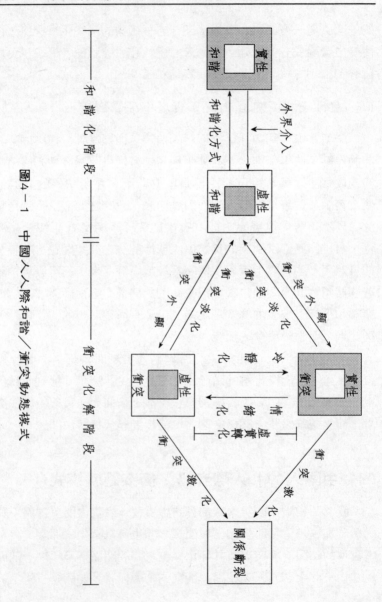

圖4－1　中國人人際和諧／衝突動態模式

其中第一階段指的是和諧化階段，第二階段則爲衝突外顯化解階段，第三階段則爲衝突化解階段。

　　和諧化階段的主要目的是透過和諧化方式來力求維持人際間的和諧，不論是實質和諧抑或表面和諧（虛性和諧）。一且和諧化失敗，虛性和諧中內在不和的緊張性將逐漸擴大，最後並衝破表面防線而外顯爲衝突。衝突化解階段的主要目的是透過一些衝突處理的方式，試圖將衝突加以淡化，使人際再度進入和諧狀態，即使表面和諧亦可。如果無法淡化，則衝突可能激化，最後使得雙方關係斷裂或休止。

　　此一動態模式是以「和諧化辯證觀」的思維爲基礎建構而得。在和諧化辯證觀中，「和諧」是「實在」（reality）本身，動態轉化是其特性，「和諧」與「衝突」兩者彼此呈動態之轉化，「和諧」本身因其虛實性而呈動態的轉化，「衝突」本身也有虛實性間的動態轉化。「和諧」旣爲本然，人際間的和諧與衝突必然也是鑲嵌在「關係」的脈絡中，當關係斷裂或終止時，即無和諧或衝突可言。故「和諧／衝突之動態模式」係以「和諧」爲始，亦以「和諧」爲終，其中各成份在雙向的動態轉化中一來一往，呈現「圜式」的反復循環之象。「衝突」旣爲偶發，且無本體上之眞實性，故內隱之衝突以「虛性和諧」型態存在，外顯的衝突則將在激化後朝向關係斷裂，或淡化後歸落在虛性和諧中方得以安身。

第二節　中國人的和諧化方式

　　人與人之間基本上是有所分別且具歧異性的，這些差異使得

人際間潛藏著不和的可能性。另外，現實界的資源是有限的，但人的慾望則是無窮，資源的不足分配抑或分配的難達公平也潛藏著人際間不和的可能性。因此，意見不合、資源有限、分配不公可能是導致不和的主要潛在因子。從前章探討得知，和諧是中國人深切的最愛，具有高度的正性價值，同時具有多重的功能，如何維護和諧就成爲中國人生活中重要的課題。

維護和諧有積極與消極兩層面的意義。就積極面而言，保持和諧旨在設法維持個人內心的安祥恬適，人際間和諧愉悅，社會上和合有序，並給人們帶來福祿壽喜；亦即，使實中帶虛的和諧轉化爲眞正的實性和諧，抑或使虛性和諧轉化爲實性和諧。就消極面而言，保持和諧旨在避免個人內心的不安焦慮，避免人際間的緊張不快，避免社會上的混亂無序，並避免給人們帶來損失禍害；亦即，使實中帶虛的和諧不易觸發而成虛性和諧，抑或使虛性和諧不易轉化爲外顯的衝突。因此，爲了達到不同的和諧境界或目的，也因其所涉及之和諧觀不同，所強調的原則或方式自有所差異。這些保持和諧或避免不和的方法，稱爲和諧化（harmonization）方式。這些和諧化方式的主要作用一則爲擴大差異或不平的察覺閾或容忍度，再則將虛性和諧轉化爲實性和諧。以下即就四個層次將傳統中國人的各種從意識型態推衍而所得之和諧化方式加以分類與討論之。

一、個人內心的層次

如就個人內心層次爲著眼點，和諧化的主要目的在於追求內在心靈境界的安祥恬愉，以及經由自我調整、淬練而達到修身養性的最高境界。以這些目的爲導向的和諧化方式，大約包含四種

類型。

1.自然無爲的和諧化方式

此種和諧化方式的主要理念係源自道家的順任自然天人合一觀或辯證式和諧觀。此種理念中認爲：和諧是現象界的基本狀態，不和或衝突爲人世間所不可避免，但卻祇是暫時的過渡現象，就像空氣中的塵埃一樣；因此，應自然無爲，對不和或衝突採取不干預、不涉入、視若不見的疏離態度，以等待塵埃落定、復歸於和的時候到來。這樣的和諧化方式，不強調自我意見或需求的主張，也不費力去回應或滿足對方的主張或需求，因而可能將不和的問題推到空白地帶，使不和之問題無從解決亦無從擴延，卻隨著時間的流逝而淡化至消失。中國人的意識型態中所隱含的和諧化機制如：自然無爲、不爭自化（順任自然天人合一觀）、法象法天、陰陽原則（天人相應天人合一觀）等，所揭示的正是自然無爲的和諧化方式。

2.精神超越的和諧化方式

此種和諧化方式的主要理念爲：不和或衝突係源自個人內心在觀念上或欲求上有所執著，尤其是世俗性的執著。因此，若欲獲致和諧，誓必將自我從執著中解放出來，例如，可以將注意力轉換或在觀念上加以轉化，即可超越遠離困境而至另一精神境界，在那兒獨享不受觀念束縛的逍遙自在；另一方面，亦可在行爲上加以超越，亦即跳脫或遠離不和或衝突的「場域」，從事另一無所干涉之事物爲目標，以獲致內心之和諧。這樣的和諧化方式，不在於正面解決問題，而是使問題不成問題，即從根本上使問題消解而化之於無形。中國人的意識型態中所隱含的和諧化機制如：致虛守靜、坐忘幻化、無知無己、超越對立（順任自然的天人合一觀）、精神境界、止觀去執、自我悟道（玄道佛）等，

所揭示的正是精神超越的和諧化方式。世俗中所謂的精神勝利法、阿 Q 精神、退一步海闊天空等方法，也都屬於精神超越的和諧化方式。

3.道德積累的和諧化方式

此種和諧化的主要理念是：現象界中的衝突或惡不會自動轉化，但是透過道德積累的工夫則可能轉化衝突爲充滿祥瑞的統一和合境界。這樣的理念主要以天人合德的天人合一觀以及新儒家中的理學爲基礎。「道德」係源自人類的善性，如仁、義、禮、智，因而人類祇要經由反身而誠、盡心養性、率性而爲、擇善固執等機制以具體發揮並實踐道德即可。其中「誠」尤具樞紐作用，因爲誠則無妄，無妄則無欲，無欲即無私心，無私心則虛靜，虛靜則明，明則通，那麼和諧自然而得，所以說誠意原則是最重要的和諧化要素。另一方面，依周惇頤之見，人類的惡之源主要來自人之私欲以及剛柔之失偏（馮友蘭，1991）；私欲宜以「公」克之，剛柔失偏宜以「中」克之。因而，可以藉由中國人意識型態中的仁民愛物、尙同兼愛、敬德修德、窮理盡性、理性自覺等和諧化機制以去人之私欲，藉由中庸之道以行仁義而使剛柔合宜。這些道德積累工夫不但可達和諧境界，同時也是個人修身養性的主要工夫所在。

4.自我節制的和諧化方式

此種和諧化方式的基本理念是：面對人性中貪得無饜的欲求，以及波濤洶湧的複雜情緒，人類若想獲致和合境界必得先有節制欲求以及控制情緒的自制力。而此自制力的獲得，首先有賴人類具有的分辨善惡、判斷是非的理智，進而以理性來調整、節制己身的私欲與情緒，並藉「樂」來舒發情感，以便能在情理協調中獲得和諧。人類有了自制力，不但理性得以發揮，使得道德

積累及精神超越成爲可能，同時又具有了意志力而增強了挫折容
受力。在中國人的意識型態中，天生人成的天人合一觀中所論及
的具備分辨理智，以執守禮節達成自身內在和諧的和諧化機制；
禮思想中以仁爲情感基礎，以義爲理智之判斷，或以樂來節情飾
欲；還有，新儒學中的窮理盡性以去欲而達情理協調等。以上所
說種種，都是都揭示著自我節制的和諧化方式。

二、關係倫理的層次

　　如就關係倫理的層次爲著眼點，和諧化的主要目的在於追求
仁義並重、和合愉悅的人際關係，以爲情理社會的基礎，並爲社
會奠定基本的倫理秩序。和諧的人際關係不但可以內射爲內在心
靈的和諧，同時爲雙方創造更大的共同利益。以此目的爲導向的
和諧化方式，大約可包含三種類型。

1.恪守名份的和諧化方式

　　此種和諧化方式的主要理念係源自天生人成的天人合一觀與
禮治思想，認爲任何兩人間都有某一關係存在以及相對應的情誼
與義務，這是一種關係法則，也是一種關係規範，如五倫、十義
等皆是。情誼係以仁心爲基礎，義務則以人義爲主。若每個人能
瞭解、接受且依倫理本分而行事，即依禮執行，而不要有逾越名
份的想法或行爲出現，則人與人之間自無爭亂，自有群體秩序與
和諧。黃俊傑、吳光明（1992）也指出，古代中國人在消解價值
取向的衝突時，「份位原則」比「行事原則」更具優先性。如果
恪守名份的和諧化方式可以內化而爲個人自主性的行爲法則，則
可得實質且長久之和諧；若未內化而祇是外在強制性的行爲規
範，則祇能獲致形式上或短暫性的和諧。在中國人的意識型態中

所隱含的和諧化機制如：群居定分、執守禮節、正名定分、群居和一、分中求和等所揭示的都是恪守名份的和諧化方式。

2.尊親差序的和諧化方式

　　此種和諧化方式的主要理念是：要達成人際間的和諧，應先判斷確認兩人間的關係究竟是在長幼尊卑或親疏遠近的那一定點之後，才能據以行動而達到和諧的目標。中國人的人倫關係基本上可以用兩個向度來理解，一個是長幼尊卑的縱向差序，另一個是親疏遠近的橫向差序。因應不同的關係而產生的行為法則稱為關係規範，這是中國人社會行為的基礎（黃光國，1988a；何友暉，1989；楊國樞，1992）。因此，中國人和諧化的方式不可避免的也落在此一社會行為的基本法則中，以建立一個等級的排比有序的和諧社會。這些關係規範原是相對性的，如五倫與十義都是強調相互的義務性。秦漢之後，雖然關係規範逐漸片面絕對化，但仍在強調規範的理性之外兼顧情誼本質，以奠定社會的情理基礎。在中國人的意識型態裡所隱含的和諧化機制，如差等之愛、尊尊親親、分中求和、君尊臣卑、陰陽法則、絕對天理、理一分殊等，所揭示的都是尊親差序的和諧化方式。

3.義先於利的和諧化方式

　　此種和諧化的基本理念是：追求私利是衝突的基本根源，因此雖然奠基於倫理的關係規範是相對性的（對應的），卻強調以對方為重的義務原則。例如，父慈子孝之中，為父的義務是「慈」，為子的義務是「孝」，君仁臣忠之中，君的義務是「仁」，臣的義務是「忠」。這些「人義」基本上是「顧名而思義」，「因情而有義」，因而強調先盡義務再談權利。若以此為基礎再接續義利之辨，那麼義則代表以對方為念的公心，而利則代表以己方為出發點的私心。「義先於利」的和諧化方式，即指

一切依義務原則盡其在我而行，自我負責而不要求對方；也就是
說，為了維護人際和諧，避免社會衝突，中國人不主張堅持自己
的權利，必要的時候還要自我犧牲。此亦即捨生取義之意涵——
捨權利、盡義務。在中國人的意識型態裡所隱含的和諧化機制，
如盡其在我、推己及人、義利之辨、中庸為宜、正義判斷、尊尊
親親等，所揭示都是義先於利的和諧化方式。

三、社會規範的層次

如就社會規範的層次為著眼點，和諧化的主要目的在於維護
社會的安定與秩序。這不但可使社會制度得以保存，維護社會秩
序的法則可以順利運作；同時，也可使社會中的眾人得以行事有
據，並因而獲得個人需求的滿足及保障。以此為導向的和諧化方
式，可以包含三種類型。

1.正統權威的和諧化方式

此一和諧化的基本理念是：如果讓社會中的各個個體都依循
一定的思想進路或行為法則，則能確保人際或社會的和諧。此一
思想進路或行為法則，即將各種殊異加以約制（定於一尊），使
能統一且延續傳承。統一性的思想與行為法則，經由教化或治化
的途徑，擁有正統的地位與權威。正統權威就像框框一樣，框住
了個體的思想，壓制其自發的殊異性，強制個體順從，使其有所
約束與限制。因此，正統權威的和諧化可排除個體的歧異性而獲
致統制性和諧，並使社會秩序化，且維護了社會和諧。在中國文
化中，名教、綱常、禮教等思想即擁有正統權威之實，因而依名
教、綱常、禮教而思而行，也就確保了社會和諧。在中國人的意
識型態裡所隱含的和諧化機制，如：規章制度、外在規範、正名

定分、群居定分、絕對君權、權威原則、君尊臣卑、化性起僞、政教合一等所揭示的都是正統權威的和諧化方式。

2.依法行事的和諧化方式

此一和諧化的基本理念是：人之欲望無窮而資源卻有限，除了節欲化性之外，若有一客觀的法則，使得欲望與資源之分配相互協調，則可達社會和諧之目的。而且，此法則必須是是非與賞罰的標準，具有公平性與齊一性，才能達到治眾之目的；若人人能知法守法，摒除個人的好惡與殊異性，社會秩序則得以控制、維護而達到社會和諧。以法作爲社會和諧化的基礎，本應是以法爲主體，以法爲目的，才能兼顧法的正義性與秩序性（安定性）（戴東雄，1973）。但在傳統中國，卻因仍以君主爲主體，以法爲工具，致使法之秩序性優於正義性。法一旦淪爲工具性（即實施予已然之後，爲就行爲之後果行賞罰之工具），則不免強調其實踐的功效性。因此，依法而行的和諧化方式也就著眼於行爲的目的與後果，而不是行爲之動機或態度，以致易導致形式的或虛性之和諧。

在中國人的意識型態裡所隱含的和諧化機制，如規章制度、齊之以刑、外在規範等，所揭示的都是依法行事的和諧化方式。

3.順應天理的和諧化方式

此一和諧化的基本理念是：人類的行爲法則或事理要依循大自然（天）的法則，人類社會才能像大自然一樣和諧而有秩序，並充滿生機。自然的法則（天）是天理的本義，天理是超越人間君王或律法的最高權威，具有賞善罰惡的特性，對人類具有控制力，因此，人類必須以天理爲行爲的依據，才能避免天遣而獲致祥和幸福的人生。至於天理爲何？如何得知？在傳統中國裡，三綱五倫是天理，是不可違抗的人世倫常，道德與社會規範也與天

理連結；人的行為是否合乎天理則由其吉凶禍福即可得知。因此，天理雖不為具體可見之法則，卻是深植人心、影響人類行為至巨的外律性規範，而順應天理也就成為重要的和諧化方式了。在中國人的意識型態裡所隱含的和諧化機制，如法象法天、陰陽之道、盛德大業、機械秩序、陰陽法則、天人感應、絕對天理、理一分殊、窮理盡性等，所揭示的都是順應天理的和諧化方式。

四、功效思慮的層次

　　如果就功效的層次為著眼點，和諧化的主要目的在於為個人或雙方爭取最大的利益或減至最小的損失。一般而言，和諧能帶來吉利的後果或避開無謂的損失，但是達到和諧的手段或方法則是要付出代價的；也就是說，在追求和諧的過程中，可能於個人是有所損失卻於對方有利，亦或於個人有利而於對方有損；利益的取得也有時間上的先後，有時候先獲利而後有所損，有時候先有所損而後得利。因此，以功效思慮為導向的和諧化方式大致有三種類型。

1.實用理性的和諧化方式

　　實用理性是中國文化的基本特性之一（李澤厚，1985），基本上，它是對人生世事採取既樂觀又冷靜的態度，而不祇是一種「實用主義」（pragmatism），一種工具主義而已。它同時是一種世界觀，是中國人用來認識世界、解釋世界和指導自己實踐行動的一種心態。在此一心態之下所導引出的實用理性和諧化方式即是指：當接觸與自己相異之人、事、物之時，不僅吸收、接受外來相異之事物，並改造、同化它們，使之變為自己的一部分，同時消融、模糊彼此不能相容的部分。如此一來，解決問題的方

法不但融攝了雙方的特性，而且模糊了歧異部分而達到兼容並蓄
的和諧化目的，這也是於雙方皆有利的和諧化方式。在意識型態
裡所隱含的和諧化機制，如：中庸原則、仲裁原則、功利理性、
窮理盡性等，所揭示的即是實用理性的和諧化方式。

2.利害權衡的和諧化方式

此一和諧化的基本理念是：凡事均有利弊得失，所以要多用
「計算之心」，權衡利害得失之後，試圖在「利中取大，害中取
小」。堅持自己的利益或意見固然是重要的，何況這是「利」之
所在，但是因此而破壞和諧，引發衝突，造成的危害或損失，可
能大過堅持己見之利益，亦或有損將得之利益。因此，必要時仍
要妥協，以求取更大之利益。另外，犧牲自己的利益或意見，固
然可以求得和諧，但是卻也未必帶給對方多少利益，因而必要時
犧牲對方的利益，以求和諧以免造成更大的損失，也是可以考量
的方式。總之，以利弊得失為是否追求和諧或採取哪一種方式以
求和諧的重要衡鑑標準，即是一種利害權衡的和諧化方式。在中
國人的意識型態裡所隱含的和諧化機制，如功效原則、功利理性
等，所揭示的都是利害權衡的和諧化方式。

3.權謀運用的和諧化方式

此一和諧化的基本理念是：事態隨著時間的發展可能千變萬
化，固守原點或衹就單面向著眼，並不一定能達到真正或長久的
和諧化，為求功效起見，必要時必須使用權宜措施，運用權謀以
達和諧化，並確保最大的利益。例如，以退為進、以靜制動（靜
觀其變）、逆來順受進而陽奉陰違、吃虧為了佔便宜、欲擒故
縱、以不爭之勢教人疏於防範而獲取更大的利益等等，都是權謀
運用，暫時先不求己利抑或於己有所損以求和諧，再以和諧為工
具而獲得往後更大之利益。在中國人的意識型態裡所隱含的和諧

化機制，如以柔克剛、以退爲進、陽儒陰法、不爭自化、人情網絡等，所揭示的都是權謀運用的和諧化方式。

小　結

總之，就意識型態中所提供的和諧化機制加以歸納並進一步探索之後，可知中國人的和諧化方式共有十三種，其著眼點則分屬四個層次：⑴個人內在層次，⑵關係倫理層次，⑶社會規範層次，⑷功效思慮層次（見**表4－1**）。從各和諧化方式所對應的和諧化機制來看，我們可以得知，各和諧化方式均有其深厚的意識型態基礎，並在歷史長河中綿延不絕。仔細審視各和諧化方式所對應的意識型態中和諧化機制的多寡之後，我們雖然仍無法判斷那一個和諧化方式對中國人較具重要性或普遍性。但是，至少可以看出每一和諧化方式所涉及的意識型態基礎，以及其價值的文化根源。當然，隨著各意識型態在歷史變遷中的興衰更替，我們除了可以推知各和諧化方式受重視程度隨之不同外，更可藉此推論，由於所面對的情境中所強調的要求或目標之不同，或因應每一個人所思慮的層次之不同，其所強調的和諧化方式必然也有所不同。

這些和諧化方式，雖然形形色色各以不同的面貌展現，但是其內在所貫穿的精神則是一致的，此精神就是和諧化的辯證觀——認定宇宙自有一安排完善的秩序，人類只要接受它、認同它、仿效它、維持它即可。因此，無論從個人、人際抑或社會的層次著眼，「追求和諧」此一終極目標則是確定且一致的。

在此「和諧至上」的前提下，從積極面來看，促進和諧、享受和諧所帶來的愉悅與祥瑞，固然是目標追求之所在，但每種和諧化方式都有其限制，使之不易達成和諧的任務，甚至產生負面

表4-1　中國人的和諧化方式及和諧化機制

和諧化方式	相對應之和諧化機制
一、個人內在的層次	
1.自然無為的和諧化方式——自然無為、不爭自化、法象法天、陰陽原則；	
2.精神超越的和諧化方式——致虛守靜、坐忘幻化、無知無己、超越對立、精神境界、止觀去執、自我悟道；	
3.道德積累的和諧化方式——仁民愛物、尚同兼愛、敬德修德、窮理盡性、理性自覺、中庸之道；	
4.自我節制的和諧化方式——分辨理智、執守禮節、節情飾欲、窮理盡性；	
二、關係倫理的層次	
1.恪守名份的和諧化方式——群居定分、執守禮節、正名定分、群居和一、分中求和；	
2.尊親差序的和諧化方式——差等之愛、尊尊親親、分中求和、君尊臣卑、陰陽法則、絕對天理、理一分殊；	
3.義先於利的和諧化方式——盡其在我、推己及人、義利之辨、中庸為宜、正義判斷、尊尊親親；	
三、社會規範的層次	
1.正統權威的和諧化方式——規章制度、外在規範、正名定分、群居定分、絕對君權、權威原則、君尊臣卑、化性起偽、政教合一；	
2.依法行事的和諧化方式——規章制度、齊之以刑、外在規範；	
3.順應天理的和諧化方式——法象法天、陰陽之道、盛德大業、機械秩序、陰陽法則、天人感應、絕對天理、理一分殊、窮理盡性；	
四、功效思慮的層次	
1.實用理性的和諧化方式——中庸原則、仲裁原則、功利理性、窮理盡性；	
2.利害權衡的和諧化方式——功效原則、功利理性；	
3.權謀運用的和諧化方式——以柔克剛、以退為進、陽儒陰法、不爭自化、人情網絡；	

的影響；亦即，並未消解「不和」之因子，祇是讓「不和」更加
內隱且深藏。當然，從消極面來看，先維持一個表面的、形式的
和諧，以維護大家的面子或起碼的禮數，然後再試圖慢慢化解檯
面下的不和，也是一個安全的策略。此時，就牽涉到和諧的虛實
辨識問題了。但是，這些內隱的不和所引起的緊張及不安情緒，
可能繼續積累，一旦積累到臨界閾限的程度時，即面臨「撕破
臉」與否的困境了。

第三節　中國人的衝突化解方式

　　從衝突的虛實性及其轉化可以得知，虛性衝突必須予以冷靜
化的處理，使之成為實性衝突之後，引發衝突的問題有了焦點才
易於進行衝突之化解。若衝突沒有明確的焦點，冷靜之後，則可
能衝突淡化而進入虛性和諧，或不幸衝突不斷激化，最後徒使關
係斷裂而不明就裡。實性衝突由於有明確的衝突事由，因而衝突
化解的方式也就較有脈絡可循。

　　由於實性衝突具有客觀顯明的利益、意見或目標的分歧，因
此可就此特性對衝突的化解方式從事結構性的分析。如圖4－2所
示：橫軸（X軸）代表對方的利益或意見，交叉點（原點）的右
邊（＋號）代表於對方有得利或接納對方之意見，愈靠右邊表示
對方獲利愈大，意見愈具強勢；原點的左邊（－號）代表對方有
所損失或對方之意見遭拒斥，愈靠左方表示對方損失愈大或對方
意見愈受貶斥。縱軸（Y軸）代表己方的利益或意見，原點的上
方（＋號）代表於己方有利或己方之意見獲接納，愈接近上方，
表示己方獲利愈大或意見愈具強勢；原點的下方（－號），代表

己方有所損失或己方之意見遭拒斥，愈接近下方，表示己方損失愈大或意見愈具弱勢。由縱橫雙軸交錯所形成的象限圖，代表四種衝突化解的方向，即協調（Ⅰ，＋＋）、抗爭（Ⅱ，－＋）、退避（Ⅲ，－－）、及忍讓（Ⅳ，＋－）。茲分別說明如下。

一、協調

協調的方式在衝突化解的實性結構中係屬於第一象限，這是

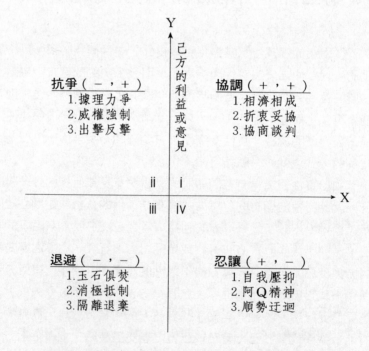

圖4-2　實性人際衝突化解方式之結構分析

一種於雙方皆有利的「雙贏」的衝突處理方式，也是最具建設性
的方法，同時也是理想性最高，實際執行時最易有所出入的方
法。在此一象限內的方法，基本上也可以劃分為三種，其中的利
弊得失可說明如下。

(一)相濟相成

　　相濟相成是一種雙方皆獲全勝的方式，它也是一種「道並行
而不相悖，萬物並孕而不相害」的理想境界。中國人的調和式和
諧觀中所強調的「相濟相成」、「以他平他」、「情理協調」、
「禮樂協奏」等和合狀態，基本上就是具有此種特性。呂坤
（《呻吟語》）所言：

> 「君子與君子共事，未必無敗，乃意見不同也。今
> 有仁、義、禮、智、信者五人共一事，仁者欲寬，
> 義者欲嚴，智者欲巧，信者欲實，禮者欲文，五相
> 濟則事無不成，五有主則事無不敗。」

即畫龍點睛，點出相濟相成的道理。和諧化機制中的「實用理
性」方式，以融攝雙方的特性而達「兼容並蓄」的和諧目的，也
是一種相濟相成的統合方式。

　　一般而言，衝突大都來自資源有限或意見歧異，這使得雙方
極易陷入「零和關係」──即對方之得，即我方之失，而我方之
得，也必建立在對方之失。在這種「你死我活」的零合關係中，
衝突解決的結果祇會落在 xy 兩點所構成的對角線上（代表雙方
所得之總和保持恆定）。也可能在衝突解決過程中，由於第三者
的仲裁調停或拖延時日而消耗了部份資源或增加了投資，使得衝

突解決的結果落在 xy 對角線之左下三角形角之區域（代表雙方所得之總和低於原先雙方爭奪或提供之資源）。在「協調」的象限中，祇有相濟相成的衝突解決方式能夠使衝突的結果落在 xy 對角線的右上三角形區中（代表雙方所得之總和多於原先雙方爭奪或提供之資源），甚至是右上方那一雙方全勝之極點（見圖4－2）。

　　但是，要達到這種積極性的協調並非簡易可行。因爲若解決問題的結果要落在右上方的三角區或極右上的點之上，則雙方必須將注意力焦點從眼前具局限性的立場或利益，轉移到雙方共利的目標或長遠的目標之上。如此，才有可能使雙方從零和關係轉變爲相互依存的共利關係（interdependent relationship），而有限的資源也因爲有所創新而注入新的資源。此時，衝突將轉化爲良性競爭，並促進雙方的成長與發展，進一步更可能化競爭爲合作，而使雙方達成相濟相成的統合狀態。

(二)折衷妥協

　　「中庸」在四書中的初始概念是將自然界中「道並行而不相悖，萬物並孕而不相害」的天下之大本、達道推衍至倫理社會中而成爲「以禮節和」與「以權佐和」的和諧概念。這是要求各相異成分之間要保持一定的限度，以相互調節而維持平衡和諧。但是「中庸之道」世俗化之後，因爲應用到社會文化各層面，遂演變爲日常生活中的是非或行爲的判斷準則（韋政通，1975），也成爲中國人的基本思考方式（鄭德坤，1974），中國的民族性也變得喜歡中庸之道，且養成凡事訴諸中庸原則的習慣。在日常生活中所謂「中庸之道」是指：理想的行爲方式是不要太急進或太偏激，也不要太保守或太落伍，因爲「過猶不及」；任何的觀點

或政策則是介於兩極端之中間地帶者較為適當；解決問題時，也以兩端折合的中間路線為較妥當的手段。呂坤（《呻吟語》）曾以一闋格言聯詞將此中庸之道的特性描繪得淋漓盡致。

> 「聰明才辨者，各執意見以求勝。故爭輕重者，至衡而息；爭短長者，至度而息；爭多寡者，至量而息；爭是非者，至聖人而息。中道者，聖人之權度量也，聖人往矣，而中道自在，安用是嘵嘵強口而逞辯以自是哉。」

在本書中，以世俗化「中庸思想」為基礎的衝突化解方式稱為「折衷妥協」。此一方式的特點是，面對衝突的實性爭議，要求「雙方各退讓一步」，以折衷妥協的方式化解衝突。當事的雙方雖因退讓而有所虧損，卻也都有所斬獲，「失之東隅，收之桑榆」，得失均衡，合乎中庸之道，是為「折衷」；以捨棄己意（是非）的堅持，換取和諧，是為「妥協」。

此法通常由第三者權充「中間人」、「仲裁者」、「調解者」。第三者的角色並不是扮演裁判或法官來論斷孰是孰非，即「管事不管錯」、「既和不講理」、「一句話難說兩個公道」。第三者以不傷和氣為原則，盡量讓「大事化小，小事化無」，因為「打架望人拖，官司望人和」、「十場官司九場和」。因此，第三者基本上是個「和事佬」。

中國的「調解文化」也有模式可循。通常，調解者將先提醒當事人爭訟的惡果，因為「燈不明，要人撥；人不明；要人說」。並且要求當事人停止攻擊或爭執，以免擴大衝突，因為「相爭告人，萬般無益」、「一說、二打、三官司」、「赤口上

天，白舌入地」、「手掌碰桌打到死」、「告狀告狀，吃虧上當」、而且「你不回言，自然了事」、「停手就停口」、「怪人不知理、知理不怪人」、「有理俱要讓三分」。接著請當事的雙方給仲裁者一個「面子」或「人情」，各退讓一步以達成協議。如果調解者的威權夠大，要求給面子或人情是不用說出口的，而是當事者該有的社會智能（social intelligence）。雖然，當事人在調解過程中總是期待能「討一個決斷」或「討一個公道」，但最後總礙於調解者的面子或不想截斷人情網絡而讓步妥協。而且，調解者的存在也等於給當事者下台的階梯，當事者若不趁此機會下台了事，繼續爭執下去，後果難測。最後，調解者要再來「三句好話軟人心」，試圖讓當事人認知轉化而獲得「心理安慰」與「精神勝利」，如「雖然吃虧了，但總比沒有好」，「聊勝於無」，「半條麵包總比沒有好」，「為免傷和氣，就當作丟掉或輸掉了」。於是，「能說能話，好做和事佬」，「能說是個中人，不能說是個空人」。最後，就在「大事說小了，小事說了了」之中圓滿結束，衝突也暫告一段落。

折衷妥協的衝突化解方式是建立在「訴諸中庸」的思維上，以「和諧」為優勢目標，再配合面子與人情的運作而深烙著文化圖像。這一套方式不但可以有效地化解衝突，且使當事雙方都「雖不滿意，但可以接受」，於是成為中國社會最盛行，也最受中國人讚許的方式，帝制中國更將此以折衷妥協為主的仲裁法加以體制化（Hsiao，1979）。由於折衷妥協撇開是非論斷與是非偽辨別，因而也造成了許多後遺症。

林語堂（1935）在《吾國吾民》一書中指出，「訴諸中庸」是「中國式判斷」，也是模稜兩可的判斷。黃展驥（1983）也從邏輯思考上來分析說明「訴諸中庸」的謬誤。黃氏認為：真理並

非永遠落在兩個極端當中的中庸點，而每一點也均能以「中庸」的姿態出現，因此極端的觀點可以為真，中庸的觀點也可以為假。由於「中」字十分含混且具歧義性，使得「中庸」雖具有經驗內容與認知意義，卻無法有一致性的真假判斷。因而，對以優先論証「是非真假」為取向的人而言，折衷妥協的另一個代稱即為「和稀泥」——只談和解了事，不論是非。

(三)協商談判

　　基本上人是趨利避害的，衝突的發生則是源自爭取己方的利益，但通常是必須付出代價或作出犧牲，才有可能換取欲得之利益。換句話說，衝突是一種外顯的「利中有害」的處境。此時，最需要的是具有「利害之辨」的能力，以便能夠「利中取大，害中取小」。但是，若想「利中取大」，必須「取中有棄」。即使要「害中取小」，也必須接受害雖可去害猶在的事實。

　　但是，「利」與「害」是具有相互轉化性的。以《墨子・大取》中「路遇強盜，斷指而免死或身死而存指，二者擇一的處境」為例，若以「害中取小」視之，則斷指比之身死是小害，若從「利中取大」論之，則免死較之存指為大利。另外，「利」與「害」之判斷，固然有其普遍客觀性可循，但因受個人動機、處境之影響而深具主觀性；因而，有時甲之利可能為乙之害，乙之利為甲之害，那麼，「利」與「害」也會透過雙方交換的過程而有所轉化。

　　衝突的過程中，若能在情緒冷靜化之後，大家坐下來面對面談判，此時談判就像兩方在玩梭哈，手中各握四種牌，即「大利」、「小利」、「大害」、「小害」，彼此在權衡利害之後，各有進退，且互相交換，儘量以大害、小利換取小害、大利。最

後，在「失之東隅，收之桑榆」之考量下達成協議，化解衝突。

談判作爲衝突化解的方式之一，主要是著眼在功利的考量，因此特別適用於工具性關係，陌生、疏遠、敵對的關係，或多重利害之關係。

二、抗爭

抗爭是一種爲爭取己方利益或維護己方立場，不斷聲張自己的主張或權益，並不惜削弱、抨擊對方的方法。使用抗爭這種方法的人的基本心態是：把雙方的關係看作是零和（zero-sum）關係，亦即有一方得到他想要者，則另一方勢必失去之；同時他們也持有「物競天擇，優勝劣敗」、「人不爲己，天誅地滅」等觀念，一方面作爲競爭、好勝的合理化藉口，另一方面也造成不讓自己落入「輸」的境地，以失去尊嚴或基本權益，而不得不起而抗爭的緊張性。這種一輸一贏的關係，將使雙方界限分明，立場鮮明對立，因此雙方各自從自己的立場看問題，而忽略對方的需求與立場。最典型的例子是球類比賽或其他公開的競賽。某些人際問題也屬於此種類型的競爭，如兩位同事爭取一個升遷機會，兩個應徵者爭取一個職位，兄弟爭取遺產，對某一法案的支持與否，對政治、社會等議題的看法等。抗爭的方法基本上有三種型態：

(一)據理力爭

這一類型的抗爭法，大多秉持「當仁不讓」、「眞理愈辯愈明」、「爭取自己權益是合理的」的想法。俗諺語中如：

「天下唯理可以服人」

「有理君子，壓得無道君王」

「重孫有理打太公」

「人讓得人，理讓不得人」

「有理說不輸，無理說不贏」

「理長不怕講，情理屬眾人」

「有理言自壯」

「君子論理不論數」

「講理者君子，行蠻者小人」

　　都是支持據理力爭的想法。此類抗爭行為目的在表達自己的意見，企圖說服他人認同自己，或爭取自認該得的權益，而不一定要傷害對方或毀損對方。因此，在抗爭的過程中，如果因其過度「自以為是」或「自我中心」而不幸損及對方，則可能是「非他所願」、「沒有察覺到」、或是「未及顧及」。

　　中國文化中的倫理禮治雖然注重「仁」的謙讓和「義」中下對上的順從行為；但當「仁道」或「公義」所在，或者有人違反「仁心、仁政」或「公義」，那麼即可「當仁不讓於師」《論語・衛靈公》或「從道不從君，從義不從父」《荀子・子道篇》，甚至不惜「誅一夫紂矣」。這些觀念雖然給予中國人「據理力爭」的抗爭行為相當大的自主及發揮空間；但是，由於抗爭過程中不免「爭理」夾雜著「爭氣」，「爭氣」轉變為「爭閒氣」，或是「公義」中夾雜著「私欲」、「私怨」，而使得的「據理力爭」轉變為攻訐他人的攻擊性行為。

(二)威權強制

　　威權強制（forcing）是指：利用既有的權勢，如名份、地位、聲望、職權、獎懲權或掌握之資源等，企圖以說服、命令、制裁或壓制等方式，強迫對方屈從或不戰而退，以達成統制性之和諧。

　　一般而言，由社會規範或正統思想所支持的觀念或行為，都具有較強的優勢可教人順從。另外，由法律規章等所訂定的成文的規則或不成文的規矩，也都具有相當強的態勢可令人屈從。中國的倫理禮治中的人倫關係原是相對性的，但自儒學國家意識形態化之後，使得倫理片面絕對化，也促使成中國文化變成權威文化，講求人與人間的上下排比關係。除了根據年齡、輩分、職位、年資等將人們作上下排比之外，性別也是重要的排比因子，即男尊女卑，而居上者具有較強的優勢以強制居下者順從。

　　另外，如果個人的「威權」不足以強制對方屈從，還可以利用「多數人」造成於己方有利的形勢，並孤立對方，使之不得不屈從。例如，中國人講「衆口鑠金」，即指大家都說同樣的話，即足以混淆是非；「十目所視，十手所指」所造成的公衆壓力，也足以逼人屈從。這種利用多數決所造成的優勢，以現代語言來講，即是一種「民主的暴力」。

(三)出擊反擊

　　在一輸一贏的零和關係中，最顯著的特徵是：必須打敗對方才能贏得自己所欲求的或使自己的主張得以受到肯定。因此，攻擊對方（言語攻擊、身體攻擊或武力攻擊），使之潰敗，勝利之後，眞理或財勢自然歸於己方，此即是「勝者爲王，敗者爲

寇」、「物競天擇，適者生存」的基本心態，也是「以成敗論英雄」之後果。

估量實力、主動出擊固然可以取得勝利的先機，但攻擊式的抗爭方式有時候是來自對對方的反擊，即報復式攻擊，因為「最佳的防衛就是攻擊」，抑或反擊一下以平衡內心的不平。如此一來一往，一方攻擊，一方反擊，將使衝突不斷高升，關係愈發緊張，最後即使可以論斷輸贏，卻也不免因投入的成本（時間、精力、心思）過多，弄得兩敗俱傷或關係斷裂。

另外，衝突發生時，情緒上難免有緊張感和威脅感。為了消除內在的緊張與焦慮，出擊與反擊的過程提供最佳宣洩情緒的管道，故很多人是在「不假思索」或「失去控制」之下所作的連鎖反應；而且，出擊反擊的過程也提供個人展示權力或表現能力的機會，因此有人樂此不疲。不過，這也使得衝突極易陷入「虛性衝突」之中而模糊初始的問題焦點。

小結

總之，抗爭的目的在使對方棄子投降，順服於己方。己方獲勝，最後達成統制性和諧，即使祇是虛性和諧也罷，慢慢地再經由和諧化方式以轉化為實性和諧。要抗爭才有獲勝的機會，勝利之後，不但獲得勝利的成就感，同時又有增進尊榮、展示權力、肯定自我、宣洩緊張性情緒等正向功能。

另一方面，抗爭的過程中投入之代價甚多，包括情緒上、心力上以及體力、物力、財力、時間等。若遇勢均力敵的對手，最後即使勝利，也難免損失慘重。輸方若不願屈服，則可能斷絕關係，不相往來，而阻斷了合作之機會；抑或輸得不是心服口服，充其量祇獲得表面順從，內隱的不和或抗拒則需費更多的力氣去處理。另外，在互相攻訐的過程中，求勝心切，難免無所不用其

極，互揭瘡疤，互相傷害，弄得雙方心理上或生理上均傷痕累累；攻訐時也難免自暴其短，顯得修養不足，而在道德上有所貶損。上述種種情形都可能引發「衝突後焦慮」，即懊悔不已的罪惡感。這些都是抗爭方式的負面功能。

三、退避

　　退避方式在衝突化解的實性結構中是屬於第三象限，這是一種對雙方皆有所不利的雙輸的處理衝突方式。這種方式表面上看來似乎很平靜，可以淡化衝突，使其未曾激化或擴昇，但卻內隱著強大的殺傷力，可能使當事的雙方關係惡化，甚而斷裂。

　　退避與抗爭的共同之處是不讓對方遂其所願。但是，抗爭是以達成「己欲」為焦點目標，攻擊對方是為了使自己獲勝，對方落敗；退避則以不讓對方遂其所願為主要目標，必要時犧牲自己也在所不惜。退避也可以算是一種被動式的攻擊，因未讓對方得逞，是另一種形式的勝利。

　　退避與忍讓的相同之處則是兩者皆不利於己。但是忍讓是願意成全對方（即使是暫時的），讓對方居於上風；退避則是不甘居於下風，如果自己已經處於劣勢，則試圖讓對方有所貶損，才能和自己一樣都處於低處，或試圖避開這類有上有下、有輸有贏的比較。退避也包含三種類型。

(一)玉石俱焚

　　此法係以消極的方式（犧牲自己的需求或利益）達到干擾對方，使其不得遂行其願之目的。通常，在發覺抗爭無以致勝，己方又處於劣勢時，最容易採取玉石俱焚的方式。這種方式常導致

「兩敗俱傷」或「同歸於盡」。這種「我既贏不了，你也休想佔到便宜」的玉石俱焚心態，也是一種毀滅性攻擊的心態。

(二)消極抵制

面對強勢對手，若採取抗爭方式恐怕會引發對方更大的攻擊性或強制力，結果對自己更為不利；若採取忍讓方式又怕對方「軟土深耕」而讓自己深受「人善被人欺，好馬被人騎」的委曲。此時則可採取消極抵制的不合作方式，對於對方的欲求，以沈默、冷漠、忽略或怠工、被動、不合作、工作不力等方式，使對方無法順利遂行其意。這也是消極性攻擊（passive aggression）的一種，結果可使雙方皆無所獲利。但至少無需繼續投入（不斷犧牲），因而可藉以平衡內心的不平感。

(三)隔離退棄

中國智謀學中的第三十六計（也就是最後一計）是「走為上策」。這種方式係指在衝突發生時，試圖抽身而退，離開衝突情境。這種隔離式化解衝突的主要機制是：一來可以淡化衝突，避免衝突擴大或高升，二來為了避免自己在衝突場中失態或一無所獲，抽身隔離至少可以獲得獨善其身或自求多福的機會，這是因「捨」而「得」的意涵。甚至「居高山，看馬相踢」，亦自有一番與世無爭、超越自在的精神樂趣。

在衝突場中翻滾久的人經常抱怨自己是「人在江湖身不由己」，那麼「隔離」也就是一種「退出江湖」的化解策略，較長期的隔離方式是「斷絕關係」，如父子斷絕關係以解決親子衝突，離婚以斷絕夫妻衝突，離職而去以避開職場中的衝突；另外，由儒家文化所鼓勵的「道不同，不相為謀」或「舍之則

藏」，以及道家文化所支持的「退隱山林」（如出家、出國、自我放逐、淡出江湖等）都是長期的隔離方式。如果在空間上無法作到真正的隔離，另一種方式則是「心理上的隔離」，如閉上眼睛、充耳不聞、沈默寡言、唯唯諾諾、心不在焉等行為上的暫時迴避或疏離，也都是屬於隔離退棄式的衝突化解法。

四、忍讓

在結構分析中，忍讓的方式是屬於第四象限，其基本心態是以對方為重，調整自己，順應他人，因此也是一種順從（deference）、調適的方式。換句話說，這是一種放棄己見，順從對方，或是犧牲己利（需求），成全對方利益（需求）的作法。也是一種委曲求全的方式。

在中國文化中，「忍讓」被認為是化解衝突最重要的法寶。例如：

> 「兩讓則無爭，一貪一讓亦無爭」
> 「一讓可以化貪」
> 「世路風波，翻覆莫測，惟有讓人為妙，讓則爭者息，
> 　忿者平，怨者解」
> 「兩讓爭不起」
> 「絕戲謔以敦禮，崇退讓以和眾」
> 「兩君子無爭，相讓故也」
> 「能忍能讓，衙門弗上」

這些俗諺語都一再地強調，忍讓是息爭的要件。此外，如果就與

「忍」或「讓」有關的俗諺語或格言小故事的內容加以分析，可以得知「忍」或「讓」具有以下各項功能。

1. 人際和諧的功能：

殷海光（1966）於《中國文化的展望》一書中提及，唐朝張公藝九世同居，唐高宗南巡，問他何以有這樣的神通，張公藝一連寫了一百多個「忍」字。流傳於民間的治家格言，亦持此種看法，例如：

> 忍者能忍保家
> 貧者能忍免辱
> 父子能忍慈孝
> 兄弟能忍情長
> 朋友能忍義篤
> 夫妻能忍和睦

可見「忍」是齊家成功、人際和諧的主要法寶。

2. 免於禍害的功能

例如：

> 「小不忍則亂大謀」（《論語・衛靈公篇》）
> 「莫大之禍，起於斯須之不忍」
> 「不能自忍者，必敗」
> 「忍一句，禍根從此無處生」
> 「片刻不能忍，煩惱日月增」

「天下莫大之禍，俱消於讓之一字中矣」

「不忍不耐，好事變壞」

「自古英雄，祇爲不肯喫虧，害了多少事」

3.修身養性的功能

例如：

「忍得一番橫逆，便增一番氣度」

「失意事來，治之以忍」

「見人不是處，只消一個容字；
　　自己難過處，只消一個忍字」

「讓，身之文，德之昭也」

「百忍成金」

「忍人不能忍處，方爲好漢」

「必能忍人不能忍之觸忤，斯能爲人不能爲之事功」

「忍一句，禍根從此無處生，　饒一著，切莫與爭強
　　弱，　耐一時，火坑變作白蓮池，　退一步，便是人間
　　修行路」

4.超越人生的功能

例如：

「忍耐隨身得平和」

「忍幾句無憂自在」

「思量個忍字，好個快活方」

「惟君子以澹泊自處，以知能讓人，胸中有無限快活

處」

「處世讓一步爲高，待人寬一分是福」

另外，流行於各廟宇、祠堂的善書中最常見的「存心忍耐歌」中，最後一句即「這個波羅蜜，就是無價寶能依這忍字，一生過到老」從這些功能來看，它們與「和諧」的功能（見第一節）具有高度的一致性。由此可見，忍讓是作爲化解衝突、獲致和諧的重要方法。

忍讓雖然是以對方爲重，順應對方爲主，但對個人而言是否一定就要受「委曲」或「犧牲」？就使用忍讓時的原因或認知上的推理不同，可以得知忍讓有不同的作用，從而可以界定三類基本的忍讓。

（一）自我壓抑

「忍」的第一種機制是自我壓抑或抑制，也就是強壓住自己的某種欲望、意見、或不滿、生氣、痛苦、衝動等負面的情緒。《荀子・效儒》云：「志忍私，然後公；行忍性情，然後能修」，意即強忍個人的私心及性情而不使放縱，這是自我克制的第一步。例如：忍心、忍受、忍性、忍淚、忍痛、隱忍等。在《說文》裡，忍是形聲字，指心上插刃，也意謂著「忍」本身是一種不自然的矯揉心性或是不舒服的、痛苦的經驗。「讓」字也是形聲字，其中有「任憑之」、「允許之」、與「把自己的東西給人」之意。所以說，忍讓基本上是一種於己不利、犧牲委曲自我而成全他人的方法。尤其是「讓步」，所指的是在爭執中部分或全部放棄自己的意見與要求，以便「讓一步與人行」。

人際衝突中最需要「忍」的是「言」與「氣」。「忍氣吞

聲」就是忍言與忍氣，亦即要抑制住受到壓制的怨怒情緒，也不要表達或說出來。「忍幾句無憂自在」、「忍一句，禍根從此無處生」，即是教人要「忍言」，因為「憤怒的時候說話，失禮節的多」。「忍氣」也很重要，因為怒氣通常伴隨著厲聲、遽色及疾言，而「疾言」大多欠思量，覆水難收，事後經常懊悔不及。因此，「使氣最害事，使心最害理，君子臨事，平心易氣」，換句話說，「任難任之事，要有力而無氣」。

通常，在面對強有力的對手（如威權、名份、規範等），較易採取忍讓的方式，如：子女對父母，妻子對丈夫，下屬對上司，學生對老師，弱者對強者等。此時，忍讓就與「屈從」、「順從」、「乖順」、「聽話」等同義。若在同輩間或對勢鈞力敵的對手採取忍讓的方式，則多稱為「禮讓」、「謙讓」、「辭讓」、「退讓」等。若是上對下或強者對弱者採取忍讓的方式，則多稱為「容忍」、「容讓」、「寬容」、「包涵」、「包容」、「容納」等。

自我壓抑式忍讓通常是在面對強勢或固執不通的對手或煩碎難解的爭執時，不得不採取的方式。由於多屬非自願的被動式的決定，故有強行抑制或受迫於他人、情勢之苦。此種苦相當難耐，也受個人挫折容忍力的限制。一般而言，採取壓抑式忍讓時，對方若無視於忍讓的存在而自以為是時，則會愈形跋扈囂張，即「君子愈讓，小人愈旺」，使忍讓者感受到「軟土深耕」的卑微、不受尊重與委曲感，於是容易引爆報復式的攻擊。「忍無可忍」指的就是忍耐到了極限，若無適當疏解，可能爆發而使衝突加劇，危害更大。若持續忍讓下去，也容易演變為心因性症狀。黃光國（1977）的研究即發現：中國人應付人際衝突時多採忍耐的方式（即壓抑式忍讓），並因而會產生心理困擾症狀。

顯然地，壓抑式忍讓較屬於負向的因應方式。短暫而言的，對淡化衝突或化解衝突有正面效果；長期而言，卻對忍讓者的心理健康相當不利，因此有些人主張不要忍。然而生氣是一種權利，「當他人侵害我的權益時，我有權利生氣」；尤其是「有氣才有力」、「人活著就爲爭一口氣」、「這一口氣，無論如何是不能嚥下去」，忍了氣無異於自眨生存的尊嚴。另外，既然「眞理愈辯愈明」，如果能夠「知無不言，言無不盡」，把話攤開來講，好好「溝通」一下，應該符合理性原則。

壓抑式忍讓既然存在著內在矛盾性，一方面可以化解衝突，另一方面卻造成身心上的困擾。而且，「忍讓」的不爭處世哲學卻又是中國文化重心之所在，那麼這是否意味著中國文化是個病態的文化？其實不然，中國人的「忍」的意涵遠較「壓抑」這一簡單概念爲複雜且豐富。這就涉及第二種忍讓的方式了。

(二)阿 Q 精神（精神勝利法）

陶覺曾言：「人之七情，惟怒難制，制怒之道，惟忍之一字最妙。蓋怒以動成，忍以靜濟，怒主乎張，忍主乎閉。始怒之時，止須忍氣，一忍再忍三忍，總以強制力遏，不使發達爲主。外既不怒，內亦要和，須寬自排遣，胸懷坦蕩，勿留半點鬱抑，庶不傷生。」由此可見，忍讓的第一步是強力克制，但卻不止於壓抑，因爲壓抑帶來內在心理的不滿，使情緒鬱抑，不合生存之道，因而還要進一步排遣，以使心平氣和。究竟要如何排遣呢？很明顯地，「忍讓」時在某一方面已經「有所犧牲」了，爲了使犧牲有其代價，此時最需要的是認知上的轉化，以獲得精神上的勝利。

「吃虧就是佔便宜」就是典型的阿 Q 式忍讓。這是指犧牲

眼前的利益，代之以精神上的慰藉。但是，俗諺云：「學一分退讓，討一分便宜」、「退一步者，常進百步」、「不與人爭者，常得多利」。顯然地，這並不祇是精神上的自慰而已。一般而言，人際間是互惠性的，衝突之時，當下讓出一個「理」字，不堅持己見，即給對方一份「人情」，對方欠了自己一份人情，他日在他處即可獲得人情的回報，如此便進入了人情網絡中，與人有「人情往來」，以獲致人際安全感，而不致陷入「禍福自受」的人情疏離狀態。何況，人情往來是層層相疊的，因此讓人一分即可獲得三分回報，這也是「吃虧就是佔便宜」的意涵。

另外，中國人的信念是「善有善報，惡有惡報」，所以「今日被人欺，神明天地知」。今日未報，他日必得報。即使今世不報，來世也會報，所以「積善之家，必有後福」。

況且，犧牲受苦的人在道德上占有優勢，所以輸了實質利益，卻可被視為「好人」而「養望」，如「忍氣吞聲是君子」、「君子多讓」、「我不識何等為君子，但看每事肯吃虧的便是；我不識何等為小人，但看每事好便宜的便是」。忍讓者因而獲得「君子」之美稱，這也是「失之東隅，收之桑榆」的一種型態。

忍讓也包含「容忍」的概念，亦即包容歧異、接受異己，且任他、憑他、由他（《存心忍耐歌》）。例如，「見人不是處，只消一個容字」，「人之謗我也，與其能辯，不如能容」，「彼之理是，我之理非，我讓之；彼之理非，我之理是，我容之」，「處世讓一步為高，退步即進步之張本；待人寬一分是福，利人實利己之根基」。這些想法都是將「忍讓」的人推向高處，而將「被忍讓」的人擠到底下，高處寬平，低處狹隘，這也是「有容乃大」、「有容乃福」的意涵。「容一番橫逆，增一番器度」，藉此正可提升人性層次與生命境界。

　　三十年代中國名作家魯迅（1921）寫過一本小說「阿Q正傳」，文中描寫一名流浪僱農經常在遭受欺侮、無力反擊時，自言自語道：「現在的世界太不成話，兒子打老子」，將對方置於「兒子」地位，自喻爲「老子」，頗具有心理自慰的效果，後人則以「精神勝利法」稱之。魯迅寫作時，正值中國傳統封建社會解體之際，魯氏爲文時係站在批判舊社會的立場，以致文中充滿譏諷鄙憐，讀來令人不禁唏噓、悲愴。本研究特將忍讓時因認知與心境上的轉化而反敗爲勝的方法以同名稱之，目的並不是要突顯此一方法的防衛性，而是要還給阿Q的精神勝利法一個歷史上的正向地位。因爲以認知轉化而反敗爲勝正是道、佛兩家所提供的正向因應（coping）方式，它是維護著中國人千年來的心理衛生之道。壓抑式忍讓則因斤斤計較於眼前所失去的利益，無法作到認知上的轉化，以致有礙心理健康。目前，西方的文獻（如Taylor，1982，1988）也一再指出，認知上的正向錯覺（positive illusion）在維護心理健康與保持幸福感上都具有莫大的功能，這和精神勝利法有異曲同功之妙。況且，中國人在使用精神勝利法時，有時並不是迫於無奈以致荒誕毫無根據，而是自然主動地使用之，並有其特定的文化社會脈絡爲信念基礎。

(三)順勢迂迴

　　順勢迂迴是一種策略性忍讓，意指在衝突發生時，先按兵不動，靜觀其變，或暫時以不變應萬變。因爲，在兵法裡是主張「避其鋒、挫其惰」，呂坤（《呻吟語》）將其引申爲：

> 「避其來銳，擊其惰歸，此之謂大智，大智者不敢常在
> 　我。擊其來銳，避其惰歸，此之謂神武，神武者心服

常在人。大智者可以常戰，神武者無俟再戰。」

　　「避其鋒」係指衝突發生之際，情緒的緊張性最爲高張，難免「公說公有理，婆說婆有理」，雙方急著表達自我主張且得理不饒人，以致議論紛紛，此時不宜解決問題。若等待情緒淡化或冷卻，時機成熟之際，再來「挫其惰」，則爭執之事易獲解決。由此可見，「忍讓」若加上時間此一向度，強調的就是「耐性」、「韌性」、和「持久性」。要淡化情緒，就要使事情在知覺上「大事化小、小事化無」，在時間上宜採「拖延」策略，以靜觀其變，並且「置其身於是非之外，而後可以折是非之中；置其身於利害之外，而後可以觀利害之變」（《呂坤，呻吟語》），等候另一個「天時、地利、人合」的「勢」到來，問題才能迎刃而解。這是順勢迂迴的策略性忍讓之第一意涵。

　　「忍尤含垢」、「忍辱偸生」、「忍辱負重」等是另一種順勢迂迴的策略性忍讓，意味著暫時忍受恥辱，捱人笑罵，實乃因負有重任抑或等待雪恥之時。《楚辭·離騷》中屈原云：「屈心而抑志兮，忍尤而攘詬」，即說明其所以能屈委心志，含忍罪過而不離去，乃爲除去恥辱之故。春秋時，勾踐臥薪嚐膽、忍辱偸生，爲的是報復吳王夫差並復國。韓信的「胯下之辱」所彰顯的是：要能忍一時之辱，方能等待來日成爲有用之材。簡言之，順勢迂迴的策略性忍讓係指弱勢時要能咬緊牙根、堅忍苦痛，並默默培養實力，待時機一到，自有雪恥或一鳴驚人之日。

　　「以退爲進」或「以柔克剛」也是一種策略性忍讓。這些方法係在衝突的初始階段，主動地自我貶抑，讓自己處於劣勢，並抬高對方。一再忍讓的結果，將使對方越加跋扈囂張、得意忘形，而淪於輕敵、疏於防範；時間一久，「剛」者韌性不夠，容

易出現破綻，此時再俟機乘虛而入，將可克敵致勝。這種反敗為勝的過程，也是策略性忍讓的基型之一。它通常是弱者用來取勝之道。

　　簡言之，順勢迂迴的策略性忍讓強調的是：忍讓是有目標性的。採取此一策略時，雖然要先自我犧牲，但卻不像壓抑式忍讓，經常抱怨「人善被人欺，好馬被人騎」，或怕對方「得寸進尺」、「軟土深堀」，使自己忍無可忍；也不像阿Q式忍讓，在道德上抬高自己，並轉移自己的需求。而是盯著目標迂迴前進，在忍讓中培育實力，並加強耐性、韌性，最後迎刃解決問題。

　　從圖4－2之結構分析來看，表面上似乎與社會交換理論的五種衝突化解模式同構；但是「人際和諧／衝突動態模式」係以和諧化辯證觀為思考與推衍之基礎，在此脈絡下，各象限中的諸項衝突解決模式都有正向或負向結果之可能，亦即各解決模式若使用至極化或持續一段時間，時過境遷之後，其結果可能有所轉化，以致初為勝者（得者）將轉化為輸，初為輸者（失者）將轉化為勝（有所得），雙贏與雙輸之間因而有所轉化易位，此即陰陽辯證轉化之特性。例如，以「據理力爭」從事抗爭時，初時為勝，但若對方亦以「據理力爭」以對，兩相出擊反擊的結果，則可能使衝突擴昇而最後導致兩敗俱傷。還有，「隔離退棄」雖是雙方皆輸的作法，但若導致「關係斷裂」之後，彼此還有機會另創一片天空，則不失為營造新境地的作法。像這樣輸與贏未能一時論斷，必須考慮時間因素，並思及「物極必反」、「反覆循環」等特性，則是隱含在圖4－2表面結構之下的轉化動力。

第四節　關係與人際和諧／衝突

　　目前有關文化相對論（cultural-relativism）的論述中，較獲共識的是──東方是集體主義文化，西方是個人主義文化（Hofstede, 1980）；華人的社會行爲基礎是「情境取向」、「社會取向」或「關係取向」，而歐美人的社會行爲基礎則是「個我取向」；華人的人際關係是以親屬或社會關係確定關係親疏遠近的「差序格局」（費孝通，1948），西方文化則是以「自我」爲中心，依自我揭露的多寡確定關係深淺度的「楔形模型」（Altman & Taylor, 1973）。依此推論，華人的行事理路是鑲嵌在人際脈絡中，也就是先判定相互關係之特性，再決定行動的準則或方案；或者反過來說，因對應不同關係的人以相異的行動法則，可建構出不同的關係特性。因此，欲理解華人的人際和諧／衝突，也特別需要從人際脈絡來著眼，而前節中的「人際和諧／衝突之動態模式」，也正呼應華人世界的此一特性。

　　文化中國是以「父子軸」爲支配性關係的文化社會，西方則是以「夫妻軸」爲支配性關係的文化社會（楊國樞，1992）；換言之，如父子、上司／下屬（或說君臣）、長輩／下輩等上下排比之縱向垂直關係，在華人社會人際網中即居於主導的地位。文化傳統中，縱向上下關係的人際倫理或角色規範強調以「尊尊」的人際互動法則獲致人際和諧，而此和諧也呼應著以強調統一性、外制性、功利性的「統制式和諧」爲主。另外，橫向的人際關係指的是關係的親疏遠近，依「差序格局」而言，血緣的親疏差序決定了人際間的差序倫理；一般而言，如親子、手足或夫婦

等家人關係是最親近的情感性關係（或義務性關係），朋友、工作夥伴、或相識之鄰人等則爲較疏遠之，因而彼此對待的方式或互動法則亦有所不同，當然，所獲致的和諧之特性亦將有所不同。

　　不同的社會關係各有不同的互動法則或正義規範，例如，Greenberg & Cohen（1982）認爲人際關係依其親密性程度與互依（interdependence）程度的不同，而適用需求法則、平等法則、自利法則等不同的正義規範；黃光國（1998a）也認爲與不同的人際關係（如情感性關係或工具性關係）從事社會性交易活動或資源分配時，會使用不同的互動法則（如需求法則、人情法則或公平法則等）。那麼，既然人際衝突大多源自意見不同或資源分配不公，因此，化解衝突的模式或內隱衝突的方式也將隨人際關係親疏程度或上下位階的不同而有所相異。

下篇

實徵研究部份

　　第一章至第四章中，本書從歷史文化的意識型態中探索而得有關中國人的和諧觀／衝突觀，或和諧化方式／衝突化解方式的主要概念，以及建構了有關人際和諧／衝突的動態模式，但是，這些都仍祇是停留在理念架構的階段。爲了要將此些概念與理論模式落實在中國人具體的心理與行爲層次上，且與現代生活連繫在一起，本書下篇將呈現三個實徵性研究。一方面可檢証或修正既有的概念與理論模式，另一方面可進一步擴充或發展相關的新概念與新的理論模式。理論模式與實徵性研究交替進行，就像遁走曲（fugue）（即一個或多個主題經由不同的部份或聲音輪流引出，然後予以整合的複音樂曲）一樣，才可能進一步建立與中國人的和諧／衝突相關的心理學知識體系。

第五章
中國人和諧／衝突觀的字義
與諺語之分析（研究一）

第一節　研究概述

一、研究緣由

　　研究一的主要目的是想從中國人的日用語言或諺語中探索中國人的和諧／衝突觀。哲學家 Wittgenstein（1945）認為：若欲將形上學拉到日常生活的實際經驗中，其中介者即為語言。因為語言具有多重性，不祇反應著世界觀，並在特定的文化脈絡與生活方式中構成「語言遊戲」。此一語言遊戲不僅具有社會性功能，透露著各種類型的生活方式，同時也可藉以瞭解言語者的心靈（mind）——思考、意圖與期望。知識社會學家 Berger 與 Luckmann（1966）也認為：生活中的共同語言可以客觀化、保存、及積累個人或社會的際遇與歷史經驗。在積累的過程中，人們共有的客觀化事物構成了「日常生活的常識性知識」。他們從知識社會學的角度著眼，主張除了從歷史與社會著手以研究意識型態中關於思想、觀念及世界觀之外，更重要的是要研究人們生活中的「常識世界」。Schutz（1962）也認為「常識性思考」是

具體的社會、文化與歷史生活的總和。由此可見，常識性知識是一種日常生活的「事實」（Berger & Luckmann, 1966），它透過語言（語意）將個人或社會的際遇與歷史經驗加以客觀化，並予以保存與積累。在積累的過程中，建立了知識的倉儲，代代相傳，而生活於其中的人們，也大多會將此日用常識視為理所當然。

Heelas（1981）認為：本土心理學（indigenous psychology）的主要特色是將歷史與文化的視野注入心理學的研究當中，而其界面則為日常生活的語言與行為。依據他的看法，某一文化中所普遍流行的想法與習慣性行為，將以一定的形式與內容存在個人的腦海裡，最後表現於日常生活的語言與行為（楊中芳，1991）。Vygotsky（1934/1962）的研究也發現：人類思考的發展是將社會性言語（social speech）內化為內在言語（inner-speech），並成為個人思考（thought）或心靈（mind）的一部份。它們都具有表達情感與意圖的功能。

簡言之，語言是銜接社會文化影響的意識型態（或社會文化歷史積澱）與個人認知、情感、行為的中介媒介。因此，若欲進一步探索中國的和諧觀／衝突觀以及其功能，從中國人的日用語言及其字義分析著手，不失為一必要的切入點。

另外，Wittgenstein（1945）也指出：語言遊戲是以「家族相似性」（family resemblance）的方式呈現。亦即各種不同的語詞，正如編織成紗的纖維一樣，由重疊和交互的相似點構成網狀，彼此有時全部相似，有時部分相似；除了相似性之外，彼此也有著系列的關係性。因此，欲進一步瞭解中國人的和諧觀，除了探索「和」字本身的字義與使用情形之外，同時也要探索「和」字的語言家族，如「合」、「同」、「統」等字詞，及其

與「和」字的相似或相異之處。相對應地，欲瞭解中國人的衝突觀，除了探索「衝」字的字義與使用情形之外，同時也要探索「衝突」的語言家族，如「沖」、「矛盾」、「爭」、「訟」等字詞，及其與「衝突」相似或相異之處。

諺語是各民族語文的一部分，與文化傳統有密不可分的關係。諺語所透露的是文化的共同訊息，雖然在使用時具有個別性及防衛性，但在溝通的脈絡中仍透散著其社會文化性。因此，探索諺語與格言的內容與使用，也是瞭解承載歷史與文化積澱的途徑。例如，從諺語與格言來瞭解一民族之民族性（如莊澤宣、陳學恂，1939），從諺語與格言來探索中國人的宗教觀、命運觀及婚姻觀等（如阮昌銳，1980；鄭志明，1983；阿土伯，1992；洪惟仁，1992）。

諺語可以說是人們共享的一種常識（Geertz, 1983），一種眾人的智慧（陳茂泰，1993），也是一個民族思想的精華（夏承楹，1986）。它是人們在各種生活實際經驗中所累積的關於日常生活的一些勸戒、忠告與暗示，或源自前人的訓言。諺語以簡短有力的詞句表達，可以口授心傳，也可以文字相傳，無論達官貴人或販夫走卒，皆可於日常談話中引用或奉行。

根據中文各大辭典的定義，「諺語」係為傳言、俗語或流傳的俗語。它可以源自前代訓言（含有格言性質），或是社會風俗的產物。「格言」則是指文字精煉又含有教育意義的定型語句，它不但可以作為「為人法則」，而且多半是砥礪世人的聯語。一般而言，諺語大多起源於口語，而格言則起源於文字，但都明顯地表現出某種公認真理、道德箴言或日常經驗的鐵律。根據Webster 國際大辭典的定義，諺語是「簡短的警句，流行的俗語，重複使用後轉為簡而有力的格言」。此一定義即融合了諺語

與格言兩者。現代社會教育較普及，諺語的流傳與保存，除了口傳之外，主要還是藉著文字傳播，如書籍、報紙、春聯、書籤、識詩等。久而久之，諺語與格言便混合而難分了。基於以上的認識，研究一試圖收集相關的諺語（此處採廣義之諺語，包括格言、古訓、家訓、教養書、社教讀物等），以探索中國人的和諧／衝突觀及其功能。

　　總之，研究一的主要目的是從中國人的日用語言或諺語格言來探索中國人的和諧／衝突觀。並進而與從中國人的意識型態中探索所得之和諧／衝突觀相比較，以檢視其間之對應情況。

二、研究步驟

　　1.從辭典中蒐集與「和」字或「衝」字相聯結的詞彙，加以分類，以便從字義上探索和字或衝字的意涵，並進一步與從意識型態中探索所得之中國人的和諧／衝突觀相比較。

　　2.解析「和」字的語言家族，如「合」、「同」、「統」等字詞的字義意涵及其與「和」字的相似或相異之處。同時解析「衝」字的語言家族，如「沖」、「矛盾」、「爭」、「訟」等字詞的字義意涵及其與「和」字的相似或相異之處。並進一步與從意識型態中探索所得之中國人的和諧／衝突觀相比較。

　　3.從有關諺語（包括格言、家訓、社教讀物）的書籍中摘取與「和諧」或「衝突」相關的諺語與格言，且根據從意識型態中探索所得之中國人的和諧觀（辯證式、調和式、統制式）與衝突觀（失合式、失調式、失序式）、和諧的功能（理想人格的境界、有情有理的人間世、交相利的媒介）與衝突的負功能（道德上占劣勢、情理上失據、高昂的代價）等將它們加以分類，藉以

瞭解大傳統（意識型態）與小傳統（諺語格言）之間在和諧／衝突觀及其功能上之呼應情形。

三、研究資料來源

1.《中文大辭典》：本大辭典由林尹、高明主編（1968），全書共四十冊，所收單字約五萬字，辭彙約三十八萬條。資料來源包括經史子集，同時旁採類書、叢書、字書、辭書、辭典等數十種。由於此書網羅甚廣，內容豐富，故本研究將以它為字義分析的主要資料來源。

2.《中華諺語志》：本書由朱介凡編著（1989），全書共十冊，所收諺語約五萬餘條，分為五大部門，三十二大類，一百五十七小類。

3.《臺灣諺語》：本書由吳瀛濤編著（1975），共收俚諺語約壹萬多條。內容包括俚語、農諺、格言、弟子規、歇後語、教化歌謠等。

4.《漢語諺語小辭典》：此小辭典係由傅雨賢等人所編（1981），收集諺語共計三千多條。

5.《漢語諺語詞典》：本書由孟守介等人所編（1990），收集諺語共計六千五百多條。

6.《格言聯璧全解》：《格言聯璧》原書為金纓蘭生（清朝）所編著，今版「格言聯璧全解」則由馮作民（1984）重新註譯，總計格言共六百二十七條，分為十一類。

7.《治家格言》：此書於坊間流傳，編著者不詳，內容包括一般格言語粹、治家格言、朱子家訓、千字文、三字經、弟子規、百忍太和、人生必讀、勸世格言、醒世偈語、座右銘、存心

忍耐歌等，內容豐富。

第二節　有關中國人和諧觀的字義及諺語分析

一、「和」字及其語言家族的字義之分析

(一)「和」字的字義意涵

　　從字義上來看，「和」是形聲字，因像穀物相依下垂之形狀而有「相互依從」之義，又引申爲「相應」之義。根據劉英茂、莊仲仁（1970）之研究，「和」字之意義度爲2.2，反應種類有48種，常用出現頻率爲424。與「和」相連結之詞，若用來作爲人格特質的形容詞，如隨和、和順、溫和、和氣、和藹等，其喜好度、意義度與熟悉度均偏高（楊國樞、李本華，1971）。由此可知，對中國人而言，「和」字是具有高意義度的詞彙，它同時引發人們許多有意義的聯想，而且都是偏向正向的、贊許性的。

　　在《中文大辭典》中，與「和」有關的辭即高達365個，扣除專有名詞之外，用以「指意」者約有140個詞。將這些詞加以分類（見表5-1）之後，即可發現，「和」字所包含的意涵主要有二。其一，「和」係指一種狀態，可用以描述個人內心狀態，物與物之間、人與人之間的狀態，或行爲舉止之表達方式。基本上它所描述的狀態有五種：

(1)描述安寧、融洽、愉悅、恬安的狀態：如心平氣和、和睦、和悅、和安等；

(2)描述平順、吉祥的狀態：如和順、和祥等；

(3)描述適中、恰當、不偏不激的狀態：如溫和、和緩、和藹等；

(4)描述接納、相容、圓滿的狀態：如和友、和容、隨和、飽和等；

(5)描述同一、相同、一條心的狀態：如衆人和同、和衷共濟、「義以分則和，和則一，一則多力，多力則強」等。

　　這些狀態基本上都具有吉祥、和貞、平順、盛德、圓滿、強而有力等具正面價值之意涵。

　　「和」的另一意涵是具動態的性質，如經由調解紛爭、協調、調整、相應、附從、折衷化、秩序化等，使之和諧之義。簡言之，「和」指涉著「和諧化」之意涵（見**表5－1**），在這些意涵中有四種和諧化的可能性，如下所示：

(1)**調整而和**，如和弓、和市。此處隱含著個人自身固執不變，以致僵化或激化，因而必須適時地彈性變化，方有「和」可言。

(2)**協調而和**，如協和、和鳴、和羹等。此處隱含著「以他平他」、「相濟相成」而達「和」之狀態。

(3)**止爭而和**，如和事、和解、和息等。此處隱含著若有紛爭而引起不和，則應停止相爭以求「和」。

(4)**附從而和**，如附和、應和、唱和等。此處隱含著要順從、隨從、附和他人意見或同聲應和，以求「和」。

　　簡言之，從字義上的探索得知，「和」字若用以描述狀態，可表達個人內在心理的和悅，以及顯現行爲舉止的氣度，亦可表達人際間的和樂、和順及圓滿狀態，這些都具正面的價值意涵，同時反映中國人對「和諧」的深切渴望與羨艷。「和」字若做爲動詞或動名詞，則指涉著「和諧化」的方式。從字義上歸納所得的和諧化方式，與從意識型態層次所獲得的和諧化方式，彼此並無互斥，且有相互扣連之處。由此可見，無論是從意識型態層次

或從字義上來探索中國人的和諧觀與和諧化機制，彼此是相通且互補的。

(二)「合」與「和」之辨

「合」是會意字，《說文》中指出：合字像三物聚合形，三口相同是爲「合」，所以有「會合」的意思，引申爲「相配而諧調」之意。如合口、合身、合度、合奏、合時、合唱、合意、融合、配合、天作之合、志同道合等詞，都意指著不相同之兩物如果配對適當，則可達「合和」之狀態。因此，「和」、「合」兩字因都具有「諧調」之意涵而經常合用或混用。

錢穆（1979）在《從中國歷史來看中國民族性及中國文化》一書中即詳細地舉例說明，中國文化與中國人國民性是「和合性」重於「分別性」。他說，中國的歷史常態是「合」，「分」是中國歷史之變。中國的國民性喜歡「合」，不喜歡「分」；雖然人性中有分別性（如男女之別，長幼之序）與和合性，但是先天較重分別性，後天（社會）則較重和合性。中國人的天人關係觀也是「通天人、合內外」的和合觀，「天命之謂性」即指人性與天合一。「通天人」是知識問題，「合內外」是行爲問題，因而中國人特別重視「知行合一」。中國社會是個倫理的社會，這也需要兩人「合和」才能成「倫」；人與人之間講究的辭受之禮，基本上也是「和合性」的一種表現，中國人以「思想的統一」來配合「政治的統一」，更是一種天下主義式的和合性。中國人對反對意見（即「小異」）的態度是：祇要在不違背「大同」的前提之下，對「小異」就具有高度的容忍力。這些都在在顯示中國人具深「和合性」的重要一面。

表5-1　「和」的字義意涵及其相關詞

一、描述狀態的意涵：

(1)<u>平順、吉祥</u>：和比，和雨，以和致和，和時，和氣，和氣致祥，和通，和順，和備，和敬，和暢，和祥，和氣生財，和平

(2)<u>安寧、愉悅</u>
<u>融洽、恬安</u>：和爲貴，和舒，和順，和愷，和睦，和調，和熟，和心，和止，和比，和民，和正，和洽，和安，和同，和好，和合，和美，和鄰，和悅，和均，和鳴，以和致和，和風，和協，和神，和悌，和泰，和展，和栗，和樂，和氣，和勉，和域，和愜，和愉，和喜，和寧，和粹，和親，和諧，和謀，和豫，和穆，政通人和，和掙，和簡，和響，和鸞，相和，隨和

(3)<u>適中、恰當</u>：和良，和直，溫和，和柔，和厚，和退，和暖，和泰，弱和清，和朗，和惠，和雅，和煦，和敏，和動，和裕，和善，和象，和媚，和愷，和遜，和慈，和綽，和適，和節，和緩，和德，和澤，和謙，和謹，和藹，和辯

(4)<u>接納、相容</u>：和友，君子和而不同，和容，和鳴，和而不唱，和旋，和裕，和清，飽和，隨和

(5)<u>同一、相同</u>
<u>一條心</u>：眾人和同，心意和一，和同，和同相誘，和同相賣，和衷，和衷，和齊，和衷共濟

二、動態（動詞、動名詞）的意涵：

(1)<u>調整而和</u>：和弓，和市，和布，和鳴，和物，和奏，和膳

(2)<u>協調而和</u>：和旨，和旋，和笙，協和，和鈞，和鼓，和酬，和鳴，和膳，和奏，和調，和聲，和擣，和羹，和藥，混和

(3)<u>止爭而和</u>：和戎，和構，和事老，和約，和勸，和息，和番，和解，和懌，和難，和議

(4)<u>附從而和</u>：附和，和而不唱，和悌，和時，和從，和馴，和歌，和鳳，應和，和禮，和韻，和章，一唱百和，唱和，應和

從以上一系列的和合性論述可得知，錢穆談中國文化與中國人的和合性，所指涉的概念範圍不外乎是人性、宇宙觀、人倫關係、社會國家秩序的層次，這些都與本論文第三章所論述的和諧觀不謀而合。因此，所謂中國文化與中國人的和合性，不衹指出中國文化與中國人特別重視和諧觀，並賦予「和諧」高度的正面價值。同時，在使用「和合」兩字時，由於「合」字本義是三口會合或相配而諧調，因而在字義上「和合」明顯地是指，在「分別」之基礎上進一步追求「和合」。這些都正好呼應本論文的主要論述，中國人的和諧觀是築基於「和而不同」，人際和諧的形成也是在和合性與差異性（分別性）兩個對立面間拉鋸、消長及辯證。

在哲學的層次上，「和」與「合」是有所不同的。馮友蘭在其舊作《中國哲學史》一書中指出，老子注重「合」，《易傳》注重「中」。「合」係兩極端所生之新事物，「中」則是兩極端中間之一境界。如老子所言「大巧若拙」或「大直若屈」，其中「大巧」並不是「巧」與「拙」中間之境界，而是「巧」與「拙」之「合」；「大直若屈」也具有相似的意涵。若以「正、反、合」的辯證法為思考基礎，則可推衍得知，惟有「有拙之巧」與「有屈之直」才可超越上升而達「大巧」「大直」，否則衹有淪於「扭直變屈」或「弄巧成拙」。相對地，《易傳》係傳承儒家之典籍，主張「執兩用中」以求節制性之「和」，在這裡，「中」並不是簡單的加減乘除之結果，而是要「執中有權」地加以靈活變通，以求「時中之和」。但本質上這種「折中調和」並沒有上升發展產生新事物之意義。「和」與「合」在此一方面的不同，正呼應第三章中辯證式和諧與調和式和諧之不同。

(三)「同」與「和」之辨

　　「同」也是會意字，《說文》中指出，「同」係指言語受到限制而趨於統一，所以引申為「齊一」、「一樣」之意。如同好、同行、同仁、同工同酬、同工異曲、同仇敵愾、同甘共苦、同病相憐等。其中同心協力、同心一意、同舟共濟等詞都隱含著：若眾分子能摒除或壓抑個別的歧異性，心意往「同一」處想，或就「相同」之處聚合在一起使力，必能因融合多力而產生新力量、新現象。這和《荀子・王制篇》：「和則一，一則多力，多力則強」的概念相似。《中庸》中：「今天下車同軌，書同文，行同倫」，意指王者一統天下後，車、書、行等皆有齊一之軌、文及倫。「大同世界」也是意指和平安樂的和諧社會。簡言之，「同」意涵著在某種齊一的要求與限制之下，可以達到的和諧境界。

　　但是，「同」與「和」之辨，在歷史上有多次討論。第一次是《國語》中所記載，史伯與鄭桓公之談話：「夫和實生物，同則不繼。」《左傳》中也記載齊桓公請教晏嬰說：「和與同異乎？」，晏嬰指出「同」就像「以水濟水」或「琴瑟之專壹」，即以水加上水，還是水的味道；琴聲再加上琴聲，還是琴的聲音，這些都是簡單的同一，比較沒有「飲之」、「聽之」之價值。但「和」就如「羹湯」，其中有魚、有肉、有作料，加上火力烹調，在「相濟相成」後，則可得新美味之羹湯。或者說就像音樂，其中有清濁、大小、短長、疾徐等聲音上之變化，「相濟相成」後方成新樂章。孔子在《論語・子路篇》中也論及「同」與「和」之不同，即「君子和而不同，小人同而不和」，意指君子們人心和而所見各異，但小人們則所嗜者同，然因各爭利而不

和。顯然地,「同」與「和」作爲社會語言,在某些範圍內有雷同之「和諧」意涵,但卻處於不同層次上。「和」有互補相成,產生新事物之意涵,呼應著調和式和諧觀;而「同」則較多在社會國家團體秩序的層次上,著重以「同」達「和」的功效性。

(四)「統」與「和」之辨

　　「統」字爲形聲字,《說文》中指出:綱紀爲統,或指衆絲的端緒。引申爲「將部分聯成整體,使分歧歸於一致」之意,如統一、統合等詞均是。同時可以進一步引申爲「佔有絕對優勢而支配其他事物」之意,如統治、統率、統轄、統管、正統、道統、傳統、體統。也就是說,使分歧的居劣勢者同歸於某一絕對優勢之支配下而趨向一致,就會形成一和諧之整體。因而「統」字所隱含的是,「歸於一統」的「附從而和」之和諧。

　　「統」在中國文化中是重要的文化概念,尤其是儒家的「道統觀」,是一種古帝的理想化(韋政通,1991)。韋氏認爲,從孔子開始,即將古代帝王套進儒家的框架中成爲儒道的實踐者。到了孟子,則將古帝連成統緒性的脈絡,其順序是堯→舜→禹→湯→文王→孔子(《孟子·盡心篇》)。荀子講「禮義之統」,爲周文提供一個「共理」與「統類」的根據,使「禮」的內容可以因時而變,但禮義之原則歷久不衰,因而也使禮義之「統」成爲人倫、社會及國家秩序之根本。唐朝韓愈爲了排斥佛、老的出世思想和擺脫煩瑣的注疏,更直溯儒學源流而大倡「道統」論,宋明以下之道學更因襲之。

　　兩漢時,在政治上形成的「大一統專制政體」,董仲舒更引申《春秋》中言:「大一統者,天地之常經,古今之通誼」,開始賦予「統」最高的地位,並提出「存三統」的要旨及「撥亂

世、反諸正」的微言大義，而將「道統」、「法統」及「治統」三者合而爲一。文官制度更將道統的理想現實功利化，使得代表儒家理想化身的道統，成爲居鄉儒者的使命。因而在傳統社會中，道統有「素王」之稱，具有比「法統」更大的影響力。中國的思想也大多以「統之有宗，會之有元」爲代表（錢穆，1979）。總之，「統」在中國文化中，是「正」或「威權」的代名詞，非「統」則是「亂」或是「邪」。總之，「統」是引導「合」、「和」的最高支配者。

二、與「和」有關的格言及俗諺語之分析

本研究蒐集與「和」有關的俗諺語共六十二條，然後根據「和」之重要性，「和」與內心（或精神）狀態之關係，「和」與智慧、祥瑞之關係，「和」之家庭功能，「和」的功效及利益等項目，將其大致分類後，列於**表5-2**。茲分述如下。

1.「和」之重要性

「天時不如地利，地利不如人和」之句本爲孟子所言（公孫丑篇），現在成爲雅俗共賞的諺語，它點出在「天、地、人」三界之間，「人和」最重要。此外，「人和人和，閻王望鬼好」顯示即使在陰府（第四界）裡，兇嚴如閻羅王也希望衆鬼和合。「一脈不和，周身不適」雖然直指人的身體而言，但「天是一大天，人是一小天」，因而也隱喻著，天地間若有所不和，即可能天下不安。其他如「與人不和，勸人養鵝（或勸人架屋）」，則意指若不能與他人和合共處，祇好離群索居，做個社會邊緣人。

表5-2　與「和」有關的格言及俗諺語

一、「和」的重要性
1.「天時不如地利，地利不如人和」
2.「一脈不和，周身不適」
3.「人和人和，閻王望鬼好」
4.「兩鬥皆仇，兩和皆友」
5.「與人不和，勸人養鵝；與人不和，勸人架屋」
6.「三合三好，兩合兩好」
7.「兩和合一好」

二、「和」與內心愉悅或精神舒暢
1.「溫照和平，是陽之氣」
2.「一念慈祥，可以兩間和氣」
3.「一念之慈，和風甘露，…便與太虛同體」
4.「人欲常和悅快適，莫若使胸中秋毫無所慊」
5.「天地不可一日無和氣，人心不可一日無喜神」
6.「天地之氣，宣通則和，人心之機，舒暢則悅」
7.「和氣平心發出來，如春風拂弱柳，細雨潤新苗，何等舒泰！」
8.「心平氣和，此四字非涵養不能做，工夫只在箇定火」
9.「持己不可不嚴明，與人不可不和氣」
10.「苟有康樂之心充於中，則和氣應於外」
11.「善人和氣一團，惡人殺氣騰騰」
12.「祇要人情好，吃水也是甜」

三、「和」與智慧
1.「事理通達，心氣和平」
2.「春風解凍，和氣消冰」
3.「養得性情和平，方可做事」
4.「萬事萬物，只以心平氣和處之，自有妙應」
5.「有才而性緩，定屬大才；有智而氣和，斯爲大智」
6.「心誠、色溫、氣和、辭婉，必能動人」

表5-2（續）

四、「和」與祥瑞
　　1.「和氣致祥」
　　2.「和平享厚福」
　　3.「寬柔和惠，則眾相愛」
　　4.「心平氣和，添福免禍」
　　5.「心平氣和，千祥駢集」
　　6.「和氣禎祥來，乖戾禍殃應」
　　7.「人善天從願，家和福自生」
　　8.「天不和生虹，人不和生災」

五、「和」的家庭功能
　　1.「家和福自生」
　　2.「家和萬事興（成），事不由人算」
　　3.「家和人和萬事和」
　　4.「一家之計在於和（和順）」
　　5.「一家和樂值千金」
　　6.「家和貧也好，不義富如何」
　　7.「家門和順，雖饔飧不繼，亦有餘歡」
　　8.「未有和氣萃焉而家不吉昌者，未有戾氣結焉而家不衰敗者」
　　9.「夫婦和而後家道成」
　　10.「夫妻相和合，琴瑟與笙簧」
　　11.「兄弟和，其中自樂」
　　12.「人說有量就有福，兄弟即著較和睦」
　　13.「父子和而家不退（困），兄弟和而家不分」
　　14.「兄弟和氣家不散，妯娌和氣家不分」
　　15.「撒開姊妹奉姑歡，妯娌雙雙做一團（和氣）」
　　16.「家不和，萬世窮」
　　17.「家不和，外人欺」
　　18.「家中不和鄰里欺，兩口不和被僕欺」
　　18.「兄弟不睦家業破，夫妻不和孩子夭」
　　20.「夫妻不睦奸人乘，兄弟不和外人欺」
　　21.「家不和，被鄰欺；手足不和，被奴欺」
　　22.「家火不起，野火不來」
　　23.「妻妾無妒則家和，嫡庶無偏則家興」

表5-2（續）

六、「和」的功效及利益

1.「勤不受饉，和能生財」
2.「和氣生財，忤逆生災，打打罵罵何苦來」
3.「和氣生買主」
4.「和氣能招萬里財」
5.「買賣和氣賺人錢」
6.「生意、生意，全靠和氣」
7.「一本、二店、三和氣」
8.「和氣修條路，惹人築堵牆」
9.「人不和，百事不興」

七、「合」與「和」

1.「（天下大事）分久必合，合久必分」
2.「意合則吳越相親，不合則骨肉相殘」
3.「合則兩利，離則兩傷」
4.「分即少，合即多」
5.「合字，難寫」

八、「同」與「和」

1.「二人同心，其利斷金」
2.「同心山成玉，協力土變金」
3.「兩人一般心，有錢堪買金；一人一般心，無錢堪買針」
4.「兄弟若同心（三人同一心），烏土變成金」
5.「夫妻一條心，黃土變成金」
6.「人心齊，泰山移」
7.「齊心的螞蟻能吃虎」
8.「不怕浪頭高，就怕槳不齊」
9.「柴多火燄，人齊山也倒」
10.「眾心成城，眾口鑠金」
11.「眾人一條心，黃土變成金」
12.「眾人抬柴火燄高，眾人扶船能過山」
13.「獨木搭橋人難走，眾木成排好渡江」
14.「團結力量大，泰山也搬家」

表5-2（續）

九、「與人和合」（與人爲善、合作）之重要性與利害性
　　1.「一只腳難走路，一個人難成戶」
　　2.「人要人從，花要葉襯」
　　3.「打虎不離親兄弟」
　　4.「好石磨刀也要水」
　　5.「土幫土成牆，人幫人成王」
　　6.「爲人一條路，惹人一堵牆」
　　7.「朋友千個少，仇人一個多」
　　8.「寧與千人好，莫與一人仇」
　　9.「多個朋友多條路，多個冤家多堵牆」
　10.「多栽花，少栽刺，留著人情好辦事」
　11.「寧做箍桶匠，不做拆板人」
　12.「在家不欺人，出外無人欺」
　13.「面和心不和」

2.「和」與精神境界、智慧及祥瑞之關係

　　表5－2顯示，「和」係指個人心平氣和、和悅快適、遍體舒暢之狀態。從表中十二句諺語所描述的內心喜悅、精神舒暢的境界，似乎與 Maslow（1962）所描述的自我實現者之高峰經驗（peak experience）雷同。這樣的情緒（精神）狀態，可以解除人的冷漠感、疏離感（消冰解凍），且讓人事理通達、妙應萬事萬物、及感動他人。這樣的良好情緒狀態，有助於個人的認知及解決問題能力之發揮，故屬於「大智」。

　　對中國人而言，最重要的世俗化目的性價值觀之一是「福」，在紫薇斗數的命盤中隸屬「福德宮」（黃光國，1992）。「和」氣因可致祥、添福、免禍，故也是最高的「福」

氣。

3.「和」的家庭功能

　　家庭是中國社會的基本單位，對家庭而言，最大的價值所在即是家庭和諧。因此與「和」有關的俗諺語中，強調「家和」的重要性及「家和」的功能性者佔最多數，共有二十二條（見**表6**－2）。這些俗諺語一再指出，「和」能積極地帶給家庭吉祥、福氣、興旺及歡樂等，可消極地使家庭免於貧窮、困頓、分散或家業衰退，甚而可避免被僕人、鄰居等外人欺凌。

4.「和」的功效利益

　　「和」除了對家庭具有功能之外，對一般人際關係（尤其商場上的人際關係）也具相當的重要性。做生意時，若待人和氣將使人樂於親近，故能招攬人群、匯聚人氣；人氣旺，交易機會增多，財源自然滾滾而來。所以說「和氣生買主」、「和能生財」。在一般人際關係中，待人和氣即是與人為善，那麼若有事相求予人，較不會遭到無謂的拒絕，所以說「和氣修條路，惹人築堵牆」。最後，「和」的功利性可以一句諺語做總結：「人不和，百事不興」。

5.與「合」有關的俗諺語

　　如上所述，「和」字的語言家族中的「合」，具「相配而諧調」之意涵，故經常與「和」字合用或混用。本研究蒐集有關「合」字的俗諺語後，發現它們也與有關「和」字的俗諺語具雷同的意涵（見**表5**－2）。如「和則兩利，離則兩傷」、「意合則吳越相親，不合則骨肉相殘」、「分即少，合即多」等，都清楚地指出「和合」的利益性，以及「不和合」的弊害性。「合字，難寫」更明顯地點出「合夥生意」的困難。

6.與「同」有關的俗諺語

如上所述，「和」字的語言家族中的「同」，具「齊一」及「合眾力以產生新力」之意涵。本研究蒐集與「同」字有關的俗諺語共十四條（見**表5－2**），它們都一致地指出：無論任何倆人（如兄弟、夫妻）或眾人，祇要同（齊）心齊力，將產生無以倫比的力量，不但可以克服萬般困難，同時也能因此而獲利。

7.與「合作」或「與人爲善」有關的俗諺語

俗諺語中有一句：「面和心不和」，似乎隱含著與人和合可能祇是表面功夫，或祇停留在外顯的行爲層次上，與眞心實意無關。這可能與「與人和合」具有高度功利性有關。因此，本研究擴大蒐集範圍，共得與「合作」或「與人爲善」有關之俗諺語十二條（見**表5－2**）。這些俗諺語也都一致地強調相互幫忙、共同合作、與人爲善的重要性及利弊性。同時也警惕世人切莫欺凌他人或與人結仇，這樣不但樹敵累累，也自己切斷了許多辦事的通路。

第三節　有關中國人衝突觀的字義及諺語之分析

一、「衝突」及其語言家族的字義之分析

(一)「衝突」的字義意涵

從字義上來看，「衝」字的本義在作爲名詞時是「**交通要道**」，或主要通道之意，如要衝、衝位、天下之衝、首當其衝等。作爲動詞時則爲「**向著（對著）某物直接碰撞**」之意，如衝

口、衝撞、衝冒、衝突、衝激、衝漲、衝剋、衝刷、衝軍、橫衝直撞、衝鋒陷陣等。因而「衝突」之靜態意涵引申爲「**意見參差、相互牴觸**」,並與「**矛盾**」爲相似詞而隱含著緊張之意涵。「衝突」另有動態之意涵,意指「**攻擊**」或「**爭鬥**」。在五行家的術語裡,相當者爲「衝」,相制者爲「剋」,「衝剋」意指著相互牴觸而不相和合(《中文大辭典》)。簡言之,衝突意涵著兩力相對立、牴觸而不和合的緊張狀態,甚而是一相互攻擊、爭鬥的外顯過程。

根據劉英茂、莊仲仁(1970)之研究,「衝」字的意義度爲2.192,反應種類爲48種,常用頻率爲95。與「衝」聯想之形容詞若用來描述人格特質,如衝動的、過激的、莽撞的、矛盾的等,其好惡度則偏向負面(楊國樞、李本華,1971)。顯然地,與衝突有關的聯想多爲負面的,且其出現頻率不高,顯示其在人們心目中地位之低落。

(二)「爭」與「衝突」之辨

在傳統的中國語彙裡,很少使用「衝突」一詞,與之相近的概念是「爭」。「爭」的本義是指「兩人奪引」(《說文》),同時蘊含著不惜辯訟力鬥、拼命求取以便獲勝、獲贏、獲強、獲先等。與「爭」相聯結的詞,如爭鬥、爭奪、爭執、爭辯、爭訟、爭論、爭議、爭亂、爭心、爭權等,也都與「衝突」的動態性意涵「爭鬥、相互攻擊的過程」雷同。而「循利行,必見爭攘」(《孟子》),「爭利起於人各有欲,爭言起於人各有見」(呂坤,《呻吟語》)也都指出意見的參差,欲求的相互牴觸是衝突表面化(爭鬥)的內在原因。「爭」字的意義度爲2.62,反應種類爲41,常用出現頻率爲249,與「爭」相似之形容詞,如

好鬥的、好辯的、好強、倔強等，若用來形容人格特質，也是具
負面的意涵。

　　「爭」雖然是指「奪引」，有時也具有正面的意涵，特別是
指合理的奪引那一面。如爭取、爭理、爭氣、爭光、據理力爭、
競爭、爭奇鬥艷等。

(三)「矛盾」與「衝突」之辨

　　「矛盾」原是古代兩種不同用處的武器，「矛」是用來攻擊
敵人，「盾」是用來保護自己，引申為「兩力互相牴觸、互不相
容」。這和「衝突」的靜態性意涵雷同，均指兩力相對立、牴觸
而不和合之狀態。

(四)「沖」與「衝突」之辨

　　「沖」字是形聲字，原意指「水上湧往四周灑下」，可引申
為「向上衝飛」之意。一般人常將「沖」與「衝」字混用。
「沖」與「衝」兩字音同又相近，但沖水、沖天、怒氣沖沖、興
沖沖、沖喜、沖淡等都用「沖」，祇有「沖犯」「沖剋」「沖
撞」亦作「衝犯」、「衝剋」、「衝撞」。

　　「沖犯」是指兩事（人）相忌者，「沖剋」則指不協合，
「沖撞」指唐突冒犯，不分輕重得罪人。在五行理論裡，相當者
為「衝」，相制者為「剋」。「五行生剋」之說係指：由木、
火、土、金、水所形成的「天次之序」是依循「比相生」、「間
相勝（剋）」的原則，十二支與方立相配，故子午卯酉等為相
衝，十干與五行相配，故甲乙剋戊己等於木剋土，餘類推。在
《三命通會總論歲運》中指出：「歲」衝剋「運」者吉，「運」
沖剋「歲」者凶；格局不吉者死，歲運相生者吉（《中文大辭

典》）。因此，「剋」除了不相協合之外，亦爲凶兆之象。一般
人常用「沖剋」一詞，「沖」因與「剋」聯結在一起而深藏負面
的意涵，其正面意涵反而常被忽略。

(五)「訟」與「衝突」之辨

　　「訟」是形聲字，意指公開的爭論。引申爲在「法庭」上爭
論是非曲直，如爭訟、訴訟、纏訟等。

　　孔子自稱：「聽訟，吾猶人也，必也使無訟乎。」意指他聽
訟並不優於他人，最重要的在於「止訟」，他認爲防止衝突之興
起勝過公平地解決實際衝突。《易經》上有一「訟」卦：「訟，
有孚，窒惕，中吉。終凶」。Wilhelm（轉引自吳經熊，1984）
對此卦的評述是：「中國人認爲人若陷於衝突糾紛之中，拯救之
道在於清明之頭腦與內在之力量；中國人隨時準備與對手於中途
達成和諧。若將衝突帶至苦澀之終端，即使他處於對之一方，也
會有惡劣之影響，因爲敵對即將長結不解。」這是中國人對
「訟」之典型態度。費孝通（1948）亦指出，中國傳統社會係以
「禮治秩序」約制人倫關係與行爲法則，講求「無訟」，一旦有
事鬧上公堂打官司（或是請調解會評理），訴訟的雙方都要先受
到斥責，「訟師」也被聯想爲「挑撥是非」者。

　　總之，「訟」在中國係指公開的衝突，「訟則終凶」隱含著
爭訟同時帶給雙方不利的後果。

二、與「衝突」有關的格言及俗諺語之分析

　　從前節有關「衝突」的字義分析中可以得知，「衝突」的靜
態意涵爲「意見參差或兩物（力）相對立、牴觸的緊張狀態」；

其動態意涵則是「相互攻擊、爭鬥的外顯過程」。根據這樣的定義，本研究蒐集與「衝突」有關的俗諺語共一百四十八條，其中有關「爭」的有五十九條，有關「訟」的有二十七條，直接與「衝突」字義有關的共六十二條。除了前兩類將另行討論外，以下將就與「衝突」有關之俗諺語加以分析討論。

1.與「衝突」有關之俗諺語

　　表5－3顯示，「衝突」的基本意涵是「兩相碰撞」，表達此一意涵的俗諺語共四個，都表達的相當傳神。如「一個巴掌拍不響」、「一個碗內兩張匙，不是燙著就抹著」，這顯示衝突的基本要件是要有兩個事物（以上），且相互碰撞。

　　但是，什麼事物容易相互碰撞？俗諺語中指出，就像嘴與舌、舌與牙、門扇與門板，它們的共同性是彼此相當靠近。因此，這些俗諺語顯示出「相近者較容易相互擦撞」。如「舌頭哪有不碰牙的」、「門扇板，套不著邊」（臺語）。

　　既然相近者容易有摩擦，那麼像兄弟、夫妻等關係，一方面接觸頻繁，常有擦撞；另一方面又是情感性關係，有較多的情感介入，於是經常吵吵嚷嚷，卻很快又和好，所以就成了「歡喜冤家」。如「夫婆，床頭打，床尾和」、「無冤無家，不成夫妻」（臺語）。又如「仇人轉兄弟，冤家轉親家」、「新娶的媳婦三日香，過了三日鬧嚷嚷」等也都指出，親情關係中有相當多的摩擦小衝突，但這些衝突都像塵埃般，起風時塵煙瀰漫，但很快地就會塵埃落定，歸於平靜，回復親情。

　　祇是在家庭中引發衝突的人究竟是誰？諺語中顯示家庭不和多源自於「女性」的過錯，如「姑媽作婆，一世不和」、「想要家不散，祇有妯娌和」、「兄弟不和，妯娌的過；親家不和，女兒的過」。女性要承擔家庭不和的主要責任，究竟是事實還是男

性的推卸諉過，這是值得進一步探討的。

表5-3　與「衝突」有關之俗諺語

一、兩相碰撞
1.「一個巴掌拍不響」
2.「錢無兩個打不響」（臺語）
3.「一個碗不響，兩個碗響叮噹」
4.「一個碗內兩張匙，不是盪著就抹著」

二、相近而擦撞
1.「嘴與舌，也會相磋」
2.「舌頭哪有不碰牙的」
3.「門扇板，套不著邊」（臺語）
4.「牙齒和舌頭有時也會相咬」

三、歡喜冤家
1.「冤家變親家」
2.「不是冤家不聚頭」
3.「無冤無家，不成夫妻」（臺語）
4.「夫婆，床頭打，床尾和」
5.「仇人轉兄弟，冤家轉親家」
6.「新娶的媳婦三日香，過了三日鬧嚷嚷」

四、性別歸因
1.「姑媽作婆，一世不和」
2.「想要家不散，只有妯娌和」
3.「兄弟不和，妯娌的過；親家不和，女兒的過」

五、眾多分歧
1.「想爭吵，辦個小」
2.「一菜難合百味」
3.「鴉多屎多，人多嘴多」（臺語）
4.「多兒多女多冤家，無兒無女活菩薩」
5.「兩人拜堂，成雙成對；三人拜堂，家破人亡」

六、勢均力敵，兩不相容

　　1.「兩強不相容」
　　2.「水火不相容」
　　3.「兵對兵，將對將」
　　4.「冰火不同爐，敵我不同路」
　　5.「一尺布，尚可縫，兄弟兩人不能相容」

七、利益爭奪
　　1.「二馬不同槽」
　　2.「骨頭丟下，群狗打架」
　　3.「荒地無人耕，耕起有人爭」
　　4.「狼多肉少，成天爭吵」
　　5.「打從罵起，吵從污生」
　　6.「水不平要流，人不平要說」

八、缺乏抑制
　　1.「人急造反，狗急跳牆」
　　2.「小不忍則亂大謀」
　　3.「不忍不耐，小事成大」
　　4.「好強爭意氣，惡向膽邊生」

　　「衝突」的意涵之一是「意見參差」，那麼伴隨人數眾多而來的意見分歧，在諺語中也有傳神的表達，如「一菜難合百味」、「鴉多屎多，人多嘴多」、「多兒多女多冤家，無兒無女活菩薩」。

　　「衝突」也有兩力相當且相對立之意涵，那麼勢均力敵、兩不相容的緊張對峙，又是如何？諺語中的說法是「兩強不相容」、「水火不容」「冰對冰，將對將」、「冰火不同爐，敵我不同路」。

　　「衝突」的動態意涵既是「爭鬥」的過程，那麼在資源有限之下竭力爭奪，或是資源分配不均（平）時有所爭執，都是常見的衝突型態。如諺語中云：「二馬不同槽」、「骨頭丟下，群狗

打架」、「狼多肉少，成天爭吵」、「水不平要流，人不平要說」等。

　　「衝突」也是攻擊外顯的過程，換言之，挫折容受力不夠或是抑制性不夠強，致使內隱的攻擊性一時衝口（肢體）而出，形成外顯的攻擊性衝突（罵或打），這將會使事態擴大或惡化，小事變大事。所以諺語中也有相關的說法，如「人急造反，狗急跳牆」、「小不忍亂大謀」、「不忍不耐，小事成大」等。

2.與「衝突」的負功能有關之俗諺語

　　根據本論文第三章中的論述，衝突的負功能有三，即其為道德的劣勢、情理的失據、及高昂的代價。以下將就此三種負功能分別討論與「衝突」相關之俗諺語（見**表5－4**）。

　　衝突發生後，可能會影響他人對自己的評價，以致使自己處於道德的劣勢，如「罵人一寸，損己七分」、「千有理，萬有裡，罵人總無理」、「打人三日憂，罵人三日羞」、「罵人的不高，挨罵的不低」等。另外，也讓自己在情理上失據，如「天靈靈，地靈靈，哪有婆娘打男人？天光光，地光光，哪有男人打老婆？」指出夫妻以情義為重，出手打對方即不合情理。「相罵無好言，相打無好拳」也指出：雙方在打罵之間，會因情緒失控而說重話或把話說絕了，以致傷情害理。

　　最後，與人起「衝突」容易導致兩敗俱傷，或使雙方都付出高昂的代價，無論是身家性命上、財物上或精神上。如「兩石相撞，必有一碎；兩虎相鬥，必有一斃」、「相打雞，頭無冠」（臺語）、「午夜罵妻，一夜孤淒」、「打人三日憂，罵人三日羞」、「男吵禍、女吵窮」。衝突後還要「人情留一線，日後好相見」，因為「冤家，路頭狹」，他日總有再見面時，所以要「好聚不如好散」。

表5-4　與「衝突」負功能有關之俗諺語表

一、道德劣勢

1.「打人三日憂，罵人三日羞」
2.「歹夫罵，歹鑼累鼓」
3.「罵人一寸，損己七分」
4.「罵人的不高，挨罵的不低」
5.「千有理，萬有裡，罵人總無理」
6.「含血噴人，先污自口」
7.「無事罵人三分罪」

二、情理失據

1.「天靈靈，地靈靈，哪有婆娘打男人？天光光，地光光，哪有男人打婆娘？」
2.「相罵無好言，相打無好拳」（臺語）

三、代價高昂

1.「要得好，少爭吵；家吵窮，錢吵少；性子吵大，個子吵小」
2.「家鬧，萬世窮」
3.「家吵敗」
4.「男吵禍，女吵窮」
5.「吵家的婆娘先窮。」
6.「忍氣求財，激氣相刮」（臺語）
7.「打人三日憂，罵人三日羞」
8.「午夜罵妻，一夜孤淒」
9.「兩虎相鬥（爭），必有一傷（兩敗俱傷）」
10.「兩石相撞，必有一碎；兩虎相鬥，必有一斃」
11.「打老鼠傷了玉瓶兒」
12.「鷸蚌相爭，漁翁得利」
13.「冤家，路頭狹」（臺語）
14.「好聚（合）不如好散」
15.「相打，無過田岸」（臺語）
16.「相打難，頭無冠」（臺語）
17.「相分食有剩，相搶食無分」（臺語）

3.與「爭」有關的格言及俗諺語

　　前節關於「爭」的字義分析中指出，「爭」的本義是「兩人奪引」，且與「衝突」的動態意涵相呼應。本研究蒐集與「爭」有關的格言諺語共五十九條（見**表5－5**），爲數相當於與「衝突」有關的俗諺語，由此可見，「爭」在中國人日常生活中的重要性。

　　從**表5－5**中可以得知，使人有所「爭」的原因包括：意見分歧、各有欲求、爭強好勝、或欲求不得滿足而致情緒失控等。如「爭利起於人各有欲，爭言起於人各有見」，「忿而無度量則爭」、「有爭兩貪之故也」、「好勝者必爭」等。因此俗諺語中大多賦予「爭」負面的評價。如「君子多讓，小人多爭」、「一爭兩醜，一讓兩有」、「爭來的臭，買來的香」、「爭爭不足，讓讓有餘」、「針頭大的事情，不值得爭執」、「爭著不夠吃，讓著吃不了」等。

　　事實上，在字義分析中指出，「爭」也具有正面的意含，如爭理、爭光、爭氣等，但必須在一定的遊戲規則（即禮）爭取方可。如「揖讓而升，下而飲，其爭也君子」、「禮至不爭」、「事無定體而爭」、「忿而無度量則爭」等。

　　除了根據「爭」的方法界定其正面或負面意義外，俗諺語中也清楚地勾勒出，因「爭」的內容之不同，使得「爭」有不同的層次之分。如「上士無爭，中士爭理，下士爭氣」、「君子爭禮，小人爭嘴」、「懶漢爭食，好漢爭氣（志）」等。

　　一般而言，爭食、爭財、爭寵的層次最低，如「街狗爭骨頭」、「懶漢爭食，好漢爭氣」、「兄弟爭財，父產不盡不止；妻妾爭寵，夫命不死不休」。爭嘴、爭意氣、爭閒氣等也無正面，評價，如「小人爭嘴」、「下士爭氣」、「爭意氣者，皆小

表5-5　與「爭」有關的俗諺語

一、「爭」的原由
1. 「爭利起於人各有欲，爭言起於人各有見。」
2. 「物無定主而爭，言無定見而爭，事無定體而爭。」
3. 「欲而不得，則不能無忿，忿而無度量則爭，爭則亂。」
4. 「有爭兩貪之故也，兩讓則無爭，一貪一讓亦無爭矣。」
5. 「好勝者必爭，貪榮者必辱。」
6. 「爭是一世英雄，不能當家產。」
7. 「未上床，先爭被。」
8. 「不往江裡補，卻在碗相爭食。」
9. 「懶漢爭食，好漢爭氣。」

二、「爭」的內容（爭理或爭氣）
1. 「上士無爭，中士爭理，下士爭氣。」
2. 「君子爭禮，小人爭嘴。」
3. 「人爭一口氣，佛爭一爐香。」
4. 「要爭氣，氣勿爭。」
5. 「與人爭志，切勿爭氣。」
6. 「生氣不如爭氣，鬥氣不如鬥志」
7. 「不怕天，不怕地，就怕男兒不爭氣。」
8. 「爭氣不爭財，戲份做兩台。」
9. 「懶漢爭食，好漢爭氣。」
10. 「木不鑽不透，理不辯不明」
11. 「眞金不怕火煉，眞理不怕爭辯」
12. 「渾水越澄越清，理越走越明」

三、「爭」的內容（爭功利）
1. 「兄弟爭財，父產不盡不止；妻妾爭寵，夫命不死不休。」
2. 「君子接人以禮讓，故無所爭；夫爭才能，爭功業，爭意氣者，
　　皆小人之所爲，而非禮讓之道，且取禍之道也。」
3. 「不與居積人爭富，不與進取人爭貴，不與矜飾人爭名，
　　不與少年人爭英俊，不與盛氣人爭是非」
4. 「街狗爭骨頭。」

四、「爭」的後果與「不爭」的功能
1. 「鷸蚌相爭，漁翁得利。」
2. 「爭先的徑路窄，退後一步，自寬平一步。」
3. 「人爭閒氣一場空。」
4. 「休爭三寸氣，白了少年頭。」

表5-5 （續）

5.「君子接人以禮讓，故無所爭，夫爭才能，爭功業，爭意氣者，皆小人之所爲，而非禮讓之道，且取禍之道也。」

6.「生氣不養家，養家不爭氣。」

7.「一爭兩醜，一讓兩有。」

8.「不與人爭者，常可多利。」

9.「何以息謗？曰：無辯。何以止怨？曰：不爭。」

10.「水善利萬物而不爭，……夫唯不爭，故無尤」

五、「爭」與「不爭」的價值評價

1.「君子多讓，小人多爭。」

2.「君子矜而不爭。」

3.「君子不與牛鬥。」

4.「君子爭禮，小人爭嘴。」

5.「勸人息爭者，君子也；激人起事者，小人也。」

6.「君子無所爭，必也射乎？揖讓而升，下而飲，其爭也君子」

7.「兩君子無爭，相讓故也。爭者兩小人也。」

8.「一爭兩醜，一讓兩有。」

9.「爭來的臭，買來的香。」

10.「爭爭不足，讓讓有餘」

11.「爭著不夠吃，讓著吃不了」

12.「針頭大的事情，不值得爭執。」

13.「不尚賢，使民不爭；不見可欲，使民心亂」

14.「以其不爭，故天下莫能與之爭」

15.「天之道，不爭而善勝」

16.「聖人之道，爲而不爭」

六、「爭」或「不爭」的方法

1.「有爭兩貪之故也，兩讓則無爭，一貪一讓亦無爭矣。」

2.「以無心息天下之爭心。」

3.「兩君子無爭，相讓故也。一君子一小人無爭，有容故也。」

4.「禮至不爭。」

5.「理定自無爭。」

6.「爭田不如另買，爭妻不如另娶。」

7.「公說公有理，婆說婆有理，不說更有理。」

8.「…不武，…不怒，…不與，…是謂不爭之德，…是謂配天之極」

人所爲，且取禍之道也」、「人爭閒氣一場空」、「休爭三寸氣，白了少年頭」等。但是，「志氣」一定要爭。如「好漢爭氣」、「天不怕，地不怕，就怕男兒不爭氣」、「與人爭志，切勿爭氣」、「要爭氣，氣勿爭」、「生氣不如爭氣鬥氣不如鬥志」、「人爭一口氣，佛爭一柱香」。

　　「理」或「禮」也一定要爭。如「中士爭理」、「君子爭禮」、「眞金不怕火煉，眞理不怕爭辯」、「木不鑽不透，理不辯不明」、「渾水越澄越淸，理越走越明」。

　　不過，俗諺語中賦予最高評價者卻是「不爭」。如「上士無爭」、「君子矜而不爭」、「聖人之道，爲而不爭」、「不爭之德，是謂配天之極」等。可見「不爭」者不但可獲得君子或聖人的高度道德評價，還有其他的有利之處。也就是說，「不爭」消極地可以息謗、止怨、息爭心或使人無怨無尤，積極地可使人多利、有理、善勝、且天下無敵。如「何以止謗？無辯。何以止怨？不爭」、「以無心息天下之爭心」、「水善利萬物而不爭，夫爲不爭，故無尤」、「不與人爭者，常可多利」、「公說公有理，婆說婆有理，不說更有理」、「天之道，不爭而善勝」、「以其不爭，故天下莫能與之爭」。俗諺語中如此強調「不爭」之利，也正呼應第三章中「調和式和諧觀」的「不爭性」。

4.與「訟」有關之俗諺語

　　前節中關於「訟」的字義分析指出，「訟」在中國是指「公開的衝突」，俗諺語中對「訟」的看法又是如何？本研究蒐集與「訟」有關之俗諺語共二十七條（見表5－6），這些俗諺語都一致地賦予「訟」負面的評價，且主張「無訟」。如「訟者危事，豈忍輕動」、「相爭告人，萬般無益」、「居家戒爭訟，訟則終凶」、「生怕訟，死怕塚」、「兩讓爭不起，兩鬥訟不息」、「

表5-6　與「訟」有關之俗諺語

一、「訟」之負面代價
1.「訟者危事，豈忍輕動」
2.「相爭告人，萬般無益」
3.「居家戒爭訟，訟則終凶」
4.「兩讓爭不起，兩鬥訟不息」
5.「石獅，也驚人告」（臺語）
6.「不怕官，怕訟師」
7.「生怕訟，死怕塚」
8.「官司好打，狗屎好食」
9.「能忍能讓，衙門弗上」
10.「忍爲貴，和爲高，一進衙門就糟糕」

二、「訟」未能解決問題
1.「清官難斷家務事」
2.「官斷不能息，人願能自息」
3.「賢人自斷，愚人公斷」
4.「告狀從來似下棋，輸贏曲直總難和」
5.「一場官司兩場審——節外生枝」

三、「訟」與息事寧人
1.「和事不表理」
2.「打架望人拖，官司望人和」
3.「十場官司九場和」
4.「有理沒理，十大板」
5.「無理能敗，有理亦能敗」

四、「訟」之代價
1.「窮不與富鬥，富不與官鬥」
2.「告狀、告狀，吃虧上當」
3.「愛打官司逞英雄，鬥氣窮」
4.「衙門八字開，有理無錢莫進來」
5.「與人要相和，因爲訟費多」
6.「鬥一鬥，瘦一瘦」
7.「一年官司十年打，十年官司得半輩」

石獅，也驚人告 」、「 忍爲貴，和爲高，一進衙門就糟糕 」。

　　爲什麼中國人主張「 無訟 」？俗諺語的說法是「 訟 」不但未能解決問題，還可能節外生枝。如「 淸官難斷家務事 」、「 告狀從來似下棋，輸贏曲直總難和 」、「 一場官司兩場審 」。「 訟 」事也傾向以息事寧人爲主，如「 十場官司九場和 」，「 打架望人拖，官司望人和 」。爲了息事寧人，通常不強調辨明是非曲直，如「 和事不表裡 」、「 無理能敗，有理亦能敗 」、「 有理沒理，十大板 」。

　　另外，「 訟 」事通常也拖延長久，致使在金錢或精神方面有大量耗損。如「 一年官司十年打，十年官司得半輩 」、「 兩讓爭不起，兩鬥訟不息 」、「 鬥一鬥，瘦一瘦 」、「 與人要相和，因爲訟費多 」、「 衙門八字開，有理無錢莫進來 」、「 愛打官司逞英雄，鬥氣窮 」。既然「 訟 」未能解決問題，因此凡事最好自行解決，不要靠官家仲裁，如「 賢人自斷，愚人公斷 」、「 官斷不能息，人願能自息 」。所以說「 告狀、告狀，吃虧上當 」、「 能忍能讓，衙門弗上 」。

第四節　總結與討論

　　從字義上探討得知：「 和 」字的靜態性意涵包含五種狀態的描述，其中前三種所描述的狀態與辯證式和諧觀雷同，第四種狀態所指涉的正是調和式和諧觀，而第五種狀態則是統制式和諧觀的標的所在。至於「 和 」字的動態性意涵則指涉四種和諧化方式，其中前三種方式可以呼應調和式和諧觀，而第四種和諧化方式則對應統制式和諧觀。顯然地，從意識型態中探索所得的和諧

觀，都可以在人們日用的語彙中得到支持；至於和諧化方式，祇有辯證式和諧觀在日用語彙中沒有直接的支持，這似乎隱含著辯證式和諧觀強調的是和合的精神狀態，而較少直接指涉和諧化之道。

　　從「和」字的語言家族（合、同、統）的字義之分析中，亦有助於我們對中國人的和諧觀有進一步的認識。「合」字經常與「和」字混用，但「合」強調在不同的個體上協調而和，正可呼應「和」字意涵的最高境界──「和而不同」，這同時也是「辯證式和諧觀」與「調和式和諧觀」共通之處。「同」字代表「齊一而和」，「統」字指涉「附從而和」，兩者均主張壓抑（或摒除）個別差異性以達和諧，這樣的意涵正可呼應「統制式和諧觀」。簡而言之，本書從中國文化的意識型態中歸納所得的三種和諧觀，都可以在中國人的日用語言中（「和」字及其語言家族）獲得呼應。

　　從與「和」字及其語言家族（合、同）有關的俗諺語中可以得知，「和諧」反映著個人平和、喜悅、快適、舒暢的情緒（精神）狀態，解除人際間的冷漠、疏離，且使人事理通達、妙應萬物，帶給人智慧、祥瑞、福氣等，這正反映和諧的第一項功能：「和」是中國人理想人格的境界（見第三章）。環繞「家和」的俗諺語則反映和諧的第二項功能：「和」是中國人有情有理的人間世。強調和諧的功效及利益之俗諺語，與「同」字有關的俗諺語，以及與「合作或與人為善」有關的俗諺語，也都一再反映和諧的第三項功能：「和」是中國人交相利之媒介。簡言之，本書第三章中所論述的和諧的三重功能，也都可在一般人常引用或奉行的俗諺語中獲得呼應。

　　其中值得深思之處是，有關和諧的功效及利益性之俗諺語為

數最多，顯然地，諺語特別著重以「訴諸功利」的方式來勸戒、忠告一般人。過度強調和諧的利害性之後，俗諺語也道出了「面和心不和」的感慨或提醒，這似乎也顯示出本論文第四章中以虛／實辯證來論述中國人的人際和諧之可行性。

另外，從字義上探討得知，「衝突」的意涵也包含靜態與動態兩方面，靜態意涵係指不和合的緊張狀態，動態意涵則是指外顯的爭執過程。這也隱含著「衝突」具有「內隱」及「外顯」兩面性。靜態意涵（內隱）的衝突正可呼應「人際和諧／衝突動態模式」中的虛性和諧，動態意涵的衝突則呼應「人際和諧／衝突動態模式」中「外顯」後之衝突。

在「衝突」的語言家族中，「沖」、「爭」及「訟」都與「衝突」的動態性意涵相近；在與「衝突」有關的俗諺語中，也都以吵、罵、打、鬧、鬥、碰撞、摩擦、相咬、拍響等語詞來表達「衝突」。由此可見，在一般人的日常用語中，「衝突」大都用來指外顯的、動態的衝突。而「矛盾」一詞則多指涉靜態的、內隱的衝突。

在有關「衝突」的俗諺語中，描述「勢均力敵、兩不相容」的衝突狀態，呼應著「失合式衝突」。形容「兩相碰撞」、「相近而摩擦」、「歡喜冤家」及「缺乏抑制」式的衝突，則呼應著「失調式衝突」。至於因「爭奪利益」而起的衝突，則是呼應「失序式衝突」。第三章中所論述的衝突的三重負功能，也都有相當的俗諺語與之呼應。由此可見，本書從意識型態中探索所得之衝突觀及衝突的負功能，都可以在一般人的日用語言及常用之俗諺語中獲得印證。

將與「爭」、「訟」有關的俗諺語作內容分析之後，可以獲知：意見分歧、情緒失控、及欲求多且相互牴觸（或說資源少且

分配不均）是衝突發生的主要原因。「不爭」是避免衝突的最佳原則與最高價值所在；若在「禮」的遊戲規則下，公開競爭則具有正面價值。「爭理」雖受支持卻不被看好，因它經常會淪為徒勞無功或強辭奪理（爭嘴）。「爭志氣」也受到正向的支持，但若是情緒性的爭強好勝（閒氣）則未必受到支持，因此「爭志」要有力而無氣。俗諺語中也指出，面對「和為貴」及「人情至上」的大前題，所有的「爭」與「訟」都應該淡化處理，且以「止爭息訟」為最終鵠的。這些都呼應中國人對於公開的、外顯的衝突強烈反感或反對之意。

總之，無論「和」字或與和字相聯的字詞均被評為具有正面價值，而「衝突」或與衝突相關的字詞則均被評為具有負面價值。此與中國人的意識型態中「和諧」具正面價值，而「衝突」為負面價值之看法具有高度的一致性。

最後值得一提的是：一般而言，俗諺語中經常出現二律背反（the Antinomies）的現象，亦即不論正論語句或反論語句都同時存在。但本研究蒐集有關「和」及其語言家族的俗諺語後，發現所有的俗諺語都一致地支持「和諧」，反對「不和」。蒐集有關「衝突」及其語言家族的俗諺語後也發現，除了親近關係中「歡喜冤家」式的「吵鬧」受到包容外，所有的俗諺語都一致地貶抑衝突、爭鬥、及訴訟。這可顯示，和諧的正面價值及衝突的負面價值在中國常民文化（小傳統）中之堅韌性。

第六章
中國人人際和諧／
衝突之質化研究（研究二）

第一節　研究緣由

在第四章中，本書提出一套有關中國人人際和諧／衝突的動態模式（以下簡稱和諧／衝突模式）。此一模式的後設理論（metatheory）主要為辯證式取向（dialectic orientation）。據 Georaoudi（1984）指出，辯證式社會心理學理論具有以下八項特性：

(1)辯證取向並不假設第一因的存在，而主張人類活動是一相互關聯的整體過程。

(2)辯證式理論強調各成分間的相互關聯與相互調和，而不強制地將各成分加以分類。

(3)辯證關係是植基於其否定面（negation）的，亦即若要認定任何實體的存在（being），則要同時認定其虛無（nonbeing）。

(4)兩對立面之間可以相互轉化。而非同時性（synchronic）。

⑸辯證關係是一對立面轉化的歷程，強調貫時性
（diachronic）。

⑹辯證關係是一不斷創生的動態歷程，卻有其最高
指導原則（在本書中即指和諧）。

⑺辯證式理論是紮根於具體的生活經驗，而不是建
構於精緻的抽象理論。

⑻產生理解的科學工作是寓於歷史與關係的脈絡
中。

　　本書「和諧／衝突模式」的建構正符合辯證式社會心理學的
前六項特性。為使此模式能夠紮根於具體的生活經驗，且成為理
解中國人社會心理與行為的理論，研究二將以紮根理論
（grounded theory）的研究方法，從事此一模式的質化研究。

⊙紮根理論

　　紮根理論是 Glaser & Strauss（1967）所創立的一種植根於
系統地收集資料與從事質化分析的社會科學研究法，亦即是一套
質化分析資料的理論與操作程序（Strauss, 1987； Strauss &
Corbin, 1990）。紮根理論發展至今約25年，是當前社會科學界
中廣泛使用的質化研究策略。其思想起源是美國實用主義
（American pragmatism）與芝加哥社會學派的符號互動論
（symbolic interactionism）（Strauss, 1987），其後設理論是依
循後實證主義（postpositivism）的研究典範（paradigm）（Den-
zin & Lincoln, 1994； Guba & Lincoln, 1994； Strauss &
Cobin, 1994）。實證主義認為外在有一真實（reality）存在，可

以捕捉、研究及理解；後實證主義則主張真實無法捕捉，只能趨
近，因此研究方法應該多元化以趨近真實（Guba & Lincoln,
1994）（見**表6－1**）。

　　紮根理論也試圖將實證主義在從事有關人類行為的研究時所
運用的一些科學法則（scientific canons），重新定義並加以修正
後，納入後實證主義中，以強化紮根理論研究法的嚴謹度
（Glaser & Strauss, 1967；Strauss & Corbin, 1990；Glaser,
1992；Strauss & Cobin, 1994）。這些修正後的法則包括一系
列的研究策略，如持續比較法（constant comparative
method）、理論性取樣（theoretical sampling）、理論性飽足
（theoretical saturation）、系統性編碼（systematic coding）以
及概念密實化（conceptual densifying）、擴大變異量（maxi-
mum variation）、概念整合等（這些方法將於下節研究程序中
說明）。這些新方法也使紮根理論能夠將建構理論與檢証理論兩
個步驟結合在同一過程中，且使研究更具效能。

　　紮根理論主張理論的建構與檢証必須築基在「和資料的親密
關係」之上，亦即無論是從資料中產生理論或是檢證理論存在的
資料基礎，理論和資料都必須是緊扣的，這也才能使理論與實徵
研究緊密銜接。資料透過不斷地演繹與歸納，不僅可以產生理
論，也可以修正理論使理論精緻化，且同時完成了理論的建構與
檢證。雖然紮根理論所產生的理論大多是低階的實質理論（sub-
stantive theory），但仍主張在一系列的資料分析過程中，不僅
作資料描述，更要將資料概念化（conceptualization），並就概
念之間的關係形成命題（proposition），以便逐步地將理論從實
質理論推向更高階的形式理論（formal theory）（Glaser,
1967；Vaughan, 1992；Strauss & Cobin, 1994）。紮根理論同

表6-1　實證主義與後實證主義之異同

	相似之處	相異之處	
		實證主義	後實證主義
敘述之方式理論形式	• 科學報告 • 邏輯演繹 • 科學的 • 紮根的		
判準	• 內在效度、外在效度		
本體論	• 實在論	• 素樸實在論：存有真實的實在，且是可理解的	• 批判實在論：存有真實的實在，但卻不可能完全理解的
知識論	• 二元論	• 二元論／客觀的 • 旨在發現真理	• 修正的二元論／客觀的 • 批判的傳統／社群 • 旨在發現可能的真理
方法論		• 實驗的／操弄的 • 驗證假設的 • 量化研究為主	• 修正的實驗的／操弄的 • 批判的多重主義 • 否證假設 • 可包含質化研究假說

合併改寫自 Denzin & Lincoln（1994）及 Guba & Lincoln（1994）

時強調理論的建構與檢證兩者，這是和量化研究相似之處，卻是與其他質化研究最大不同之處（Strauss & Corbin, 1994）。

⊙質化研究

　　質化研究始於民族誌（ethnography）的研究。民族誌研究者的使命是「理解與分析社會中的行動組型與社會互動歷程」（Vidich & Lyman, 1994），他們普遍抱持著一組信念——強調客觀主義（即自認有能力透過敏銳的觀察客觀地瞭解這個世界），主張將經驗與脈絡聯結，且試圖以理論解釋觀察所得之現象。經過五個時期的演變，1970年代之後，質化研究衍發出多種不同的研究典範或解釋架構，如實證主義、後實證主義、結構主義、女性主義、批判理論、民族誌、文化研究模式等（Denzin & Lincoln, 1994; Guba & Lincoln, 1994）。研究策略、資料收集與分析方法、研究報告的撰寫方式等也都傾向多元化。

　　當前的質化研究雖然包含各種不同的研究策略與解釋典範，卻擁有某些共同的信念（紮根理論亦如此），以有別於量化研究。質化研究的研究者認為他們與量化的研究者敘說著不同的故事。基本上，質化研究多屬於自然主義典範（naturalist paradigm）（Lincoln & Guba, 1985），強調脈絡論與互動的動態歷程，主張行動與情境相互扣連、相互界定，難以從事簡單的因果關係分析（見表6－2）。另外，質化研究也認為經驗是人們在社會情境中主動創造出來並賦予意義的，因此主張採主位式研究策略（emic approch），以進入行動者的主觀世界，捕捉行動者的感受與釋義。主觀經驗所形成的意義與概念是自發性概念（spontaneous concept）（Vygotsky, 1934/1962），屬於自然類別（natural kinds）（Keil, 1989），難以「量」（如多少、強度、頻率等）來精確界定與測量其屬性（property），而適合以

表6-2　實證主義典範與自然主義典範之對照

	實證主義典範	自然主義典範
實在（本體）之本質	• 唯一的 • 客觀存在且可觸及的 • 可分割爲片段的	• 多重的 • 建構出來的 • 整體性的
研究者與被研究者之關係	• 兩者是獨立的 • 二元論	• 兩者是互動的 • 不可分離的
概化之可能性	• 脫離時間脈絡之概化是可能的 • 採通則式陳述	• 祇有時間和脈絡連結之假設才可能存在 • 採特則式陳述
因果鏈接之可能性	• 有眞正的（因）先於（果）存在，或同時俱存	• 所有的實體都是同時存在且相互型塑，所以區分因果是不可能的
價值之角色	• 探究是價值中立的	• 探究是價值負載的

改寫自 Lincoln & Guba（1985）

列舉事例（instance）來說明。

　　質化研究相當重視研究者在研究過程中的角色與作用。質化研究認為：研究者是價值負載（value-laden）者，帶著個人的特性與價值觀進入研究場中，與研究對象建立起親密的關係，進行深度的互動。研究工作是智力與情緒的雙重投入，研究者不可能將自己從研究場中抽離出來，價值中立（value-free）地進行純客觀的觀察與描述。研究者本身既然深陷於被研究的世界中，質化研究者主張研究報告要詳細交待研究者的訓練背景、研究信念及個人的自我反思（self-reflection），以便進一步分析。紮根理論更強調「研究者要自覺到本人就是發展理論的工具」（Strauss, 1987），研究分析將因研究者之不同而展現不同的風格。研究者不僅要跳進被研究者的世界，從「當事者」的觀點發出心聲，作成報告；更要從專業的視角、研究的解釋典範（interpretation paradigm），進一步解釋研究者所聽、所見、所聞。Denzin（1994）回顧多篇以紮根理論從事研究的文獻後也發現，研究者不免有將自己的特性加在實徵素材中的傾向。由此可見，質化研究本質上即是一種「雙重詮釋」（double hermeneutic）（Giddens, 1977, 1993）❶或是「二度解釋」（the second degree of interpretation）（Schutz, 1973）❷。

　　總之，紮根理論研究法秉持科學實徵的原則，企圖從具體生活經驗中建構與發展實質理論，並採取主位式的研究策略及強調脈絡論與動態歷程，這些基本精神與本書之「和諧／衝突模式」之後設理論不謀而合。因而以紮根理論作為檢證「和諧／衝突模式」的實徵研究法，乃是適切的。帶著既存的理論模式從事紮根理論的研究，除了可以檢證「和諧／衝突模式」之外，還可以就新進的實徵素材進行理論的修正與精緻化，或因新概念、新命題

的產生而使理論得以擴充，以為下一步研究之基礎。這對於初步
形成的探索性理論是相當需要的，這也是本書選擇以紮根理論從
事實徵研究的最重要原因。簡言之，研究二的目的之一是，試圖
將意識型態中的和諧／衝突觀與「和諧／衝突模式」中的實虛性
和諧／衝突之概念結合起來，另一項目的是將它們落實在具體生
活經驗中，以產生新概念與新命題，進而發展實質性理論。

第二節　研究程序

　　以下係參考 Morse（1994）與 Denzin & Lincoln（1994）所
建議的質化研究之設計，就資料收集方法、訪問技巧、受訪樣
本、研究者、資料分析原則等五方面詳細說明研究程序。

一、資料收集方法

　　質化研究的資料來源相當廣泛，可以源自深度訪談、田野觀
察或檔案文獻（如日記、信件、傳記、歷史記載、新聞報導、媒
體素材等），紮根理論特別鍾情於深度訪談與田野觀察。由於本
研究領域可能涉及隱私，事件的發生與否不易掌握，事件之始末
歷時甚長，涉及的當事人繁多，因而不易進行田野觀察。深度訪
談法則可在短時間之內收集大量資料。考慮種種現實條件，如時
間、經費、方便性及理論適切性之後，本研究將以深度訪談法進
行資料收集工作。

　　研究的進行將以蒐集受訪者有關人際相處的經驗為切入點。
由於深度訪談法會受記憶的流失、認知的重構、過度自我防衛或

與研究者互動特性之影響，難免與事實有所出入，使資料有所偏差。但本研究旨在進入受試者的主觀世界，捕捉其感受與釋義，這些不可避免的偏差是必須容忍的。至於降低偏差的方法，例如，讓受訪者談論最近的經驗、印象深刻的經驗，與受訪者建立良好的訪談關係，適時地追問具體的人、事、物及其感受，澄清「當時」與「此時此地」之別等，則將在訪談進行時特別注意且力行之。

二、訪問技巧

紮根理論認為最核心的訪談技巧是問題的發問（questioning）。訪問時，除了追問一般性的問題（即什麼人、什麼事、什麼地方、什麼時間、為什麼、如何開始、如何結束、做了些什麼、想些什麼、結果如何等），還要問創生性問題（generative question），亦即問題要緊扣研究方向，引導研究假設、適時地作比較，以增益訪問者的理論敏感度（theoretical sensitivity），且有助於下一步的概念編碼（coding）。

基於此，研究者事先準備一份訪談大綱，以開啟話題、持續談話以及使談話切合主題。訪談大綱祇做參考之用，研究者熟記訪談綱要與發問原則，自然靈活地與受訪者互動，以讓訪談工作順暢且深入地進行。訪談工作由研究者親自進行。每次訪談時間約2至3小時，並依個案之需要進行一次或兩次。訪談大綱如下。

訪談綱要

1.請你想想看，整體而言，你和什麼人相處的經驗
　是「和諧」的？

- 這個人是誰？你和他的關係是什麼？這個關係對你是不是重要？
- 這種「和諧」的特性是什麼？你的感受如何？你通常如何對待他？他又如何對待你？
- 你用什麼方式來維護這種「和諧」？為什麼你認為採取這樣的方式可以維護「和諧」？
- 你認為「和諧」是不是重要？為什麼？「和諧」有什麼好處？有什麼壞處？
- 你們之間有「不和」的時候嗎？那是什麼原因造成的？或是發生了什麼事？
- 碰到你們「不和」的時候，你會有些什麼反應？為什麼你要這麼做？結果如何？
- 發生「不和」時，你有什麼想法或感受？

2.請你再想想看，整體而言，你和什麼人相處的經驗是「不和」的？
- 這個人是誰？你和他的關係是什麼？這個關係對你是不是重要？
- 這種「不和」的特性是什麼？你的感受如何？你認為什麼原因使你們「不和」？發生過什麼事你們才「不和」的？
- 面對這種「不和」的關係，你通常如何對待他？為什麼？他又如何對待你？為什麼？
- 你會想要改變這種「不和」的關係嗎？如果會的話，你會做些什麼？為什麼要這樣做？如果不會的話，又為什麼？
- 你對「不和」的看法如何？「不和」有什麼好

處？有什麼壞處？

3.你是否有過和他人發生「衝突」的經驗？

・對方和你的關係是什麼？這個關係對你是不是重要？

・什麼原因或是發生了什麼事使你們有了「衝突」？這個「衝突」的特性是什麼？這件事對你的重要性如何？

・面對此「衝突」，你有什麼反應？對方又有什麼反應？當時你的感受如何？

・你如何處理這個「衝突」？做了些什麼？為什麼要這麼做？結果如何？當時你的看法和感受如何？對你們的影響又如何？

・你對「衝突」的看法如何？衝突有什麼好處？有什麼壞處？

　　另外，研究者自備一本筆記，除在訪談過程中摘要記錄外，同時作為個人的田野備忘錄，記載研究者個人的觀察、感受及印象特別深刻之事。紮根理論既源自符號互動論，主張「意義」是在人際互動過程中建構出來的，因此研究者記載訪談過程中的體驗，將有助於對敘說資料的解讀與詮釋。

三、受訪樣本

　　考慮到社會生活經驗的豐富性及中國人的代表性問題，受訪者的選取，將以成人為主。年齡25至75歲，婚姻、職業及教育程度不加限制，但儘量使其呈分散性分配，以擴大變異量。樣本人

表6-3 受訪者基本資料

編號	稱謂	年齡層	婚姻狀況	職　業
M1	房先生	56－60	已婚	自營商主管
M2	吳先生	50－55	已婚	大專教授
M3	寧先生	50－55	已婚	民營企業部門主管
M4	徐先生	50－55	已婚	國營企業部門主管
M5	吳先生	40－45	已婚	證券業營業員
M6	謝先生	40－45	已婚	旅館業部門主管
M7	莊先生	40－45	已婚	小企業企業主
M8	莊先生	40－45	已婚	自營商主管
M9	卓先生	40－45	已婚	金融業主管
M10	蕭先生	40－45	未婚	電子業專業人員
M11	甘先生	36－40	已婚	證券業營業員
M12	陳先生	30－35	已婚	保險業經紀人
M13	黃先生	30－35	未婚	電子業業務經理
F1	賴婆婆	70－75	已婚	家庭主婦
F2	廖小姐	40－45	未婚	傳播專業人員
F3	賴女士	40－45	已婚	自營商主管
F4	曾太太	40－45	已婚	家庭主婦
F5	林女士	40－45	已婚	證券業事務員
F6	蹇小姐	40－45	未婚	文化業主管
F7	謝小姐	36－40	未婚	大專教師
F8	段女士	36－40	已婚	教育專業人員
F9	胡女士	30－35	已婚	文化業從業人員
F10	陳女士	30－35	已婚	公家單位專業人員
F11	葉小姐	30－35	未婚	證券業營業員
F12	林小姐	30－35	未婚	教育專業人員
F13	危小姐	26－30	未婚	公家單位專業人員

數也不設定，完全根據紮根理論的建議，採取理論性取樣（theoretical sampling），直到理論飽和（theoretical saturation）為止。「理論性取樣」意指：循著理論進展的引導，決定下一位受訪者的特性；也就是持續在受訪者間做比較，以確認概念屬性是否完整，不足的話，再根據不足之處，尋找具有潛在概念屬性的受訪者。「理論飽和」意指：對於想要探究的核心概念，新的受訪者不再提供新的發現，此時也就是訪談暫停之時。本研究共訪問了二十六個成人，男女各半，表6－3中所列即為各受訪者之基本資料。

四、研究者

　　理論敏感度（theoretical sensitivity）是紮根理論經常提及的一項概念，也是紮根理論用來評斷一個人是否夠資格從事質化研究的判準。「理論敏感度」係指：一個人要對資料意義的細膩微妙處具有察覺力、洞察力，對於具體的行為、事件有賦予意義的能力，具有深層理解的能力，以及區辨何者有關、何者無關的能力。簡言之，理論敏感度使一個人能夠從瑣碎的具體資料中抽離概念、整合概念，進而形成理論。

　　理論敏感度的來源有三：(1)對相關的文獻相當熟悉，(2)足夠的專業經驗，(3)豐富的個人經驗。本研究的研究者具有十年以上的心理學研究教學及心理輔導晤談經驗，具有熟練的、專業的面對面人際溝通技巧。在建構「和諧／衝突模式」的過程中又熟稔相關的文獻。為了進行紮根理論的研究，除了遍讀介紹該理論的主要著作之外，還參考了多篇以紮根理論進行的質化研究。這樣的準備工作，相信應已具備了從事紮根理論研究的理論敏感度。

五、資料分析原則

　　訪談內容經錄音後，再逐字謄為文稿。由於只有研究者本身熟悉和諧／衝突模式中的各項核心概念，且只有研究者一人進行訪談工作，為免橫生枝節，分析工作也由研究者親自執行。

　　在第三章中，本書從大傳統（意識形態）文本中抽取出三種和諧觀，即辯證式和諧觀、調和式和諧觀、統制式和諧觀，其中更論及中國人和諧觀的基型是宇宙觀層次的辯證式和諧觀，而其他和諧觀都由此轉化衍生而出。在第四章中，本書以「和諧化辯證觀」中關於和諧／衝突之基本性質與關係為思考基模，再加上「虛實辯證」及「虛實轉化」的觀照，建構了一套「中國人人際和諧／衝突的動態模式」。研究者將帶著這樣的「先前理解」（pre-understanding）閱讀受訪者的敘說文本，對受訪者的「表述性意識」（discursive consciousness）及「實踐性意識」（practical consciousness）（Giddens，1979，1984）❸進行重構的工作；也就是以「雙重詮釋」（double hermeneutic）（Giddens，1977，1993）來閱讀敘說文本，並發展有關人際和諧／衝突的新建構與新命題。

　　資料分析時，將採紮根理論所建議的方法，從事系統性編碼。所謂編碼（coding）係指：將資料分解成許多小部份，然後一句句、一件事一件事地仔細檢視與比較後，就相似的現象給予命名，此亦即概念化過程。概念之間彼此比較後，擁有相似現象的概念再集結起來，並賦予較高層級的抽象命名，此即形成概念類別（category）。命名有兩種型態，一種是生活用語（in vivo term），它來自田野中受訪者的語言，因具有較大的想像空間與

情感色彩，故令人印象深刻，較不為讀者所忘。另一種是構念用語（construct term），它是結合研究者的專業知識與田野資料而來，結構清晰且系統化，較具分析效用。同時，超越地方性的意涵，可獲致較廣層面的關心。本研究係屬學術性研究，對話的對象為專業人員，命名時將根據理論之建構，以構念用語來命名。

　　核心概念（core category）是指在理論整合中居樞紐地位的概念類別。為了讓核心概念可以解釋更多的變異量，且能與其他的概念建立關係，促進理論的整合與理論的完整性，就必須加強概念的密實化（conceptual densifying），即讓概念的內涵、與其他概念的關係都儘量多樣化、豐富化，以增加概念的堅實度。為了發展有效的理論，還要將概念之間的合理關係（plausible relationship）以命題（proposition）的形式陳述，等待進一步的研究（在紮根理論中，「理論」意指許多概念之間的關係命題）。本研究由於產生的新概念與關係命題較繁多，因此將以圖表方式展示各種概念架構及概念間關係，而不是一一列舉關係命題。

第三節　質化分析結果：
新概念與新命題

一、實性人際和諧的內涵及其轉化

　　從第四章的界定中得知，「實性和諧」是兩人之間和合如一的和諧狀態，「實中帶虛」指和諧中潛藏著導致不和的因子，祇是尚未被觸動或察覺。辯證式和諧觀指涉著個人內在的善美樂境界，是典型的人際和諧；調和式和諧觀指涉著以對方為先的克己

而和；統制式和諧觀則強調功效優先的附從而和。由於達到此三種和諧狀態的和諧化方式之差異，因而三種和諧狀態之間呈現逐漸虛化之趨勢。研究者將以此爲基本判準，從受訪者自述的人際和諧經驗中，對敘說資料不斷進行「聚斂」（ convergence ）與擴散（ divergence ）（ Guba，1978 ），從而抽離出三種實性和諧，也就是三種理想型（ ideal type ）的人際和諧。本研究將它們分別命名爲「投契式和諧」、「親和式和諧」、「合模式和諧」。接著，研究者以此三種實性人際和諧爲核心概念，一方面將概念的內涵密實化，另一方面試圖尋求他們與其他概念（如和諧產生的前置條件，和諧中的人際取向、人際相處方式等）之關係。循此歸納與演繹原則，資料之質化分析結果將一一闡述於下文與圖表中。

(一)投契式和諧

　　「投契式和諧」在情緒感受上的主要特徵是自由自在、輕鬆自然、沒有束縛、沒有壓力，又有相知相契、意氣相投、投緣之感。這個類型的和諧最容易發生在朋友之間，彼此沒有利害關係，地位也相對平等，而且兩者之間不需要長時間密集相處。雙方相處時以分享爲主，在分享中沒有批評、挑剔，且以本眞、自然爲行爲取向，亦即彼此眞誠以待，不虛僞、不造作，並且相互尊重。雖然有時某一方會表達不同的看法或提供各式的建議，甚而有些許的駁斥，但都會尊重對方的自主自決權，全然地接納對方。

1.主要的情緒感受
⊙心靈自由

　　大部份的人都曾體驗且擁有「投契式和諧」的人際關係。這種投契式和諧，以 M8 先生，一位四十多歲，自稱是修道者的電子工程師之敍述最爲深刻且傳神。他說：「對我而言，和諧是一種契合的感覺，感覺心靈的空間很大，沒有壓迫感，很自由，不受限制。因爲有同好，彼此能溝通，思想能交流，話題可以深入。……我跟慾望低的人比較能契合，因爲慾望低，自由度會較高，比較容易契合。」

⊙**精神契合**

　　M3 先生也有蕩氣迴腸的投契式和諧經驗。雖然祇是短短的兩個星期，卻讓 M3 難以忘懷，大嘆可遇而不可求。那是 M3 去大陸時，認識了一位醫生，共同旅遊了近十天。在旅途中，兩人雖然文化背景不盡相同，卻談得相當投機，能夠充分分享彼此的生活經驗、語言、美學及精神層面等。他還說：「最重要的是，我倆身心都很平衡、無優越感或自卑情結。我倆多往抽象的精神層面去想，有點像古代那種『共效于飛』的感覺，但奈何是同性間的感覺。此種感覺眞好，回味起來仍很快樂。」M3 述說這段短暫的投契式和諧時，面帶笑容，眼露神采，一副沉浸在美好快樂的回憶中似的。M3 認爲人與人之間多是衝突不斷的，因此對此段自在和諧的經驗，直說「好似不是眞實的」。

⊙**赤子情懷**

　　F6 小姐，一位文化工作者，雖未婚，卻有豐富的人際經驗。她有一位投緣的異性朋友，交往近十年，也是屬於「投契式和諧」。這方面她的描述很清楚：「和諧是沒有壓力，沒有負擔，滿自在。我的朋友雖然是異性，但我們的情感是友誼式的。我們的相處方式很單純、很眞摯。你可以把一切都與他分享，不用包裝，包括你的喜怒哀樂，他都很容易去傾聽，贊同我，支持

我，即使有意見不同，也很容易包容掉。我們以成熟對待，彼此
是理性、感性兼具，還有一種赤子情懷。」

⊙不費力氣

　　F7小姐也認為：「和諧就是比較不會有壓力，輕鬆自在，
不用浪費很多能量去處理不必要的情緒，可以比較專心去做一件
事情。彼此之間容易取得共識，彼此了解、彼此欣賞和彼此接
納。」因此，她和她高中同學即使約會遲到一個鐘頭，只要道個
歉，事情很快就過去了，忘記了，這些都是很自然地在發生著。

⊙自在平衡

　　F9小姐是一位可愛的屆婚女性，她喜歡「投契式和諧」。
她覺得在這種關係裡，她可以自在地表現她開放、直爽、單純的
個性，也從中獲得行止的指引。如她所說：「和朋友相處起來比
較和諧，因為輩分相同，聚在一起，物以類聚，大家無話不談，
很興奮的感覺，有人分享，不管是苦的、樂的，都不會避諱，有
人知道，也可以有些分擔。……他也會站在對你有利的立場提醒
你，使自己變得比較平衡，做事比較不會偏頗。」

2.前置條件

⊙沒有利害關係

　　M7先生十分堅定地認為，祇有和沒有利害關係的老同學相
處才有和諧可言。在這種關係裡，彼此相處自在，可以傾吐內在
的真心話，暢所欲言之外，又頗受尊重。這種關係也不用刻意維
持，有需要時大家都會盡力幫忙。他說：「老朋友之間沒有利害
關係，相處得比較自在一點，生意上的朋友，若吐出內心的話，
會對將來造成危害。講的話會對你不利，……事實上，他並不了
解你，不曉得真正癥結在哪裡，但最主要的功能是你把他講出來

了。」

⊙像朋友般

　　投契式和諧多發生在同性朋友之間，有時候異性朋友也可能
有此種和諧，因為他們的關係是平等的。有時候名分上是「上
下」關係（如師生、父子、母女、上司下屬等）之間也可能有投
契式的和諧，這時候當事人都會以「像朋友似的」稱之。

　　像 F1，一位七十多歲的開朗老婦人，和自己的晚輩們相處
就像朋友，沒有長者的威嚴，卻是快樂、滿足的。她說：「我跟
我女婿、女兒、兒子們都相處得很好，我們都當作朋友，就是友
情勝於親情，朋友的成份比較多。朋友就是什麼話都可以跟我
講，我什麼話也跟他講，……我還當他的戀愛顧問啊！……我沒
有權威，完全沒有，就像朋友啦！……親情是指父母要有尊嚴，
不可以沒大沒小的，可以糾正他們……。」

3.相處特性

⊙相互尊重

　　以 M2先生為例，他和他的大學同學之間的關係即是「投契
式和諧」。雖然他們都已年過半百，但是倆人相處時，一直都能
彼此尊重，讓雙方暢所欲言，毫無顧慮，即使觀點不同，也不會
造成對立或情緒化，所以友誼長存。他的經驗是：「因為基本上
我能充分地讓他暢所欲言，去主張他的看法；相對地，即使我和
他意見不一樣，他也儘量聽完我講的話，彼此不會因為意見不合
就不想講下去。」

⊙主動接近

　　投契式和諧也可能來自對對方的欣賞，進而以真誠待他、信
任他，且樂於主動去接近他，久之，就深覺倆人很投緣。因為沒

有利害的牽扯，相處起來就輕鬆自在，沒有緊張，不用小心翼翼
地應付。遇有理念不合之處，則點到爲止，把話題扯開，建立灰
色地帶，或以幽默化解之。

　　M5先生與他同事的關係，即是此例。他說：「我現在最欣
賞的人就是他，會爲別人設想的。我就對他特別好，特別眞心
啊！很信任他啊！對他的話都不會誤解，只會往他的好處去想，
常常把他當作典範，做人就要像他這樣子。」「我和他的關係很
穩定，我不必用心機去對待他，我也不必在一些具體利益上去討
好他、照顧他。因爲我跟這種人很有緣啦！」「我很想主動地幫
助他，如果有什麼聯誼活動，希望跟他一起去玩；他跟別人聊天
的時候，我喜歡注意去聽，或者找機會插個嘴。」

⊙不需防衛・眞誠相待

　　不費心思、沒有心機、不用防衛之心等，顯然是投契式和諧
的主卲要特色。M12先生，在這方面的敍述相當明晰。「我可以
很眞心對待他，比較沒有心機，對任何事他可以忠於他的性情，
可以把他的感覺很眞實的表達出來，而不是一種修飾的感情。」
「跟他們在一起，我覺得不需花費心思，心裡頭不會有什麼防衛
的心。……不必害怕話說錯了會怎麼樣，或者說我怕去傷了他，
或者說我怕說了後，我的觀點或隱私會經由他的嘴巴再出去。」

⊙關心分享・享受成長

　　F4女士是家庭主婦，她和媽媽教室裡的其他婦女們相處起
來相當投契。在那兒有分享，有眞誠的對待，有關心，有體恤，
沒有利益牽扯，當然，在這樣的關係裡也就有學習、有成長，也
讓她留連忘返。她說：「會聽到一些不同的聲音，……，大家都
會分享出來，感覺蠻好的，……，相處的方式蠻眞誠的，彼此關
心程度很高喔！有什麼事會很自然就講出來，不會擔心他會去跟

別人講。相處的時候，當然第一個要真誠，不要站在什麼利益啊！好處啊！……大家透過學習，一直在改善，什麼都拿出來分享，我覺得這個就很美。……大家都蠻溫馨的，也蠻客氣的，有時候也禁得起開開玩笑，有時候我都不想回家，想要繼續聊聊。」

⊙**自然開放**

F4和她阿媽的關係也接近投契式和諧，因為「跟阿媽在一起的感覺比較沒有壓力啊！有什麼事情很自然就講，……她就是不批評，不挑剔。」

那麼，跟那一種人容易形成此種投契式和諧呢？M2認為尊重別人、接納別人，包容別人的人容易獲得精神上的平和。M5則認為會為別人設想，待人都很好，頭腦清楚而不情緒衝動，有風度、有幽默感的人，讓他享受到投契式和諧。M10則認為慾望低、私心少，且能溝通的人較容易與人契合。M12則喜歡和心思性情比較簡單，開朗、率性的人相處，另外，比較溫和、有內涵、不虛偽、不作假的人是容易相處和諧的。F6則認為親切、喜歡幫助人，成熟的人較可能達到投契式和諧。

小結

如**圖6－1**所示，「投契式和諧」所揭示的精神或心靈境界是自由自在、輕鬆自然、無壓力、無束縛，甚而充滿美與樂之感受。在此和諧關係中，個人受到尊重、啟迪、成長，也就是具有「善」之意涵。故投契式和諧與宇宙觀層次中之辯證式和諧有極高的對應性。它是「和諧」的最高境界，關係中的雙方若即若離，呈動態性的自然律動，接近時相互契合，卻又能各自保有獨特的平衡自在，這正符合莊子天人合一觀中因「超越對立」而致

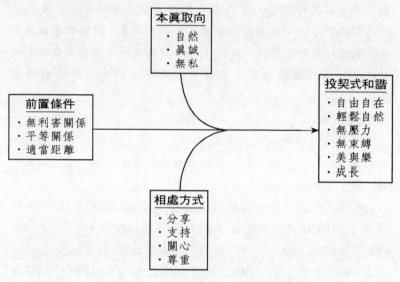

圖6-1　投契式和諧之概念架構

「逍遙遊」（即圓滿自足、逍遙自由）的和合境界（見第二章第一節第三款）。

　　至於達到投契式和諧的條件為何？從受訪者的敘說中我們可以發現：彼此沒有利害關係，雙方是較平等的，需要相處的時間不是高頻率的，或者雙方的接觸並非必要性的，彼此可以有適當的距離等，這些都是投契式和諧的先置條件。

　　另外，**本眞取向**──即以自然、眞誠的面貌呈現，表達眞正的自己；不虛僞、不矯飾、開朗直爽；能自然地分享，卻又不批評、不論斷對方，以示尊重；減少私心，適度地關切對方的需要並給予支持等，這些都是達成投契式和諧必要的人際對待方式。當然，在這樣的和諧關係裡，當事者可以經驗到學習與成長的喜

悅，同時讓內在的「理想自我」自然呈現。這樣的和合境界也正符合老子所主張的藉由「道法自然、復歸於樸」、「棄利、絕巧、少私、寡欲」、「致虛守靜」等，或莊子所提倡的經由「無己、心齋、坐忘」等方式，進入生命的本眞（「復歸於嬰兒」），表現「圓而神」的理想人格。

(二)親和式和諧

　　「親和式和諧」在情緒感受上的主要特性是溫暖、溫馨親和、親切、融洽、和樂融融、甜蜜喜悅之感。這一類型的和諧最易發生在親人之間（如父女、母子、夫妻等），有些人雖非親人，但彼此關係卻擬似親人，或是生命中最重要的人之一，或是認定他爲永不放棄的關係。彼此相處時是以情義爲取向，主動地付出，關心對方，體貼對方，甚至遷就對方，順其情、順其意，目的就是讓對方開心、滿意，必要時也可以自我犧牲，以對方爲尊，而這樣的承擔是心甘情願、無怨無悔、不斤斤計較的，所以說是一種甜蜜的負擔。即使偶爾有口角或發生衝突，也祇是因情緒失控、紓洩一下的功能，很快地又可以不計前嫌，或主動道歉求和，以讓倆人的關係繼續保持足夠的親近度。

1.前置條件
⊙永不放棄
　　M8及其姪女的關係即屬於典型性的親和式和諧。M8是一位近中年仍未婚的男士，從年輕時即開始一手帶大他大哥的女兒（大哥大嫂早逝）。對他而言，當他決定撫養姪女時即認定這是一種「永不放棄」的關係。他從小即特別關愛她，雖然對她有很高的期待，但卻能隨著她的表現不盡理想而逐次降低標準，對她

的成長仍舊抱定信心。甚至姪女在學校違規犯過時，他都理直氣
壯地到學校找老師理論，指責老師的「打耳光」行為是不適當的
管敎方式。他給予她最大的愛，使得她在少年狂飆期，即使離家
出走後，也會因不想讓他太傷心而返家。現在姪女已長大成人，
彼此關係是完全的信任與支持，雙方也都全心為對方付出，溝通
良好，默契很深，一切除了愛還是愛。

　　M8在敍說與其姪女的關係時，多次以堅定的口吻說「這是
永不放棄的關係」。他心甘情願為她全心全意付出，遲至中年仍
未婚，卻也無怨無悔。訪談中，研究者看到 M8說到教師打耳光
一事時，義憤填膺；說到姪女離家事，情緒激動；談到目前姪女
的成就，則臉露喜悅，有引以為傲狀；談到現在倆人的關係則一
副十足滿意的樣子。這是一則有血有淚的故事，研究者聞之亦不
覺為之感動，許久難以揮去。我想中國人親情關係中所展露的情
義世界，M8先生算是將它揮灑得淋漓盡致了。

2. 主要情緒感受
⊙絲絲依戀

　　M6和他祖母、母親的關係也都是親和式的和諧。M6描述他
和祖母的關係是：「非常非常的親，也可以說兩個人相依為
命。」因為祖母疼愛他，維護他，會為他著想，把最好的留給
他，為他作無私的奉獻。雖然管敎他很嚴格，甚至會動手打他，
他卻心領神會，毫不生氣、記恨，反而感激她的敎誨，因為他知
道，一切都因為她疼愛他。

　　M6描述他母親和他的關係是：「這個媽媽疼我疼得太厲害
了，讓我覺得蠻幸福的。……因為她這種疼，是心的疼，用心的
疼。」也就是說，在當兵兩年期間，他幾乎天天收到母親寫的

信，沒有信也會有剪報，母親會剪些勵志或趣味小短文給他閱讀，讓他覺得很溫馨。平時母親要去上班，總會在冰箱上貼些留言條，告訴他裡面有些他喜歡吃的，或是主動留些零用錢給他。M6說，有一種盼望從小至今依舊留存，那就是：「啊！媽媽什麼時候才回來，好希望她趕快回來。」這絲絲的依戀將兩個人無形地連結在一起了。

M6覺得母親特別偏愛他。當他和大哥發生口角或打架時，她總是站在他這一邊的，晚年時也多住在他這邊。母親也很疼他太太，疼法跟疼他一樣，會主動幫忙做家事、煮點心。可惜，婆媳兩個人常因生活習慣不同而爭吵，弄得他好生爲難，但他卻這樣想：「我夾在中間，角色很難扮演，如果可能，下輩子最好不娶老婆，因爲很累，只要媽媽就好了。」他甚至對他太太說：「太太可以娶很多個，而媽媽只有一個，沒得換。……媽媽跟我有血緣關係，而你跟我並沒有；媽媽不能登報作廢，而你跟我吵架可以不要跟我在一起，離婚後兩人各不相干，各自嫁娶。」看來，他最眷戀、最在意，也最不想放棄的是他母親。

⊙避風港

「相互依靠」似乎是親和式和諧重要的內涵。F11認爲她母親很疼小孩，甚至有些溺愛，小時候是她的避風港，雖然談不上「溝通」。現在她們一起在家時，雖然也沒有什麼話可以多聊，但她覺得很好，看電視時會刻意坐母親旁邊陪陪她。她甚至說：「我覺得小時她照顧我，長大後我覺得我在照顧她。」

⊙相互依靠・對方優先

F13也認爲她和母親的關係是「互相依靠」。她認爲：「我覺得令她高興是一件重要的事，對我來說，她是一個重要的人，我會盡力去順從她（精神上），我會鼓勵她，……我們都很關心

對方。」F13認爲她母親爲她做過很多的事，而且都替她想，所以她不但遷就母親，而且做很多事情都會先想到母親，考慮對母親會造成什麼樣的影響。她說：「以前我想出國，後來沒出去，是因爲想留在這裡和她多親近。我覺得那種感覺很好，她很愛我，我做事就不希望讓她難過、不舒服。」現在，F13甚至覺得母親依靠她更多。

3.相處特性
⊙不計較・「相好鬥陣」

另一位將中國人人際中的「情義」闡釋得晶瑩剔透的是 F1 婆婆。這位婆婆雖年過七旬，但身體十分硬朗，話鋒挺健，受訪時面帶靦腆，且不時咯咯地笑著。她說她是一個「相好鬥陣」（台語，意即很好相處）的人，因爲她常做傻子，不做聰明人，凡事多付出，不跟人家斤斤計較，而且都是心甘情願的。每天她都以親切祥和的口吻主動和他人打招呼、問候，關切他人。由於她不斷地付出，不佔人家便宜，吃一點虧也不在意。久之，就受到大家的喜愛、讚美、尊重，且贏得了和諧，她認爲這就很值得了。

她覺得「和諧」（和人相好鬥陣）讓人覺得很快樂、很滿足，心頭也很甜蜜，同時又身體健康不易老化，這是最值得之事。她幾乎跟任何人都可以和諧相處。她住的國宅大樓共有七十八戶，九年來，大樓的公共空間、樓梯間都是她主動去清掃。她認爲：「就是不要斤斤計較嘛！不要分說，你的、我的，就會處得很好。不要計較，就是你的東西，我會跟你擦，跟你掃。……人家的讚美，不停的就有，那種讚美聲可以聽到噢！人家一來就先認同我們是怎樣的人啊！人家就會很喜歡，相處起來就非常好

啊！」

　　一般而言，結婚後最難相處的是婆婆、小姑、小叔等，但她自有妙方應付，那就是：「我只問自己有沒有對人家好，而從來沒有要求人家對我好。我心裡不會不平，我很心甘情願這樣做，就是自己做好就好，不管人家怎麼講。」因此，即使初婚之時，她婆婆會在外人那裡說她閒話，她都不在乎。彼此雖有點不和，但她仍秉持：我一直做我自己的事，別人怎麼做我也不在乎，一直都約束自己，多付出，一定要付出，一直付出。」換言之，她就是不斷地為人媳婦、為人大嫂，做好本分的事，無論他們講些什麼，她都一樣對他們照顧不懈、關懷不斷。還有，要能夠不計前嫌，她說：「講過的話我也不會去翻底盤，過去的事我也不會再提，不提舊事，久了他們都自己跟我好啦！」她說，這就是「路遙知馬力，日久見人心」。

　　夫婦之間的相處如何呢？她認為：「和先生相處，讓，處處要讓，這一定的，忍跟讓，一定，很多事情，講他沒有用，他不聽，再講就傷和氣。……所以要處處從他的立場來想，不要自私就對啦！」她又說，有摩擦時就想「退一步海闊天空」，事情就不會擴大，多計較會傷和氣。她覺得家庭和諧最重要，何況經常又有其他家人在場，鬧開了就不好看。如果正在氣頭上，就出去一下，比如買買東西，氣就消了。嘔氣對大家都不好。

　　另外，忍與讓這兩個字固然很重要，但光是「忍」是不夠的，因為硬忍是有限度的。最重要的是還要「看開」。至於要如何「看開」呢？她的方法是：「管他去講，反正我們沒有這樣做就好了。他怎麼講是他的事，我們忍是我們的事……，就習慣啦，就成自然啦，以後就會就樣想啊！」當然，最重要的是，她先要求自己盡責任，「只要自己先做對，自己先做好」。換句話

說，她能夠區分雙方的行為與動機，明瞭雙方是各不相涉，於己方祇求反躬自身，盡人力以「自求多福」，進而「分中求和」，這也正是禮治的義理所在。

　　她和妯娌之間的相處之道又是如何呢？首先，她認為：「你就是付出，不要佔人家便宜，若處處佔人家便宜，不但人際關係不好，還會令人討厭。」所以，她都把兒女們送給她的營養品、新衣服，年終時公司餽贈的禮品等，全部都拿回鄉下送給親戚使用，自己則留置舊物使用。

　　接著，與人相處要注重「禮貌」與「感情」。所謂「禮貌」，她認為是做人的基本道理，也就是「講話要用圓的，不要用尖的去刺到人家」，「圓的」就是指要心平氣和說話，做錯了事，弄壞了東西，就要道歉，要講對不起。「尖的」就是指要注意說話不要刺傷人家、得罪人家，不要責備對方的錯處，不要嫌棄人家。她說：「平生不做錯事，世上怎會有切牙人」。所以，她從來不說女婿不好，孩子跟他人吵架後，她絕不責備對方小孩。

　　所謂「感情」，就是指要「關心」。她說：「你關心他，他自然對你有感情。我們關心他，他不會不知道。盡量付出就一定會有感情。付出不一定要金錢，不一定要付出物質，精神上也可以，還是要看他需要什麼。」所以，她每天晚上煮七、八樣，兩個女兒的家庭都過來一起吃。一個人煮十個人吃，又幫忙帶三個孫子。她說，雖然辛苦卻很高興，晚上吃飯是大團聚，是大家溝通的機會。

　　還有，她絕不跟人家爭辯，也不去講人家不高興的事。她說：「我都假裝不知道呀！……我這個半啞、半瞎、半傻、半聾，都是一半一半哦！……看到事情，不要難蛋挑骨頭，樣樣假

裝不知道就好了。……嘮叨大家傷和氣，何必咧，傷和氣要復合就很難啦。」

　　這樣一位一切盡是為他人著想，全心全意付出卻不求回報的人，她對自己的看法又是如何？她很滿足，她說：「我什麼都有，什麼都不缺，我有三個女婿、三個女兒，兒子、媳婦我通通有，我有房子住，鄉下還有大房子，生活都過得去……我很知足，什麼都不缺……。」她也覺得很受長輩們的疼愛，「我的長輩通通那麼疼我，阿公、姑媽、父母親、叔叔、伯伯他們都是那麼疼我。」她更贏得女婿、兒女、孫子們的尊重，鄰居們的讚美，親友們的感恩、懷念、熱情歡迎。當然，最重要的是，她從不覺得委曲，她很快樂，也很健康。民國69年時她曾健康檢查一次，一切安好，祇在八年前生過一次病，吃了兩包藥，現在則幾乎連感冒也沒有。

　　F1婆婆的敘說是令人感動的，訪談後，研究者深覺上了一課「生活的哲學」。在她身上，我看到「天人合德」的最高境界，即孟子所謂的「反身而誠」，以「盡其心」（四端之心）作為行為的指導原則，在人群中表現美善的行為。在她的周遭，我看到「有情有理的人間世」，她以內在自發的做人規約為基礎，接著以「凡俗為神聖」，和家人相處時，謹守一定的「禮」，並以情義為先導，使得一家人情感融洽、關係和睦。她又將此人倫禮節擴及宗族鄰里，進而形成充滿情義的和諧小社會，以致在世俗中擁有了「超凡入聖」的理想國。

⊙情感表露

　　母子關係較易發展出典型性的親和式和諧，母女關係也是如此。F5和她女兒的關係正也是親和式和諧。她覺得：「大女兒很貼心、很敏感、也很善解人意，有時也很有情調，會陪我喝咖

啡，坐在我對角，開心地和我眼睛對看眼睛。……跟她相處的時
間就是很快樂，好像全心全意都在你身上，好像，你是她最重要
的東西。……她是這麼重視我，愛我，她的愛是毫無保留地全部
表現出來。」雖然她女兒才十歲不到，但是毫無保留的情感表露
是 F5 感受到親和式和諧的關鍵所在。

⊙坦白無諱

　　F9 認為她和她母親的關係是一種「很親」的和諧關係。因
為很多事情她都可以跟母親直接講，雖然母親會有不同的意見，
但都可以用「撒嬌」的方式，取得緩和的空間，慢慢地再多溝
通、多解釋。久了，母親由於比較能體諒他人，也就比較能接納
她了。

⊙互補相成

　　朋友或同事之間雖非血緣關係，卻也可能發展出親和式和
諧，就像 M13 和他朋友之間即是。他們倆人是互補型的，一個
思考型，另一個是行動派，很多事情他們都各看到一面，加起來
就很完整。他們無論於公於私都彼此信任，M13 形容這種感覺
「很貼心」。他還認為：「他如果有需要我的地方，我就會全力
以赴，盡力去做。我對待他幾乎沒啥保留，如果有機會一起工
作，我會讓他當我的頭沒關係，……我不會和他計較，就是很信
任他，願意為他做很多事。」

　　看來，他們之間的相輔相成，不僅符合調和式和諧觀中「以
他平他」及「相濟相成」之特性，加上心甘情願、無限付出的心
意，也正符合以「仁」（內在自發）的本義。現在他朋友在工作
上陷入低潮，他除了安慰，還會激勵，甚至力勸他朋友轉業。但
是他發現：「我的善意變成他的負擔，……他會躲我一下，但我
不會放手，會深入再刺他一下才停止。我是為他好，但我會注意

不要刺得太過分，適可而止，這樣他也比較能接受。……我還是
會主動去找他，關心關心他。」這正是循「義」行（對方優先）
卻又力求適中與恰當，以避免激化與衝突的「以禮節和」。

⊙親密體恤

　　F10和她以前室友的關係也是親和式和諧。她覺得：「我們
倆人的關係沒有特地經營，自然而然就變成親密關係。她涉入我
的生活很深，我也涉入她的感情生活很深，我很願意和她分享我
的意見，她也是。」「跟她在一起感覺有點像姊妹。我會心甘情
願去幫她擦桌椅、洗浴室，就是自動自發去做這種工作，不會有
怨言。……我的心態是，我在為一個我很喜歡的人做這件事情，
做起來很快樂，而不是義務性的、機械式的去做那些工作。」
「我也很願意把自己的時間騰出來，去聽，去幫她分析論文上的
困難。」兩個朋友朝夕相處之後，因為有深層的情感表達，體恤
對方的需要，又能主動付出、關愛對方，遂形成了親密的和諧關
係。

小結

　　總之，親和式和諧所揭示的是一種溫馨溫暖、親密親近、情
意深厚、相互依靠、和樂融融、及幸福美滿的精神世界或情緒感
受。在此和諧關係中，人們因隨著親疏遠近不同關係而來的種種
情分，給予自己最親、最重要、血緣最近的人一份出於自然之愛
（仁）。本乎此愛，又以克制私欲，以對方為重之「義」作為行
為取向，主動付出，「己所欲施於人」，「己所不欲勿施於
人」，這又是「克己復禮曰仁」之意涵。在人倫之間，以「情」
為重，包容彼此之差異並加以調節，除保持一定分別之外，又有
相對的平衡，如此相輔相成而達成之和諧，正符合人倫社會層次

中的「調和式和諧觀」特性。人倫社會中，一方面是順人情
（仁），即依從人的喜怒愛惡，讓愛有差等，「親和式和諧」所
彰顯的正是此一順人情之和。

　　循此推衍，達到親和式和諧的條件也就呼之欲出了（如**圖6
-2**所示）。順人情與內在自發既然均為仁之基本意涵，那麼人
倫關係中自然是以「對自己最重要的人」、「永不放棄的關係
人」、抑或「有長久相處經驗或經常接觸者」三者為發展親和式
和諧之前置條件。

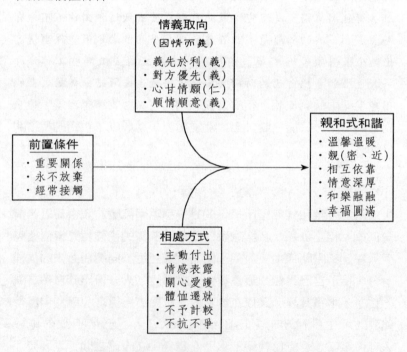

圖6-2　親和式和諧之概念架構

另外，「情義取向」——即以對方爲優先（義）、義先於利的無顧私利，內在自發、心甘情願之主動付出（仁），充分的情感表露並體恤對方的需求，而適度地調節自己的情緒或欲求（節情飾欲）（樂）以達到適度適量之平衡關係（中庸）。情之所在，自然不斤斤計較、不計代價，全心全意地付出，必要時稍許委曲自己、遷就對方，不抗辯不爭議，在在都是以對方爲重的「義」之表露。在這樣的情義取向之下，自然地就交織成「你中有我，我中有你」，相互依存、相濟相成之親和式和諧。

訪談的資料顯示，親和式和諧最易發生在母子或母女這種上下關係之間，或是同性的平輩之間。何以父子、父女較少親和式和諧，是值得進一步探討之處。至於異性同輩的關係（如夫婦）可能涉及複雜的其他因素，也較少以親和式和諧呈現，這更是值得進一步探討之處。

(三)合模式和諧

合模式和諧係指關係中的雙方有固定的名分與角色關係，個人依此名分、角色去完成一定的責任與義務。如果雙方有此名分與義務之共識，則可相互配合良好，彼此相處順遂，共享平和與安定，故名之爲「合模」。換言之，合模式和諧最易發生在有明確角色分際的關係中，此關係是因應「後天」的某種目的而發生，並不是自然的血緣關係。如此，彼此方才需要根據相處之目的而界定明確之名分與規範，且爲了目標之達成，願意遵循隨此名分而至之責任與義務。

1.前置條件
⊙角色明確‧因名而義

　　以M1為例，他和老闆之間的關係即是「合模式和諧」。他做事認真、投入、專心，對老闆忠心。在公司做了13年之久，老闆對他也非常照顧，不但主動借錢給他替母親治病，還允許他邊工作邊挪時間去照顧母親，即使後來他自行開業，也受到老闆的支持與鼓勵。他們彼此對上司下屬之角色認定清礎又合模，因而運作起來順暢且彼此滿意。

⊙名分之下‧相互尊重

　　M2和他老師之間也是「合模式和諧」。他覺得他老師不僅瞭解他的缺點，也包容他的缺點，進而激發他可能有的優點，讓他有機會表現出來。因而他覺得頗受肯定，也挺有成長，能力有所發揮。相對地，他自然以老師為學習之榜樣，在品德、修養、待人處世之態度與方式上，有所效仿而進步。這樣的合模式和諧，師道受到應有的尊重，學生也享受了學習之成效與樂趣。

⊙理性優先‧直率表達

　　M3也認為他和下屬之間是一種合模式和諧。在工作上，他說：「我會以專業知識輔導他們，並以對待子女、學生的態度來指導他們，並且以容忍的態度，耐下性子來傾聽他們的問題。」即使部屬犯了錯，他也會「以長輩的態度直接教導他，而不是提高音量責備他們。」另一方面，他以鼓勵的態度，儘量讓部屬能按自己的方式做事，也讓部屬可以針對問題的爭執點直接和他爭議，而不需迂迴談論。他會分析事理讓部屬理解其立場，必要的時候，他也會向部屬道歉。工作之外，他也會基於愛護的立場，以強硬的手段干預部屬某些生活方式，也接受部屬偶爾以挖苦的方式和他開玩笑。像這樣工作之餘帶點情份，讓他覺得上下之間相處融洽且關係良好。

⊙情份考量‧用心配合

　　M4認為他和屬下的相處也相當「合模」。在工作上，他將每個人的工作和立場都分得很清楚，但是卻很注意跟下屬相處的情份。他認為：「沒有情就是我命令你做，你就做，公事公辦。而『情』是長時間累積下來，使他不會覺得是在和課長說話，而是在跟朋友講話。」也就是說，他都讓下屬坐著和他說話，以消弭上下的隔閡；平時接電話時他也自稱名字，而不是自稱頭銜；下屬做錯事時，他也不會直接指責，而是包容他們的錯，並且不厭其煩的教導，例如公文寫得不好，就幫他們改一改，而不是罵他們或退回去叫他們重寫，這樣就讓他們有了學習機會。這些都是情份的表現。有了情份，他交待部屬做事時，他們就不會祇是「參照辦理」，做得有限；而是會多替他著想，多做一些給他，要二給三；別人說不通的事，他去講也容易說得通；吩咐下去的事，部屬也會儘快配合且用心地做。因此M4認為他和部屬的相處算是融洽，做為一個中級主管，他自認帶得動人，推動職務也頗順利。

⊙權威指導‧敬畏受教

　　F3認為她和第一份工作的長官之間的「合模式和諧」就是在工作關係之外，夾帶父女之情。她的長官是一位嚴守紀律且賞罰分明的人，但是對她卻有差別待遇。根據另一位同事的說辭：「如果別人犯一點錯，他就很生氣；你犯比較多錯，他還是較和顏悅色跟你說。」長官的能力很強，會幫她分析事理，直接指正她所犯的錯，也會改她的文章；她對他除了崇拜、敬畏之外，還挺服氣的，另一方面又覺得長官瞭解她、支持她且疼愛她，是她精神上的支柱，碰到困難時，她還是會去找他談。這種在工作權威之外摻雜著「情份」的關係，讓F3一直都和他保持著和諧關係。

2.相處特性
⊙謹守分寸

　　F4太太尚未結婚時，和她的老闆之間也曾經歷過合模式的和諧。基本上F4跟老闆之間是嚴守分際的，她說：「老闆是長輩，我會有尊敬，一定要有尊敬，就是説有分寸啦！」基於尊敬，上班時她會幫老闆泡茶，不跟老闆隨意開玩笑，老闆交待的事都盡力做好。當然，老闆待她的「情份」也不錯，出差回來會買東西送她，待她較禮遇、客氣，因而F4直說這是份很好的關係。

⊙親情相待

　　F5女士和她以前的老闆也相處得相當「合模」。老闆是六十多歲的退役將軍，F5當時是廿多歲的少女，因而她覺得這種關係與其說是上司下屬之關係，不如說是父女關係。在公事上，老闆很照顧人，從不罵人。工作之餘，則和她相處像親人，F5待他也像父親，會幫他多做一些私人的事務，有委曲或不平也會去找他訴苦或商確。現在她雖然離職了，卻仍念念不忘，常回去看他。

⊙嚴守分際

　　其實，工作關係之間即使沒有加入「情份」，也可以產生「合模式和諧」。像F6認為「嚴守分際」是職場中保持人際和諧的重要法則，尤其是工作倫理與層級的維護。她不喜歡有私人關係的介入，認為那會破壞公正性或公平性。因此，她和上司的相處，不但「保持距離」，還堅守「上下關係」，她說：「我對其他主管都是保持這樣的關係。工作上是一種尊重的對待，他交待什麼東西，我會很客氣地做，這是一種真誠性。我也願意把它界定在好像有個形式性、規矩性。我會針對事，而不針對人。因

為工作是為了一些事的推動，……所謂和諧是一種很平和的事理上的對待。」

⊙搭配得宜

沒有「情份」介入時，要擁有合模式的和諧，就必須雙方能互相欣賞，且工作方式能配合。F6覺得她跟女性下屬相處和諧的原因是：部屬處理事情的方法與態度和她相當吻合，她也相當欣賞部屬在性格與思維方面的穩重及成熟。同時，部屬也頗善解人意，對於她所提的方案，都會全力支持，也會適當地表達不同的意見。

⊙相互配合

F11就很欣賞她的兩位直屬主管。認為他們不但在專業上有足夠的本事，做事虛心且任勞任怨，對待部屬很親切，也很照顧員工，願意挺身代表勞方向老闆爭取福利。所以她就以「認真工作」來回報主管，好讓他們可以在老闆面前立足。有問題時她很願意去求教他們，必要時也會鼓勵或支持他們。

⊙應付自如

當然，做事方式能配合得當也是合模式和諧的重要要素。F9雖遇到一位喜歡下命令的權威型老闆，其他同事認為他很難相處，她卻找到一些方法，跟老闆配合得「天衣無縫」。基本上，她認為：「我瞭解老闆有他自己的考量，我們當他的員工，就要照他的要求去寫計劃，把事情完成。」因此，她以「把命令具體化，擬訂清楚的進度表，給工作充裕的時間以應付突發狀況，事前和老闆有鉅細靡遺的討論」等方式工作，使得她不但能充分應付老闆的需要，而且給自己相當大的迴旋空間。

⊙彈性應對

F11則說「識時務者為俊傑」，所以她認為要察言觀色，以

不同的方式對待不同的主管，才能確保與主管相處和諧。譬如她現在的主管，年齡和她父親一樣大，喜歡人家尊重他。所以 F11 就把主管當自己的長輩看待，很自然地經常問候他；碰到困難時，講話語調做些改變，用「撒嬌」的方式很快就可以解決問題。她覺得這樣一來，她和主管之間也就談不上不和諧了。

⊙水乳交融

工作上的同事關係也可能形成合模式和諧。F13覺得她和某一位同事的關係是水乳交融的，她說：「在工作上我們會一起做，不會分，你幫我，我幫你。工作配合得很好，很愉快，也很輕鬆。」「意見不同就互相學習，她還是一個很好的朋友。」但是她會小心不要刺傷到對方，如不小心有所衝突，她也願意主動去講和，以避免關係斷裂。

⊙軟硬兼施

M8是一位很會算計的老闆，但他認為他在員工心目中是一個不錯的老闆，勞資雙方也一直相處和諧。因為他明確地訂定工廠運作的規則，執行規章制度時則軟硬兼施，充分掌握進退之間。他性子急，員工犯錯時他會罵人而得罪員工；員工若破壞規則，他則放棄員工，絕不委曲求全；但他也有慈祥的一面，即若員工有所求，在能力範圍內他會儘量供應；至於年終獎金，他會發出比員工要求的還多，讓員工高興滿意。所以工廠運作得相當順遂。看來，他們之間的和諧，也是一種「合模式和諧」。

⊙兩面做人

銷售員與客戶之間雖然以交易為目的，但加入了「情份」之後，也可能形成合模式和諧。M13和他的客戶之間因為經營得長久，彼此關係就固定化了。M13認為他一直在客戶與公司兩邊遊走，他會幫客戶向公司爭取一些事情；接觸到客戶生老病死之事

時，他會主動幫忙；他也會爲客戶向公司爭取一些權益，有時甚至會違反公司的最高利益原則，用公司的資源幫客戶做一些事情。但是，他也會向客戶解釋公司的處境與堅持，請客戶配合；有時客戶會踢掉其他廠商，以較高價格向他購買產品。交易之際建立的私交，使得 M13 離開公司之後，反而和那些客戶變成了朋友。M13 說：「現在離開公司了，他們都變成了我的朋友，沒事就去跟他們聊聊，他們就是我最大的資產，我相信我結婚的時候，他們都會來參加我的婚禮。」

⊙**男主外・女主內**

夫妻之間有時也可能是一種合模式和諧，合模的目的在於讓家的功能運作順適。M9 就自陳道：「現在的太太我很珍惜，因爲一方面感情，一方面道義，我很懶，所以我找個能夠完全照顧我的老婆，滿足我的需要，扮演一個我喜歡的角色。小孩子我也會很在意，有任何威脅，比如剛才講的黑道，我不會讓商場上的是非影響家裡的安全和生活。」顯然地，M9 先生清楚地界定「男主外，女主內」的夫妻角色與功能，且界定自己具有照顧妻小的責任。目前他太太是全職家庭主婦，從未有外出工作經驗，他們倆都認爲家庭生活幸福美滿。

⊙**顧名思義**

F4 和她的先生之間目前也是一種合模式和諧。她覺得他們倆人算是夫妻之「情」較少，夫妻之「義」（責任義務）較多。她說：「我覺得夫妻的感情只是三分之一而已，夫妻感情不是很滿意，也只是三分之一不滿意而已，還有三分之二啊！還有親情啊！還有友誼之情啊！有時候那種情還勝過夫妻之情。」爲什麼 F4 很少感受到夫妻之情呢？因爲他們是經由朋友介紹而結婚的，婚後她先生未曾說過「我愛你」三個字，他認爲：「不需要

把『我愛你』掛在嘴巴，心裡有愛最重要了。」他不講，久之F4也接受了。但是她先生不祇是不用口語表達他的情意，即使夫妻之間有磨擦時，他也都沉默以對。如F4所描述：「然後他就生氣了，就不跟我講話。他不講話的時候，我還是做太太應做的事，我還是繼續跟他講話，只是到了後來，他也不好意思，他就跟我講話。」

　　本來倫理體系中的「義」是「因情而有義」，F4太太因感受不到丈夫的「情」義，即將之轉化為「顧名而思義」，一切盡其在我，對自己負責即可。所以她說：「他有他的生活，他不愛我沒有關係，老了以後還是塵歸塵，土歸土啊！」，我只要做對得起良心的事，天知地知就好了！」（天人合德）。她認為現在最重要的是好好地安頓自己的身心。先生經常應酬，吃過一個地方又換一個酒家，通常都蠻晚才回家。她想：「他沒時間陪我，我就自己安排自己啊！他右腳出去，我就左腳跑出去，意思是說，我也蠻會溜的。」看樣子，她的因應之道是：先生在家時就演太太的角色，先生不在家時，她就跑去左鄰右舍找親戚、朋友聊天。她也常跑去聽演講，出去上她有興趣的課，和老同學們聚聚餐，假日帶孩子們去遊山玩水。她發現「山不轉路轉」，改變先生不容易，改變自己比較容易。

　　現在她變得更有包容力、更成長、更知足，也更快樂。至於先生「情份」較少，「義務」又盡得如何呢？F4認為他算是不錯的「丈夫」，因為他沒有交女朋友，還供應她充裕的經濟生活，上次她曾被倒會近百萬元，先生也沒有責怪她。唯一覺得遺憾的是，他父親的角色扮演得較少。看來，她對「夫」這一角色的要求已變成僅止於「供應」家庭基本的經濟生活，以及在家庭結構中補上「丈夫」、「父親」的角色位置，讓她擁有一個完

整、安定的「家」，也爲她自己在社會中安置了一席「家庭主婦」的位子。

小結

　　總之，「合模式和諧」是以既有的名分或角色界定關係當事人的主要義務、本分與行爲法則。當事人爲了確保角色功能運作順遂，也都會遵循角色的禮節規矩，藉以約束個人，使自己行爲合宜，以維護關係的和諧與行事順利。因而，在合模式和諧中的當事者，大都經歷著理性、平和、安定、踏實、配合良順、情理兼顧的感受。雖然在合模式和諧中雙方的關係都有固定的名分，外在的角色行爲規範也相當明確，行爲合宜與否也會以理性考量爲優先，以便彼此共享合模之利益。但是素樸的理性考量有時顯得冰冷無情，是故添加部份的情份考量，亦即除了遵循禮數規矩之外，以「人情」爲潤滑劑，將原本用於親屬間的情誼與儀節倫序，摻入以功效目的爲主的關係中，不但使得雙方進退之間拿捏有據，同時也因搭配得宜而行事順遂。

　　以理爲優先，因名而有「義」，合理又合情，由此情理交織而成的合模網絡，即爲「大順世界」。因此，合模式和諧存在的前置條件不失爲：「名分固定」、「角色明確」、「理性優先」及「情份考量」（見圖6－3）。

　　另外，合模式和諧的主要行爲取向爲「順適取向」，亦即行爲法則是以配合雙方名分與角色規範爲最優先考量，以便處事順利。這些因名分角色而來的行爲禮節與規矩，係針對雙方而來，故爲相對倫理。若爲不平等之關係，即其中一方爲主導者，另一方爲附從者，那麼主導者在要求附從者附和之餘，摻雜些許人際情誼，使附從者有迴旋之空間，以作爲上下鑲嵌合模的潤滑劑；

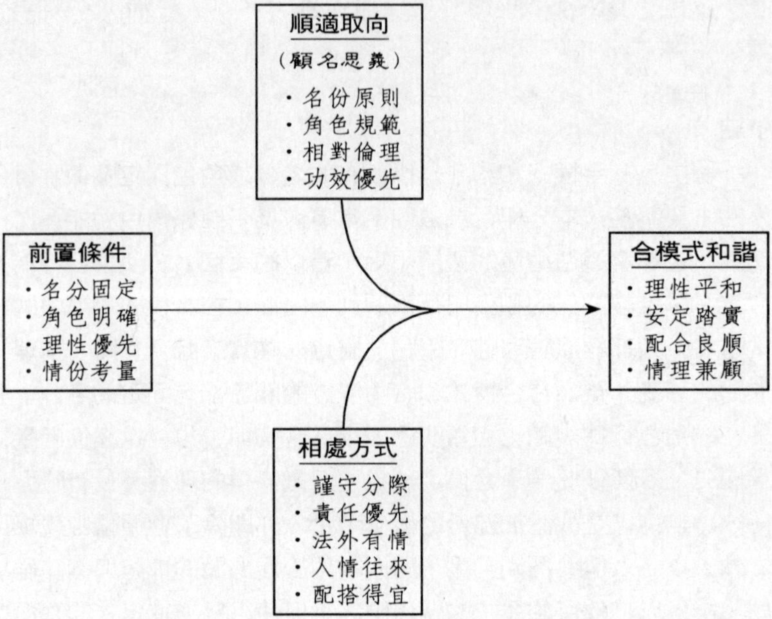
順適取向
（顧名思義）
・名份原則
・角色規範
・相對倫理
・功效優先
前置條件
・名分固定
・角色明確
・理性優先
・情份考量
合模式和諧
・理性平和
・安定踏實
・配合良順
・情理兼顧
相處方式
・謹守分際
・責任優先
・法外有情
・人情往來
・配搭得宜

圖6－3　合模式和諧之概念架構

而附從者在附和之餘也得享逍遙自在之自主感，抑或溫情脈脈之情感抒發，因而益加合模運作之效能。因此，「順適取向」的行爲法則，除了名分原則、角色規範與相對倫理之外，顧名而思義（非因情而有義），以效能爲優先考量，在在都主導著合模式和諧的行爲取向。

從受訪者的敍說中，我們可以發現：在上司下屬之間最會形成合模式和諧。在此類關係中，雙方相處的特性是工作時謹守上下分際，居上者主導工作目標與行事規章，居下者全力附從居上

者，偶爾在進行技術上提出異議而加以修正，居上者在基本原則
不動搖之下，也允諾些微的個別異議，並採取寬容的態度。抑或
另施小惠，在工作之餘添加人情往來，以潤滑此艱澀的「合模」
關係，增益運作效能。合模式和諧若發生於平行關係，則雙方對
工作目標、態度或工作方式必須有相當的共識，方能「趨同而
和」。抑或透過人情往來，在「交相利」中不但謀求了共同的利
益，同時也建立了深厚情誼。因而，合模式和諧中人際相處的特
性也就不外乎謹守分際、責任優先、法外有情、人情往來、配搭
得宜等諸項。

(四)各類型實性人際和諧之間的轉化

從以上的討論得知，「實性人際和諧」中因人際的和合性與
差異性之辯證消長，可再細分為「投契式和諧」、「親和式和
諧」及「合模式和諧」三種。此三種人際和諧係閱讀受訪者的敘
說文本（narrative text）而得，此種文本基本上是一種小傳統文
本（或民間文本），恰可與大傳統文本（或官方文本）的三種和
諧觀（辯證式和諧觀、調和式和諧觀及統制式和諧觀）相互呼
應。三種人際和諧之基本行為取向分別為「本真取向」、「情義
取向」及「順適取向」，由此亦可得知，三種人際和諧之間的辯
證轉化是從「本然自在」為起點，逐漸添加「情意」成分，再轉
而以「功益」成分為重。和諧中的對偶雙方也從模糊不見（或超
越）差異，而逐漸有所區分，最後因責任、義務之分際而愈見差
異固定化。但因三者均屬實性人際和諧，故其共同特性為：關係
中的雙方彼此信任、支持、相互接納、主動付出。

三種人際和諧之間既為辯證轉化的關係，那麼兩兩之間也就
有所同與有所不同，以作為轉化之機制。投契式和諧與親和式和

諧之相似點爲：雙方情投意合，彼此分享，相處融洽、喜悅。相
異之處則爲：投契式和諧是「雙方少一分依賴，多一點距離」；
而親和式和諧則是「雙方多一分付出，少一點自在」。至於親和
式和諧與合模式和諧的相似點爲：以義爲重，相處有情，順應情
意、情理協調，情緒感受則均爲安定而有歸屬。相異之處則爲：
親和式和諧是「雙方因情而有義，所以多一分情意，少一點功
利」；而合模式和諧則是「顧名而思義，所以多一分框框，少一
點自發」（見**表6－4**）。

二、虛性人際和諧的類型及其轉化

　　在前一節中，本研究配合大傳統（意識型態）文本中的三種
和諧觀，進而從敍說文本中歸納出三種實性人際和諧的基本類
型，即投契式和諧、親和式和諧及合模式和諧。這些實性人際和
諧類型雖有基本差異存在，但在本質上也有共同性，即其實性部
份。此實性部份係指當事人具有正向的情緒感受，人際間互動也
以傾向對雙方（或關係）有利（無論精神上、情意上或利益上）
爲主導。

　　然而，從虛實辯證的觀照再切入來看，如果構成實性人際和
諧的某些基本質素逐漸改變，根據辯證法中「量變而質變」的基
本原則，那麼實性人際和諧就有虛化的可能，亦即實性人際和諧
將轉化爲虛性人際和諧。而此虛化過程也就是人際和合性逐漸趨
弱，而差異性（分別性）逐漸擴大之轉化歷程（見**表6－4**）。因
此，本研究將對應三種實性人際和諧之虛化，再從敍說資料中抽
離且歸納出三種虛性人際和諧的基本類型，且將它們分別命名爲
「區隔式和諧」、「疏離式和諧」及「隱抑式和諧」。

表6-4　各類型人際和諧之主要特徵及其轉化關係

	實性和諧			虛性和諧		
和合性 ←――――――――→ 差異性（分別性）	投契式	親和式	合模式	區隔式（部份和諧）	疏離式（表面和諧）	隱抑式（表面和諧）
人際取向	本真取向	情義取向	順適取向	領域取向	形式取向	抑制取向
相處方式	尊重分享 關心支持	主動付出 情感表露	遵循配合 責任優先	關係簡化 謹守分際	敬而遠之 貌合神離	互不相容 虛與委蛇
情緒感受	自由自在 輕鬆自然	深情依靠 溫暖幸福	理性和順 安定踏實	平淡無關 小心謹慎	疏遠淡漠 客套敬畏	失望不滿 壓抑憤怨
關係類別	朋友 同事 同情	家人 夫妻 親密關係	同事 合夥人 上司：下屬	初識者 上司：下屬 同事：合夥人	鄰居 親戚 工作關係	家人 工作關係 上下關係
轉化方向及轉化機制	多一分付出 少一點自在 ／ 少一分依賴 多一點距離	多一分框框 少一點自發 ／ 少一分功利 多一點情意	多一分界限 少一點穿梭 ／ 少一分規則 多一點義氣	多一分禮儀 少一點一致 ／ 少一分疏遠 多一點利益	多一分隱忍 少一點平和 ／ 少一分怨慰 多一點距離	
共同性	信任、支持、主動、接納 ←――――――――→ 防衛、拒斥、被動、隔離					

(一)區隔式和諧

　　基本上，虛性的區隔式人際和諧是相對於實性的合模式和諧而言的。由於合模式和諧的行為法則是以順適取向為主，亦即和諧中的雙方是根據伴隨角色名分而來的遊戲規則行事，另外再添加一些私人情份或人情往來以作為潤滑劑。換言之，合模式和諧已然界定了雙方和諧的主要範圍，範圍之外則允諾一個自由穿梭的空間。在此情況之下，合模式實性和諧之虛化主要係指：祇有部份範疇是依合模式和諧的順適取向而行，以維護和諧，其他範疇則在唯恐不利和諧之維護或預知將有所不和之下，事先予以區隔化，並排除在互動領域之外，以確保部份之和諧，此亦即區隔式虛性和諧之源由。以下，本研究將依循區隔化之特性，從受訪者的敘說資料中抽離且歸納出區隔式和諧之各項特徵與發生脈絡。

1.前置條件
⊙公私分明‧參照辦理
　　M4認為他和主管之間僅止於公事上的和諧，即公事公辦，主管在上，他在下，他只表現應有的尊重。他覺得關係談不上融洽，甚至感受不太愉快；他認為和諧融洽是應該摻雜一些私人交情，多一些照顧的情份。譬如，雖然主管經常誇獎他很能幹，事情做得最好，但是M4說：「只是誇獎沒有用，我沒有得到相對的好處，沒有特別的照顧，反而都拿自己人來犧牲，利用我，以他的方便為方便。」因為主管為達殺雞儆猴之效，不肯讓他申請「公出」去外面協助教課，讓M4心生怨言。

　　另一項讓M4覺得主管沒有「情份」的地方是主管沒有拉拔

他。譬如，他特別用心提供給主管的計劃，當主管交給更高階的主管時，並沒有說明是 M4 做的。結果大家都只褒獎主管，冷落了 M4，讓 M4 心裡很不舒服，覺得付出與收穫間不成比例。而且主管把功勞搶走了，M4 也失去了被看重的機會。

　　缺乏拉拔之情的結果如何呢？M4 說：「我實在不想再替他做計劃了，祇是沒辦法，我還是要做給他。但經過這件事後，我變得不太積極，很多事情都不太管了，只做些小事，吩咐下來的事不會很快做，做出來的成果，品質也和以前不一樣。」簡言之，缺乏情份的工作關係，是一種區隔式和諧，雖然可確保工作進行時相安無事，卻缺乏激勵作用，當事人容易消極被動，一切「參照辦理」，不願多費心思。

⊙公私領域・劃分清楚

　　公事與私情區隔化的消極意義是：不讓私人的好惡介入或干預公領域的關係，其積極意義在於尊重後者。如 F13 自認她和第一位同事的關係是「和諧但不親密」，因對方明白表示希望彼此都能獨立自主，不要互相麻煩、干擾。所以 F13 說：「她要自己一個人坐在很遠的地方，我發現她喜歡有自己的空間，所以我就不會去麻煩她。」由此可見，從空間上作有形的區隔，正代表她希望與 F13 有所劃分，F13 也尊重這種各有領域的區分化關係，以致維繫了雙方的和諧。

⊙利字擺中間・情份放一邊

　　M1 是個貿易商，他認為做生意不能祇談「利」，還需要做到誠信、道義及尊重。十幾年來他一直代理某一廠牌的產品，當初雖未立下合約，但彼此信守承諾，他也致力開發市場，將產品銷售至一定水準。最近該廠商將產品開放競爭，價格殺低，使得 M1 無利潤可言。根據以往的經驗，M1 通常會和該廠商斷絕關

係，即不再賣他們的產品，甚至會再開發類似的產品來和他們競爭。但是這一次卻不同，M1說：「想想交這個朋友也有十幾年了，他對我一直很好，就忍了下來，沒有和他決裂，但是以前的關係不可能再回頭，像白冰冰唱的：裂開的傷口，永遠不能再復合。現在跟他相處，就把利字擺中間。利字當先，就事論事，就生意談生意。這個人做生意還可以信任，因為以前有好紀錄。」

原來雙方之間是屬於合模式和諧，有利害關係又有情份。現在因強化競爭而面臨關係惡化或決裂。M1解決此困境的方式是將關係單元化，除去了情份，祇剩下生意經，此即將雙方關係轉化至為區隔式和諧，亦即將人際交往劃分領域，祇在某一範疇內按遊戲規則往來，其他範疇則不去碰觸，所以區隔式和諧也是一種部份和諧。

⊙利益當先‧不計情份

有些人一開始即公私領域界定分明，公歸公、私歸私，認為祇要在工作領域中相處和諧即可，儘量不讓私人情誼介入，以免混淆人際關係的和諧性，他們以此種領域區隔化方式確保部份的和諧。像M8認為他和同事們都相處和諧，而他所指的即是區隔化和諧。

M8認為他和每位同事都可以成為好同事，但不見得可以成為好朋友。好同事只有公事上的和諧，好朋友不僅在公事上，而且在私人交情上都和諧。他只和喜歡的同事才發展私人交情。和同事相處他都是理性以待，若有意見相左時，他會依責任歸屬來決定誰該聽誰的意見。如果僵持不下，最後就由上司來裁決。和客戶相處他也區分得相當清楚，絕不輕易將個人的喜好加諸客戶的對待上。他說：「客戶是賺錢的來源，你不喜歡他，也應保持最基本的關係。再不好的客戶也不能把關係弄壞，做不成朋友，

也不要做敵人嘛！」他是利益考量優先，利益當前，即使客戶態度不佳，他表面上不以爲意，心裡面已另有打算了。顯然地，情與利的區隔化是 M8 確保部份和諧的重要策略。

2.相處特性

⊙危險地區‧勿踏地雷

M12認爲若能避開某些話題，比較容易與人相處和諧。他說：「基於社會現實的關係，當扯到政治話題時，我會儘量避開。我認爲我們的民主素養還不夠，很可能談了以後會被分化開來，也就是會在你身上給你加個帽子，可能從此就被定位是什麼樣的人。」事實上，生活中原本就可劃分不同的領域或範疇，人際間的交往並不保證一定可以在各領域中自由穿梭。因此，若能預先知道某些領域是「危險地區」，雖要小心翼翼、戒愼恐懼，卻可免誤踏地雷之禍，且僅保區隔式和諧。

同時，M12認爲，在多元的社會裡，每個人都有權利選擇自己所要的生活方式。相對地，人們也應該尊重這種權利，即使自己不苟同，也不一定要把不同的意見表達出來，以免帶有指導、糾正的味道。如果要表達，一定要用中性且委婉的方式表達，以保持人際和諧。他舉例說，他以前在某一研究單位裡工作，發現有些部門主管工作還沒做好就呼朋引伴出去喝茶、喝咖啡。M12說：「坦白說，我看得很不順眼，但我會想，每個工程師都有自己負責的案子，責任制的，如果他有那個能耐，把他負責的工作做好的話，那沒問題，他可以去做。所以我尊重他做他自己，不會去干預他或阻礙他，指正說不要喝咖啡。」

換句話說，人與人之間的區隔化，可以就各人的責任範圍加以區隔，非我責任範圍則不加干預。也可以就與個人的相關性來

界定領域，凡是與個人不相關者則不予介入。如此以責任／相關性加以領域化後，的確確保了人際間的區隔化和諧。

⊙界限清楚‧情感難再

　　F10的同事初期因做事方法、習慣與F10不同，經常把F10既定的做事步驟打亂，讓她覺得蠻不順心，且頗感困擾。F10就想：「人家做事沒有效率或做事的方法看不順眼或不習慣，那根本是人家的事，也不必管那麼多，除非她妨礙到我的工作進度了，或是她涉入我的工作步驟，我才跟她反應。」看來，F10打算在兩個人之間作些清楚的區隔劃分。後來有一次，F10就直接去告訴同事她認為事情應該怎麼做，同事也很客氣地道歉且做了適當的回應，F10自認並沒有生氣或帶著其他負面情緒去面質，應該不會傷感情才是。單刀直入、直接明講的方式雖解決了做事的問題，但F10發現，兩個人的「感情」似乎沒辦法再增進了。

　　基本上，F10蠻欣賞她同事的，希望兩人在「感情」方面能夠合得更好；做事方式雖不一樣，但她相信可以找到兩人步調一致的方法，祇是彼此要相互調整適應一陣子。現在F10覺得兩個人的關係相當表面化且疏遠，也就是倆人是公事化關係，讓她覺得很無奈。F10說：「不是一個朋友的感覺，而是淡淡的。至少人家不會管我管得很多。」顯然地，F10希望跟她同事之間是「合模式和諧」的關係。但因倆人曾發生小衝突，雖然F10已盡力化解衝突後之不利影響，無奈因某些部份仍難以搭配合宜，迫使她們仍落在區隔式的虛性和諧中。

　　F10這樣形容她的同事：「她來找我的時候，就站在門口，很少進來，她很難得進來，進來也很少會坐下來。」顯然地，F10與她同事之間似乎有一條無形的線將兩個人劃分開來。另外，F10又說：「我們應該沒有溝通的問題，可是她都沒有反

應。我很少聽到她跟我提什麼意見。我這樣跟她講，她聽一聽也不曉得有沒有聽進去，所以那樣的溝通是蠻奇怪的，好像是一個單行道。」看來，似乎有一道厚厚的牆將兩個人阻隔開來，F10卻又一直打不破那道牆。

⊙劃分領域·各自為陣

M7和他太太之間因為在某些範疇上一直無法找到妥協點，故以劃分領域的方式來保持區隔式的和諧。第一個不可碰觸的領域是「政治」，因為一個人支持新黨，另一個人支持民進黨，總是不時有爭執，所以他們決定兩人在一起時不談政治。第二個領域是空間的劃分，由於雙方衛生習慣不同，M7自認喜歡乾淨整齊，無法忍受其配偶不疊被子、東西亂放及吃完東西不馬上清理等生活習慣，因此，M7自己住自己的房間，且與家人約法三章，不准家人（包括小孩）進入。

家庭生活包含的範圍廣闊，接觸多、摩擦也多，很多地方都是生活習慣不同造成的爭執。M7認為太太有獨立的人格思想，自己雖看不習慣，卻無法改變她。因此，劃清空間領域的界限，各自為陣，不失為保持家庭生活和諧的妙方。

小結

總之，區隔式和諧所揭櫫的是：在實性人際和諧已確知不可能的情況之下，退而求其次所能獲得的最佳狀況即是區隔式和諧，這也是一種部份和諧。為了達到部份和諧，必須先做區隔化工作。區隔化的切割口最容易下刀之處是「利」與「情」之分。亦即中國文化傳統中的「義利之辨」，如「親兄弟明算帳」、「買賣不成情意在」等之說即是。在現實的考量之下，通常都選擇以「利」為優先考量之所在，何況合模式和諧關係也大都建立

在有明確名分的關係上，其角色間的運作以順遂爲主，基本上也是「功效」的「利益」考量。

另一個區隔化的刀口則是切在「公」與「私」之分。向來工作關係中是以公爲主、私爲輔，合模式和諧中揭示的是「公」中挾帶「私」的情份，可使工作合模又潤滑。但是區隔化和諧卻顯示出：強行將公、私區隔分明，且秉持公事公辦之態度，即使不是挾帶私怨，公報私仇，也是一種「參照辦理」似的消極被動式反應。因爲去除了「情份」，也就去除了「主動付出」的意願。因此，「公事公辦」在區隔式和諧中不但可以確保自衛行爲的正當性，同時可以減低自己付出的成本，省事又省力，因此也是另一種形式的利益考量。

另外，責任的劃分、相關性的考量、生活範疇或話題的區分、工作或生活的空間及領域等，都具有區隔化的潛在性。因而區隔式和諧的行爲取向是以「領域取向」爲主，亦即試圖先根據各項準則將關係單元化、將空間區隔化、將責任區分化、將領域界定化等，然後選定某一關係、空間、領域爲陣地。雙方互動時，則依領域內的遊戲規則謹愼行事，祇做分內事，其他部份避不碰觸，以確保某部份的和諧。至於領域外的陣地，更要小心謹愼，勿踏地雷，以免招惹不悅。總而言之，區隔式和諧中的人際相處特性爲：按遊戲規則，不講情份、公事公辦、小心謹愼、消極被動（如圖6－4所示）。

簡言之，區隔式和諧的主要特性是：它是一種部份和諧，關係中的雙方各守陣地、相互尊重，互動時依一定遊戲規則行事。故而在情緒感受上是：理性冷靜、戒愼恐懼、防衛阻隔或平淡乏味等。另外，區隔式和諧也最容易發生在工作關係中，這更加顯示其正好與合模式和諧相呼應（見表6－4）。

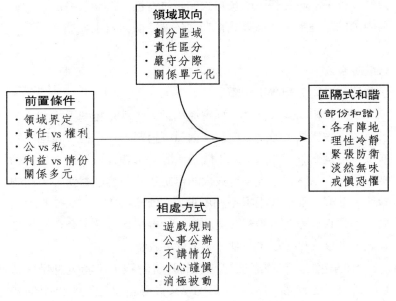

圖6-4 區隔式和諧之概念架構

(二)疏離式和諧

　　基本上，虛性的疏離式和諧是相對實性的投契式和諧而言的。投契式和諧是中國人人際和諧的**原型（prototype）**，在外顯行為上是可即可離的「淡如水」，內在感受上是輕鬆自在、愉悅和樂的「善與美」，其行為法則則是以「本真」為取向，亦即和諧中的雙方是以真誠與尊重相以待。那麼，在此情況下，投契式實性和諧的虛化主要係指：維持外顯行為「淡如水」似的疏離，內在感受轉化為緊張、冷漠或敬而遠之，徒留表面之和諧。這是一種內外區隔化造成之疏離，也是疏離式虛性和諧之主要來

源。以下，本研究將依循疏離式和諧之特性，從受訪者的敘說資
料中，抽離且歸納出疏離式和諧之各項特徵與發生脈絡。

1. 前置條件

⊙價值觀不同‧相處不和順

　　疏離式和諧基本上是一種虛性和諧，也就是相處不太和諧，
各有各自的想法，但是彼此沒有信賴，對對方有一些「負面」的
看法，可是沒有攤開來講或不能講。因此，在外顯行為上保持適
當的距離，以便在心裡擁有較大的自主空間，容納對對方不利的
看法，舒解一下兩人相處不和所積累的緊張情緒。以 F7 的說法
為例：「我和老闆的不和就是疏離，沒辦法做心靈上的溝通，很
客氣、很形式化，除了公事外，不會去找他。」

　　這種疏離來自 F7 無法認同老闆的價值觀，接觸後更覺得做
事方式也不合。過一段時間後，F7 又覺得自己受到不公平的待
遇，種種的「不合」，使得她和老闆愈行愈遠，自己做自己的
事，盡量避開與老闆接觸。顯然地，F7 以保持距離的方法來確
保和諧關係，祇是這是一種表面化的和諧，心理上則感受種種的
不合與不順。

⊙心有不服‧敬而遠之

　　在職場中，部屬「不服」主管也是疏離式和諧的重要原因。
F6 即頗有此感。她說：「在上位的人能力這麼爛，讓人很受不
了，你會感覺你的能力不能發揮。……他的權力慾太強，又想
handle 我，但他所 handle 的方向又不合乎部門的格局，他什麼
事都想攬大權去做，那你就變辛苦的。」F6 認為主管沒有實際
編輯經驗，根本就是外行人。所以 F6 在執行主管指示時都會自
行稍加修正，尤其是加標題和分段落方面。

另外，F6也認為主管不能嚴守公、私分際，在人際對待上分寸拿捏得不好。F6說：「有些是他自己找來的人，所以言談舉止上，不是籠絡他派系的人，就是要把這人擺在這、擺在那，在那兒玩弄權術。」「有時他會故意在我面前找誰去喝酒、聊天，好像要把巴結他的人展現給我看，讓我很不愉快。」這種人際對待方式與 F6喜歡的「注重分際」、「拿捏分寸」相當不同，因此，F6覺得和主管相當不和，這不和的感覺就是「我會起雞皮疙瘩」，也使得 F6跟他保持距離。F6說：「所謂保持距離就是不再跟他接近，就是很客套，反正只要聚會，我也可以去。私底下他喜歡找人去喝酒、聊天，這些我都不會去參加。」

保持距離之後呢？F6說：「我就順其自然，不和就是不和，保持距離也是另一種和諧，少去碰觸就是了。我在想，人如果少接觸就沒感情，感情淡然就沒什麼怨恨。」換言之，F6經過理性評估之後，覺得要避免被傷害或傷害人，就採取公事公辦。何況她認為主管也不算是大邪大惡的人，用不著拂袖而去。留下來工作，為了使自己好過一些，在適當時候，也表現一些對主管的關懷與感謝之情。像這樣疏離中又有些許的連結，使得F6與主管間平安無事，而且逐漸朝向「區隔式和諧」轉化。

⊙個性不合‧近而不親

另外，若確定是「個性不合」，意即價值觀、性格、表達方式、生活習慣等諸多不同，也是造成疏離式和諧的主要原因之一。以 F7和她的同事兼室友之間的關係來看，F7說：「她蠻在意一些事，很容易受傷，我不在意；她重形式，我重實際；她喜歡猜測、聯想，小心翼翼對待我，又會套我話，會探測我，甚至無中生有。自己卻很多事隱瞞著我，拐彎抹角說話，不坦白表達，讓我有被操弄的感覺。……」

　　F7認為兩個人各懷鬼胎，一個想操控，一個不想被掌握，但是F7並沒有當面和她起衝突，僅以恰當的距離來維持表面的和諧。她說：「我很技巧地做我應該做的事，儘量保有自己的生活空間，跟她祗做有限度的接觸，在時間、話題上打哈哈過去，不深入談，不必要的就不說，尤其是涉及第三者的話。……」F7雖然不喜歡這種交往方式，感覺處處受限制，也很拘束，但她寧可繼續忍受，也不想改變這種關係，因為她覺得很難改變。她打算永不攤牌，讓時間來沖淡。

2.相處特性
⊙禮儀互動‧確保平和

　　那麼，為什麼要保持距離才能確保和諧呢？M2認為，若要保持和諧則雙方都要有所調整或改變，而且兩人的改變應是同步的。但是，他卻悲觀地認為：「我越來越發現，有意地要去改變別人是很難的事，要改變自己也不是很容易。……如果要自己改變去迎合他，或要求對方改變都不太容易做到，那又何苦呢？乾脆保持距離，各人有各人的生活空間。接觸時，就不去碰那些問題，盡量避免碰觸會引起不和的事，只維持基本禮儀與社交。」顯然地，M2以為「保持距離」是維持和平的好方法，因為這樣，舊的不愉快才可能逐漸忘卻，新的不愉快也不再產生，最起碼就可以維持「表面和諧」了。

　　雖然「保持距離，以策安全」，但不得已又有所接觸時該如何應對呢？M2認為應該按社會禮儀來互動。他說：「社會禮儀是指該有的禮貌，見了面打招呼、問個好。」那麼，為什麼要按社會禮儀來互動呢？他又說：「維持禮儀很重要，做人總要有些涵養，這是做人的最起碼條件。比如剛才在路上碰到的那個人，

其實我並不是很喜歡跟他交談，但他就走在你旁邊，若裝作沒看到他，故意讓他覺得你很討厭他，沒有必要嘛！打打招呼，並不代表我就很喜歡他，至少我不要老去想到他很討厭，不必製造新的不愉快。」又說：「按禮儀互動，可減輕負擔，不用想太多，可得暫時平靜，不會想到與他不和或討厭的一面。」換句話說，按照禮儀與人互動，除了代表個人的涵養之外，還可以保持個人內心平靜，避免因不知所措或怕再度失和而心煩氣躁。

　　除了按照禮儀互動之外，保持距離時的人際互動是否還有其他消極性特色呢？M2說：「大都處於被動，而不是主動。如果他找我幫忙，我能做的我會去做，但不會用我最大的力量。」從主動變為被動，從盡力而為變為不用最大力量，我們從而得知，疏離式和諧係居於親和式和諧或投契式和諧的虛性轉化面。

　　至於可不可能有其他更負面的互動特性？依 M2的說法：「至少不會說他來找我幫忙，我故意刁難，甚至故意弄個差錯讓他有所損失，這點絕對不會。……我覺得人能夠做到不記恨是蠻好的一件事。因老記著那些衝突或不和諧，會很不愉快的。」依此看來，疏離式和諧是在衝突發生後的一個中介狀況，在此狀況中，人們試圖撫平衝突所造成的對雙方關係之傷害，但也不想再進一步惡化雙方的關係。

⊙志不同道不合‧休止待發

　　M5和他的同事之間是疏離式和諧，那麼，這個疏離是從何開始的呢？M5說：「剛開始他叫我幫他做一些事，我覺得憑我跟他這種關係，叫我做這種事已經有點過分，但是我還是懷著第一次不要拒絕別人或是可借機刺探這個人的心意，就幫他做了。但是他以後卻沒有償還的意思，等待了很久，又暗示性的提醒他，他還是當沒這回事。觀察他對別人也是一樣，得到別人的幫

助，他不會有報答之心、回饋之心。從這裡就愈走愈遠，這種事發生兩、三次就愈走愈遠了。」疏遠之後，兩個人的相處就儘量區隔化，以避免競爭和衝突。M5說：「就像生存空間的爭奪，人際關係的開發，我就不想跟他重疊！就是他跟什麼人走得很近的話，我就不會跟他競爭，我還不如到另一圈去。我反正就不想跟他交往了嘛，……我不會把心力放在上面，不想浪費時間，浪費精力。」

　　那麼，究竟人們容易和什麼樣的人保持疏離式的和諧？那就是「不喜歡的人」或「確定和他當不成好朋友的人」。根據M5的敘說，正可詳細說明此種狀況。M5說，他起初選定一個背景和他類似的同事，想和他交個朋友，但是最後他放棄了，他說：「一、二年過去了，你終於決定這個人是一個自私、不體諒別人的人，而他的觀念又不怎麼高明，但別人的話又聽不進去，我就會和他不合。……雖然我不是跟他有什麼仇恨，但是我會去收集關於他的好、壞，尤其是壞的我比較記得。我也會探討自己是否有誤解他，是否判斷錯誤，結果還是失敗啦！這個人，沒有緣就是沒有緣，他走他的陽關道，我走我的獨木橋。」看來，M5是不喜歡他的同事，也不想和他結交為好朋友了。除了不喜歡他同事的某些特質之外，兩人之間是否有更具體的互動困境？

　　兩人如果不幸「起衝突」（指言語上的對抗）的話，事後就有一陣子互不溝通、互不接觸。M5說：「我不會主動對他有善意行動，我沒主動去，因為覺得他不好相處。基於工作的關係，不得已接觸時，就公事公辦，就是除了中性的語言外，褒或貶的事情儘量去避免。我會故意和他身旁的人顯得比較熱絡，比較理性，比較幽默，使他陷入比較孤立，比較無趣的氣氛裡，也可以說孤立他，倒不會做其他對他不利的事情。後來由時間漸漸去淡

忘他，大概一年半載後，大家總會沒那麼計較了嘛！我也無意惡
化這種關係，偶爾他對我有比較好的回應的話，我也會很注意，
也會給他善意的回應。」

　　看來，疏離時不但冷漠、被動，且充斥著中性的禮儀式行
為，甚至還有刻意孤立之嫌，最後還是在過了一段時間之後才出
現轉化。「疏離」就像是音譜中的休止符，讓不和諧的曲調暫時
中止，且醞釀著新曲調的再度譜出，所以可能隨時間之變化而朝
向「區隔式和諧」轉化。

⊙行禮如儀·疏而不離

　　保持距離的疏離式和諧，雖然充滿不和、不悅、不喜歡，甚
至是衝突、結怨之後的產物。但是它同時具有一些積極的功能。
例如，在保持距離之際，不但帶給個人洗滌情緒、降溫消氣的機
會，同時在心理與精神上獲得迴旋的空間，更可能因情緒的淡化
而造就了認知的轉化與情意的重燃。因而，在許多難以斷裂或不
願斷裂的關係中（如親子、夫妻），暫時的疏離反而成為朝夕相
處的一種「必需」。它提供因朝夕相處或過度接近而產生的「緊
張」一個鬆弛的機會，也讓雙方的關係在衝突後有一個暫時的落
腳處。而疏離之際的禮儀式情誼，雖然儀式化且形式化，卻是情
感連繫的橋樑，它扮演讓疏離式虛性和諧轉化至實性和諧的機
制。

　　以 F9 為例，她認為她父親是一個頑固、權威的人；要求子
女一定要完全聽命且臣服於他，沒有商量的餘地；子女永遠居於
劣勢，頗具壓迫感。加上父親重男輕女，對待子女有雙重標準，
此點更讓 F9 心感不平衡。F9 基本上是敬愛他父親的，但因溝通
方式的不合，使得她與父親保持某種距離，以換取彼此舒活的空
間。她說：「比較不會想跟他深入溝通，就維持日常禮儀，比如

出門、回來打個招呼，吃飯請他過來吃，還有一些生活應對，如我們可以看這台電視嗎？類似這樣，他還是維持他的權威，他就覺得比較舒服，我也是。」

⊙溝通短路‧暫停接觸

　　F12和她母親曾經有陣子也溝通不良。F12認為她母親喜歡挑剔，不顧F12的工作疲累而指責其行為舉止與生活態度太邋遢。F12以不搭腔來回應母親的嘮叨，卻換來母親反諷或自我傷害的話語，如「我很沒地位，講話都得小心翼翼」，結果使得F12更無所適從，心情極度惡劣。最後，F12決定與母親保持距離，到現在已經六個月未返鄉，祇以電話聯絡。F12說：「現在少接觸，感覺很自由。忙碌時儘量避免和她碰頭，待以後空間大一點再和她碰頭。目前這種相處方式還可以，我姊說，她（母親）現在已經改變很多了。」保持距離讓F12的情緒得以沈澱，讓她母親有轉變的空間。疏離在這兒扮演著積極的功能，相信過些時日再見面時，她們倆的關係將會更親近。

⊙獨立自主‧順而不親

　　一般人的印象是，中國人的親情之間是「近而不親」，這種現象可以M12的狀況來說明。M12自認為是以最「真誠」的一面對待父親，因為「真誠」所以就直言不諱，也就是說，不論與父母相同或不同的看法都直接提出來。從父母的立場來看，M12成了會頂嘴的孩子，也就是不乖、不聽話，就如M12所說：「父母認為我不乖，當然感覺在心理上會比較生疏。」青少年時母親過世，M12雖認為父親是自己生命中最重要的男人，他曾經寫過好幾封信給父親，卻一封也沒有寄出去。M12說：「當初的心情是寂寞、徬徨無助。即使後來回家看父親，也都祇談近況，較心靈深處的話則無法談論。」

　　因為 M12自小身體即殘障（小兒麻痺），父親便聽從親戚的建議，三番兩次要送 M12去學刻印章，且認為他的未來祇要生活圖溫飽即可，把全家的重心都放在栽培二弟上。M12自知無法獲得父親支持，但仍違抗父親的本意而堅持自己的理念，半工半讀，自己靠自己去完成學業。即使後來找工作、轉業、娶老婆等人生大事，他也靠自己獨立完成。M12自認是個相當「孝順」的人，祇不過小時候言語會冒犯父親，現在絕對不跟父親頂嘴。他說：「現在我非常順從他，因為父親老了，經不起我激烈的態度。」若意見不同時，則「他說他的，我做我的，表面上順從就是了。」

　　另外，他運用太太作為他和父親之間的潤滑劑，也就是敎太太常打電話回去向父親問安，讓她作父子間情感溝通與維繫的橋樑。M12自認現在和父親之間的關係是「倒吃甘蔗」的味道，感情愈來愈好，但是和父親在心靈上仍舊很疏遠。

⊙不滿四溢・疏以緩洩

　　其他形式的不滿也可能造成疏離式和諧，以 M6為例，他和太太娘家的親戚就是疏離式和諧。M6認為他岳母很勢利眼，喜歡學歷和財富，瞧不起他這個一窮二白的女婿。初婚時他岳母對他反感很大，甚至羞於介紹他這個女婿給親戚們。M6說：「我和太太的家人處得很差，只是我現在比較沒表面化。」「我也知道，很多親戚在講我，我都很氣，表面上我不會表現出，只是少去他們那邊。」「其實我不介意一定去維持和某人的關係，只是不讓關係太惡化，大家還會再碰面。」

　　M6試圖以「沈默是金」來克制自己，敎自己不要隨意發表對親戚不滿的言論，以免傷害對方、惡化關係。「自我克制」是辛苦的功夫，若輔之以「疏離」則容易多了。因此，為了不讓潛

隱的不滿四處溢出，自然的疏離似乎具有調和紓洩的功能。疏離之際，自我懺悔一番，亦相當有助於表面和諧的維持，不致因過度不滿而招致關係破裂。

⊙公然結怨‧情義不再

「結怨」也是產生疏離式和諧的重要原因，B2和她主管之間的經驗即是如此。這位主管未上任前是 B2 的學長，彼此相互照應、鼓勵，關係良好。但他上任之後卻一改過去的角色關係，重要會議沒有讓 B2 參與，開檢討會時嫌她寫文章軟叭叭的，讓 B2 覺得是公然羞辱她。雖然 B2 以「笑一笑」來回應他，卻認為「樑子已結下了」，從此「*不會跟他那麼坦誠了，以前會跟他講真話，但現在那一面就收起來了，不必有建議了。*」

以前 B2 會把這個單位當「家」，在外面獲知任何消息，就想「回饋」這個單位，以代表對這個單位的「職責」與「關心」。現在則寫完文章就走了，把「真話」收起來，以免踩到地雷。同事們也多不服氣，要搞小圈圈反制主管，B2 雖不加入也不反對。B2 雖試圖找各式理由來諒解他的行為，可惜，對他不再存有情義，心理上的距離也愈來愈遠了。既然嘗試諒解，則怨懟銳減，至少疏離式之表面和諧尚可維持。

⊙心結既深‧各懷鬼胎

F13 也和她上司「結怨」，但處理方式不同，結果也就不同。有一次，F13 和她同事在上班時間看自己的書，上司看到後就指責她們怠忽職守又乾領高薪。後來 F13 發現上司是對另一件事不滿，藉此遷怒發牢騷而已，因而讓 F13 甚感不平。自此後，F13 就對其上司充滿泛道德性的負面評價且刻意疏遠他。她說：「*以前我對他的評價就很低，覺得他是沒有職業道德的人，心裡不會去尊重他，他令我覺得他沒有資格做我的老闆。所以見到*

他，我很冷淡，只是表面上客氣。他做他的事，我自己做好自己的事，盡量不要接觸。」但是，少接觸並不表示就沒事，公事上難免還有所接觸，例如 F13如果達不到上司的要求，上司又來個人身攻擊，F13就更是：「非常不喜歡他，看都懶得看。看到他令我厭惡、不舒服。」後來，依據 F13的描述，她只挑無關緊要的事做，其他事就不理不睬。因是公家機關，上司也拿她沒輒，所以就各懷鬼胎，祇剩下表面的和諧，但是心結甚深。由於 F13並沒有因時間的延續而淡化對其上司的負面評價，以致這冰冷的疏離式和諧關係嚴重地影響 F13的工作情緒與態度。

小結

　　總之，虛性的疏離式人際和諧所揭櫫的是一種表面的和諧，這是在實性投契式和諧已然不可能的情況下，以保持距離的淡然關係維持住一虛假的表面和諧，內在心理則不斷地退卻疏離，以求取一個對自我真誠的空間。

　　從訪談資料中可以發現，當事人面對價值觀不合的人，或賦予負面評價（如不喜歡、不欣賞、不服氣或看不順眼）的人，為了避免發生衝突，則以保持距離的方式，給自己一個舒活的空間，以面對自己的真實感受與評價，並保有一個悠然自在的自我。在不得已又必須有所碰觸時，則以形式化的禮儀行為維繫一個淡然的和合關係，除了可以避免關係惡化、傷人又傷己之外，又可成就一個與人為善的理想我。

　　如果不幸與人發生衝突，疏離則是最佳的關係休止時空，它提供認知轉化的空間，也讓衝突後的情緒得以沈澱而撫平；減少碰觸機會，不但減少再衝突機會，也醞釀再譜新曲的契機。另外，從社會交換（social exchange）的觀點來看，人際互動是一

不斷產出與回收的過程。如果對方的回應令人不滿意，卻又無法
改變其產出，在此不公平的狀況下，通常第一個反應是減少付
出。那麼，以保持距離與消極被動來作為對不平的反應，也不失
為減少付出的機會與質量，且保持公平感、平衡感之辦法。

　　疏離式和諧由於對應投契式和諧，因而最容易發生在朋友之
間。朋友關係既非血緣親人，亦非工作上的利害關係人，原本就
是可分可合；若以「疏離」相對待，則表面之淡然和諧關係最易
維持，對關係之傷害性也最小，此即「君子之交淡如水」所具有
的一體兩面之效應。但是，若在無法斷裂的親友關係，抑或必得
不斷接觸且相處的工作或朋友關係上，祇有靠「暫時的分離」、
「似接觸實分離」（如貌合神離，沈默以對等）、「以中介人為
連繫橋梁」等方法來保持距離，以獲得疏離式和諧。這種種保持
距離的方法在在都指涉著，疏離式和諧是以「形式取向」作為接
觸時的主要行為法則（見圖6－5）。形式化取向係指以禮儀式行
為、貌合神離，表淺難以深入等方法，達到雖接觸卻又有距離感
的疏離效果。

　　就如投契式和諧是實性人際和諧中的原型，疏離式和諧也是
虛性人際和諧中的原型。疏離式和諧作為虛性和諧的原型是指：
它不但可以擴及至各種關係中，以一種相當穩定的形式存在，同
時也可以以它為中介作正向或負向的轉化。正向轉化是指：在疏
離期間，若眾多禮儀式行為及不斷積累的善意回應，使得當事者
的情緒得以沈澱，認知得以轉化，那麼，表面化的疏離式虛性和
諧將逐漸轉化至區隔式的部份和諧，甚而轉化至實性和諧。另一
方面，負向轉化是指：在疏離期間，若促使疏離化的前置條件不
見改變，加上負向互動行為又不斷地積累，使得情緒無法撫平，
認知無轉化空間，最後祇有使得疏離中的形式化取向更加虛化，

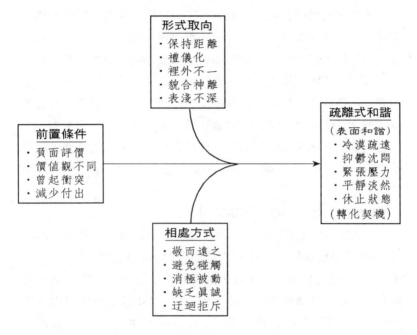

圖6-5　疏離式和諧之概念架構

以致負向轉化至隱抑式和諧。亦即變成在淺薄的和諧形式外殼下，內隱著隨時將洶湧爆破的情緒波濤（見**表6-4**）。

(三)隱抑式和諧

　　基本上，虛性「隱抑式和諧」是實性「親和式和諧」的對立面或其虛化之結果。親和式和諧主要是「因情而有義」，意指對自己的親人或最重要的人予以主動付出，付出關愛、情意，甚而自我遷就、委曲也無怨無尤。像這樣以對方為上的「誠」與「義」是建立在相對倫理之上，也就是對方應有對等的回應或回

饋，方才有實性的親和式和諧可言。一旦對方沒有適當的回應，
「誠」與「義」就像東流之水一去不復返，那麼，誠意受扭曲、
情義受阻挫，原本是一項甜蜜的負擔，最後徒留負擔與怨懟而失
卻了甜蜜，此即親和式和諧之虛化，亦即虛性「隱抑式和諧」之
根源。「隱抑」一詞指涉著在表面的和諧下，內隱著許多負面的
泛道德性評價，使人情緒激動與不滿，像一顆定時炸彈，容易受
引發而產生外顯的衝突。本研究將循此隱抑式和諧之特性，從受
訪者的敘說資料中，抽離且歸納出隱抑式和諧之各項特徵與發生
脈絡。

⊙情斷義絕・水火不容（兄弟之間）

　　以 M8 和他兄弟的關係為例，可以說明「隱抑式和諧」的特
性。M8 認為現在和二哥之間的關係可形容為「相當惡劣，水火
不容」。一方面 M8 對二哥從來就有怨懟，因為「他從小就沒有
顧到我，也沒照顧到媽媽。」另一方面，M8 對二哥付出相當多
的愛，二哥不但沒有體會到，甚至扭曲了他的好意。M8 說：
「我二哥失業時，我讓他在我公司做事。礙於他年紀大，粗重的
工作我叫他不要做，沒想到，居然變成我不給他面子，嫌他什麼
都不會。」舊怨未了，新仇再結，由於情意不斷受阻挫，誠意一
再受扭曲，M8 對此親情關係相當失望、痛心，且以「水火不
容」稱之。

⊙兩地分居・碰觸即爆（夫妻之間）

　　夫妻之間本應發展為親和式和諧或合模式和諧方有幸福可
言，但不幸的是，有些怨偶卻在「隱抑式和諧」中煎熬著，這可
以 M3 和他太太為例。M3 認為他太太有被迫害情結，她閱讀報
章雜誌之際，常常自喻為受害者，把 M3 視為該名混蛋，所以倆
人的衝突持續不斷。在 M3 有了外遇後，情況更形嚴重。現在倆

人雖未離婚卻已分居，一個在美，一個在台，彼此祇是偶爾以電話聯絡，暫時保持表面上的和諧，但這種和諧是「隱抑式和諧」。因為雙方都儘量避免引發爭端或提及以前的事。

　　但是一見面卻又不自主的吵架。如 M3 說：「相聚少卻時常爭吵，見面時，她總是怨言不斷，老是提及過去我所交往的女朋友及外遇的事，令我厭煩。……她若提起，我就提醒她目前狀態的穩定，請她不要無理取鬧，否則我會大發脾氣。像去年吃粥時，我大怒而摔碗，弄得地毯一塌糊塗，反而把情況搞得更僵。」顯然地，倆人分居時 M3 並未改變對太太的淡薄情義，還是繼續交女朋友，也未曾反思自己行為對太太所造成的負面影響；反而一味地維持先前的負面評價，毫不寬容地咬定她沒有與人和諧相處的本質。這一切都使得因短暫分離而獲得的認知與情緒空間，並未朝正向轉化，反而在虛假的表面和諧下，繼續醞釀潛藏著隨時引爆的情緒炸彈，衝突可能一觸即發。

⊙情意受挫・進退維谷（夫妻之間）

　　F5 女士現在也正因「情意受挫」而倍受「隱抑式和諧」的煎熬。基本上 F5 認為她先生是沒辦法給她安全感的，因為兩人一直是為錢吵架。原來她先生一直做生意，不但沒拿錢回家，反而周轉有困難，一直是由她幫忙調頭寸、開支票的。但是她先生做事又很散，經常忘記去收尾款，使得 F5 又生氣又害怕，對先生就更加計較與責備。F5 說：「我都覺得他不對，一直指責他、罵他，罵完之後，又覺得很孤單，好像世界祇有自己一個人。」由於 F5 當初是違背父母之意結婚的，如果現在放棄這婚姻，F5 就會覺得很沒面子，好像母親在冷眼看她的笑話。F5 自認很愛她先生，但有時候不免躊躇道：「我對他放了那麼多心，也許真的是我一廂情願，他根本不在乎我罷！」當然，這樣的懷

疑是很令人傷痛的。

　　去年開始她先生就去新竹上班了，每星期才回家一兩次。但是周末他都很晚才回來，禮拜天在家又一直睡覺，很少花心思在太太和小孩身上。F5相當抱怨地說：「我每次禮拜六就開始等他，七點、八點，到十一點，我火氣就很大，臉就很臭，……我即使不跟他大吵，心裡也是壓著。他每次都不講幾點回來，也不打電話，讓我又生氣、又擔心，講了很久也沒有用。」為什麼F5要生這麼大的氣呢？F5說：「祇要他一晚回家，我就覺得他不在乎我們。」

　　他先生對F5的抱怨有何反應呢？他說：這是無病呻吟，她有受害者情結。顯然地，F5無法做到對先生祇有付出卻不計較回報，而她先生也無法體恤F5的情份與內在擔憂，進而提供一份更堅定的承諾。於是F5就陷入進退維谷之中，日日怨艾。她說：「我現在都不愛跟他吵了，因為覺得很累，已經死心了，不想再要求什麼，強迫自己不要在乎他。」「有人說，先生出去像丟了，回來像找回來，我沒辦法這樣子，夫妻怎麼可以只是一個形式，沒有對家的心意在，我寧可不要這個婚姻。」

　　事實上，F5仍然無法改變對婚姻中「情份」的要求，卻也不敢毅然斷絕婚姻關係，每天浮沈在糾葛的情緒潮中，浪濤洶湧，載沈載浮，無一安心之處。受訪時，F5經常潸潸淚下，研究者實不忍卒睹，說不出她是「遇人不淑」，還是要說她「太死心眼」，看她形容憔悴，祇能為她痛心，卻也無奈。

⊙權威管教‧膽戰心驚（父女之間）

　　父母子女之間也可能處在「隱抑式和諧」中，不過這種關係大部份是單向的多，也就是說祇從子女的立場來感受。這可以F11和她父親之間的關係為例來說明。

　　F11認為她和父親的關係一直就很不和諧，因為她父親對家裡的小孩是採取軍事教育的方式，即對兒女管教相當嚴格，經常很兇的罵小孩或罰站。F11說她雖然祇被父親打過一次，但她不是被打大而是被嚇大的。她對父親的感覺祇有恐懼和害怕，聽到父親回家的車聲，就趕快坐好。她沒事絕不去找父親，如果父親自己來找，她就嚇得半死。有一次父親帶她去看病，她走在父親的右後方約隔一公尺左右，但她還是膽戰心驚的。甚至高中時父親晚上進房間替她蓋被子、關窗子，都讓F11嚇得半死。

　　F11說：「我怕父親的程度可能沒人可想像。我小學時似乎有二、三年不敢和他同桌吃飯，我會躲在房間裡，東摸西摸，很少和他說話，幾乎沒有。大部份都是我父親說話，我聽。」顯然地，父女之間似乎沒有發生過衝突，但對F11而言，與父親相處時內在是提心弔膽，欲離之而後快，相信這樣的內心世界與感受是她父親完全無法體會和察覺的。

⊙孤僻霸道・愛恨交織（母女之間）

　　嚴酷且權威的父親易與兒女形成「隱抑式和諧」，支配慾強且嘮叨的母親也會使子女與其相處在「隱抑式和諧」之中，這可以F5與她母親的關係來說明。

　　F5覺得跟她母親的相處一直很困擾她。F5說她母親是個孤僻的人，幾乎沒有任何朋友，心情經常很低落，精神也很差。母親經常會為芝麻小事生氣，一生氣就很激烈，亂丟東西。母親很少包容子女，也很少給F5溫暖的感覺。像F5打算嫁給現在的先生時，母親就嫌他學歷太低而極力反對。F5說：「她很生氣，不讓我嫁，把我先生罵得狗血淋頭，罵得很慘，我結婚時她就不參加。而且從我說要結婚開始，她就常打電話到公司罵我，一直罵，我把電話掛斷，她再打過來一直罵。在家裡就罵一整夜，我

睡著了，她還是罵，弄得我很痛苦。」F5還說：「我媽沒參加我的婚禮，我還是耿耿於懷，以後參加朋友、同事的婚禮，我都會有一點感傷。」

　　母親退休後，F5接她去住在一起。但母親卻未改其孤僻且喜歡漫罵的本質，因而把 F5的家庭生活攪得一塌糊塗。例如，她經常干涉 F5教育小孩的方式，嫌棄小孩髒且煩；她會和 F5的先生爭風吃醋，也經常曲解 F5善待她的好意；她在家裡很強勢，一個人霸佔大房間和客廳，弄得 F5一家四口擠一個房間，先生以此為藉口很晚才回家。F5和母親的關係就變得很惡劣，幾乎二、三天就吵架，吵完後，母親就回去和弟弟住，但是弟弟又常不在家，母親就向 F5哭訴說她很寂寞。

　　F5說：「我很矛盾，好像我應該跟她住，不跟她住，她會更可憐。但是，像我妹妹說的，我對媽媽的愛已經用完了，沒有了。我已經很傷了，不想理她。她就是一直冤枉我，隨便我做什麼事，她就會一直講反的，往壞的地方去。這些負面的東西，讓我好像背了一個不孝的罪名。」雖然母親好幾次都暗示著想搬回來住，但是 F5卻遲疑不決。她說：「好像我們的衝突是一觸即發，任何小事都可以吵起來，住沒多久又吵起來。」所以現在 F5陷入極矛盾的情緒，她對母親的情感是愛恨交織的。

　　F5也很清楚，她和母親的關係已不太可能會變好，如果她們再相處在一起，F5祇有自我犧牲，可是她又做不到忍氣吞聲，所以前景很沒有希望。F5很想逃避她和母親的關係，逃避後又覺得很內疚。她怕接到母親寂寞得想哭的電話，卻又開不了口說要接母親來住。F5正處在進退兩難，陷入膠著的困境中。目前她唯一能做的就是，偶爾帶母親出去玩玩，吃吃飯，吃完後趕快回家。F5說：「我很怕再跟她多講別的東西。」

⊙強勢支配・忍氣吞聲（婆媳之間）

　　F3未出國前和婆婆相處得很不和諧，可以說一直是在「隱抑式和諧」中煎熬著。根據 F3的說法，她婆婆原是個寡婦，祇有一個獨子，自認兒子相當優秀，故初期反對兒子娶 F3為媳。當 F3結婚後，婆婆即經常刁難 F3並給予難堪。例如要兒子公開表態，若婆媳不合時他要選誰。先生幫忙 F3做家事時，就責怪 F3想累死老公。F3生下孫子後，婆婆不但不肯抱，又嫌小孩子煩人，弄得 F3難以適從。F3唯一能做的就是「忍」，她說：「我受了委曲也不會說出來，只是在廁所哭，哭完就出來。所以我先生都不知道。但是先生在婆婆面前總是很孝順聽話，他不會給我幫助或支持。哭過之後也沒有別的解決辦法，只能告訴自己：那都是命。有一陣子，我看到有關婆媳的影片都會痛哭，常在夢中也想自殺。」

　　F3因採取壓抑式的忍耐，使得負面情緒無從舒解。另外，F3又得不到先生的支持，故生理、心理、精神各方面都倍感壓力。F3雖未曾與婆婆有正面衝突，但內在負面情緒的波濤洶湧，促使 F3一心直想跟著先生出國，以脫離苦海。回國後，婆媳關係雖有改善，但想起過往，F3說：「現在想起仍會有一點不舒服的感覺。」

⊙茶壺中的風暴（同事之間）

　　F5和她同事的相處即是一種典型的「隱抑式和諧」。剛開始她們兩人相處還算和諧，她同事結婚的時候她還陪著去添購嫁妝。後來，兩人的關係逐漸惡化，F5自己也搞不清楚為什麼，祇知道沒有什麼具體的事情發生。可能她同事很嫉妒 F5，上司對 F5表示好感，她就會直接反諷；若有人對 F5表示關心，她就會反擊；工作時的態度也很兇狠，傳票都是用丟的給 F5。

　　F5的反應如何？F5說：「我心裡很難過，大概我比較溫順，不會跟她發作，一直積，積很久。……我沒辦法兇她，我又不敢出聲，雖然我很氣憤，卻不敢撕破臉，只好忍氣吞聲，一直忍著，覺得壓力很大。……我離開那工作五、六年，連作夢都夢到她在欺負我。我好像一輩子沒這麼恨過一個人，她令我很不舒服，不太願意再回去，想到只要她在，我就不想回去。唯一我有勇氣作到的就是不跟她說話，我想我不跟她說話，就是反擊吧！」

　　這就是「茶壺中的風暴」，雙方雖未撕破臉，直接在言語或肢體上起衝突，但在非語言系統（肢體語言或擬似語言上）卻常短兵相接，弄得雙方每天情緒都極度惡劣。最後，F5還是受不了，祇好離職而去。

⊙刻意刁難‧以牙還牙（同事之間）

　　M3在公司裡是品管部主管，和生產部的廠長因工作結構的對立屢次發生衝突。雖然這些衝突多數由高級主管出面調停解決，但由於衝突時，M3態度相當強硬，面質時氣氛也常僵持不下，因而即使衝突在對方旳道歉下暫時獲得化解，但可能留下心中各懷鬼胎的後遺症。

　　如M3說：「經過了這麼多糾紛後，我對品管的要求不僅沒放鬆，反而管得更緊。因爲這本來就是我職責所應做的事，而且做事除了講求合法外，還有情理的考量。對方既然倍加刁難，我也祇好以牙還牙。雖然內心有想要整人的念頭，但都沒有付諸行動。其實，經常提問題詢問對方，也算是整他了。當然，通常我也會將產品的危險度誇大來嚇唬他。」

　　看來，M3果然是個吃軟不吃硬的人。基本上，他認爲廠長是個權力慾強且不誠實的人，喜歡向洋人（總公司）打小報告，

個人的專業素養有限卻又自大，做錯事時喜歡責備別人來自我防衛。所以倆人發生衝突後，宿怨難解。雖然 M3 儘量以公事公辦的原則來避免衝突，但是執法的嚴峻卻透漏著刁難的意味，這樣的明爭暗鬥也是一種「隱抑（潛爆）式和諧」。

⊙宿怨未解・明爭暗鬥（同事之間）

因「宿怨未解」而引致的暗鬥，是「隱抑式和諧」的主要特徵之一，M6的經驗正是如此。M6在調升職務時，其部屬公然反彈，讓他甚感挫折。對其部屬的窩裡反，M6的反應是：「我想，你給我記住，以後有機會再好好修理你。現在我不太理他，有什麼事，公事公辦就好了。」看來，另一場風暴即將來臨，現在則祇是「暴風雨前的寧靜」。

⊙不滿怨懟・忍而不爆（上司下屬之間）

M5曾和他主管有一段「隱抑式和諧」的經驗。基本上，M5也是對其部門主管充滿負面的評價。他認為主管的「德」和「能」都是公認的不好，人格特質是不理性又喜歡教訓人；專業知識不足又好為人師；部屬們對主管沒有向心力，只是表面上順從；工作歸工作，生活歸生活，意即公的方面儘量不和主管起衝突，私的方面則沒有同哭同笑。M5對待主管一直採取忍耐的方式，如 M5所說：「平時並不一定說毫無反彈，只是知道到了臨界點，應該要退回來，也就是說沒有引爆，沒有扯破臉。」

除了忍耐，未撕破臉之前又都在做些什麼？M5說：「背後講講他啦，或者當面對他有點頂撞，但是不致於給他下不了台。有時候會適度反彈，表示不同的意見，當他不接受時，還不會起衝突。」還有最重要的一點是：「一旦肯定和他這個人的關係沒有遠景之後，就不會去搜集他的優點，或者說眼睛都只看到他的缺點。」

顯然地，在忍耐的期間，M5對主管的看法不但沒有朝正向轉化，反而不斷地累加負面印象，以致蓄積不滿、怨懟等負面情緒。順其自然的結果，終究有引爆而撕破臉的一刻到來。

⊙包裝關係‧心照不宣（上司下屬之間）

M13覺得和他的主管之間相處得相當不和，因為主管做事太注意細節，寫公文時要避開老闆的姓氏名諱。而M13自認個性較大而化之、不拘小節，因此主管的領導風格使得M13做事礙手礙腳，兩人意見常常不一樣。不過，通常M13在據理力爭之後都會聽從主管的，因為他是主管。

這是維持一個表面和諧，骨子裡心照不宣。那麼，這樣的表面和諧有什麼特色？M13說：「就是會去包裝我們的關係。譬如在外人面前，讓人家覺得我們相處得不錯，有時候我也會尊重他做主管的一些權限，他訂的規則不算太不公平的話，我也會去遵守它，而不是一味地反抗他。……在外面碰到第三者，我也會跟他站在同一陣線，一起fight。在外人面前，讓人家覺得我還是很聽主管的話，因為部門是一個整體，上下的觀念還是要有，這是一個工作倫理，這就是一種表面和諧，不要讓彼此太難堪，只要維持住「公」的部份，公事公辦就好了。」

除此之外，「私的部份沒什麼交往，他私人辦的活動我都不參加，公司的部份活動我參加的意願也不強，因為沒什麼話好說，沒有私交，也沒什麼交情。即使公事上要和他談談，也都覺得很不舒服。」

這樣的虛性和諧，乍看之下是採公私分明的區隔化方式來維持部份的和諧，但是事實上，即使公事上有所接觸，M13也都覺得不舒服。這就表示，唯有保持距離才有平和可言，一旦接觸就要按捺不愉快的情緒感受，這正是隱抑式和諧之特徵。果然，不

久 M13即和主管起衝突，接著離職而去。

　　雖然 M13曾嘗試用區隔化的方式，讓自己在公事上與上司保持部分和諧，但因未與上司建立私交，因而無法過渡到實性和諧區的「合模式和諧」。M13不但公、私領域區隔分明，在可建立私交的聯誼性活動都拒不參加，與上司保持情意上（心理上）的疏離。疏離之際，又未能淡忘或諒解上司的「缺失」，以致心懷不滿，一旦和上司有所接觸，按捺不住的激動情緒，自然容易與上司擦槍走火，而衝突外顯。依此看來，不斷在區隔式、疏離式、隱抑式三種虛性和諧中搖擺不定的人際關係，實在難以維繫，最後終以「關係斷裂」收場。

⊙溝通短路‧陽奉陰違（上司下屬之間）

　　F8與她的主管多年來也一直處在「隱抑式和諧」中。根據F8的描述，她對主管專業上的肯定、敬意與期待一直都很高，工作進行遇到問題時，她喜歡去找主管討論，也試著提出一些建議。結果主管不但沒有接受她的建議，反而直指她說話態度之不當性。這樣的「溝通短路」使得 F8感覺相當失望、不舒服，同時又氣憤不平。F8認為她用心做事，沒有得到應有的支持與鼓勵，反而惹來一身閒氣；她一方面想把工作推動得更好，卻又覺得與主管溝通不良，不但白費力氣，恐怕再受傷害，加深無力感。她經常想直接表達關於工作的意見，卻擔心又因拿捏不準說話的技巧，不小心又傷到主管的自尊心。

　　F8面對這些兩難困境如何因應？F8說：「**我不跟他起衝突，意思是說，我從來就沒有說過什麼重話，也沒有當場說什麼難聽的話。我就是默默接受他的意見。**」F8從未和主管撕破臉，將衝突外顯，但是，在這沈靜的表面和諧下又潛藏著什麼樣的情緒與想法呢？F8說：「**也許我對他期望太高了，我的氣也**

就很難消解。……這個情緒持續了好多年，當我每一次提到這個主管的時候，情緒就非常激動。跟這個主管相處八、九年了。這種情形一直都有間斷性的發生，發生好幾次了。」

這些不愉悅的情緒又如何消解？F8說：「後來反正就是不談公事，我反正痛恨他，就跟他打屁呀！隨便談啊！談別的啊！沒事我也不主動去找他，被迫碰到了，就維持一個表面上的和諧關係。跟他在一起的時候，就是在應付、敷衍。」也就是說，F8收起了她的真心誠意，戴一副虛假的面具來和主管相處，她和主管的關係變得「互不相關」，又乏味又冷漠。

其實，她波動起伏的情緒暗潮一直未消解，祇能在暗地裡獨自舔舐著受傷的心靈。在工作方面，F8以區隔化及陽奉陰違來應付。F8說：「後來我的做法就是，在我個人的範圍內，我去做好它，可是我個人以外的事，就沒辦法管了，也不想管了。……要不然就是陽奉陰違，有些事情我按我的方式去做，不再跟他講。反正他很忙，他也不是所有事情都可能知道。」顯然地，情緒表達的內外不一致，迫使F8在工作行為上也採內外不一致（陽奉陰違），工作範疇也局限化（只顧自己不管他人）。看來，長期處在「隱抑式和諧」中，無論對個人工作關係或工作績效均有不利的影響。

小結

總之，虛性的隱抑式人際和諧所揭櫫的是一種裡外不一的虛假和諧，內隱著隨時可能衝破禮儀防禦面具而外顯的衝突。這是在和合性已遭破壞，但雙方的社會性關係（如親友關係、工作關係）卻又無法斷絕，或是雙方必得保持接觸的情況下，當事者祇好將對對方的不滿或敵意等負面情緒強行壓制下來，代之以一般

性的禮儀式社會互動。然而，內隱的不滿與敵意卻不安份，經常蠢蠢欲動，以致偶爾藉題發揮或擦槍走火。

　　若誠意受扭曲、情義受阻挫，也將使期待中的實性親和式和諧虛化為隱忍壓抑的隱抑式和諧。隱忍中若未能以寬容之心、寬恕之情將負面的認知與情緒加以轉化，則當事人反而猶如「自證式預言」（self-fulfillment prophecy）般，會「因預設一個人有罪，而拚命去找他犯罪的證據」。於是，不自覺地就賦予對方泛道德性的負面評價，就好像弄髒了一塊布就非得將它染得全黑才罷休。既然添加了泛濫性的負面評價，也就益加助長了內在的失望、不滿及憤恨不平等情緒。

　　另外，如果兩造曾經發生爭鬥式或糾葛式衝突，由於衝突外顯時，過度的情緒化模糊了衝突的焦點，或者使得衝突擴大而氾濫至其他本來無關之層面。在外顯衝突暫停或休止之後，因負面情緒未獲得適當的紓解或轉化，以致潛藏為隱抑式和諧。這些未解的外顯爭鬥將化為內在較勁；糾葛的情緒也將潛隱為蠢蠢欲動、伺機而發的焦躁不安。這些轉化也使得兩造再接觸時，以戴面具似地虛偽客套應對，背地裡可能極盡詆毀或憤恨難消；抑或一見面即相互對峙，互不相容，頗有爭端不斷再再磨擦起火之勢。這些人際互動特性，使得兩造之間更充滿懷疑、焦躁、敵意、拒斥與戒慎恐懼等情緒（見圖6－6）。

　　從受訪者的敘說資料看來，隱抑式和諧最容易發生在上下關係之間，如父子、父女、婆媳、上司下屬、夫妻等關係，而且片面地發生在居下者之身。在先秦儒家思想中，這些對偶關係本是以相對性倫理作為行為準則的；但秦漢之後，由於儒學的國家意識型態化，而使得相對性倫理轉化為絕對性倫理，和諧觀也從調和式和諧觀轉化為統制式和諧觀。這些轉化都使得本來以情義為

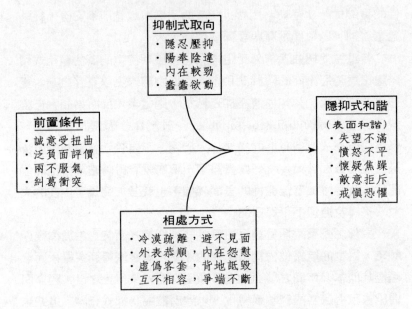

圖6-6　隱抑式和諧之概念架構

重的關係轉變爲以功效爲重，而功效的維持又有賴於居下者附從於居上者的威權、名分。

　　如此一來，居上者獨享威權帶來的尊嚴與恣意，相反地，居下者則要以委曲求全來仰望居上者的恩澤，才有些許舒活的空間。居下者在此完全外制且有限的空間之下，自然怨懟叢生；而且可預知即使撕破臉而衝突外顯，也祇有徒增困擾，對自己並無助益。在此情況下，居下者祇有將怨懟隱忍潛藏一途，讓自己久處於「隱抑式和諧」的煎熬之中，而居上者卻可能一無所知。這也正是隱抑式和諧以「抑制取向」爲行爲取向的意涵所在。

(四)各類型虛性人際和諧之間的轉化

　　從以上的討論得知，由於對應三種不同類型的實性人際和諧，虛性人際和諧也可就此再細分爲「區隔式和諧」、「疏離式和諧」及「隱抑式和諧」三種。此三種虛性人際和諧之間的辯證轉化係以「疏離式和諧」爲原型，正向轉化後爲區離式和諧；也就是由表面和諧轉化爲部份和諧，從內外疏離轉化爲範疇區隔，因而後者之和合性程度較前者爲高。疏離式和諧若負向轉化則爲隱抑式和諧，後者雖與前者一樣具有內外疏離之特性，但前者之內心保持平靜淡然，而後者之內在則情緒波濤洶湧，充滿焦躁不安，甚而瀕臨爆發之邊緣而引發外顯之衝突，故而前者之和合性較後者爲高（見**表6－4**）。

　　三種虛性人際和諧之基本行爲取向分別爲「領域取向」、「形式取向」（或禮儀取向）、「抑制取向」。由此亦可得知，三種虛性人際和諧爲了維持住人際之和合性，逐漸地由領域的區隔化逐漸地轉變爲雙方保持距離，進而再轉爲內心與外表不一致，最後甚至是戴上虛僞的面具以掩飾內在的眞實意向，而使得人際之間的和合性愈來愈小，差異性則愈來愈大。但因三者均屬虛性的人際和諧，其共同的虛性部份爲：當事者對對方缺乏信任，經常挾帶防禦之心與對方加以區分、隔離，且多以淡漠、消極、被動或拒斥對待。

　　三種虛性人際和諧的兩兩之間也各有所異同，以作爲彼此轉化之基礎。區隔式和諧與疏離式和諧之共同點爲：兩者均缺乏情分與信任，且有防禦之心，但都保有理性與平靜之心。相異之處則爲：區隔式和諧是當事者「多一分利益，少一點疏遠」；而疏離式和諧則是「多一分禮儀，少一點內外一致」。至於疏離式和

諧與隱抑式和諧之相似點爲：儘量與對方保持距離，裡外不一
致，甚而有不合作與拒斥之現象。相異之處則爲：疏離式和諧是
「多一點距離，少一分怨懟」；而隱抑式和諧則是「多一分隱
忍，少一點平和」（見表6－4）。

三、實性／虛性衝突的內涵及其轉化

　　在第三章中，本論文從大傳統（意識型態）文本中抽取出三
種和諧觀，即辯證式和諧觀、調和式和諧觀、統制式和諧觀；另
外，因對應此三種和諧觀，又論及三種衝突觀，即失合式衝突、
失調式衝突、失序式衝突。其中失合式衝突也是中國人衝突的基
型，其他種類型的衝突均由此轉化衍生而出。

　　在此節中，本研究將再以「和諧化辯證觀」、「虛實辯證」
及「虛實轉化」的觀照，作爲研究者的「表述性意識」之基礎；
以受訪者的敘說資料爲閱讀文本，對受訪者的「實踐意識」及
「表述性意識」做「雙重詮釋」，並進行重構，進而發展出有關
人際衝突的新概念與命題。研究者配合大傳統中的三種衝突觀，
根據衝突中問題的性質，以及問題焦點的清晰度，將實性人際衝
突再區分爲論理式衝突、抗衡式衝突，摩擦式衝突。由於人際衝
突中經常包含著緊張或焦慮不安的情緒，因此隨著情緒激動水平
的上升，實性衝突因而轉化爲虛性衝突。對應三種實性衝突，虛
性衝突也有三種，即抬槓式衝突、爭鬥式衝突、糾葛式衝突（見
表6－5）。圖6－7中也詳細勾劃出大傳統中的和諧／衝突觀與人
際關係中和諧／衝突類型之間的對應及轉化關係。

　　從「和諧化辯證觀」來看，和諧是實在界的本然，衝突則是
過渡現象；再從「中國人人際和諧／衝突的動態模式」來看，人

表6-5　各類型人際衝突之主要特徵及其轉化關係

	（問題）焦點化　——————————————————　情緒化					
	實性衝突　————————————　虛性衝突					
	論理式衝突	抗衡式衝突	摩擦式衝突	拾積式衝突	爭鬥式衝突	糾葛式衝突
行為導向	爭是非	爭權利	爭情義	爭意氣	爭輸贏	新仇挾舊恨
行為特色	據理力爭	施展權術	直言不諱	唇槍舌劍	廝殺對決	激盪擴昇
情緒感受	冷靜或激動、興奮	緊張、壓力、威脅、不平	焦慮、生氣、不滿、失望	緊張、不安、衝動、失控	憤怒、拒斥、敵意、隱爆	怨、恨、焦躁、無力感
化解途徑	認知著轉化（不執著觀念）	跳脫利害或權力框框	控制情緒轉移期待	截斷暫停冷卻情緒	計算投入成本脫離纏鬥陷阱	關係休止或斷裂
轉化方向	公理、正義工具化 淪為對抗之憑藉	理不直氣卻壯 流於為小事爭辯	爭辯不休 演變為針鋒相對	你來我往 陷入纏鬥不止	纏鬥不休 淪於糾葛不清	

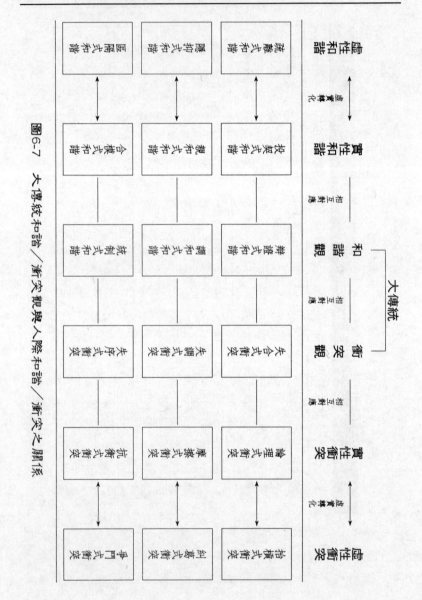

圖 6-7　大傳統和諧／衝突觀與人際和諧／衝突之關係

際和諧是在人際關係的脈絡中呈動態平衡，人際衝突則是人際不和的暫時外顯或偶發現象，它是以落入人際和諧的脈絡中，或以關係斷裂或休止爲終點。因此，爲了凸顯人際衝突的短暫性及快速轉化的動態性，以下關於人際衝突的描述、詮釋及列舉事例，均將各類型人際衝突之虛實並列討論，並且論及與其他人際和諧類型之轉化關係。

（一）論理式衝突／抬槓式衝突之內涵及相互轉化

⊙不打不相識

　　「論理式衝突」源於個人堅持自己的價值觀或是非判斷，爲了說服他人同意或支持自己的觀點，不自覺演變爲兩人間的爭議。F10和她同事之間的衝突即是一種典型的論理式衝突。

　　F10認爲她和她同事基本上是臭味相投的，也就是她們的人生觀或中心理念相似，都很重視公理與正義，很多事情彼此都談得很投機，但對某些事情的觀點不一樣時卻也喜歡辯來辯去，吵來吵去。所以 F10認爲她們是在吵架中慢慢建立起親密關係，是「不打不相識」的。那麼，她們之間的爭辯有何特色？F10說：「爭辯的時候，可以完全放鬆，把自己擺出來，不怕把她刺傷，也不怕她把你刺傷。你知道這樣是沒有關係的，她能接受，你也承受得起。」

　　在這種完全信任且投契的關係裡，論理式衝突的功能如何？F10說：「到最後雖然不能達成共識，可是會佩服她這個觀點不錯，雖然我不贊成。」

　　但是，論理式衝突並不是祇具有正向功能，它是失合式衝突的一種，故也具有相當多的緊張與威脅。如 F10說：「吵的當時很不舒服，因爲努力想讓對方來贊成自己。……吵的時候覺得威

脅蠻大的，擔心這個親密關係會破裂，所以兩個人就越說越小聲。有一種情形是這樣子，各退一步，然後突然發現我們都講同一件事嘛！然後就很高興兩人取得一個共識。」看來，衝突本身的確帶來負面的感受。但由於在衝突中，雙方都抱著學習的態度，全心傾聽對方的歧異觀點；察覺情況不對時，又懂得緊急踩煞車，各退一步，不讓情況惡化，以致不但能讓衝突的負功能消除，反而轉化為正功能。

如果過度情緒化，將使得實性的「論理式衝突」轉化為虛性的「抬槓式衝突」，即兩造都浸淫在激動的情緒氛圍中，論理的焦點反而模糊掉了。就如 F10 說：「另一種情形是，因為兩人的歧異蠻大的，就越吵越激烈，就被彼此的情緒左右，好像又不是情緒，是那種生理上的，那整個氣氛讓你覺得不越講越大聲不行，然後吵得不可開交，最後就不理對方，好像破裂了那樣子。」「互不理睬」是一種冷戰，也是一種人際關係的僵局。遇到這種情形，通常 F10 都會主動去打破僵局，因為她覺得同事的年紀較小，自己應該多照顧她。

顯然地，若不慎因過度情緒化而使得衝突失控，且演變成「抬槓式衝突」，最後還不得不以冷戰收場。此時若以包容的心及主動示好來打破僵局，那麼，這一切正向的衝突化解與和諧化行為，不但可適時地克服衝突對「投契式和諧」所造成的緊張與威脅，而且使雙方的關係向前推進一步。

(二)抗衡式衝突／爭鬥式衝突之內涵及相互轉化

⊙分配不平・據理力爭

「抗衡式衝突」源自個人覺得到自己受到不公平、不合理的對待；或者是自覺權益受損，挺身而出據理力爭。「不平感」是

引發抗衡式衝突的主要原因之一，而這種不平感通常都針對具體
的利益或權力上之分配不均而言。

　　以 F6 爲例，有一次她父母在分配財產時，給她的兄弟較多
而給她的較少，但在賺取財產的過程中則她的付出較多。對於父
母這樣的「不公平對待」，F6 的反應是，直接去找父母談，且
展開一連串的爭取性動作，最後她爭得她該得的。

　　F6 說：「基本上，我有理，所以我才會去爭取這些東西，
而不是無理去爭取。……在爭取時，我對我的兄弟蠻不諒解的，
感覺上他每次都會要比較多東西，而我比較少，所以我會對他有
些怨懟。」顯然地，當一個人感受到被不公平對待時，一旦他展
開公開性的爭權奪利動作，即開啓了「抗衡式衝突」，目的是爭
取到他認爲他該得的權益以維持平衡。但是，另一方面他會以充
足的「理由」作爲他「據理力爭」的基礎。換言之，抗衡式衝突
中「據理力爭」所根據的「理」是：就某方的權益立場來論理。
因而，「抗衡式衝突」與「論理式衝突」在外顯行爲上看是相
似，都是「據理力爭」，但是前者的內在動機是「爭權奪利」，
而後者的動機則爲「純論是非」。

　　衝突中總挾帶著許多令人不舒服的情緒，如 F6 說：「我憤
怒、生氣，我覺得不平。」尤其是聯想到「過去的每一次，他總
是如何如何……」的時候，由於將單一事件擴大聯想，因而使情
緒益加激化，且衝突焦點逐漸模糊；衝突也就跟著轉化爲「爭鬥
式衝突」，一種擬似「你死我活」的衝突。但 F6 說：「後來我
思索了很久，……我是一個比較自省的人，我的憤怒不會太長，
都會把它化解掉。」還好，F6 深諳情緒控制與化解之道。看
來，F6 不但未使「抗衡式衝突」激化爲「爭鬥式衝突」，而且
巧妙地獲得了該得的權益，最後又適當地化解己身的負面情緒，

因而未掉入「隱抑式和諧」的泥淖中。

⊙權力制衡‧以硬碰硬

M3在化工廠擔任品管部主管，負責品管與法令問題，由於職責所在，經常讓廠長（生產部主管）覺得是處處干涉他，很沒面子，而引發「抗衡式衝突」。例如，廠長向品管部要東西不遂，引發爭執，後經美國總公司裁示，品管部可逕自獨立。另外一次，品管部需化驗一批產品，不能立即出貨，廠長認為檢驗期太長，逕自向總公司投書抱怨，M3也以備忘錄型式回答，並指正其錯誤，而引發廠長大發脾氣。M3說：「這些爭吵多數會由更高級的主管出面調停，搞得整個會場像個法庭似的，雙方下屬為某個議題當面對質，弄得氣氛僵持不下。或許有時對方會道歉，但畢竟心中各有鬼胎，顯得太遲了。」

本來，工作部門間的種種衝突都有清楚的舊例與規則可循，若是暫時無所依循，高級主管也會出面協商調停，讓衝突的問題點可以對焦而不致擴大。但是，衝突中卻因擴大解釋不免情緒化。

如M3說：「孰料他在開會當場即大發雷霆，指責此非品管部職責，我們有越權之嫌。」M3又如何反應呢？他說：「我會以強硬的態度來反應，但基本上仍較他理性，不過我除了以牙還牙外，還會另加些諷刺的話回擊。」為什麼M3要強硬回擊且外加譏諷呢？M3說：「我覺得他是個不安定的人，他自覺以其廠長之尊，手下近四十名之多卻無法駕馭人數僅十名的品管部，無法施展其權力慾而有所不滿。而我又是個吃軟不吃硬的人，所以我會以硬碰硬的方式來對待他。」

顯然地，當事人以「權力越位」作為衝突的歸因，因而產生「權力抗爭」的抗衡式衝突。衝突中兩造又都缺乏情緒自制，不

但毫不退讓，反而以強硬且情緒化的方式相互回擊，致使衝突高昇而轉化為兩不相容的「爭鬥式衝突」，衝突焦點也愈發潛藏而模糊。這樣的爭鬥式衝突之後果是什麼呢？M3說：經過這麼多糾紛後，他對品管的要求不僅沒有放鬆，反而管得更緊，除了倍加刁難之外，還會將產品的危險度誇大來嚇唬對方。看來，外顯的明爭轉化為內隱的暗鬥。他們之間的緊張將持續不斷，而且衝突隨時可能引爆。

⊙對抗權威‧爭取自主

　　F10對她上司一向就很不服氣，在公的方面，她認為主管的專業化不夠，並不很了解她所作的事，卻又想主導 F10的研究方向，甚至修改她的研究計劃。在私的方面，F10認為主管的協調力不夠，不但不能排解部屬間的紛爭，反而製造更多的人際不和。所以 F10說：「早期我很想去刺他一下，就是以戰鬥的立場。每次我同事在我旁邊，就一直阻止我；不要跟老闆吵架。我來我覺得如坐針氈，跟他在一起，巴不得趕快把該講的話講完，然後就可以溜了。」看樣子，F10與其上司長久以來就一直處在「隱抑式和諧」中。

　　另外，F10不喜歡上司總是以類似長官教導小女子的高高在上的態度對待她，也不喜歡他以嚴父的口氣教她們一些做人處事的道理，更不能接受的是上司經常要求她做事要專業化，自己卻做不到。有一次 F10要請婚假，主管竟然找一個非專業的人來代班而放棄 F10推薦的專業人員，弄得 F10很不高興。而以比較激烈的言語跟他說話。後來又發生研究計劃被壓下以致無法參加年會報告之事，F10就對其上司愈來愈不信任了。F10說：「我想他也慢慢地感覺到我對他的不滿吧！因為除了那次對他語氣不好，後來前前後後又跟他吵了幾次，挑戰他的權威。」

最近 F10 又和他老闆起了爭執，老闆直指 F10 的態度不馴，F10 則反唇相譏，由於情緒激動，爭吵聲量很大，引起很多同事的側面問詢。F10 說：「那次吵得蠻厲害的，兩個人就這樣一來一往，你一句我一句。內容我已經忘了，只記得是氣呼呼嘟著嘴回來。」F10 習慣直來直往毫不修飾地說出自己與人相左的意見，且不輕易附和他人意見。F10 原先係針對主管的質疑予以反駁，因為她不同意「官大學問大」，她希望有平等的發言權，爭執的問題焦點很清楚，是一種「抗衡式衝突」。但在上司難以接受而直指 F10 的談話態度之後，F10 一時情緒激動地抗辯起來，這就轉化為「爭鬥式衝突」，像是一場針鋒相對、你死我活的「語言風暴」。風雨過後，兩個人祇僵在那兒，連吵架的內容都忘了。

像這樣龍捲風式的衝突風暴，給雙方的人際關係相當大的傷害，同時使得 F10 變得工作態度相當消極，即祇作例行性工作，而不願多費力氣去做研究工作。F10 現在就避開和上司接觸的機會，有事情則透過第三者傳話，兩個人暫時棲身在「疏離式和諧」中。截至目前，F10 仍堅定地說：「他既不是權威又要以權威的方式來對待我，所以我很不願意聽他說。」看來，F10 如果不放棄爭取平等發言的權利，他們之間的「抗衡式衝突」將還會不斷發生，甚至還有「爭鬥式衝突」上演。

⊙權力角力‧決鬥輸贏

M13 和他的直屬主管之間經常有「抗衡式衝突」。M13 認為他和主管在想法、價值觀方面有很多不同，但 M13 是資深業務員，屬於老鳥級的，所以主管很難帶他。他希望主管不要「管」他，他會主動把業績做好，彼此就可以相安無事（合模式和諧）；但主管如果管他，他就會不服氣。M13 說：「他太注意細

節，讓我做起事來礙手礙腳的，彼此間就好像有一條界限存在似的，他過來一點，我就刺他一下，他就退一點，兩個人都很清楚知道。」看來，他們兩人就一直玩著「權力角力」的賽局。

有一次，M13在公開場合頂撞其主管，主管也當場質問M13為什麼總是反對他，雙方都各堅持立場據理力爭，結果就僵在那邊。最後，還是 M13聽從主管的意見以化解僵局。但 M13說：「我聽他的，因為他是主管，但仍聲明我不服，我不 happy。下次再找機會贏他一次，這樣才能平衡一下，不這樣我不甘心。」於是，他們就彼此鬥來鬥去，贏過來又贏過，一直又在「隱抑式和諧」中勾心鬥角。

後來，有一次主管又訂了一個規則，M13認為很不公平，不想遵守，就私下去找主管理論，但主管不予理睬。M13一氣之下就遞辭呈，主管也未予慰留，兩造之間就此斷絕。看來，不斷地玩著「權力角力」的遊戲，也就不斷地蓄積著緊張的情緒，等到情緒積累至難以控制之際，一旦轉化為「爭鬥式衝突」，也就祇好以斷絕關係收場。

⊙反抗威權·維護己利（利之所在，奮不顧身）

F11喜歡以前的主管，因為主管可以讓她說想說的話，現在的主管則不然。F11說：「現在的主管則是我叫你該怎麼做，你就怎麼做，因為我是主管，你是部屬，你就該聽我的。這樣讓我很不以為然。因他如果有本事讓我信服，我願接受，但基本上他不具備這樣的條件，所以我不能接受，何況我也有自己的主張。」

F11希望上司的威權是建立在其真本事上，而作為一個部屬，她也希望自己有平等的發言空間，這樣的期待與權威型的主管是背道而馳的，因而 F11一直覺得很不服氣，也很委曲，情緒

向來就壓抑著，和主管相處則是在「隱抑式和諧」中煎熬著。

　　有一次 F11 和她主管終於爆發了「抗衡式衝突」。那是 F11 證券交易的盤中發生了一筆錯誤，F11 認為是主管出爾反爾造成的錯誤，而本來主管答應 F11 可以不賠，後來卻又反悔。F11 說：「結果他只去下一句話，到底誰是副理，你不用再說了。我就很火大，那一次我真的受不了，當時就很生氣的和他吵起來。因為我憑什麼你的一句話，我就得做這樣的損失，這一點道理都沒有，我覺得我沒有錯，他根本無理取鬧。」其實不論孰是孰非，主管以其副理之尊要求 F11 服從，F11 一方面不服氣，另一方面也不願輕易就損失幾十萬，為了維護自己的「權」（發言權）與「利」（利益），F11 奮不顧身，全力抗爭，最後以遞出「辭職書」作最嚴厲的抗議，同時也讓衝突高昇為「爭鬥式衝突」。

　　還好，此一你留我走的爭鬥式衝突因適時被攔截，而沒有惡化下去。但往後兩個月中，F11 與其主管間是「互不理睬」的「疏離式和諧」。

⊙伺機而發・展示實權

　　M5 對他的直屬主管很不服氣，且充滿負面的評價，所以他和主管一直處在隱抑式和諧中。亦即 M5 對其主管的不滿一直忍耐著而不撕破臉攤牌，祇是在背後說說閒話，或當面小小頂撞一下。M5 很小心，因為他覺得時機對他還不利，所以知道到了臨界點應該退回來，絕不引爆衝突。逐漸地，當他發覺主管的聲望愈來愈低，而自己的聲望又朝正面發展之後，他就解除他的容忍閾限，順其自然。

　　有一次，他的直屬主管反對 M5 蓋某一關防大印，但依行政程序而言，上級主管已批示可以蓋印了，因此 M5 就決定不服從

直屬主管而藉機和他起衝突。M5說：「我跟他起衝突純綷由人際關係來判斷是非，並不是在業務上來判斷是非，也就是我並非弱勢，其實我是強勢。因爲我和他上一級的上司立場一致，他一個人站一方。」看來，M5是想藉此「抗衡式衝突」的外顯來展示他所擁有的權力，他要告訴他的主管，雖然他的職位較低，但他有較多的支持者，是居於強勢；而其主管之職位雖較高，卻因不孚衆望而處於劣勢。

接著，隨著衝突的高昇，抗衡式衝突又轉化爲爭鬥式衝突，M5說：「他說我不需要你這個部屬，我說我不需要你這個主管。他說你給我搬出去，我說我永遠不回來，這才是一個徹底的衝突。結果我跑出去，我以後再也不回他的單位。」看來，他們兩人都情緒激化地把話講絕了，而形成你死我活的決鬥式對立，最後也祇好以「關係斷裂」來收拾殘局。後來 M5 先換了辦公室，二、三個月後再調到其他的部門，從此與主管互不相干。

⊙有錢斯有權？

「抗衡式衝突」中以「爭權奪利」爲行爲導向，而所爭的這個「權」，可能是指「做決定的權力」。這可以 F13 和她弟弟之間的衝突爲例說明。有一次 F13 的弟弟要買一輛新車，請求 F13 資助，F13 慨然答應。接著兩個人卻在決定買那一種車子上，因意見不同又無法取得協調而起了很大的衝突。她弟弟祇喜歡一種車型，F13 覺得太貴而持反對意見，她弟弟卻一再堅持自己的意見而要求 F13 讓步，讓 F13 覺得很不舒服。

如 F13 說：「我覺得既然我資助你，我也有權利決定買車子的事情，我們應該一起討論，他卻不遵守。他覺得他喜歡的車子，非要不可。……我覺得他很主觀地認定這是他的車，不肯聽我的意見，他只想達成他的目的。……我覺得我沒有平等發言

權，我覺得我應該有，可是他不給我，所以我拒絕跟他討論。」也就是說，她弟弟完全否決 F13所提出的種種建議，除了讓 F13覺得頗不受尊重之外，也讓 F13覺得失去了選擇的自由權，被迫去同意他。這種被強迫讓步的態勢讓 F13感受相當不舒服，於是 F13開始反抗。

F13反抗的方式是，拒絕和他弟弟討論。但是卻逃避不了，她弟弟一天到晚不斷地煩她，甚至打電話到辦公室去打擾她，使得 F13情緒相當惡劣。F13說：「我覺得我的精神都處在一種很緊張的狀況，壓力也很大，非常不舒服，晚上都睡不好，而且工作時受到很大的壓力。一回家就很緊張，又很焦慮，連帶其他負面的情緒都跑出來，而且跟他講話都粗聲粗氣的。」還好，情緒沒有繼續惡化下去而模糊了衝突焦點並轉化為「爭鬥式衝突」，他們終於找到一個退路將問題解決了。解決的方法是：F13不投資買車，那麼 F13對買什麼車子也就沒有權利過問了。這起「抗衡式衝突」也暫告一段落。

但 F13說：「不過我覺得那個事情讓我不舒服還是一樣，現在有時想到那件事情，對我來說是短暫的滄桑。」因為「那段期間，他也沒有把我當姊姊看待，平常比較親密的關係都沒了。」

F13姊弟之間原來是親和式和諧關係。「姊」友弟恭，F13經常全力支持其弟，弟弟也都主動關心 F13，彼此相互照顧，關係頗親密，但這是因情而義的親和式和諧。如果這次 F13也依往例完全支持其弟買車，則無衝突可言；祇有在 F13因付出太多倍感負擔沈重而心生怨言時，有可能產生「摩擦式衝突」。但這一次 F13讓利害關係滲透了親情關係，她以為發言權、建議權、決定權等諸項權利一旦建立在「金錢投資」上，應該可以更「理直

氣壯」。然而，卻因爭權益而引發了一場「抗衡式衝突」。結果雖然是「鎩羽而歸」，F13應該也學到「親兄弟明算帳」之古訓了。

⊙「長兄如父」何時了？

　　M1和他弟弟兩人相差十幾歲，M1對待其弟的方式可以「長兄如父」來形容，相當嚴格且多照顧。小時候M1教弟弟讀書，長大後繼續栽培他。M1說：「他從小到大一直很敬畏我，我對待他的方式也是無可挑剔，我把他當作我自己一樣，他的事就是我的事。」也就是說，從弟弟讀書、當兵、結婚、買房子，M1一路提供金錢資助到底，最後還讓其弟在公司上班，且當上分公司主管。因此，他們的關係基本上是屬於「因名而義」的合模式和諧。

　　結婚後，其弟開始和M1疏遠，過年或節慶假日不到M1家，家族聚會時也都自己一個人參加，太太和小孩則很少參與；跟M1只談公事，沒有其他層面的溝通。M1說：「我做了什麼事令他不滿意，他要這樣對我，我都不知道。……他有事都積在心裡不講，又愛胡思亂想，亂猜測，現在都不知道他把我想像成一個什麼樣的人了。」看來，兄弟倆愈行愈遠，讓M1心生疑慮，而使關係轉化爲「隱抑式和諧」。

　　後來，其弟打算離開公司，自立門戶，M1相當不悅，且甚感不平。M1說：「我很失望，畢業後我栽培、訓練了他三年，他都還沒有回饋就走了，我覺得對我是很不公平的，好像我這裡是補習班似的。……就中國人的師徒關係來講，他有師徒的需要，卻沒有師徒的道義。我有被背叛的感覺，公的來講，他忘恩，私的來講，他背義。」原來，M1最在意的是他的付出沒有合理的回報。M1又說：「我也告訴他，他的離開可能會引起他

人的流言蜚語，也許有人會說我們兄弟不和啊！或是公司內部有問題等，這些都是增加人家傷害我們的機會。」另外，M1也很在意外人對他們兄弟分家的批評，以及可能造成的傷害。因此，他不接受其弟出去自立門戶，以一連串「抗衡式衝突」，爲自我設定的父兄權益抗爭。

但是連續不斷的衝突終究使M1不自覺地情緒激化，而以更強烈的方式來抗衡。M1說：「我跟他說了一些重話，希望用這些重話可以壓壓他，讓他不離開，但是有些話說了就是收不回來。」換言之，M1原本打算以訴諸恩義來強制其弟就範，沒想到結果適得其反，反而弄得恩盡義絕，不歡而散。這也是抗衡式衝突轉化爲爭鬥式衝突的下場。事成定局之後，有些友人勸其弟回頭，但其弟卻抱怨M1沒有親自打電話給他。M1得知後說：「我很生氣，他怎麼可以這樣要求，我請人轉告他，不要在那邊電話打來打去了，叫他星期一直接到高雄上班就好了。」顯然地，M1態度仍舊強硬，不肯拉下臉來親自主動婉留其弟，結果其弟果然並未回去就職。

至今已經過一年多了，他們兄弟倆仍互不往來，也沒有連繫。M1很納悶地對研究者說：「我一直搞不清楚到底發生什麼問題，怎麼會弄成這個樣子，所以心裡蠻苦的。」看來，M1至今仍未領悟到真正傷害他們兄弟關係的人是誰。

(三)摩擦式衝突／糾葛式衝突之內涵及相互轉化

⊙互動頻繁‧摩擦走火（母女關係）

「摩擦式衝突」源自個人的自主受到限制，個人的情意未被領受，或者是對對方感到失望或不滿，這些挫折積累了一些負向情緒，隱忍不住而致衝出口頂撞。典型的摩擦式衝突可以F13之

例子來說明。

在一個星期日早上，F13起床後看到洗衣機裡的衣服尚未脫水，而母親已出去買菜，她就主動去將衣服洗好、脫水、晾乾。母親回來後，不但沒有稱讚 F13，反而挑剔 F13 做事方式有瑕疵。F13聽了心裡很不舒服，口氣不好地回了嘴後就不說話了。F13說：「後來鄰居打電話來約我們逛逛，我們就去了，這些事就算了。有時在情緒上無法控制時，我會說出來，一下子就好了，只是發洩，但不會想去衝突。」也就是說，F13體貼母親的心意未被領受，反而惹來責備。母女關係在這樣的情意受挫後迅速轉至隱抑式和諧，然後擦槍走火似地衝突外顯（即摩擦式衝突）後，很快地衝突又淡化，而落入疏離式和諧中，不久又藉著日常生活的習慣化互動讓母女恢復至親和式和諧。在這樣的和諧／衝突動態轉化中，短暫的摩擦式衝突主要是情緒舒洩的功能，對親和式和諧並沒有嚴重的負面影響。

⊙摩擦生電・克服倦怠（婆媳、母子關係）

摩擦式衝突有時候卻具有正向的功能，像 M6的太太和他的母親兩個婆媳間的關係相當親密，M6說他母親非常疼他太太，甚至讓人覺得比對自己的兒子還要疼愛；太太也非常照顧他母親，母親病痛時，她會全力找醫生、請假照顧等，好像是女兒在孝順自己的母親。但因兩個人個性都好強，做家事的方式差異很大，所以也常鬥嘴吵架，M6形容她們婆媳倆是一對「歡喜冤家」。

M6說：「他們偶爾鬥嘴、衝突，我覺得蠻好的，人有時也不要都沒吵架，吵架就像充電一樣，不然久而久之就淡了。他們一經吵架過後，就有段時間非常要好，而在某段時間後這種關係又會疲倦，疲倦後彼此看對方都很累。像我和我太太也會這樣。

……我跟我媽媽有時也會鬥嘴。」M6眞是將摩擦式衝突描繪得相當傳神。在親和式和諧中會長期地爲對方著想，但付出所帶給自己的負擔與限制，確實會造成疲憊倦怠。「摩擦生電」或許眞是親近關係中克服疲憊倦怠的良方之一。

⊙吵架成習慣‧情意被沖淡（摩擦→親和）

夫妻之間是摩擦式衝突最常出現之處，這種摩擦起火似的衝突形式似乎也是夫妻生活的必需品。這可用 F10和她先生的關係爲例來加以說明。基本上，他們夫妻的關係是一種親和式和諧，兩人彼此照顧，也互相依賴，已經變成一種自然，一種習慣。F10說：「他就好像是你呼吸的空氣或者水，是生活的一部份。」現在，甚至連吵架也變成一種習慣，一種生活。F10說：「剛結婚時會因意見不一致而吵來吵去，可是到後來，即使吵架也覺得無關緊要……因爲再怎麼吵也分不開，所以乾脆認命好了。」

那麼，究竟夫妻之間爲什麼而吵架？好像什麼事情都可能引發衝突，但最重要的是：心情很不爽，需要舒洩一下。如 F10說：「衝突發生的時候，就只是一時的情緒，吵完就算了。」吵完架後，又如何善後？通常是先冷戰，也就是雙方關係暫爲休止符，進入了僵局。然後，又是誰來打破僵局？F10說打破僵局需要契機。例如，冷戰時若兩人在一起看電視，碰巧又有機會兩個人同罵一個人或同時講一件事，僵局就打開了。顯然地，摩擦式衝突後，兩人進入疏離式虛性和諧，由於儀式化地生活如常，就產生了讓雙方轉化入親和式衝突的契機。

另一個打破僵局的方法是有人先道歉。F10說：「剛開始我都會比較壓低自己的姿態，因爲他是大男人主義，要他拉下臉來很困難。……現在是沒做錯事的人在道歉，因爲做錯事的人已經

心虛了，你要他再壓低，需要的勇氣不是大得多嗎？……橫豎兩個人是要和好的，拖延沒有意思啊！只是會互相傷害而已。」由於認定這個關係是不放棄的，那麼就一定要有人出來打破僵局。因此，他們相互約定由「比較不費力」的人來作這個工作，這樣不但較有效益，也比較不會傷害到「關係」。簡言之，在考量效益後，他們共擬了有效的和諧化方式，將疏離式和諧轉化回親和式和諧，同時讓兩人之間無所謂輸贏，平平安安、習慣成自然地生活在一起。

像這樣諸多「摩擦式衝突」給生活帶來的緊張情緒，雖未造成雙方關係的分裂，卻沖淡了親和式和諧原本該有的甜甜蜜蜜、溫溫馨馨的感受。如F10說：「我跟他的關係，一直到現在，感覺上就是一種生活，沒有特別好，不覺得很快樂，也不是水深火熱。」

⊙長久關係‧絕不惡化

（親和→隱抑→摩擦→糾葛→疏離→親和）

M5和她太太之間基本上是一種親和式的和諧關係，卻也常有摩擦式衝突。M5認定夫妻是一種長久不可改變的關係（他並不想離婚），所以不應該太用心機去對待，所以他不會花太多工夫去避免衝突或忍讓，因為他覺得忍讓是虛偽與緊張的。他認為諸如意見不同或家務負擔等瑣瑣碎碎的事因都可能引起衝突，但重要的是他認為女人較情緒化，而夫妻間的衝突則是情緒化成分占最重份量。

衝突時他會如何因應？M5說：「從爭論到大聲指責對方，就不講話。大聲指責對方，就要翻舊帳了。因為我警覺到這長久不可擺脫的關係，衝突的升級對雙方都是傷害。升級到一定程度，不講話已經降了一分。」顯然地，M5相當瞭解，在摩擦式

衝突中若不斷翻舊帳，將使雙方更加情緒化而轉化爲糾葛式衝突，同時也使雙方關係惡化。因此，每次在衝突中他都有意識地倏然停住，以免衝突高昇轉化。

　　衝突暫停後，M5又如何處理？M5說：「我處理衝突最重視時效。時間是一種催化劑，如果衝突沒有儘快解決，可能會產生更多種衝突，量、質也都會提高，深度會加深，所以要儘快解決。」所以，M5通常不讓衝突後的冷戰疏離時間超過二十四小時。他會主動給太太善意的回應，譬如找機會、找話題和太太講話，或者做一些具體的令她高興的事，甚至即使覺得自己是對的，也會向太太認錯道歉。這些善意的反應也會引起太太善意的回應，於是衝突就完全化解了。

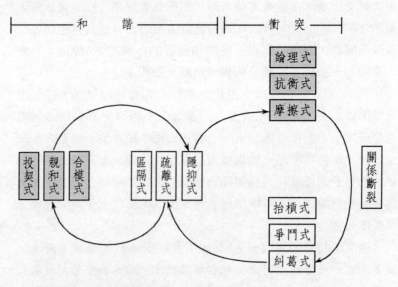

圖6-8　人際和諧／衝突之轉化流程（例一）

那麼 M5為什麼要先有善意的回應？M5說：「我覺得我年紀比她大，我程度比她高，所以先有善意的回應。」這樣的想法是包容，是寬恕，還是容忍？看來，M5是先抬高自己，再以居上位者的「尊者」心態，來包容居下位者，並給予居下位者一個迴旋的空間。簡言之，M5與妻子之間的和諧／衝突轉化迴路，也是在親和式→隱抑式→摩擦式→糾葛式→疏離式→親和式中循環著（見圖6－8）。

⊙沈默以對‧自然淡化（親和→摩擦→疏離→合模→親和）

有些合模式和諧的夫妻其衝突也多是摩擦式衝突。M9認為他是個很有感情和在意婚姻關係的人，只有婚姻是他盡力想去得到，家庭是他願意全力去承擔與保護的，所以他珍惜自己的太太和小孩，他也認為夫妻關係不同於一般朋友關係。因為朋友相交靠緣份，可有可無，太太則是自己最重要的人。他覺得他們根本就沒有什麼大衝突，只有一些瑣瑣碎碎的小摩擦。M9說：「衝突可能就是她覺得不爽，比如她覺得累了、不舒服，或是有些情況發生了啊。」M9也說，衝突時讓他較緊張，但感覺也還好。

他們又如何處理衝突呢？M9說：「大抵就是自然解決，也就是「惦惦」（沈默）這樣，大家好像都若無其事的方式，先把這個問題淡化、忽略它。就當作沒有爭執一樣，各自過自己的日子。很少所謂你罵我，我罵你這個樣子。」看來，M9這一對夫妻很少讓摩擦式衝突因情緒化而高昇轉化為糾葛式衝突，而是很快地將衝突淡化至疏離式和諧。

在疏離期間，他們又使用了那些和諧化方式讓兩人的關係恢復至原來的親和式和諧？M9說：「她做她的事，我做我的事，我管外，她管內，家裡的事她也照樣會作。……一兩天沒有事的話，我就主動去講話或是抱一抱她就沒事了。七八成我對太太很

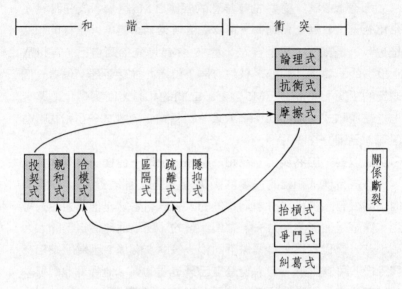

圖6-9　人際和諧／衝突之轉化流程（例二）

主動。」也就是說，疏離期間彼此依自己的角色規範生活如常，先使雙方轉化至合模式和諧，最後再由先生主動表達關愛，以讓雙方進入親和式和諧關係中（見圖6-9）。

⊙破鏡裂痕・無奈接受（疏離→隱抑→摩擦→糾葛→疏離）

　　摩擦式衝突後，是否有人先主動致歉退讓就一定能轉化至親和式和諧？不一定，這還要看主動致歉退讓之原因為何？這可以M2和他太太的例子來說明。M2認為他和太太在生活中總有些摩擦，但他都很警覺地要趕快處理，絕不讓衝突延續而影響未來的生活。但是事實上又如何？曾經有一次，太太把M5收集多年心愛的德國派克古董名筆全部丟掉了。M5很生氣地和太太吵了起來，但太太並不認錯，反而辯稱說：「不用的東西就是沒有用，

丟掉沒有用的雜亂東西，家裡看起來比較乾淨」。因此兩人的爭吵將有擴大的趨勢。這時候，M5就忍住氣，停止了爭吵，以免衝突繼續升高。

　　為什麼 M5 要這麼做？M5說：「我希望這事吵完就過去了，不要再把它擴大，不要再為這事影響到其他問題上。比如說鏡子打破了，裂了兩條痕，已無法回來，你再去弄它，搞不好多弄出幾條痕來，那不是更不能用了。假如說裂痕是缺陷，其實也無所謂，不必追求那麼完美。也不可能事事如自己的意。」換言之，M5是為了避免衝突擴大，徒使關係更惡化，祇好強忍住氣，接受事實以了事。

　　但是，為什麼是由 M5 來忍氣退讓以淡化衝突？M5說：「通常是我先退，其實這事明明是她錯，但從和她生活的經驗你會發現，要她先退讓，那是很不可能的事。唯一能讓她退一步的方法是，你先退兩步，她退一步。你讓步她也讓步，衝突自然減輕。」M5又說：「我太太，因為她是從來不願承認錯誤的人，她從不願意先退。你已碰上你的伴侶就是這樣一個人，要改變她的性格不容易，……能怎麼辦？」M5聳聳肩，露出一臉無奈的苦笑，好像在告訴研究者：秀才遇到兵，有理說不清。原來退讓不是源自寬容或包容，而是不得已。

　　衝突淡化後，是否真的就事過境遷？M5說：「我現在有時還會提起來，你看又把我東西丟掉了，……其實這是你的習慣。」也就是說，以後再遇到雷同的狀況，M5總是不免舊事重提一下。看來，強忍住氣，無奈接受事實，祇是讓關係不致惡化斷裂，卻無助於將關係轉化至實性和諧區。而他倆關係仍停留在疏離式虛性和諧中，試圖讓習慣化的日常生活步調將衝突淡忘掉，偶爾勾起記憶，即轉化進隱隱作痛的「隱抑式和諧」中（見

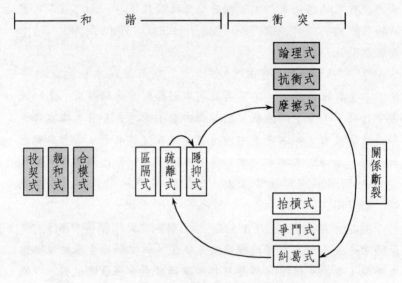

圖6－10　人際和諧／衝突之轉化流程（例三）

圖6－10）。

⊙糾葛循環‧耗竭乏力（摩擦→糾葛→隱抑）

　　F8原本期待與先生之間能擁有親和式的和諧，亦即兩個人是平等對待且彼此互相支持、幫助的關係。但是事實卻與願違，他們經常為了家事的分工問題起衝突。因為她先生雖然在理性上（口頭上）同意分工，但在行為上卻常藉故拒絕或推拖怠慢，使得F8不覺邊生氣邊催他做（尤其是F8自己很忙很累的時候），或乾脆自己動手做了。如此下來，F8就覺得她除了要工作，在家事的分擔、對先生各方面（精神上等）的支持等都做得比先生付出的多很多，於是就心感不平衡而迭生怨言與憤怒。如果祇是生個氣、吵個架、起個口角，還祇是停留在摩擦式衝突；然而，

他先生不但未試圖淡化衝突，反而也加入戰場，指責 F8 的態度、人格、脾氣等，甚而漫罵三字經等，F8 情緒再受渲染，又反罵回去報復，結果就變成你來我往地罵來罵去，雙方情緒都不斷益加激動、高漲，最後轉化為糾葛式衝突。

糾葛式衝突如何結束呢？F8 說：「就是不歡而散，有時候就一個人走出家門隔離一下；有時候就冷戰不說話；有時候就繼續罵、繼續談，到最後實在沒有什麼力氣了，情緒就會比較緩和了，語氣也會比較和緩，因為實在太累了。」這些都祇是暫時的停戰，大部份的時候他們是在「隱抑式和諧」中，因為衝突是隨時可能再發生的。F8 說：「我們這樣衝突下來，到最後變得一觸即發，都變成固定的模式了，相同的問題、相同的吵架、相同的結束，就是固定模式。只要你開個頭，挑一個眉，臭一個臉，那就可以開始了，那個循環就開始重演，每次幾乎都一樣。」看來，現在 F8 與她先生的關係是在隱抑式和諧→摩擦式衝突→糾葛式衝突三者之間循環（見圖6-11）。

這樣的循環鏈帶給 F8 的影響是什麼？如 F8 說：「跟你在一起很痛苦啊！我已經需要你幫忙了，你還來跟我鬧，我已經沒力氣去處理了，常常我希望的都得不到。」也就是說，F8 因工作家務兩頭忙，就像一根蠟燭兩頭燒，已經快到窮途末路了。然而在發出求助訊號之際，不但未獲得配偶的支助，反而被落井下石。於是 F8 覺得在這個關係中，她是被「虐待」、被剝削的，她放棄了許多在工作上可能再發展的機會，遷就先生與自我犧牲的結果，祇落得有更多的無力感。

再則，F8 說：「這一次次的衝突給我一個感覺，就是說，我們兩個力量都很有限，我們兩個現在狀況都很不好，壓力都很大，在生涯發展上都不順利，其實兩個人都很挫折，很沮喪，都

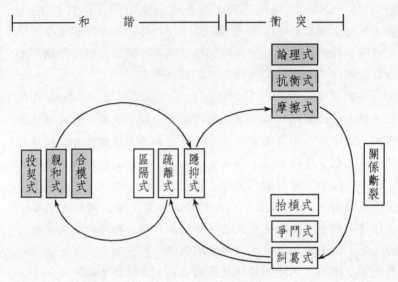

圖6-11　人際和諧／衝突之轉化流程（例四：衝突循環鏈）

沒有太多力量去幫對方、去支持對方，自己都自顧不暇了，兩個
都吃不消。衝突只是表示我受不了了。」F8一直有被拖累的感
覺，但是長期衝突的結果卻使雙方都陷入困境之中，兩個人都顯
得欲振乏力。F8形容他們現在的關係是「老牛拖破車」。

　　像這樣拖累人的衝突循環鏈要如何打斷？F8幾度想從這個
關係中出走（即離婚），卻都被先生婉留了。F8想要放棄自己
的發展，認命做個全心為家庭付出的人，但是她不甘心，也沒信
心，因為一來她不能接受「能力比較好的人放棄自己的機會去幫
助能力比較差的人」這個道理，二來她也擔心先生是個扶不起的
阿斗，這樣的的決定可能弄得兩頭落空。還有一條路則是先生放
棄自己的發展來幫助F8發展，但F8知道這祇是一項奢侈的期

待，因為在目前的社會結構下這是不可能的，何況她先生也不願意。

　　最後，F8希望自己變成一個「女超人」，擁有超乎常人的能力，來踢掉所有的絆腳石，而跳脫出困境。可惜，這祇是個「幻想」，「事實」是：F8現在就像實驗籠中的老鼠，在試過條條可能走出困境的路徑都發現行不通後，力氣已消耗殆盡，祇能無助地坐下來困守愁城。看來，這個「衝突循環鏈」短期內仍不會斷裂重組，F8和她先生只好繼續受苦受罪。這樣的倍受煎熬使得F8在受訪時不覺地幾度淚眼潸潸，研究者受到感染，也不免心情沈痛，幾天無法再做訪談。

(四)各類型人際衝突之間的轉化

　　相對於辯證式和諧觀是中國人和諧觀的基型，投契式和諧應為中國人人際和諧的原型；由於對應於辯證式和諧觀的是失合式衝突，那麼源自失合式衝突的「論理式衝突」，也就成為中國人人際衝突的原型。「論理式衝突」源於個人堅持自己的價值觀或是非判斷，為了說服他人同意或支持自己的觀點，不自覺演變為兩人間的爭議。這正符合呂坤在《呻吟語》中所言：「爭言起於人各有見」，或曰：

> 「君子與君子共事，未必無敗，乃意見不同也。
> 今有仁、義、禮、智、信者五人共一事，
> 仁者欲寬，義者欲嚴，智者欲巧，信者欲實，禮者欲
> 文，五相濟則事無不成，五有主則事無不敗。」

意見不同、價值觀相異也就成為所有人際衝突的基本前置條件。

　　中國文化也不斷地賦予「論理式衝突」中的行為特色「據理力爭」以正當性。但是,「據理力爭」的過程中可能含藏著個人的私慾或私利,公理、正義因而淪為個人爭權奪利之工具,於是「論理式衝突」就此轉化為「抗衡式衝突」,後者是一種發現到利益或權力分配不均,或個人自覺權益受損而引發之衝突。這也正符合呂坤在《呻吟語》中所言:「爭利起於人各有欲」。

　　如果理不夠直,氣不夠壯,或是據理力爭者祇是日常的小利小益,那麼「抗衡式衝突」就容易流於瑣瑣碎碎的「摩擦式衝突」,這是一種充斥著情緒發洩的衝口頂撞,衝突的問題焦點此時也就更加模糊了。

　　無論是論理式的爭議,或是宣洩式的摩擦頂撞,如果以為真理可以愈辯愈明,道理可以愈說愈清楚,或者心意可以愈表明愈被接受,於是爭辯不休下去,最後將會淪於唇槍舌劍似的針鋒相對。相同的,抗爭權益所引發的人際衝突,如果當事的兩造各自僵持不下,你來我往纏鬥下去,最後可能演變為廝殺對決,要爭出個高下或輸贏才停止。這樣不計成本的陷入纏鬥陷阱,不但拉長了衝突的時間,也容易因積累過多的新仇舊恨而流於糾葛不清。這樣的衝突不斷,與其說爭權奪益,不如說是爭一口氣。此時,實性衝突也已因充斥著情緒氛圍而轉化為焦點模糊的虛性衝突了(見**表6－5**)。

第四節　　總結與討論

　　本章的主要目的是以紮根理論的質化研究法,對本論文所提出的「人際和諧／衝突動態模式」進行實徵研究,一方面藉以檢

証或修正既有的概念與理論模式，另一方面又可進一步擴充或發展相關的新概念與新理論。這樣的目的在本研究中已經部份達成。

　　首先，本研究已成功地將大傳統中的和諧／衝突觀，與「和諧／衝突動態模式」中的虛實人際和諧／衝突抽象概念結合起來，進而從質化資料中建構出日常生活世界的六種人際和諧基本類型，以及六種人際衝突基本類型（如圖6－7所示）。也就是說，大傳統中的三種和諧觀（辯證式和諧、調和式和諧、統制式和諧）對應到生活世界中的人際關係，可以建構出三種實性人際和諧（即投契式和諧、親和式和諧、合模式和諧）。此三種實性人際和諧透過虛實轉化機制後，可能分別虛化為三種虛性人際和諧（即疏離式和諧、隱抑式和諧、區隔式和諧）。相同地，大傳統中的三種衝突觀（失合式衝突、失調式衝突、失序式衝突）對應到生活世界中的人際關係，也可以建構出三種實性人際衝突（即論理式衝突、摩擦式衝突、抗衡式衝突）。此三種實性人際衝突透過虛實轉化機制後，也可能分別虛化為三種虛性人際衝突（即抬槓式衝突、糾葛式衝突、爭鬥式衝突）。

　　基本上，除了三種實／虛性人際和諧之間分別具有虛實轉化的關係外，六種人際和諧之間也是具有轉化性關係，而不是互斥性的。也就是說，此六種人際和諧是在兩造間的和合性與差異性（分別性）兩力相互消長（辯證）下，呈現量變而質變的轉化性關係。此六種人際和諧也因其和合性／差異性程度之不同，而在虛實（和諧）的不同程度上呈現出次序性（見表6－4）。其中和合性（實性和諧程度）最高者是投契式和諧，其次分別為親和式及合模式。另外，差異性（虛性和諧程度）最高者為隱抑式和諧（也是一種表面和諧），其次分別為疏離式及區隔式，區隔式和

諧因屬部份和諧（部份不和），故處於虛實轉化之交界地帶。

　　此六種人際和諧的分類是屬於朦朧類別（fuzzy category）（Rosch, 1978），也就是說，各類型之間彼此具有家族相似性（family resemblances），這也是自然類別的特色。但六種和諧類型仍各自具有核心屬性，即分別爲本眞取向、情義取向、順適取向、領域取向、形式取向、及抑制取向的人際取向。另外，六種和諧類型在情緒感受、相處方式及關係對象上，也有所不同。雖然實虛性和諧可以分別再細分爲三類，但實虛性本身即是一種高階的類別，也就是說，實性和諧的共同性是雙方彼此信任、支持、接納，且互動特性是積極主動的；虛性和諧的共同性則是雙方彼此防衛、拒斥、隔離，且互動特性是消極被動的。

　　相同地，三種實／虛性人際衝突之間除了分別具有虛實轉化的關係外，六種人際衝突之間也具有轉化性關係，而不是互斥的。也就是說，此六種人際衝突是在兩造間的問題焦點化與情緒化兩力相互消長（辯證）下，呈現量變而質變的轉化性關係。此六種人際衝突也因問題的具體性及情緒介入程度之不同，而在虛實（和諧）的不同程度上呈現出次序性（見**表6－5**）。其中問題焦點最清楚者（實性衝突程度最高）是論理式衝突，其次分別爲抗衡式及摩擦式。另外，情緒介入程度（虛性衝突程度）最高者爲糾葛式衝突，其次分別爲爭鬥式及抬槓式。摩擦式衝突因多爲擦槍走火似的情緒疏洩，故處於虛實轉化之交界地帶；糾葛式衝突則因經常是新仇未了而舊怨再結，使衝突擴昇至千頭萬緒、錯綜複雜，完全失去了衝突之焦點，故列於虛性衝突之最極端。

　　此六種人際衝突也是屬於朦朧類別（fuzzy category），也就是說，各類型之間彼此具有某些相似性。但六種衝突類型仍因其引發衝突的行爲動機之不同，而各自具有其核心屬性，即其行爲

導向分別為爭是非（論辯真理）、爭權奪利（爭自主、爭利益）、爭情義、爭意氣、爭輸贏及新仇挾舊怨。而六種人際衝突中的行為特色也各有不同，即分別為據理力爭、施展權術、直言不諱、唇槍舌劍、廝殺對決、激盪擴昇等。另外，六種衝突類型在情緒感受及衝突化解途徑上，也分別有所不同。

此外，本研究還發展出關於各類型人際和諧／衝突間轉化關係的命題，以及初步勾勒出影響各類型人際和諧／衝突的相關因素（見圖6－1至圖6－6）。這些命題與相關因素提供了未來進行系統性研究的基礎。

在本研究中最值得討論之處是：挾帶既有的理論來從事紮根理論的質化研究，是否違反紮根理論的基本精神。事實上，Glaser & Strauss（1967）鑑於六十年代社會科學的學生只懂得如何掌握大理論及測試理論，而不懂得創建新理論，不但忽略了被研究者的主體性，而且淪為測試理論的普羅大眾，於是創立紮根理論研究法，希望研究者藉此方法可以從資料中發現新概念及新假說，且讓理論與生活經驗更貼近。因此，紮根理論相當強調研究者應該拋開所有的理論預設，讓資料自然浮現出新的建構。

紮根理論並沒有在本體論、知識論及方法論等層次上完全顛覆實證主義，而祇做了部份的批判與修正（見表6－1）。反而是，為了建立一套從歸納資料到建立理論分類與關係命題的研究程序，紮根理論特將實證主義中常用的科學法則重新界定且修正後，納入研究策略中，以增益其研究法的嚴謹度，並歸入科學實徵研究的行列，因此紮根理論被劃入「後實證主義」（post-positivism）的研究典範中（Denzin & Lincoln, 1994； Guba & Lincoln, 1994）。由此可見，紮根理論本欲超越實證主義（trans-positivism），不料卻反而陷入實證主義之窠臼，將研究

者的主體性隱藏起來,而成爲超級實證主義(hyper-posi-
tivism)。

　　紮根理論主張「研究者本身就是發展理論的工具」,同時也
認爲,在研究過程中「研究者是價值負載者」。所以,一方面鼓
勵研究者在研究前要熟讀相關文獻,以增加理論的敏感度;另一
方面卻又要求研究者要多「自我反思」,不要讓研究者的主觀性
「污染」(contaminate)了研究。從這裡我們可以看出,紮根
理論一方面向自然主義典範(naturalist paradigm)(Lincoln &
Guba, 1985)(見表6−2)靠攏,一方面又部份地固守在實證主
義的陣營中,這樣的自相矛盾也使得運用紮根理論的研究者經常
陷入困境之中。因爲抑制了研究者的主體性,可能讓質化研究淪
於資料推衍(data driven)式的理論建構,這種方式充其量祇能
產生諸多瑣碎的低階的實質理論(substantive theory),而無法
完成更高階的系統性的形式理論(formal theory),如此一來,
紮根理論想要建構理論的美夢也將嚴重受挫。

　　若以詮釋學的概念來看,紮根理論所陷的困境是可獲得解脫
的。詮釋學認爲理論的建立並非祇是由下而上,而是研究者和被
研究者在對話的過程中共同建構的(畢恆達,1996),研究者的
先前理解會影響其對世界的理解與資料的選取。而且研究資料的
解讀是在「詮釋的循環」(hermeneutic circle)❹及「雙重詮
釋」(double hermeneutic)中進行的。也就是說,紮根理論中
所主張的,研究是在文獻回顧、資料蒐集、資料分析與撰寫之間
不停地來回相互影響、比較的一個循環過程(Strauss & Corbin,
1990)。這樣的主張正與「詮釋的循環」中的「部份與整體關
係」之說法吻合(畢恆達,1995)。

　　因此,研究者以「詮釋的循環」的規則來解讀受訪者的敘說

資料，正可呼應 Schutz（1973）之主張以「二度解釋」（the second degree of interpretation）來建構理論模式，同時符合 Giddens（1979）的「結構的雙元性」（duality of structure）❺，以及黃光國（1995）一再強調的「雙重主體性的彰顯」❻。換言之，資料本身是不可能自然浮現建構的，而是要研究者帶著自身的先前理解，且運用自己的理論架構重解資料中所展現的行動者的「表述性意識」及「實踐性意識」（Giddens, 1979, 1984），方有可能建構出理論模式。

　　總之，本研究者以「和諧化辯證觀」中關於和諧／衝突之基本性質與關係為思考基模，且以根據「虛實辯證」及「虛實轉化」之觀照建構的「中國人人際和諧／衝突的動態模式」，來進行以紮根理論為主的質化研究。訪談的進行時，研究者儘量以受訪者為主，不讓既有的理論預設汙染資料的蒐集；資料分析時，則輔以「詮釋的循環」、「二度解釋」及「雙重詮釋」的詮釋學概念進行資料的解讀及理論的重構。如此一來，不但沒有陷入紮根理論原有的困境，反而為辯證式取向（dialectic orientation）的理論建構開闢了一條通往實徵研究的路徑。研究結果不但確認了研究者先前所建構的理論模式，具有推論、理解被研究者的有效性，同時更產生諸多的新概念、新命題，使理論模式得以再擴充，以為下一步研究之基礎。這樣的結果也相當符合紮根理論以「發現」（discovery）為主旨的質化研究精神。

註　釋

❶「雙重詮釋」（double hermeneutic）：意指社會科學所詮釋的對象，
是一個已經自行建構（詮釋）意義的社會行動者。換言之，研究者試圖
詮釋的資料，是一個已經被詮釋過的世界。研究者祇是以自己的理論架
構，用日常語言或專業語言對研究對象的意義世界作再度解釋（Gid-
dens, 1977, 1993）。

❷「二度解釋」（the second degree of interpretation）：意指研究者在建
構其理論模式時，同時考慮情境中的行動者如何解釋他們自己的行動和
外在情境（Schutz, 1973）。

❸Giddens（1979, 1984）將社會行動者的意識層次分為三個。第一層是
表述性意識（discursive consciousness），對行動具有反思性監控（re-
flective monitoring）之作用；亦即行動者能夠說出自己行動的緣由或處
境。第二層是實踐性意識（practical consciousness），具有將行動合理
化（rationalization）之作用；亦即行動者隱然（tacitly）知道自己行動
的緣由或處境，但無法敘說出來。第三層是潛意識動機／認知（uncon-
scious motives /cognition），具有激發行動之作用；亦即包含一些被潛
抑（排除在意識外）的愛慾性衝動及情感性動機。

❹「詮釋的循環」（hermeneutic circle）：意指對於「部份」的理解為
「整體」之意義所引導，而對於整體的理解又有賴於對部份的理解以達
成（Warnke, 1987）。

❺「結構的雙元性」（duality of structure）：行動者的主觀認識為「主位
的結構」，研究者所作的各種學術性推論為「客位的結構」，理論之建
構同時包含此兩種結構稱為「結構的雙元性」（Giddens, 1979；葉啓
政，1982）。

❻「雙重主體性的彰顯」：意指研究者的主體性和被研究者的主體性，都

應該在理論建構中彰顯出來（黃光國，1995）。

第七章
人際和諧之基本類型
及其相關因素（研究三）

　　在第六章中，本書進行了一項有關中國人人際和諧與衝突的質化研究。該研究係以「和諧化辯證觀」加上「人際和諧／衝突動態模式」中「虛實辯證」及「虛實轉化」的觀照爲思考基模，再配合由大傳統中獲得之和諧／衝突觀，從質性資料中建構出六種人際和諧基本類型及六種人際衝突基本類型。並進而發展出關於各類型人際和諧／衝突間轉化關係的命題，以及初步勾勒出影響各類型人際和諧／衝突的相關因素。但是這些研究成果主要係以質性描述爲主，基本上是屬於特則式（idiographic）的理論陳述❶。爲了將這些人際和諧／衝突的特則式陳述，轉化爲可以測量的心理與行爲概念，且從比較宏觀的視野瞭解這些人際類型在社會中呈現的分佈狀態，及其彼此間或與其他因素之間的關係，從而建立通則式（nomothetic）的理論陳述，**研究三**即試圖扣緊**研究二**的質性分析結果，以結構式問卷收集資料，並進行量的分析。**研究三**的問題意識即緣於試圖回答下列諸項問題：

1. 質化研究中歸納所得的六種人際和諧類型（投契式、親和式、合模式，區隔式、疏離式、隱抑式；前三者爲實性和諧，後三者爲虛性和諧）是否實存於一般人的經驗之中？其普遍性如何？這些人際和諧類型在人口變項上的分佈情形又爲何？

2.六種人際和諧類型分別較易發生在哪些角色關係之上？或者說，是否不同的角色關係（如父母、子女、兄弟姊妹、朋友、同事、合夥人、上司與下屬、老師與學生、街坊鄰居、初識者）中常出現的和諧類型也有所不同？

3.人際關係中的某些特性（如平等性、重要性、利益性、親疏性）與六種人際和諧類型之關係為何？

4.際和諧脈絡中，基本的人際行為取向、人際溝通取向、助人意願是否有所不同？

5.在不同的人際和諧脈絡中，面對負向的處境（如對立意見、不愉悅事件、不公平事件）時，其反應方式是否有所不同？

6.六種人際和諧類型與質化研究中歸納所得的六種人際衝突類型（論理式衝突、抗衡式衝突、摩擦式衝突；抬槓式衝突、爭鬥式衝突、糾葛式衝突）之間的關係如何？是否某種類型的人際和諧較易產生某種類型的衝突？其衝突發生後之反應方式也有何不同？

7.在不同的人際和諧脈絡中，人際知覺是否有所不同？

8.在不同的人際和諧脈絡中，情緒感受是否有所不同？

第一節　研究方法

一、研究工具

　　為了有效回答上列各項問題，本研究將參考深度訪談所收集的質性資料，及推衍所得之相關命題，且以「中國人人際和諧與衝突之動態模式」為構念之理論基礎，編擬一套結構式問卷（見

附錄），以進行量化研究。以下將分別說明編擬問卷內容之過程
及問卷結構之設計。

(一)問卷內容之編擬

1.人際和諧類型，每一短文的長度均介於五十至一百字之間。短
  文完成後，交給約十個不同的人閱讀，請他們根據個人之經驗
  來區辨六段短文是否分別描述不同的人際關係或對象。經過數
  次修改潤飾後，擬定六段短文如下。

　(1)投契式和諧：有一個人，我覺得跟他（她）很投緣，跟他
　　（她）在一起時，感覺輕鬆自在，沒有壓力，沒有束縛，也
　　沒有負擔，可以暢所欲言，甚至有意氣相投、相知相契之
　　感。

　(2)親和式和諧：有一個人，他（她）是我生命中最在意的人之
　　一，我希望我跟他（她）的關係是長長久久，不要破裂我願
　　意盡力為他（她）付出。雖有點負擔，但跟他（她）在一
　　起，仍感覺很溫馨、很甜蜜，頗有和樂融融之感。

　(3)合模式和諧：有一個人，他（她）跟我之間有明確的名份或
　　角色關係，對於因此名份或角色而來的責任與義務，我們彼
　　此有清楚的共識，並以此相處，以致兩人配合良好，且相處
　　和順。

　(4)區隔式和諧：有一個人，我跟他（她）祇有部份的交往，相
　　處還算平和，至於其他部分則談不上融洽。所以跟他（她）
　　在一起時，我總是界限分明，對於不和或容易引發衝突的部
　　份，則儘量避開，不去碰觸。

　(5)疏離式和諧：有一個人，我實在無法認同他（她）的價值
　　觀，或者他（她）的為人處世、做事方式，我也不能苟同。

跟他（她）在一起時，總有不合或不順的感覺，所以我現在跟他（她）保持距離，減少接觸，敬而遠之。

(6)**隱抑式和諧**：有一個人，他（她）實在不可理喻，經常誤解我、為難我，或做出傷害我的事，我對他（她）也有很多的不滿或抱怨，卻祇能忍隱下來。跟他（她）接觸時，我總覺得非常不舒服，常忍不住想發作，跟他（她）大吵一頓。

2.撰寫有關角色關係、關係特性（重要性、利益性、親疏性、平等性）之題目，分別列為問卷中第二至第六題。

3.根據質化研究的結果，撰寫六個陳述句，分別代表六種人際和諧類型的六種主要人際取向。列舉如下。

(1)**本真取向**：雙方都以自然、真實的自我呈現，而且不論好壞，都可以彼此接納、尊重。

(2)**情義取向**：優先考慮對方的需要，不計較自己的利害得失，即使有所犧牲，也是心甘情願。

(3)**順適取向**：謹守角色分際，但也有情份考量，以讓彼此的共事（相處）順利滑潤。

(4)**領域取向**：儘量把關係單純化，不相干的事情則小心謹慎，不要去碰觸。

(5)**形式取向**：祇以基本的日常禮儀與對方交往（或公事公辦），保持淡淡的、甚或貌合神離的關係。

(6)**抑制取向**：總是要盡力壓抑住對他（她）的氣憤或不滿，否則忍不住會頂他、刺他一下，或跟他吵起來。

4.根據質化研究的結果，撰寫六個陳述句，分別代表六種人際衝突類型的六種主要行為導向。列舉如下。

(1)**論理式衝突**：我祇是想把道理講清楚，後來就爭論起來了。

(2)**抗衡式衝突**：我覺得自己的權益受損，所以要據理力爭。

(3)**摩擦式衝突**：我覺得很不愉快，忍不住就頂撞他（她）。

(4)**抬槓式衝突**：我本來以為真理愈辯愈明，沒想到後來演變成針鋒相對。

(5)**爭鬥式衝突**：在這個社會中，不能贏就會輸得很慘，所以我一定要力爭到底。

(6)**糾葛式衝突**：新仇舊恨加在一起，我實在無法再忍受他（她）了。

5. 參考質化研究的結果，針對溝通方式、助人意願分別撰寫六個陳述句，以分別代表六種人際和諧脈絡下可能的反應方式。

6. 參考質化研究的結果，針對不同的負向情境（如對立意見、不愉悅事件、不公平事件、衝突之後），分別撰寫六個陳述句，以分別代表六種人際和諧脈絡下可能的反應方式。

7. 參考質化研究的結果，選取一些形容詞作為人際知覺評定之用。另外，再選取一些描述情緒感受的形容詞，作為評定在不同的人際和諧脈絡下的整體感受。

8. 有關關係特性及人際和諧脈絡下的各種行為反應方式，都以類別量尺（nominal or categorical scale）來測量。因為根據質化分析的結果，這些行為反應雖有量的變化，但量變產生質變，因此彼此間大多也呈現質的改變，故宜以類別變項（categorical variable）處理。至於評定人際知覺的形容詞，則以正負對應的、雙向的（bipolar）七點區間量尺（interval scale）測量，其中間點代表無從判斷。另外，用以評定關係感受的情緒形容詞，則以六點的李克特量尺（Likert scale）測量。

(二)問卷之結構與設計

1. 本研究之主要目的是要了解六種人際和諧類型的實存情形，形

成不同人際和諧的可能影響因素，以及在不同的人際和諧脈絡中可能的各種行為特性。因此，問卷一開始即請受試者先閱讀一段描述人際和諧類型的短文，再請他（她）確定是否曾經與某人有過短文中所描述的人際經驗。如果曾經有此經驗，則請他（她）根據那一位和諧對象，續答以下十五個問題（如上文所述，這些問題是根據研究旨趣所擬定之各項題目）。如果他（她）自認為沒有此項經驗，則可跳答第二部份。

2. 第二部份則是請其閱讀另一段人際和諧類型短文，如果他（她）確有第二種經驗，就請其根據此一經驗的對象，續答以下十五個問題，否則跳答第三部份。以此類推。研究中包含六種人際和諧類型，故問卷應也包括六個部份，每一部份只有描述人際和諧類型的短文不同，所列十五個題目則完全相同。

3. 根據預試結果，回答問卷的每一部份都需時約10－15分鐘，如果每份問卷包含六個部份，則每人要費時約60－90分鐘。本研究並無研究經費的支持，受試者回答問卷並未收受禮品或金錢報酬。為防受試者缺乏足夠的作答動機來完成問卷，也為了避免疲勞效應妨害作答反應的信度與效度，特將問卷分成甲、乙兩式，每式問卷包含三個部份。

4. 甲式問卷主要包含三個實性人際和諧類型的短文及相關問題，乙式問卷則包含三個虛性和諧類型的短文及相關問題。由於希望瞭解受試者對三種實性（或虛性）人際和諧類型是否具有區辨力，故設計問卷時特將三種實性人際和諧類型與三種虛性人際和諧類型分屬在不同的問卷上。

5. 每份問卷除了包含三個部份（即三個實性／虛性人際和諧類型的短文及相關問題）之外，問卷第一頁是詳細的作答說明，以

做為個別施測時，受試者自行閱讀之用；或是團體施測時，主試者與受試者共同閱讀之用。另外，問卷的最後一頁是一些結構性題目，詢問受試者的基本資料（包括性別、年齡、教育程度、宗教信仰、職業、居住地區等），以作為瞭解樣本組成及分析人口變項之用。但為了確保問卷之私密性，問卷中不需填寫姓名。

二、研究程序

1. 編擬開放式問卷：根據「研究工具」一節中所描述的方式編擬結構式問卷。問卷中除了指導語之外，不做其他提示。問卷初稿將由五位高中以上程度的受試者先行作答，確定問卷編擬無誤，且可達成研究目的之後，即定稿付印。

2. 問卷施測：問卷的施測將以團體及個別兩種方式分別進行。

   (1)團體施測部份是利用機構中的在職訓練課、學校中的成人或工作人員進修課，或是一般企業組織中的會議時間（每次約10－40人之團體），由研究者親自施測，每份問卷施測時間約20至50分鐘。施測時，研究者除了詳盡回答作答過程中可能產生的問題之外，同時還仔細觀察施測現場，瞭解受試者作答情形，以收集問卷中未能反映到的資料。

   (2)）個別施測部份是由研究者的親朋好友充當「樁腳」，在其工作場合或生活社區中發放問卷，委請其友人或同仁們作答。

   (3)為了確保問卷之私密性，問卷中除了性別、年齡、職業等基本資料外，不需填寫姓名。原則上每個人祇做一份問卷，如果有人填答興趣濃厚，則可以先後填答甲、乙式兩份。

⑷資料整理與分析：問卷回收後，由研究者篩選適用的問卷
後，交由工讀生將資料加以編碼，並輸入電腦中存檔。統計
分析則視資料性質及研究目的決定所用的方法。

三、研究樣本

本研究的主要研究對象係居住於臺灣地區的成人。問卷施測
後，剔除掉漏答太多、未按照指定方式作答、及有固定反應傾向
（response set）者之後，共得有效問卷500份，其中甲式問卷
248份，乙式問卷252份，樣本組成如**表7－1**所示。

根據問卷中受試者填寫的基本資料來分析，樣本中之男女性
人數約略相等；年齡最低者為20歲，最高者為71歲，且多為已婚
者。由於所用的是自陳式問卷，受試者之教育程度至少必須是初
中以上才有能力作答；又本研究之受試來源包括一些社會大學
（如松年大學、婦女大學等）和警察大學（剛從警察專科學校改
制為警察大學），故樣本組成中大學教育程度較多，顯得教育程
度偏高。

在宗教信仰方面，受試者以自稱佛教徒者最多，但本研究並
未追問他們是否正式皈依。由於施測的方便性，本研究樣本之職
業大多集中在專門技術人員、教育工作人員、軍警人員、事務行
政人員、以及業務或服務性工作人員。農林漁牧、運輸服務、生
產作業、勞動工人或文化工作人員、家庭主婦等則較少。受試者
之居住地區則以大台北地區為主。

表7-1　量化研究的樣本結構

基本資料		甲式	乙式	總計
性別	男	116	126	242
	女	132	126	258
年齡	29歲以下	70	66	136
	30－39歲	102	96	198
	40－49歲	55	57	112
	50歲以上	21	33	54
婚姻	未婚	83	83	166
	已婚	159	164	323
	其他	6	5	11
教育程度	高中以下	41	51	92
	專科、五專	82	81	163
	大學	97	94	191
	研究所以上	28	26	54
宗教信仰	佛教	82	100	182
	道教、一貫道	33	27	60
	民間信仰	29	34	63
	基督教、天主教	35	27	62
	無宗教信仰	69	64	133
職業	專門技術人員	65	65	130
	軍警人員	35	43	78
	事務行政	43	28	71
	教育工作	45	47	92
	業務／服務	38	37	75
	家庭主婦	8	10	18
	其他	14	22	36
居住地	大都市	120	120	240
	縣、市	98	101	199
	鄉、鎮	30	31	61
總　　計		248	252	500

（單位：人）

第二節　研究結果

一、受試者在問卷中各部份作答之情形

　　從**表7－2**中可以得知，在甲式問卷中，以同時針對三種實性和諧類型作答的人最多，共129人，佔52％。在乙式問卷中，則以同時針對前二種虛性和諧（或不和）類型作答的人最多，共103人，佔40.9％，而同時針對三種虛性和諧（或不和）類型作答的人則相對較少，只有68人，佔27.6％。

表7-2　受試者針對問卷中各部分之作答情形

甲	式	乙	式
A	15(6.0)	D	52(20.6)
B	13(5.0)	E	16(6.3)
C	8(3.2)	F	2(0.8)
A&B	50(20.2)	D&E	103(40.9)
B&C	13(5.2)	E&F	3(1.2)
C&A	20(8.1)	F&D	8(3.2)
A&B&C	129(52.0)	D&E&F	68(27.0)
總計 248		總計 252	

註：表內數字爲反應人次，括弧內爲百分比　　A:投契式　　D:區隔式
　　　　　　　　　　　　　　　　　　　　　　B:親和式　　E:疏離式
　　　　　　　　　　　　　　　　　　　　　　C:合模式　　F:隱抑式

　　表7－2及7－3顯示，在甲式問卷中，並沒有明顯的次序效應（order effect）存在；而在乙式問卷中，則顯得可能有次序效應（order effect）存在，也就是說，回答第一部份的人最多，而回答第二、三份部份的人則是依序遞減。但是這現象可能受其他因素干擾或混淆而形成共變。根據研究者施測時的經驗，有相當多的受試者向主試者反應，填答乙式問卷時感到很不舒服，因為問卷內容所涉及的多是不和諧的人際經驗，腦海中要想的那個人就是已被自己忽略、排除，或是自己很不想再提及的人；也有人表示，填乙式問卷等於是不斷地批評他人，這樣有傷自己的德性。由此可見，次序效應也正反應出受試者對問卷內容（不和諧的人際經驗）所產生的抗拒或防衛效應，而這也是本研究論述的主題之一：中國人對內隱的衝突（不和）秉持負面的看法。

　　另外，針對隱抑式不和類型作答的人次最少，也並不純然是次序效應造成的。因為根據「人際和諧／衝突的動態模式」來推衍，隱抑式不和是一種令人最不舒服，且最不穩定的人際關係。可能的話，它會正向轉化為疏離式和諧。若無法轉化，則會經常引爆衝突，衝突激化後易使關係斷裂，正處在隱抑式不和關係中的人自然較少。

　　至於區隔式和諧（部份和諧）的反應次數最多之意義，除了隱含其為一般人最常有的人際和諧類型之外，也可呼應其雖與合模式和諧共處於虛實轉化的交界地帶，但合模式和諧是較不穩定的實性和諧，容易虛化為區隔式和諧，而區隔式和諧則為較穩定之虛性和諧。

表7-3　背景變項與各種和諧類型之關係

背景變項	實性和諧			虛性和諧			實性和諧(總計)	虛性和諧(總計)
	投契式	親和式	合模式	區隔式	疏離式	隱抑式		
全體受試者 $n_1=248$；$n_2=252$	214 (86.3)[a]	205 (82.7)	170 (68.5)	231 (91.7)[a]	190 (75.4)	81 (32.1)	589 (2.38)[b]	502 (1.99)[b]
性別　男 $n_1=116$；$n_2=126$	94 (81.0)	97 (83.6)	80 (69.0)	119 (94.4)	97 (77.0)	44 (34.9)	271 (2.34)	260 (2.06)
女 $n_1=132$；$n_2=126$	120 (90.9)	108 (81.8)	90 (68.2)	112 (88.9)	93 (73.8)	37 (29.4)	318 (2.40)	242 (1.92)
年齡　29歲以下 $n_1=70$；$n_2=66$	62 (88.6)	60 (85.7)	41 (58.6)	61 (92.4)	49 (74.2)	21 (31.8)	163 (2.33)	131 (1.98)
30-39歲 $n_1=102$；$n_2=96$	87 (85.3)	82 (80.4)	72 (70.6)	88 (91.7)	70 (72.9)	26 (27.1)	241 (2.36)	184 (1.92)
40-49歲 $n_1=55$；$n_2=57$	47 (85.5)	47 (85.5)	42 (76.4)	57 (100)	40 (70.2)	21 (36.8)	136 (2.47)	118 (2.07)
50歲以上	18 (85.7)	16 (76.2)	15 (71.4)	25 (75.8)	31 (93.9)	13 (39.4)	49 (2.33)	69 (2.09)
婚姻　未婚 $n_1=83$；$n_2=83$	75 (90.4)	65 (78.3)	48 (57.8)	78 (94.0)	58 (69.9)	23 (27.7)	188 (2.27)	159 (1.92)
已婚 $n_1=159$；$n_2=164$	133 (83.6)	135 (84.9)	119 (74.8)	149 (90.9)	128 (78.0)	57 (34.8)	387 (2.43)	334 (2.04)
宗教信仰　佛教 $n_1=82$；$n_2=100$	69 (84.1)	66 (80.5)	59 (72.0)	87 (87.0)	76 (76.0)	35 (35.0)	194 (2.36)	198 (1.98)
道教、一貫道 $n_1=33$；$n_2=27$	31 (94.0)	28 (84.8)	21 (63.3)	25 (92.6)	22 (81.5)	10 (37.0)	80 (2.42)	57 (2.11)
民間信仰 $n_1=29$；$n_2=34$	25 (86.2)	28 (96.6)	22 (75.9)	33 (97.1)	23 (67.6)	10 (29.4)	75 (2.59)	66 (1.94)
無宗教信仰 $n_1=69$；$n_2=64$	54 (80.6)	56 (83.6)	42 (62.7)	60 (93.8)	47 (73.4)	17 (26.6)	152 (2.20)	124 (1.94)

a：括弧內百分比係除以背景變項欄之n值，實性和諧除以n_1值，虛性和諧除以n_2值。

b：實/虛性和諧總計欄內之括弧內數字，則是直接除以背景變項之n_1／n_2值，不計算百分比。

表7-3（續）

背景變項	實性和諧			虛性和諧			實性和諧（總計）	虛性和諧（總計）
	投契式	親和式	合模式	區隔式	疏離式	隱抑式		
全體受試者 $n_1=248;n_2=252$	214 (86.3)[a]	205 (82.7)	170 (68.5)	231 (91.7)[a]	190 (75.4)	81 (32.1)	589 (2.38)[b]	502 (1.99)[b]
教育程度 高中以下 $n_1=41;n_2=51$	37 (90.2)	34 (82.9)	28 (68.3)	45 (88.2)	38 (74.5)	15 (29.4)	99 (2.41)	98 (1.92)
專科、五專 $n_1=82;n_2=81$	66 (80.5)	69 (84.1)	54 (65.9)	76 (93.8)	60 (74.1)	28 (34.6)	189 (2.30)	164 (2.02)
大學 $n_1=97;n_2=94$	87 (89.7)	78 (80.4)	64 (66.0)	84 (89.4)	69 (73.4)	27 (28.7)	229 (2.36)	180 (1.95)
研究所以下 $n_1=28;n_2=26$	24 (85.7)	24 (85.7)	24 (85.7)	26 (100)	23 (88.5)	11 (42.3)	72 (2.57)	60 (2.31)
職業 專門技術 $n_1=65;n_2=65$	50 (76.9)	50 (76.9)	37 (56.9)	61 (93.8)	47 (72.3)	21 (32.3)	137 (2.10)	129 (1.98)
軍警人員 $n_1=35;n_2=43$	34 (97.1)	33 (94.3)	30 (85.7)	42 (97.7)	36 (83.7)	22 (51.2)	97 (2.77)	100 (2.32)
事務行政 $n_1=43;n_2=28$	40 (93.0)	36 (83.7)	26 (60.5)	25 (89.3)	22 (78.6)	12 (42.9)	102 (2.37)	59 (2.11)
教育工作 $n_1=45;n_2=47$	41 (91.1)	35 (77.8)	36 (80.0)	40 (85.1)	38 (80.9)	11 (23.4)	112 (2.45)	89 (1.89)
業務／服務 $n_1=38;n_2=37$	29 (76.3)	31 (81.6)	27 (71.0)	31 (83.8)	22 (59.5)	8 (21.6)	87 (2.29)	61 (1.65)
居住地 大都市 $n_1=120;n_2=120$	103 (85.8)	96 (80.0)	76 (63.3)	108 (90.0)	96 (80.0)	40 (33.3)	275 (2.29)	244 (2.03)
縣、市 $n_1=98;n_2=101$	82 (83.7)	83 (84.7)	73 (74.5)	95 (94.1)	72 (71.3)	30 (29.7)	238 (2.43)	197 (1.95)
鄉、鎮 $n_1=30;n_2=31$	29 (96.7)	26 (86.7)	21 (70.0)	28 (90.3)	22 (71.0)	11 (35.5)	76 (2.53)	61 (1.97)

a：括弧內百分比係除以背景變項欄之 n 值，實性和諧除以 n_1 值，虛性和諧除以 n_2 值。
b：實／虛性和諧總計欄內之括弧內數字，則是直接除以背景變項之 n_1／n_2 值，不計算百分比。

二、背景變項與各種和諧類型之關係

表7-3顯示,整體而言,除了隱抑式和諧之外,其餘五種類型的人際和諧,都有高比例(68.5%至91.7%之間)的受試者曾經擁有該經驗。這可顯示理論模式所推衍的六種人際和諧,在一般人經驗中的高度實存性。

其中,實性和諧的反應次數(平均2.38次)比虛性和諧的反應次數(平均1.99次)為多。這也可以說明,實性和諧可能是大部份人經驗較多,較樂於維持,也較樂於言說之人際關係。在個別類型方面,虛性區隔式和諧的反應次數最多(佔91.7%),這可能源自其處於虛實轉化交界處之故,而虛性隱抑式和諧的反應次數最少(佔32.1%)這可能因為其為虛性和諧的極化處之故。

分析背景變項與各種和諧類型之關係可以得知,女性經驗較多的投契式和諧(佔90.9%)❷,而男性則經驗較多的區隔式和諧(佔94.4%),這可能隱含著女性有較多的非功利性人際經驗,而男性則有較多的功利性人際經驗。

至於年齡層與各種和諧類型之關係,則是29歲以下的年輕人較少經驗合模式的和諧(佔58.6%),這可能與該年齡層者以未婚者居多有關。年齡較大者則報告較多的虛性和諧經驗,其中40-49歲者,多會經驗區隔式和諧(佔100%),而50歲以上者則經驗較多疏離式和諧(佔93.3%)。這也許是因為隨著年齡增長老化之後,與他人的心理距離越來越遠。

最明顯的是未婚者經驗最多的是投契式和諧(佔90.4%),最少的是合模式和諧(佔57.8%);而已婚者則比未婚者經驗較多的合模式和諧(佔74.8%),較少的投契式和諧(佔

83.6%）。

　　在宗教信仰與和諧類型的關係方面，並沒有明顯且有系統的相關存在。教育程度與和諧類型之間也沒有明顯而系統性的相關。只是，教育程度為研究所以上者，在各種和諧類型的經驗上都較其他組為高，這可顯示，教育程度越高，對不同的人際關係之敏感度（或是區辨力）越高，也較願意面對不同的虛性和諧。

　　在職業方面，專門技術人員經驗較少的實性和諧；軍警人員比其他職業者經驗較多的虛性和諧，尤其是隱抑式和諧。事務行政人員則經驗較少的合模式和諧（佔60.5%），較多的隱抑式和諧（佔42.9%），這可能是因為事務行政人員在組織中的位階或權力普遍較低。教育工作者則擁有較多的實性和諧，較少的虛性和諧，這可能由於教育工作者具有較高的人際（社會）性向與技巧。至於業務及服務業人員，則普遍報告經驗較少的人際和諧，這可能是業務及服務業人員已經將人際關係職業化（工具化），而較少費心去感受之故。

　　居住地區與和諧類型之間則有發人深省之關係。居住大都會者比起居住其他地區者，擁有較少的合模式和諧（佔63.3%），而擁有較多的疏離式和諧（佔80%），這似乎隱含著大都會中的人較不願意被限制在角色的框框中，以致多與人保持距離，維持著疏離式和諧。由於大都市是高密度人口的地區，這也正反應出大都市中的人際關係是「近而不親」。至於居住在鄉、鎮地區的人則擁有較多的投契式和諧（佔96.7%），這似乎顯示鄉居生活較接近自然，人際之間較少利害關係，呼應了道家為中國人設計的「小國寡民」式的和合人生。

三、角色關係與各種和諧類型之關係

　　從**表7－4**中可以得知，投契式和諧主要是發生在同性朋友、異性朋友、同學、同道、同事之間。這些關係都是屬於「同儕」或是「同輩」關係，彼此地位大致相等，正可呼應質化研究中的理論命題。親和式和諧主要是發生在異性朋友及配偶兩種關係上，這正可顯示親和式和諧是情感性關係中的和合形式。合模式和諧則主要發生在配偶、上司、同事等三種關係之上，此三種關係都是非血緣性的關係，同時混有工具性關係，社會文化中皆賦予明確的角色規範及人際倫理，故易以合模式和諧呈現。

　　同事、上司這兩種工作關係，最常出現的是區隔式和諧與疏離式和諧，甚至隱抑式和諧，這些都是虛性和諧。看來，必須經常相處的工作關係，因以功效為主要考量，故多以合模式和諧、部份和諧或表面和諧出現。這些雖然保住了利益與效能，卻失去了情義及真誠，因而工作場合中也就充滿較多的理性、緊張與客套。在老師或長輩的關係上，也是具有較多的虛性和諧，由此可以得知，上下位的支配／從屬關係較易產生虛性和諧，這也正符合理論模式的預測：統制式和諧容易因差異固定化而轉化為虛性和諧。

　　如果考慮性別差異，那麼角色關係與各種和諧類型之關係又是如何？從**表7－5**中可得知，男性較女性容易與同性朋友產生合模式和諧及隱抑式和諧，而女性則比男性容易與同性朋有產生實性和諧，相反地，男性則較容易與異性朋友形成實性和諧。簡言之，女性與同性朋友相處起來較自在、輕鬆且有情感，男性則與異性朋友相處起來較和諧。

表7-4　角色關係與和諧類型之關係

關　　係	實性和諧			虛性和諧			實性和諧(總計)	虛性和諧(總計)
	投契式	親和式	合模式	區隔式	疏離式	隱抑式		
	(n=214)	(n=205)	(n=170)	(n=231)	(n=190)	(n=81)	(n=231)	(n=231)
同性朋友	70 (32.7)[a]	17 (8.3)	14 (8.2)	36 (15.6)[a]	31 (16.3)	10 (12.3)	101 (17.1)	77 (15.3)
異性朋友	39 (18.0)	63 (30.7)	14 (8.2)	18 (7.8)	11 (5.8)	9 (11.1)	116 (19.7)	38 (7.6)
同學/同道	32 (15.0)	8 (3.9)	3 (1.8)	21 (9.1)	17 (8.9)	4 (14.9)	43 (7.3)	42 (8.4)
同事	36 (16.8)	5 (2.4)	23 (13.5)	92 (39.8)	62 (32.6)	26 (32.1)	64 (10.9)	180 (35.9)
上司	1 (0.5)	3 (1.5)	21 (12.4)	33 (14.3)	22 (11.6)	6 (7.4)	25 (4.2)	61 (12.1)
下屬	1 (0.5)	0	5 (2.9)	3 (1.3)	9 (4.7)	4 (4.9)	6 (1.0)	16 (3.2)
父親	0	2 (1.0)	7 (4.1)	2 (0.9)	2 (1.1)	0	9 (1.5)	4 (0.8)
母親	2 (0.9)	11 (5.4)	9 (5.3)	0	0	2 (2.5)	22 (3.7)	2 (1.4)
配偶	20 (9.4)	75 (36.6)	48 (28.2)	12 (5.2)	6 (3.2)	5 (6.2)	143 (24.3)	23 (4.6)
老師/長輩	3 (1.4)	3 (1.5)	6 (3.5)	6 (2.6)	12 (6.4)	8 (9.9)	12 (2.0)	26 (5.2)
學生/晚輩	1 (0.5)	7 (3.4)	3 (1.8)	0	2 (1.1)	1 (1.2)	11 (1.9)	3 (0.6)
兄弟姊妹	6 (2.8)	7 (3.4)	12 (7.0)	2 (0.9)	5 (2.6)	2 (2.5)	25 (4.2)	9 (1.8)
室友/鄰居	3 (1.4)	0	2 (1.2)	3 (1.3)	6 (3.2)	3 (3.7)	5 (0.8)	12 (2.4)
客戶	0	1 (0.5)	1 (0.6)	2 (0.9)	0	0	2 (0.3)	2 (0.4)
親戚	1 (0.5)	3 (1.5)	2 (1.2)	3 (1.3)	5 (2.6)	1 (1.2)	6 (1.0)	9 (1.8)

a：括孤內之百分比爲除以各類型和諧之反應人次（n值）

表7-5 和諧類型分布在各種角色關係上之性別差異

關係	性別	實性和諧			虛性和諧			實性和諧（總計）	虛性和諧（總計）
		投契式 (n=214)	親和式 (n=205)	合模式 (n=170)	區隔式 (n=231)	疏離式 (n=190)	隱抑式 (n=81)	(n=589)	(n=502)
同性朋友	男	23 (24.5)[a]	3 (3.1)	9 (11.3)	16 (13.4)[a]	14 (14.4)	7 (15.9)	35 (12.9)	37 (14.2)
	女	47 (39.1)	14 (13.0)	5 (5.6)	20 (17.8)	17 (18.3)	3 (8.1)	66 (20.8)	40 (16.5)
異性朋友	男	25 (26.6)	32 (33.0)	7 (8.8)	12 (10.1)	7 (7.2)	4 (9.0)	64 (23.6)	23 (8.8)
	女	14 (11.7)	31 (28.8)	7 (4.1)	6 (5.4)	4 (4.3)	5 (13.7)	52 (16.4)	15 (6.2)
同學／同道	男	20 (21.3)	3 (3.1)	2 (2.5)	9 (7.6)	7 (7.2)	1 (2.3)	25 (9.2)	17 (6.5)
	女	12 (10.0)	5 (4.6)	1 (1.1)	12 (10.7)	10 (10.8)	3 (8.1)	18 (5.7)	25 (10.3)
同事	男	12 (12.8)	2 (2.1)	12 (15.0)	49 (41.2)	32 (33.0)	15 (3.41)	26 (9.6)	96 (36.9)
	女	24 (20.0)	3 (2.8)	11 (12.2)	43 (38.4)	30 (32.3)	11 (3.0)	38 (11.9)	84 (34.7)
上司／長輩	男	1 (1.06)	1 (1.0)	14 (17.5)	23 (19.3)	20 (20.6)	6 (13.6)	16 (6.0)	49 (18.8)
	女	3 (2.50)	5 (4.61)	13 (14.4)	16 (14.3)	14 (15.1)	8 (21.6)	21 (6.6)	38 (15.7)
下屬	男	2 (2.12)	1 (1.0)	5 (6.3)	4 (3.4)	7 (7.2)	4 (9.0)	8 (3.69)	15 (15.58)
	女	0	6 (5.6)	3 (3.3)	0	4 (4.3)	1 (2.7)	9 (2.83)	5 (2.07)
配偶	男	9 (9.6)	45 (46.4)	21 (26.3)	4 (3.4)	2 (2.1)	4 (9.0)	75 (27.7)	10 (3.85)
	女	10 (6.3)	30 (27.8)	27 (30.0)	5 (4.5)	4 (4.3)	1 (2.7)	67 (21.1)	10 (4.1)
合計	男	$n_1=94$	$n_1=97$	$n_1=80$	$n_1=119$	$n_1=97$	$n_1=44$	$n_1=271$	$n_1=260$
	女	$n_2=120$	$n_2=108$	$n_2=90$	$n_2=112$	$n_2=93$	$n_2=37$	$n_2=318$	$n_2=242$

a：括弧內之百分比爲除以男／女性之反應人數，男性除以 n_1，女性除以 n_2。

　　一般而言，同事關係是較多虛性和諧。除此外，女性比男性較易與同事形成投契式和諧，男性則比女性較易與同事形成合模式或區隔式和諧。女性與同事的關係較多實性和諧，而男性與同事的關係則多虛性和諧。在與上司及長輩的關係上，顯然地，女性比男性較多與上司及長輩形成親和式和諧或隱抑式和諧；而男性則較多與上司及長輩形成區隔式或疏離式的虛性和諧，或是合模式的實性和諧。同樣地，男性也較多與下屬形成疏離式或隱抑式的虛性和諧。

　　至於在與配偶的關係方面，男性比女性多自陳為親和式和諧或隱抑式和諧，而女性則較多自陳為合模式和諧。看來，在婚姻關係中，男性較具自主意識，可以因情而義，女性則背負較多的名分或角色的框框，以致多為因名而義。

四、關係特性與各種和諧類型之關係

(一)關係的重要性

　　從表7-6中可得知，整體而言，重要的關係較可能形成實性和諧，較不重要的關係則容易形成虛性和諧。反過來說，處在三種實性和諧的人際脈絡中，較會認為關係是重要的，而處在虛性和諧的人際脈絡中，較會認為關係是不重要的。除此之外，重要的人際關係若不幸成為虛性和諧，則傾向於形成隱抑式和諧，也就是說，在重要關係中因較不可能完全斷裂關係，祇好以隱忍的方式維繫住關係。

表7-6　關係的重要性與和諧類型之關係

關係的重要性	實性和諧			虛性和諧			實性和諧	虛性和諧
	投契式 (n=214)	親和式 (n=205)	合模式 (n=170)	區隔式 (n=231)	疏離式 (n=190)	隱抑式 (n=81)	(n=589)	(n=502)
(1)非常重要	58[a] (27.1)[b]	127 (62.0)	86 (50.6)	15 (6.5)	15 (7.9)	13 (16.0)	271 (46.0)	43 (8.5)
(2)很重要	72 (29.0)	50 (24.4)	44 (25.9)	26 (11.3)	36 (18.9)	16 (19.8)	166 (28.1)	78 (15.5)
(3)普通重要	60 (28.0)	15 (7.3)	29 (17.1)	75 (32.5)	46 (24.2)	20 (24.7)	104 (17.6)	141 (28.1)
(4)不很重要	18 (8.4)	8 (3.9)	8 (4.7)	82 (35.5)	54 (28.4)	19 (23.5)	34 (5.7)	155 (30.9)
(5)可有可無	6 (2.8)	5 (2.4)	3 (1.8)	33 (14.3)	39 (20.5)	13 (16.0)	14 (2.3)	85 (16.9)
重要(1+2+3)	190 (88.8)	192 (93.7)	159 (93.5)	116 (50.2)	97 (51.0)	49 (60.4)	541 (91.9)	262 (52.2)
不重要(4+5)	24 (11.2)	13 (6.3)	11 (6.4)	115 (49.8)	93 (48.9)	32 (39.5)	48 (8.1)	240 (47.8)

a：反應人次，b：括弧內之百分比係以各和諧類型之 n 值

表7-7　關係的利益／平等性與和諧類型之關係

利害關係	實性和諧			虛性和諧			實性和諧 (n＝589)	虛性和諧 (n＝502)
	投契式 (n＝214)	親和式 (n＝205)	合模式 (n＝170)	區隔式 (n＝231)	疏離式 (n＝190)	隱抑式 (n＝81)		
互惠利害關係	15[a] (7.0)[b]	56 (27.3)	68 (40.0)	43 (18.6)	52 (27.4)	21 (25.9)	139 (23.5)	116 (23.1)
沒有利害關係	183 (85.5)	125 (61.0)	80 (47.1)	152 (65.8)	102 (53.7)	44 (54.3)	388 (65.9)	298 (59.4)
他對我較有益 (上)	8 (3.7)	14 (6.8)	19 (11.2)	19 (8.2)	12 (6.3)	7 (8.6)	41 (7.0)	38 (7.6)
他對他較有益 (下)	8 (3.7)	10 (4.9)	3 (1.8)	17 (7.4)	24 (12.6)	9 (11.1)	21 (3.6)	50 (10.0)
對方較優勢 (上)	18 (8.4)	44 (21.5)	58 (34.1)	62 (26.8)	61 (32.1)	22 (27.2)	120 (20.4)	145 (28.9)
大致相等	179 (83.6)	136 (66.3)	95 (55.9)	146 (63.2)	102 (53.7)	44 (54.3)	410 (69.6)	292 (58.2)
對方較劣勢 (下)	17 (7.9)	25 (12.2)	17 (10.0)	23 (10.0)	27 (14.2)	15 (18.5)	59 (10.0)	65 (12.9)

a：反應人次，b：括孤內之百分比係以各除以和諧類型之 n 值

(二)關係的利益性

　　從**表7-7**中可得知，整體而言，沒有利害性牽扯的人際關係較可能形成實性和諧，尤其是形成投契式和諧關係，這正符合質化研究中推衍所得的理論命題。若彼此的關係具有相互功利性，或者對方於我較有利，則較易形成合模式和諧。至於關係的利益性對於和諧的虛化則沒有顯著的影響，祇是彼此利害性較低者，傾向於形成區隔式和諧，亦即依然保持部份的交往。彼此互為利害關係者，則傾向於敬而遠之的疏離式和諧，以避免利益不斷受損。

(三)關係的平等性

　　從**表7-7**中亦可得知，整體而言，雙方關係大致平等者，較可能形成實性和諧，尤其是形成投契式和諧關係，這也正符合質化研究中推衍所得的理論命題。若對方地位較具優勢，則較可能形成合模式和諧。至於關係的平等性，對於和諧的虛化並沒有顯著的影響，祇是對地位較優勢者，傾向於形成敬而遠之的表面化的疏離式和諧。對地位大致相等者，則傾向於形成區隔式和諧，亦即依然可以保持部份的交往。而對於地位較劣勢者，則傾向於形成親和式的和諧，亦即較願意主動為對方付出；相對的則是，也有較多的隱抑式和諧，或許是因為位居上方之後，也要對居下者有較多的容忍，以顯示自己的涵養。

(四)關係的接觸性

　　表7-8顯示，投契式和諧最常發生在「想見面才聯絡，偶而在一起」的關係上（佔50.5%），換言之，雙方接觸不甚頻繁或

表7-8　接觸性與和諧類型之關係

兩人相處的機會	實性和諧			虛性和諧			實性和諧 (n=589)	虛性和諧 (n=502)
	投契式 (n=214)	親和式 (n=205)	合模式 (n=170)	區隔式 (n=231)	疏離式 (n=190)	隱抑式 (n=81)		
(1)幾乎每天都必須在一起	41ª (19.2)ᵇ	102 (41.1)	104 (61.2)	78 (33.8)	73 (38.4)	36 (44.4)	247 (41.7)	187 (37.2)
(2)時常有機會必須在一起	28 (13.1)	27 (10.9)	33 (19.4)	53 (22.9)	35 (18.4)	18 (22.2)	88 (14.9)	106 (21.1)
(3)偶而有機會，必須在一起	21 (9.8)	19 (7.7)	13 (7.6)	57 (24.7)	51 (26.8)	15 (18.5)	53 (9.0)	123 (24.5)
(4)想見面才聯絡，幾乎每天在一起	7 (3.3)	5 (2.0)	3 (1.8)	7 (3.0)	4 (2.1)	2 (2.5)	15 (2.5)	13 (2.6)
(5)想見面才聯絡，但時常在一起	30 (14.0)	20 (8.1)	4 (2.4)	8 (3.5)	2 (1.1)	0	54 (9.2)	10 (2.0)
(6)想見面才聯絡，偶而在一起	87 (40.7)	32 (12.9)	13 (7.6)	28 (12.1)	25 (13.2)	10 (12.3)	132 (22.4)	63 (12.5)
必須在一起(1+2+3)	90 (42.0)	148 (72.2)	150 (88.2)	188 (81.4)	159 (83.7)	69 (85.2)	388 (65.9)	416 (82.9)
主動在一起(4+5+6)	124 (57.9)	57 (27.8)	20 (11.8)	43 (18.6)	31 (16.3)	12 (14.8)	201 (34.1)	86 (17.1)
幾乎每天在一起(1+4)	48 (22.4)	107 (52.2)	107 (62.9)	85 (36.8)	77 (40.5)	38 (46.9)	262 (44.5)	200 (39.8)
時常在一起(2+5)	58 (27.1)	47 (22.9)	37 (21.8)	61 (26.4)	37 (19.5)	18 (22.2)	142 (24.1)	116 (23.1)
偶而在一起(3+6)	108 (50.5)	51 (24.9)	26 (15.3)	85 (36.8)	76 (40.0)	25 (30.9)	185 (31.4)	186 (37.0)

a:反應人次，b:括弧內之百分比爲除以各和諧類型之n值

有適當的距離（疏）之關係較容易形成投契式和諧，這也正符合質化研究中推衍所得的理論命題。而親和式和諧及合模式和諧則最常發生在「幾乎每天都在一起」的關係上（佔52.2%；62.9%），也就是說，雙方接觸較頻繁（密切）之關係比較容易形成親和式及合模式和諧。此外，接觸的頻繁度似乎與虛性和諧較不成顯著的系統性關係，比較有意思之處是：「幾乎每天都在一起」的高密切關係也最會形成隱抑式和諧（佔46.9%）。

　　如果從雙方接觸的主動性高低來討論，雙方接觸的主動性較高者，較會形成投契式和諧（佔57.9%）；相反地，雙方接觸的主動性低者（即必須在一起者），較會形成親和式及合模式和諧（佔72.2%；88.2%）。此外，最明顯的是，三種虛性和諧都發生在「必須在一起」的非主動性或義務性關係上（分別佔81.4%，83.7%，85.2%）。簡言之，主動接觸者多為實性和諧，被動接觸者則多為虛性和諧。

五、各種和諧類型之基本人際取向

　　在質化研究的結果分析中，曾經分就六種和諧類型討論與說明，指出它們各有不同的人際取向（即本真取向、情義取向、順適取向、領域取向、形式取向、抑制取向），且分別以六個不同的概念圖來標示。在此一量化研究中，研究者將該六種人際取向加以概念化，並撰寫六個陳述句分別代表之，以為量度化之基礎。

　　結果如**表7－9**所示，表中以六種人際取向為直欄，且依序排列；以六種和諧類型為橫欄，亦依序排列。結果顯示，對角線上的反應次數（百分比）都顯著地比其他細格內的反應次數高，同

表7-9　六種和諧類型之基本人際取向

人際取向	實性和諧（n＝248）			虛性和諧（n＝252）		
	投契式（n＝214）	親和式（n＝205）	合模式（n＝170）	區隔式（n＝231）	疏離式（n＝190）	隱抑式（n＝81）
本真取向：不論好壞、雙方都以自然、真實的自我呈現，而且不論是非，都可以彼此接納、尊重	174[a]（81.3）[b]	74（36.1）	48（28.2）	29（12.6）	13（6.8）	8（9.9）
情義取向：以對方的需要為重，不計較自己的利害得失，即使有所犧牲也是心甘情願	20（9.3）	91（44.4）	28（16.5）	7（3.0）	7（3.7）	11（13.6）
順適取向：謹守角色分際，也有情份考量，讓彼此和事（相處）順利滑潤	17（7.9）	26（12.7）	76（44.7）	69（29.9）	45（23.7）	16（19.8）
領域取向：盡量把關係單純化，不相干的事情則小心謹慎，不要去碰觸	2（0.9）	6（2.9）	7（4.1）	80（34.6）	48（25.3）	14（17.3）
形式取向：祇以基本的日常禮儀與對方交往（或公事公辦），甚或貌合神離的關係	1（0.5）	2（1.0）	5（2.9）	36（15.6）	63（33.2）	15（18.5）
抑制取向：總是要盡力壓抑住氣憤或不滿，否則忍不住會頂他、剋他一下或跟他吵起來	0	6（2.9）	6（3.5）	10（4.3）	14（7.4）	17（21.0）

a：反應人次。b：括弧內之百分比為除以各和諧類型之 n 值

時，鄰邊細格內的反應次數也有逐漸遞減之趨勢。這樣的結果清楚證實，每一種人際取向正好對應一種和諧類型，而不是與他種和諧對應，而且相鄰和諧類型之間也呈現逐漸轉化之趨勢。像這樣，與概念相關的題目呈現高反應次數，正可顯示質化與量化兩種不同研究方法在該概念的建構上具有高度一致性，這也是一種聚合效度化過程（convergent validation）；另一方面，與概念不相干的題目（測量）則呈現低反應次數，這顯示該題目與其他概念呈現低相關，此即區分效度化過程（discriminant validation）。這兩種過程的同時俱存顯示此等概念之測量具有相當的**構念效度**（construct validity）（Anastasi，1988；Messick，1989）。

六、各種和諧類型之溝通取向

　　如表7－10所示，實性和諧與虛性和諧的溝通取向有明顯的分野。受試者大多表示，在實性和諧的人際脈絡中，大多以「**彼此暢所欲言，無所顧忌，不需防衛且能深入溝通**」為主（分別佔79.0％，49.3％，49.4％），而虛性人際和諧脈絡中則較少這種暢快且深入的真誠溝通方式（分別佔7.4％，3.7％，6.2％），反而是多為小心謹慎、適當防衛、客套形式、虛與委蛇的溝通方式。這顯示在實性和諧中雙方有較多的信任基礎，在虛性和諧中雙方有較多的防衛。這也符合**表6－4**中之預設。

　　但是，其中仍以在投契式和諧中經驗最多的真誠自在的溝通（佔79.0％，即使扣除49％的實性和諧共通性之後，仍高居30％）。至於需要較多遷就與忍讓的溝通方式，則以在親和式與隱抑式和諧脈絡下居多（分佔27.8％，29.6％），這也顯示兩者

表7-10 六種和諧類型之溝通取向

一般交談時的狀況	實性和諧(n=248)			虛性和諧(n=252)		
	投契式 (n=214)	親和式 (n=205)	合模式 (n=170)	區隔式 (n=231)	疏離式 (n=190)	隱抑式 (n=81)
彼此暢所欲言，無所顧忌，不需防衛且能深入溝通	169[a] (79.0)[b]	101 (49.3)	84 (49.4)	17 (7.4)	7 (3.7)	5 (6.2)
會注意對方的意向，可能的話，儘量遷就他，不多爭辯	17 (7.9)	57 (27.8)	32 (18.8)	39 (16.9)	34 (17.9)	24 (29.6)
就事論事，理性、冷靜地考慮後再說，同時會注意說話的分寸	25 (11.7)	34 (16.6)	44 (25.9)	65 (28.1)	42 (22.1)	9 (11.1)
謹慎應對，可談才談，不能談則加閃避，維持適當的防衛	3 (1.4)	13 (6.3)	7 (4.1)	55 (23.8)	34 (17.9)	16 (19.8)
儘量維持客套的、形式化的交談，不再深入溝通	0	0	3 (1.8)	52 (20.6)	63 (33.2)	14 (17.3)
當面虛與委蛇，敷衍一下，背地裡則是另一套想法	0	0	0	3 (1.2)	10 (5.3)	13 (16.0)

a：反應人次，b：括弧內之百分比爲除以各和諧類型之 n 值

間可因爲具此共同性（以對方爲優先）而有相互虛實轉化的可能
性。理性且不逾矩的溝通方式，則以在合模式與區隔式兩種和諧
脈絡下居多（分佔27.8%，29.6%），這一樣可顯示兩者間因爲
具此共同性（理性、界限）而有相互虛實轉化的可能性。而疏離
式和諧以客套、形式的溝通爲主（佔33.2%），隱抑式和諧則比
其他的人際脈絡經驗較多的虛與委蛇、敷衍了事的溝通方式（佔
16.0%），這些都與質化研究的結果相符合。

七、和諧類型與助人意願之關係

　　人們的助人意願是否會因和諧關係的不同而有所迭變？表7
－11顯示，在三種實性和諧中都傾向於主動且盡全力幫忙（分別
爲45.3%，66.3%，47.1%），在虛性和諧中則否（分別爲
9.9%，11.1%，11.1%）；在虛性和諧中反而多以公事公辦來
維持中立或推托婉拒。由此可見，實性和諧使人願意主動幫忙，
虛性和諧則會使人被動拒斥。

　　至於較爲被動或謹慎考慮的助人方式（如對方開口才幫忙，
或者先衡量自己的角色身分後再幫忙），在實性或虛性和諧中的
差異並不太大。這也正顯示溫和的反應方式是屬於虛實轉化之交
界。在親和式和諧中是傾向於「對方優先」的反應主軸，即「對
方不必開口，就會主動幫忙」（佔66.3%）；區隔式和諧則是傾
向於「劃清界線」式的反應主軸，即「先衡量自己的角色身分後
再幫忙」。這也都相當符合理論之預設。

表7-11　和諧類型與助人意願

對方有事(碰到困難)的狀況	實性和諧(n=248)			虛性和諧(n=252)		
	投契式 (n=214)	親和式 (n=205)	合模式 (n=170)	區隔式 (n=231)	疏離式 (n=190)	隱抑式 (n=81)
對方不必開口,就會主動且盡全力幫忙	97[a] (45.3)[b]	136 (66.3)	80 (47.1)	25 (9.9)	21 (11.1)	9 (11.1)
對方若開口要求,就盡量幫忙	54 (25.2)	44 (21.5)	45 (26.5)	59 (25.5)	50 (26.3)	24 (29.6)
先衡量自己的角色、身份後,再決定如何幫忙	59 (27.6)	23 (11.2)	40 (23.5)	109 (47.2)	54 (28.4)	18 (22.2)
謹守中立立場,公事公辦或參照舊例辦理	4 (1.9)	2 (1.0)	4 (2.4)	20 (8.7)	39 (20.5)	11 (13.6)
雖然幫忙,但不會盡心費力去做,能拖拖則拖	0	0	0	14 (6.1)	18 (9.5)	8 (9.9)
找藉口婉拒或避不涉入,讓對方嚐嚐苦頭	0	0	0	4 (1.7)	8 (4.2)	11 (13.6)

a:反應人次,b:括弧內之百分比係除以各和諧類型之n值

八、和諧類型與對立意見的反應方式

本書及許多過去的研究（如 Nye，1973； Filley，1975； Rahim，1986）都指出，衝突的前置條件之一是意見或價值觀的不同。那麼，面對對立的意見或相異的價值觀時，在不同的和諧脈絡中，其反應方式是否有所不同，以致會影響衝突外顯的可能性。**表7－12**顯示，在三種實性和諧中，都傾向於以「*聽對方把話說完，充份表達其意思*」這樣的接納方式來面對對立意見，因而引發外顯衝突的機會就大爲減少。另外，在三種實性和諧中，也多傾向於以「*會表達不同的看法，稍微駁斥一下，但不會造成對立*」這樣的「講理」方式來面對對立意見，因而可能祇會形成短暫的論理式或摩擦式衝突，很快地又恢復爲實性和諧而不會虛化爲虛性衝突。

另外，在虛性和諧中也有較多的「*聽對方把話說完，充份表達其意思*」及「*會表達不同的看法，稍微駁斥一下，但不會造成對立*」這些接納或溫和的方式。這兩種方式除了可以使關係不再惡化之外，還有使關係正向轉化的契機。然而，較明顯的是虛性和諧比實性和諧出現更多的「*點到爲止，就把話題扯開*」及「*不想再聽下去，藉故離開或逕自做自己的事*」這些拒斥或隔離的方式。這兩種反應方式即是虛性和諧的典型性反應（見**表6－4**），旨在避免衝突外顯，卻沒有使關係正向轉化或改善關係的機會。

九、和諧類型與對不愉悅之事的反應方式

質化研究都指出，對方的行爲不符合自己的期待（情意受

表7-12　和諧類型與對立意見之反應方式

當對方有對立意見時的反應	實性和諧(n=248)			虛性和諧(n=252)		
	投契式 (n=214)	親和式 (n=205)	合模式 (n=170)	區隔式 (n=231)	疏離式 (n=190)	隱抑式 (n=81)
聽對方把話說完，充份表達其意思	89[a] (41.6)[b]	77 (37.6)	65 (38.2)	57 (24.7)	49 (25.8)	19 (23.5)
會表達不同的看法，稍微敢示一下，但不會造成對立	102 (47.7)	77 (37.6)	57 (33.5)	91 (39.4)	56 (29.5)	15 (18.5)
忍不住和對方爭辯，但會注意要適時停止，以免破壞關係	13 (6.1)	28 (13.7)	24 (14.1)	17 (7.4)	19 (10.0)	15 (18.5)
點到為止，就把話題扯開	5 (2.3)	16 (7.8)	20 (11.8)	45 (19.5)	34 (17.9)	11 (13.6)
不想再爭下去，藉故離開或逕自做自己的事	3 (1.4)	1 (0.5)	1 (0.6)	18 (7.8)	28 (14.7)	19 (23.5)
忍不住爭辯不休，想要爭辯至輸贏或對錯分曉才罷休	2 (0.9)	6 (2.9)	3 (1.8)	3 (1.3)	4 (2.1)	2 (2.5)

a：反應人次。b：括弧內之百分比爲除以各和諧類型之 n 值

挫），也是摩擦式衝突的前置條件。那麼，面對這些不同意或不愉悅之事時，在不同的和諧脈絡中，其反應方式是否也有所不同，以致影響衝突外顯的可能性。表7－13顯示，在三種實性和諧中，都傾向於以「忍不住當面說一說，發洩一下情緒，但很快就沒事了」來反應，這種反應是典型的摩擦式衝突，但實性和諧者卻點到為止，不會讓它虛化為糾葛式衝突。其中，投契式和諧者也多以「保持沈默，一切順其自然」的方式反應，這種順任自然的行為模式，是投契式和諧的典型寫照，也是在這種人際關係中優游自得的原因。

　　但在虛性和諧中卻有多樣的反應方式，區隔式和諧傾向於以「謹慎考慮，能講才講，不能講則忍受著」的方式反應，這正展現出區隔式和諧者以劃分領域為主的重理性與功效的行為導向。疏離式和諧者則傾向於以「敬而遠之，保持距離，以減少不愉快」的方式反應，這也正是典型的疏離式和諧的人際相處特色（見表7－13），不但給了自己較大的空間，也可避免與人交惡。

　　隱抑式和諧則表現出多歧且不穩定的反應方式，它顯然比其他的虛性和諧者有較多「忍不住當面說一說，發洩一下情緒，但很快就沒事了」的陽奉陰違反應模式，以致也較有摩擦式衝突的可能性。另外，隱抑式和諧也比其他的虛性和諧者有較多「當面裝作沒事，私下則向相關的人抱怨」的反應方式，這清楚顯示隱抑式和諧是在人前人後兩張臉的戴面具生活，外在虛與委蛇，內在情緒波濤洶湧。這兩種反應方式也正顯示隱抑式和諧與摩擦式衝突、糾葛式衝突的高度扣連性。

表 7-13　和諧類型與對不愉快之反應方式

對方做了一些讓你不同意或令你不愉快的事時之處理方式	實性和諧 (n=248)			虛性和諧 (n=252)		
	投契式 (n=214)	親和式 (n=205)	合模式 (n=170)	區隔式 (n=231)	疏離式 (n=190)	隱抑式 (n=81)
還就對方，對方滿意，開心即可	10ᵃ (4.7)ᵇ	23 (11.2)	24 (14.1)	6 (2.6)	12 (6.3)	13 (16.0)
忍住不當面說一說，發洩一下情緒，但很快就沒事了	101 (47.2)	112 (54.6)	80 (47.1)	37 (16.0)	38 (20.0)	22 (27.2)
保持沉默，一切順其自然	56 (26.2)	25 (12.2)	28 (16.5)	53 (22.9)	33 (17.4)	6 (7.4)
謹慎考慮一下，能講才講，不能講則祇好好忍受著	42 (19.6)	42 (20.5)	30 (17.6)	78 (33.8)	40 (21.1)	14 (17.3)
敬而遠之，跟他保持距離，以減少不愉快	4 (1.9)	2 (1.0)	6 (3.5)	51 (22.1)	60 (31.6)	17 (21.0)
當面裝作沒事，私下則向相關的人抱怨，讓對方也不舒服。	1 (0.5)	1 (0.5)	1 (0.6)	6 (2.6)	7 (3.7)	9 (11.1)

a：反應人次，b：括弧內之百分比除以各和諧類型之 n 值

表7-14　和諧類型與對不公平之反應方式

在交往過程中，自己付出較多時之處理方式	實性和諧 (n=248)			虛性和諧 (n=252)		
	投契式 (n=214)	親和式 (n=205)	合模式 (n=170)	區隔式 (n=231)	疏離式 (n=190)	隱抑式 (n=81)
慢慢調整，以讓雙方達到平衡	35[a] (16.4)[b]	27 (13.2)	28 (16.5)	28 (12.1)	27 (14.2)	13 (16.0)
繼續付出，不與對方計較	91 (42.5)	129 (62.9)	81 (47.6)	26 (11.3)	27 (14.2)	14 (17.3)
考慮自己的責任或義務，吃點小虧沒關係，大多則適可而止	82 (38.3)	42 (20.5)	52 (30.6)	150 (64.9)	93 (48.9)	33 (40.7)
設法在其他方面多要求一些，以彌補自己的付出	0	0	2 (1.2)	5 (2.2)	4 (2.1)	3 (3.7)
與對方疏遠，以減少付出，不讓對方再佔便宜	1 (0.5)	0	3 (1.8)	21 (9.1)	37 (19.5)	13 (16.0)
提醒對方，且抗議兩人間的不公平	5 (2.3)	7 (3.4)	3 (1.8)	1 (0.4)	1 (0.5)	4 (4.9)

a：反應人次；b：括弧內之百分比係以各和諧類型之n值

十、和諧類型與對不公平之反應方式

　　本書的理論建構及質化研究結果都指出,資源分配不公平或是資源交換的過程中付出與回收之間不平衡,都是抗衡式衝突的前置條件。那麼,面對不公平時,在不同的和諧脈絡中,其反應方式是否有所不同,以致影響衝突外顯的可能性。**表7－14**顯示,在三種實性和諧中,都傾向於以「**繼續付出,不與對方計較**」的方式反應,這正顯示實性和諧主要是建立在「完全支持」、不予斤斤計較之上。而另三種虛性和諧,則多傾向於以「**考慮自己的責任或義務,吃點小虧沒關係,太多則適可而止**」的「有限度支持」為主。其中疏離式和諧會有較多的「**與對方疏遠,以減少付出,不讓對方再佔便宜**」這種消極的自保反應,以避免衝突外顯。而隱抑式和諧則會「**提醒對方,且抗議兩人間的不公平**」,以致較可能產生抗衡式衝突。

十一、和諧類型與衝突類型之關係

　　在質化研究的分析中,本書曾經歸納出六種衝突類型,並說明其間的轉化關係,以及各種衝突中可能的行為導向(見**表6－5**)。本研究將此六種行為導向撰寫成可加測量的陳述句,作為受試者對其發生外顯衝突的歸因的依據。表7－15所呈現的,即是在各類型和諧關係下受試者對所發生之衝突的可能歸類。從表中我們可以看出,無論實性和諧或虛性和諧(隱抑式和諧除外),傾向於將衝突的發生歸因於「**我祇是想把道理講清楚,後來就爭論起來了**」者為數最多,換言之,大部分的人都傾向於認

表7-15 和諧類型與衝突類型之關係

與他人起衝突的主要原因	實性和諧(n＝248)			虛性和諧(n＝252)		
	投契式(n＝214)	親和式(n＝205)	合模式(n＝170)	區隔式(n＝231)	疏離式(n＝190)	隱抑式(n＝81)
論理式衝突：我就是想把道理講清楚，後來就爭論起來了	130[a] (60.7)[b]	137 (66.8)	102 (60.0)	103 (44.6)	69 (36.3)	15 (18.5)
摩擦式衝突：我覺得他（她）讓我很不愉快，忍不住就頂撞他（她）了	26 (12.1)	40 (19.5)	30 (17.6)	42 (18.2)	42 (22.1)	26 (32.1)
抗衡式衝突：我覺得自己的權益受損，所以要據理力爭	20 (9.3)	13 (6.3)	23 (13.5)	47 (20.3)	36 (18.9)	16 (19.8)
抬槓式衝突：我本來以為真理愈辯愈明，沒想到後來演變成針鋒相對	18 (8.4)	11 (5.4)	9 (5.3)	28 (12.1)	27 (14.2)	12 (14.8)
爭鬥式衝突：在社會上，若不能贏就會輸得很慘，所以一定要力爭到底	0	0	0	2 (0.9)	1 (0.5)	0
糾葛式衝突：新仇舊恨加一起，我實在無法再忍受他（她）了	1 (0.5)	1 (0.5)	0	4 (1.7)	9 (4.7)	11 (13.6)
沒有衝突	19 (8.9)	3 (1.5)	6 (3.5)	5 (2.2)	6 (3.2)	1 (1.2)

a：反應人次，b：括孤內之百分比係以各和諧類型之n值

為自己所涉入的衝突是「論理式衝突」。這種反應也符合本書前後一貫的論述主線，即「論理式衝突」是從辯證式和諧觀轉化而來，與失合式衝突相對應，也是所有衝突的原型。從字義層次的分析中也可見，爭理、據理力爭具有正面的意涵，「合理的奪引」是大多數人行為的動因，文化中也賦予此等行為以正當性，如「人讓得人，理讓不得人」、「君子論理不論數」等（見第五章）。祇是在「理直氣壯」、「天下唯理可以服人」的支持之下，「氣壯」合理化了摩擦式衝突，「以理服人」遮掩了爭「強」奪利的抗爭式衝突，這可能是使論理式的反應次數大量膨脹的主要原因。

整體而言，無論實性或虛性和諧者，傾向於將衝突歸因於「我覺得他讓我很不愉快，忍不住就頂撞他」（摩擦式衝突）者佔次多，這也呼應了**表7－13**的結果。其中尤以隱抑式和諧者表示他們的衝突源自隱忍難再的情緒失控（摩擦式衝突與糾葛式衝突分佔32.1％及13.6％），同樣地，親和式和諧者也比其他的實性和諧類型歸因於較多的情緒因素。由此可見，親和、隱抑、摩擦（糾葛）三者（或四者）所形成的衝突循環鏈是存在的。

實性和諧比起虛性和諧大都反應出較少的抗衡式及抬槓式衝突。因為在實性和諧中都不是功利導向的，如果是因「覺得自己的權利受損而要據理力爭」，就會顯得斤斤計較，而違背「對方優先」、「以義為先」的原則。於是，如果發生抗衡式衝突，就容易因傷了「情義」（傷感情）而轉化為虛性和諧。實性衝突中雖然也經常有論理式衝突，但可能也都會注意調整情緒，適可而止，以致沒有虛化為抬槓式衝突。

虛性和諧普遍比實性和諧有較多的抗衡式衝突，及三種虛性衝突之反應。但是，其中爭鬥式衝突及糾葛式衝突的反應都相對

較少,這似乎與質化研究的結果相反。**研究二**的質化分析中,受訪者所論述的衝突經驗大多起自實性衝突而後轉化爲虛性衝突。兩者的差異可能來自量化研究中是詢問受試者「*起衝突的主要原因*」,因此受試者容易歸因於問題焦點清礎的實性衝突,而虛化後的衝突是較不穩定且充滿情緒氛圍,故難以作爲歸因之依據。因此,想要研究衝突中的快速轉化,量化研究恐怕是較難勝任的。

十二、和諧類型與衝突後之反應方式

根據「人際和諧/衝突的動態模式」(見**圖4-1**),衝突發生之後,可能因衝突激化使關係斷裂,或者衝突淡化而轉化進和諧的脈絡中。那麼,衝突後之反應方式是否會影響雙方以何種和諧類型爲歸依?

表7-16中顯示,「*自我反省後,若錯了就主動示好,沒錯的話就順其自然*」的反應方式,無論在實性或虛性和諧中都有高度的反應頻率。看來,願意認錯且主動道歉是做人的基本涵養,故普遍存在於不同的和諧類型中,但是仍以歸向實性和諧(尤其投契式和諧)者較多。至於「*不管自己有錯沒錯,都會主動示好求和*」這種積極正向的反應方式,則明顯地較多歸向實性和諧(尤其是親和式和諧),而較少歸向虛性和諧。

至於「*依照原來的步調作息,如往常一般應對,當做沒事發生*」的消極反應方式,則明顯地較多歸向虛性和諧(尤其區隔式和諧爲多)。被動、淡然固然是虛性和諧的主調,但是在外顯的衝突過後,也不失爲一休憩型的反應方式──它提供了情緒與認知轉化的空間,成爲過渡到實性和諧的橋樑。因而,此種反應方

表7-16　和諧類型與衝突後之反應方式

衝突之後的處理方式	實性和諧(n=248)			虛性和諧(n=252)		
	投契式 (n=214)	親和式 (n=205)	合模式 (n=170)	區隔式 (n=231)	疏離式 (n=190)	隱抑式 (n=81)
自我反省後，若錯了就主動示好，沒錯的話，就順其自然	111[a] (51.9)[b]	91 (44.4)	72 (42.4)	70 (30.3)	63 (33.2)	13 (16.0)
不管自己有錯沒錯，都會主動示好求和	31 (14.5)	58 (28.3)	39 (22.9)	13 (5.6)	7 (3.7)	10 (12.3)
依照原來的步調作息，如往常一般應對，當做沒事發生	37 (17.3)	30 (14.6)	34 (20.0)	82 (35.5)	49 (25.8)	24 (29.6)
變得更小心謹慎，不再去碰觸引發衝突之事，以維持和諧	17 (7.9)	18 (8.8)	18 (10.6)	60 (26.0)	47 (24.7)	14 (17.3)
繼續冷戰，最後他走他的陽關道，我過我的獨木橋	2 (0.9)	3 (1.5)	3 (1.8)	4 (1.7)	20 (10.5)	12 (14.8)
一直耿耿於懷，像破裂的鏡子，難以復合	1 (0.5)	2 (1.0)	0	1 (0.4)	2 (1.1)	8 (9.9)
沒有衝突	15 (7.0)	3 (1.5)	4 (2.4)	1 (0.4)	2 (1.1)	0

a：反應人次，b：括弧內之百分比除以各和諧類型之 n 值

式也有一些歸向實性和諧的機會。

　　其他如「變得更小心謹慎，不再去碰觸會引發衝突之事，以維持和諧」的防衛方式，或是「繼續冷戰，最後他走他的陽關道，我過我的獨木橋」的隔離方式，都明顯地會使雙方關係較多淪於虛性和諧中。雖然「一直耿耿於懷，像破裂的鏡子，難以復合」的斷裂方式很少出現在和諧脈絡中，但有趣的是，它還是較有機會落入隱抑式和諧中，這正也呼應隱抑式和諧中常出現的該斷不斷的糾葛不清的情緒。

十三、和諧類型與人際知覺

　　從研究二質化資料中初步得知，受試者在不同的和諧脈絡下，對對方性格的看法似乎也有所不同。為了比較六種和諧類型在人際知覺上的異同或逐漸轉化之情形，本研究先試圖尋求受試者在知覺他人時所持的基本向度。雖然目前以英文的性格形容詞從事的關於人際知覺之研究大多指出，人際知覺有五個具高度堅韌性（robustness）的基本因素（Norman，1963；Digman & Inouye，1986；Mccrae & Costa，1987）。但是，楊國樞（1987；Yang & Bond，1990）以中文性格形容詞入手所獲得的人際知覺因素，卻與此五種因素有顯然不同之處。另外，Hanno 與 Joner（1973）的研究也發現，參考人物的改變會導致性格形容詞所構成的多元向度之改變。由於本研究所使用之性格形容詞，大多源自深度訪談時，受試者常用以描述對方性格或人品之形容詞。因此，為了配合本研究之特殊需要，以下將根據問卷中所使用之人際知覺形容詞，重新尋求受試者在和諧的脈絡下可能的人際知覺向度。

(一)人際知覺的基本向度

　　資料分析之初，研究者先就評定六種人際和諧對象的性格形容詞分別進行六組因素分析。分析結果發現，六組人際知覺的因素結構大同小異。因此，爲了便於從事組間比較，研究者再度將六組資料加以合併，以便進行三面向的因素分析（three-mode factor analysis）（Gorsuch，1974）。因素分析時，先以主軸因素分析法（principal axis common factor analysis）抽取因素，再取固有值（eigen value）大於1者之因素（共四個因素），以promax 方法進行斜交轉軸（oblimin rotation）。轉軸後，因素之因素負荷量、因素命名、及解釋變異量等均列於**表7－17**，各因素之間的相關矩陣則列於**表7－18**。

　　從**表7－17**中可以得知，由從受試者對人際知覺形容詞之反應中，共抽得四個因素，這四個因素共能解釋總變異量69.8%。第一個因素命名爲「粗率褊狹－溫文寬宏」，因爲在此因素上有高因素負荷量之項目，其內容大多與個人的行爲舉止有教養，態度謙和、客氣，心胸寬大、包容、接納他人等有關，故在此因素上得分越高者（平均高於4分），表示受試者認爲對方越具有「溫文寬宏」之特質。相反的，在此因素上得分越低者（平均低於4分者），表示受試者認爲對方越是粗魯、衝動、心胸狹窄、精於算計，亦即具有「粗率褊狹」之特質。此一因素單獨可以解釋變異量11.6%，若聯合其他因素則可解釋變異量43.6%。

　　第二個因素命名爲「**坦誠率直－奸險隱曲**」，因爲在此因素上有高因素負荷量之項目，其內容大多與個人的心思深沈、複雜、險惡、勢利眼，行爲舉止迂迴、敏感等有關，故在此因素上得分越高者（平均高於４分），表示受試者認爲對方越具有「奸

表7-17　人際知覺之因素負荷量

人際知覺形容詞 （1－4－7分）	因素一 粗率褊狹 溫文寬宏	因素二 坦誠率直 奸險隱曲	因素三 嚴謹僵硬 逸趣柔活	因素四 理性 感性
24. 魯莽的－有教養的	0.892	0.005	－0.027	－0.020
23. 激烈的－溫和的	0.820	0.125	0.181	0.065
30. 囂張的－客氣的	0.729	－0.095	0.092	0.051
16. 衝動的－冷靜的	0.716	0.356	0.085	－0.156
35. 自以為是－謙和虛心	0.668	－0.196	0.123	0.070
28. 霸道的－寬容的	0.626	－0.148	0.226	0.028
33. 自私自利－為人設想	0.589	－0.391	0.025	0.010
29. 負責的－散漫的	－0.512	0.291	0.287	0.202
34. 包容大方－斤斤計較	－0.466	0.365	－0.155	0.034
15. 接納的－排斥的	－0.458	0.304	－0.217	0.022
22. 民主的－權威的	－0.367	0.144	－0.345	－0.022
27. 迂迴的－直接的	－0.171	－0.776	0.045	－0.029
17. 坦率的－深沈的	0.102	0.764	－0.201	－0.027
36. 心思簡單－心機複雜	－0.014	0.682	－0.137	－0.078
25. 正直的－陰險的	－0.346	0.666	0.093	0.064
31. 勢利眼－不勢利的	0.442	－0.478	0.008	－0.015
21. 緊張的－輕鬆的	0.126	－0.025	0.679	－0.093
20. 固執的－有彈性	0.305	0.096	0.573	－0.017
32. 敏感的－大而化之	－0.210	－0.332	0.531	－0.089
18. 嚴肅的－幽默的	0.089	－0.160	0.433	0.026
19. 挑剔的－隨和的	0.412	－0.150	0.416	0.039
26. 理性的－感性的	－0.070	0.024	－0.121	0.744
解釋變異量（單獨[a]）	11.6%	9.0%	5.5%	2.6%
解釋變異量（聯合[b]）	43.6%	34.7%	28.1%	4.6%
解釋變異量（總共）	69.8%			

a：指各因素在去除（eliminate）其他因素之下，單獨能解釋之變異量百分比。
b：指各因素在忽略（ignore）其他因素之存在下，能解釋之變異量百分比。

表7-18　人際知覺因素間之相關係數

	因素一	因素二	因素三	因素四
因素一	1.00			
因素二	-0.59	1.00		
因素三	0.54	-0.45	1.00	
因素四	-0.23	0.06	0.08	1.00

險隱曲」之特質。相反的，在此因素上得分越低者（平均低於4分者），表示受試者認為對方越是心思坦白、簡單，做人正直、不勢利，亦即具有「坦誠率直」之特質。此一因素單獨可以解釋變異量9.0％，若聯合其他因素則可解釋變異量34.7％。

　　第三個因素命名為「嚴謹僵硬－逸趣柔活」，因為在此因素上有高因素負荷量之項目，其內容大多與個人的言行輕鬆、幽默、彈性、隨和等有關，故在此因素上得分越高者（平均高於4分），表示受試者認為對方越具有「逸趣柔活」之特質。相反的，在此因素上得分越低者（平均低於4分者），表示受試者認為對方越是嚴肅、固執、挑剔、敏感、緊張，亦即具有「嚴謹僵硬」之特質。此一因素單獨可以解釋變異量5.5％，若聯合其他因素則可解釋變異量28.1％。

　　第四個因素命名為「理性－感性」，因為在此因素上只包含一個高因素負荷量之項目，其內容即「理性－感性」，故在此因素上得分越高者（平均高於4分），表示受試者認為對方越具有「感性」或說情緒化之特質。相反的，在此因素上得分越低者（平均低於4分者），表示受試者認為對方越具有理性之特質。此一因素單獨可以解釋變異量2.6％，若聯合其他因素則可解釋

變異量4.6％。

　　至於四個因素之間的關係，從表7－18中可以得知，因素一與因素二、因素四呈負相關，與因素三則呈正相關；因素二與因素三之間也呈負相關。因此，再參考因素命名之後，我們可以簡單的說，因素一、因素三是正向人際知覺，因素二、四則偏向負向人際知覺。

(二)各種人際和諧類型在人際知覺上之差異

　　表7－19所列係受試者在實性和諧性格形容詞上所作評定的平均數與標準差。爲了便於從事組間比較，此次分析只選擇在三種實性和諧上同時有反應的受試者，人數只有129人。從表7－19中可以看出，在三種實性和諧上，凡是正向題（指正向性格形容詞居於量表之高分處）受試者的評定平均數均爲4分以上；凡是負向題（指正向性格形容詞居於量表之低分處）受試者的評定平均數均爲4分以下。由此可知，在實性和諧中，受試者傾向於認爲對方充滿正向宜人的性格。

　　至於三種實性和諧之間的比較，從表7－19中亦可得知，在因素一中的各項目上，其 F 值大多呈統計上顯著的差異，在因素三中只有兩個項目有差異，其中的差異主要係來自前兩種和諧類型之不同。也就是說，處於投契式和諧脈絡中的人，顯著地比處於親和式和諧中的人，傾向於認爲對方是較有教養的、客氣的、謙和虛心的、寬容的、爲人設想的、包容大方的、民主的、負責的；投契式和諧脈絡中的人，傾向於認爲對方是輕鬆的、幽默的。至於後兩種實性和諧之差異則較小，只有三項呈顯著差異，即處於合模式和諧中的人顯著地比處於親和式和諧中的人傾向於認爲對方是有教養的、客氣的、且較理性的。

表7-19　三種實性和諧的人際知覺之比較

因素	人際知覺形容詞 (1-4-7分)	投契式 (N=129)		親和式 (N=129)		合模式 (N=129)				
		M SD		M SD		M SD		F	'12	'23
因素一	魯莽的－有教養的	5.65(1.34)	>	5.36(1.56)	<	5.64(1.44)		2.66	2.16*	-1.83*
	激烈的－溫和的	5.29(1.43)		4.95(1.66)		5.14(1.57)		2.17	2.02	-1.14
	囂張的－客氣的	5.66(1.27)	>	5.15(1.51)	<	5.47(1.47)		6.55**	3.82**	-2.09*
	衝動的－冷靜的	4.97(1.74)		4.71(1.70)		4.93(1.70)		1.02	1.33	1.05
	自以為是－謙和虛心	5.27(1.34)	>	4.75(1.65)		5.05(1.57)		5.52***	3.31**	-1.74
	霸道的－寬容的	5.48(1.46)	>	4.95(1.70)		5.26(1.59)		5.71***	3.62***	-1.76
	自私自利－為人設想	5.78(1.17)	>	5.33(1.56)		5.47(1.35)		5.35**	3.51**	-0.87
	負責的－散漫的	2.24(1.42)	<	2.67(1.75)		2.34(1.66)		3.70*	-2.72**	1.82
	包容大方－斤斤計較	2.32(1.36)	<	2.80(1.50)		2.67(1.40)		5.59**	-3.19**	0.85
	接納的－排斥的	2.16(1.31)		2.35(1.56)		2.12(1.30)		1.28	-1.25	1.52
	民主的－權威的	2.81(1.54)	<	3.36(1.73)		3.15(1.58)		4.78***		1.17
因素二	迂迴的－直接的	5.17(1.49)		5.02(1.62)		4.97(1.62)		0.78	0.91	0.32
	坦率的－深沈的	2.61(1.67)		2.88(1.83)		3.01(1.79)		2.14	-1.48	-0.65
	心思簡單－心機複雜	3.33(1.63)		3.47(1.69)		3.49(1.69)		0.5	-0.83	-0.13
	正直的－陰險的	1.99(1.14)		2.09(1.28)		2.22(1.37)		1.45	-0.84	-0.90
	勢利眼－不勢利	5.77(1.44)		5.56(1.56)		5.47(1.48)		2.01	1.43	0.52
因素三	緊張的－輕鬆的	5.08(1.56)	>	4.67(1.61)		4.73(1.58)		3.19*	2.45*	-0.34
	固執的－有彈性	4.43(1.70)		4.07(1.82)		4.28(1.80)		1.60	2.05	-0.95
	敏感的－大而化之	4.24(1.91)		3.78(1.96)		3.98(1.93)		2.25	2.31	-0.88
	嚴肅的－幽默的	4.99(1.41)	>	4.68(1.58)		4.39(1.64)		6.26**	1.97*	1.63
	挑剔的－隨和的	5.40(1.47)		5.14(1.62)		5.10(1.50)		2.03	1.69	0.22
因素四	理性的－感性的	3.33(1.85)		3.67(1.91)	>	3.16(1.77)		2.96*	-1.54	2.35*

***P<0.01　**P<0.1　*P<.05

　　在因素二的各個項目上，三種實性和諧間的人際知覺都沒有顯著的差異。由此可見，在實性和諧中，受試者只是籠籠統統地評定對方不具有奸險隱曲的負向性格特質，而較傾向於評定對方具有坦誠率直的宜人性格。

　　表7－20所列則為受試者在虛性和諧性格形容詞上所作評定的平均數與標準差。為了便於從事組間比較，此項分析只選擇在三種虛性和諧上同時有反應的受試者，人數只有68人。從表7－20中可以看出，在三種虛性和諧上，凡是正向題（指正向性格形容詞居於量表之高分處）受試者的評定平均數大多為4分以下；凡是負向題（指正向性格形容詞居於量表之低分處）受試者的評定平均數大多為4分以上。由此可知，整體而言，在虛性和諧中，受試者傾向於認為對方不具有正向宜人的性格，反而對對方有較多貶抑性的負面評定。

　　至於三種虛性和諧之間的比較，從表7－20中亦可得知，在各因素中的大多數項目上，其 F 值大多呈顯著差異。在因素一中有八個項目有差異，其中的差異主要係來自前兩種和諧類型之不同。也就是說，處於疏離式和諧脈絡中的人，顯著地比處於區隔式和諧中的人，傾向於認為對方是較激烈的、囂張的、自以為是的、霸道的、自私自利的。在因素二中則有四項差異，也就是說，疏離式和諧脈絡中的人，傾向於認為對方是迂迴的、心機複雜的、陰險的、勢利的。這樣的結果顯然與研究二的質化研究結果相符合。至於後兩種虛性和諧之差異主要來自因素三，其中有四項顯著的差異，即處於隱抑式和諧中的人顯著地比處於疏離式和諧中的人傾向於認為對方是緊張的、固執的、嚴肅的、挑剔的、且較為理性的（冷酷的？）。這樣的結果也與質化研究結果相當符合。

　　最後，為了有系統地比較六種和諧類型在人際知覺上的異同及轉化情形。本研究根據因素分析之結果，以各因素所包含之高因素負荷量之題目為基礎，分別就六種和諧類型，將各因素之原始分數加總起來，並計算各因素之平均分數及標準差（見表7－

表7-20　三種虛性和諧的人際知覺之比較

因素	人際知覺形容詞 (1－4－7分)	區隔式 (N＝68)	疏離式 (N＝68)	隱抑式 (N＝68)	F	'12	'23
		M　SD	M　SD	M　SD	F		
因 素 一	魯莽的－有教養的	3.91(1.70)	3.44(1.63)	2.99(1.61)	5.94	1.57	1.90
	激烈的－溫和的	3.88(1.96)＞	3.09(1.56)	2.81(1.74)	8.08***	2.52*	1.20
	囂張的－客氣的	3.78(1.71)＞	3.22(1.74)＞	2.65(1.73)	9.00***	2.09*	2.18*
	衝動的－冷靜的	3.84(1.93)	3.57(1.86)	3.37(2.07)	1.37	0.90	0.74
	自以為是－謙和虛心	3.10(1.68)＞	2.47(1.45)	2.29(1.59)	5.93**	2.41**	0.80
	霸道的－寬容的	3.31(1.48)＞	2.71(1.31)	2.51(1.58)	6.49**	2.488*	0.87
	自私自利－為人設想	3.34(1.67)＞	2.75(1.67)	2.54(1.69)	5.11**	2.05*	0.85
	負責的－散漫的	3.63(1.76)	4.21(1.79)	3.79(1.94)	2.15*	－2.04	1.51
	包容大方－斤斤計較	4.57(1.76)	5.12(1.68)	5.04(1.96)	2.53	－2.03	0.30
	接納的－排斥的	4.26(1.72)	4.74(1.72)	4.92(1.92)	3.11*	－1.61	－0.69
	民主的－權威的	4.51(1.83)	4.82(1.42)	4.71(1.81)	0.64	－1.12	0.52
因 素 二	迂迴的－直接的	4.34(1.87)＞	2.94(1.67)	3.41(2.02)	10.26***	4.46***	－1.50
	坦率的－深沈的	4.37(2.04)	4.85(1.83)	4.72(2.12)	1.30	－1.57	0.44
	心思簡單－心機複雜	4.57(1.88)＜	5.32(1.70)	5.12(2.00)	3.55*		0.75
	正直的－陰險的	4.09(1.89)＜	5.10(1.71)＞	4.57(2.05)	7.09***		2.23*
	勢利眼－不勢利	3.60(1.85)＞	2.62(1.45)	2.75(1.88)	9.10***	3.97***	－0.57
因 素 三	緊張的－輕鬆的	3.31(1.69)	3.10(1.46)＞	2.02(1.38)	5.39*	0.85	2.61**
	固執的－有彈性	2.72(1.71)	2.79(1.67)＞	2.16(1.40)	3.76*	－0.26	3.18**
	敏感的－大而化之	3.21(1.72)	2.79(1.42)	2.46(1.67)	4.92**	1.56	1.53
	嚴肅的－幽默的	3.50(1.58)	3.38(1.45)＞	2.87(1.40)	3.88*	0.48	2.33*
	挑剔的－隨和的	3.34(1.88)	2.98(1.49)＞	2.47(1.46)	5.41**	1.19	2.46*
因 素 四	理性的－感性的	4.01(1.57)	4.13(1.62)＞	3.87(1.63)	0.63*	－0.52	1.08*

***P＜0.01　**P＜0.1　*P＜.05

21）。然後再根據表7－21繪製圖7－1。從表7－21及圖7－1可以得知，實性和諧與虛性和諧的確呈現顯著的差異，在因素一及因

素三兩個正向因素上，實性和諧明顯地高於虛性和諧，而且呈現
逐漸下降之趨勢。這可解釋為：隨著和諧的虛化，正向的人際知
覺也逐漸遞減。相反地，在因素二及因素四兩個負向因素上，實
性和諧明顯地低於虛性和諧，而且呈現逐漸上升之趨勢。這也可
解釋為：隨著和諧的虛化，負向的人際知覺也逐漸遞增。

　　總之，在實性和諧中，人們對對方的性格評定，充滿著正面
的看法；在虛性和諧中，人們對對方的的性格評定，充斥著負面
的看法。而且，隨著和諧的虛化，人們對對方的性格評定也逐漸
由正向轉為負向。

表7-21　六種和諧類型在人際知覺因素上之
平均分數表

	投契式 (n=214)	親和式 (n=205)	合模式 (n=170)	區隔式 (n=231)	疏離式 (n=190)	隱抑式 (n=81)
因素一 (正向)	5.16 (.91)	4.73 (1.13)	4.86 (1.06)	4.86 (1.13)	3.23 (1.04)	2.76 (1.15)
因素二 (負向)	2.14 (.98)	2.35 (1.15)	2.44 (1.18)	3.87 (1.37)	4.42 (1.30)	4.31 (1.58)
因素三 (正向)	4.93 (1.12)	4.44 (1.18)	4.51 (1.15)	3.28 (1.08)	2.97 (1.08)	2.62 (1.19)
因素四 (負向)	3.25 (1.77)	3.65 (1.84)	3.26 (1.75)	3.99 (1.47)	4.09 (1.52)	3.89 (1.66)

註：表內為平均數，括弧內為標準差

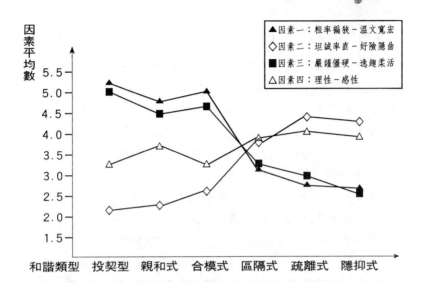

圖7-1　六種和諧類型在人際知覺因素上之比較

十四、和諧類型與關係感受

　　從**研究二**的質化資料中初步得知，受試者在不同的和諧脈絡下，對關係的感受也有所不同。為了比較六種和諧類型在關係感受上的異同或逐漸轉化之情形，本研究先試圖尋求受試者在感受人際關係時所持的基本向度。由於本研究所使用之感受形容詞，大多採自深度訪談時受試者常用以描述其與對方關係之形容詞。因此，為了配合本研究之需要，以下將根據問卷中所使用之關係感受形容詞，重新尋求受試者在和諧的脈絡下可能的情緒感受向度。

(一)關係感受的基本向度

　　為了便於從事組間比較，研究者將六組評定關係感受形容詞的資料先行合併後，再進行三面向的因素分析（three-mode factor analysis）（Gorsuch, 1974）。因素分析時，先以主軸因素分析法（principal axis common factor analysis）抽取因素，再取固有值（eigen value）大於1者之因素（共五個因素），以promax的方法進行斜交轉軸（oblimin rotation）。轉軸後，各因素之因素負荷量、因素命名、及解釋變異量等均列於**表7－22**，各因素之間的相關矩陣則列於**表7－23**。

　　從表7－22中可以得知，由受試者對關係感受形容詞之反應中，共抽得五個因素，這五個因素共能解釋總變異量69.9%。第一個因素命名為「恬愉安和」，因為在此因素上有高因素負荷量之項目，其內容大多為輕鬆自然、自由自在、無束縛、無壓力、和樂、滿意、愉快、和順等形容詞，這些都與描述內心和合、愉悅之情緒有關。故在此因素上得分越高者（平均高於4分），表示受試者認為他越有「恬愉安和」之正向情緒感受。相反地，在此因素上得分越低者（平均低於4分者），表示受試者認為他越少感受到恬愉安和的正向情緒。此一因素單獨可以解釋變異量8.6%，若聯合其他因素則可解釋變異量50.1%之。

　　第二個因素命名為「親近眞實」，因為在此因素上有正向高因素負荷量之項目，其內容大多與形容倆人之間關係親密、情感深厚、相互依賴、幸福美滿等有關；而在此因素上有負向高因素負荷量之項目，其內容則為形容倆人之間關係不平淡、不疏遠、也不客套、不虛偽。故在此因素上得分越高者（平均高於4分），表示受試者對關係的感受越「親近眞實」之特質。相反

地，在此因素上得分越低者（平均低於4分者），表示受試者越覺得關係是疏遠虛偽的。此一因素單獨可以解釋變異量4.8%，若聯合其他因素則可解釋變異量39.6%。

　　第三個因素命名爲「怨怒拒斥」，因爲在此因素上有高因素負荷量之項目，其內容大多爲憤怒的、敵意的、不平的、失望的、糾葛不清的感受，甚至是緊張、冷漠、排斥等情緒。故在此因素上得分越高者（平均高於4分），表示受試者對關係的感受越是「怨怒拒斥」的負向情緒。相反的，在此因素上得分越低者（平均低於4分者），表示受試者對關係的感受越不具「怨怒拒斥」的負向情緒。此一因素單獨可以解釋變異量4.3%，若聯合其他因素則可解釋42.3%之變異量。

　　第四個因素命名爲「敬謹沈抑」，因爲在此因素上有高因素負荷量之項目，其內容大多爲敬畏的、客套的、小心翼翼的、及壓抑緊張的負向感受。故在此因素上得分越高者（平均高於4分），表示受試者對關係的感受越是「敬謹沈抑」的負向情緒。相反地，在此因素上得分越低者（平均低於4分者），表示受試者對關係的感受越不是「敬謹沈抑」的負向情緒。此一因素單獨可以解釋變異量2.9%，若聯合其他因素則可解釋11.8%之變異量。

　　第五個因素命名爲「平和安定」，因爲在此因素上有高因素負上只有兩個高因素負荷量之項目，其內容是平和的、安定的感受，故在此因素上得分越高者（平均高於4分），表示受試者對關係的感受越是平和安定。相反地，在此因素上得分越低者（平均低於4分者），表示受試者認爲雙方之關係越不具平和安定之特性。此一因素單獨可以解釋變異量1.3%，若聯合其他因素則可解釋5.3%之變異量。

表7-22　和諧感受之因素負荷量

感受形容詞	因素一 恬愉安和	因素二 親近真實	因素三 怨怒拒斥	因素四 敬謹沈抑	因素五 平和安定
64. 輕鬆自然	0.837	-0.035	-0.102	-0.115	-0.020
62. 自由自在	0.823	-0.033	-0.053	-0.156	-0.007
60. 無束縛的	0.757	-0.019	0.167	-0.227	0.034
69. 無壓力的	0.683	0.011	0.032	-0.207	0.048
65. 配合良好	0.681	0.185	-0.118	0.067	0.001
54. 和樂融融	0.678	0.135	-0.172	0.002	0.037
37. 滿意的	0.660	0.173	-0.208	0.044	-0.075
38. 愉快的	0.658	0.146	-0.241	0.023	-0.090
61. 美的感受	0.645	0.252	-0.046	0.039	-0.053
41. 和順的	0.609	-0.055	-0.312	0.100	0.145
66. 成長的感覺	0.554	0.287	-0.036	0.095	-0.019
45. 溫暖的	0.537	0.392	-0.079	0.041	0.011
55. 踏實的	0.499	0.331	-0.127	0.090	0.092
42. 理性的	0.479	-0.085	-0.378	0.177	0.182
68. 相互依靠	0.257	0.723	0.152	0.059	0.070
70. 情感深厚	0.422	0.621	0.052	0.025	0.003
47. 親密的	0.442	0.599	0.086	0.010	0.014
72. 幸福圓滿	0.422	0.565	0.040	0.052	0.079
63. 互不相關	0.073	-0.580	0.232	0.116	-0.030
48. 客套的	0.129	-0.479	-0.079	0.382	0.073
58. 平淡的	0.047	-0.478	0.100	0.249	0.124
44. 疏遠的	-0.189	-0.382	0.300	0.252	-0.052
40. 虛偽的	-0.191	-0.383	0.321	0.141	-0.018
56. 憤怒的	-0.049	-0.004	0.838	0.041	0.006
59. 敵意的	-0.129	-0.126	0.681	0.034	0.045
57. 排斥的	-0.126	-0.187	0.668	0.052	0.087
71. 糾葛不清	-0.089	0.188	0.596	0.120	-0.034
52. 不平的	-0.120	-0.140	0.487	0.177	-0.127
46. 失望的	-0.160	-0.246	0.437	0.140	-0.030
39. 冷漠的	-0.233	-0.274	0.341	0.177	-0.008
49. 緊張的	-0.125	-0.032	0.379	0.347	-0.165
67. 小心翼翼	-0.247	-0.165	0.025	0.455	-0.009
53. 敬畏的	0.081	0.060	0.147	0.450	0.054
43. 壓抑的	-0.246	-0.120	0.272	0.401	-0.125
50. 平和的	0.593	-0.081	-0.248	0.002	0.355
51. 安定的	0.524	0.062	-0.188	0.055	0.423
解釋變異量（單獨）[a]	8.6%	4.8%	4.3%	2.9%	1.3%
解釋變異量（聯合）[b]	50.1%	39.6%	42.3%	11.8%	5.3%
解釋變異量（總共）	69.9%				

a：指各因素在去除（eliminate）其他因素影響之下，單獨能解釋之變異量百分比。

b：指各因素在忽略（ignore）其他因素之存在下，能解釋之變異量百分比。

　　至於五個因素之間的關係，從表7－23中可以得知，因素一與因素二、因素五呈正相關，與因素三、因素四則呈負相關；因素二因素五也與因素三、因素四呈負相關。因此，若再參考因素命名之後，我們可以簡單地說，因素一、因素二、因素五是正向關係感受，而因素三、因素四則為負向關係感受。

表7-23　和諧感受的因素間之相關係數

	因素一	因素二	因素三	因素四	因素五
因素一	1.00				
因素二	0.67	1.00			
因素三	−0.68	−0.59	1.00		
因素四	−0.23	−0.19	0.42	1.00	
因素五	0.22	0.09	−0.21	−0.05	1.00

(二)各種人際和諧類型在關係感受上之差異

　　表7－24所列係受試者在實性和諧關係感受形容詞上所作評定的平均數與標準差。為了便於從事組間比較，此次分析只選擇在三種實性和諧上同時有反應的受試者，人數只有129人。從表7－24中可以看出，在三種實性和諧上，凡是正向形容詞，受試者的評定平均數均為4分以上，且越高分表示越有正向感受；凡是負向形容詞，受試者的評定平均數均為4分以下，且越低分表示越無負向感受。由此可知，在實性和諧中，受試者大多傾向於對關係具有正向的情緒感受。

表7-24　三種實性和諧感受之比較

因素	感受形容詞 （1-6分）	投契式 （n＝129） M　SD	親和式 （n＝129） M　SD	合模式 （n＝129） M　SD	F	'12	'23
因 素 一	輕鬆自然	5.27(0.88)	5.08(0.95)＞	4.91(1.10)	6.10**	1.76	1.91*
	自由自在	5.22(0.85)＞	4.81(1.19)	4.70(1.25)	11.29***	3.81***	0.94
	無束縛的	4.76(1.36)	4.47(1.38)	4.33(1.44)	4.21**	1.92*	0.96
	無壓力的	4.86(1.20)	4.41(1.41)	4.45(1.40)	5.27**	3.00**	-0.24
	配合良好	5.09(0.94)＞	4.81(1.18)	4.82(1.16)	4.34**	2.52**	-0.08
	和樂融融	5.17(1.05)	5.08(0.97)	4.95(1.07)	2.15	0.91	1.30
	滿意的	5.12(0.72)＞	4.81(1.00)	4.86(1.66)	5.09**	3.43**	-0.50
	愉快的	5.20(0.73)＞	4.87(1.04)	4.89(0.97)	7.88**	3.64***	-0.23
	美的感受	4.81(0.97)	4.64(1.25)＞	4.33(1.44)	7.97***	1.42	2.49**
	和順的	4.99(0.84)＞	4.73(1.12)	4.83(1.03)	2.24*	2.38**	-0.70
	成長的感覺	4.94(1.11)	4.79(1.24)	4.78(1.24)	1.15	1.29	0.07
	溫暖的	5.07(0.78)	4.95(1.12)	4.84(1.070	2.56	1.19	0.95
	踏實的	5.08(0.90)＞	4.83(1.18)	4.88(1.06)	2.94*	2.18*	-0.40
	理性的	4.95(1.82)＞	4.64(1.16)	4.83(1.03)	4.91**	3.01**	-1.87
因 素 二	相互依靠	4.12(1.37)＜	4.74(1.24)＞	4.45(1.40)	8.33**	-4.15**	2.22*
	情感深厚	5.14(0.87)	5.19(0.88)＞	4.78(1.28)	7.37***	-0.50	3.28***
	親密的	4.81(0.94)	4.96(1.15)＞	4.54(1.31)	5.44**	-1.31	3.03**
	幸福圓滿	4.58(1.19)	4.70(1.31)	4.48(1.40)	1.42	-0.90	1.79
	互不相關	1.98(1.20)	1.92(1.27)	1.98(1.32)	0.12	0.39	-0.46
	客套的	3.06(1.48)	2.84(1.49)	3.12(1.48)	2.14	1.48	-2.14
	平淡的	2.67(1.34)	2.67(1.46)＜	3.08(1.47)	6.72**	0.00	-3.18*
	疏遠的	1.80(0.94)＜	2.12(1.27)	2.08(1.13)	4.31**	-2.68**	0.38
	虛偽的	1.66(0.88)	1.84(1.17)	1.85(0.98)	1.94	-1.83	-0.13
因 素 三	憤怒的	1.75(1.02)	1.91(1.18)	2.00(1.13)	1.86	-1.26	-0.66
	敵意的	1.57(1.09)	1.57(0.97)	1.64(1.07)	0.22	0.00	-0.60
	排斥的	1.57(0.87)＜	1.81(1.13)	1.93(1.11)	4.99**	-2.25*	-0.93
	糾葛不清	1.78(1.21)＜	2.12(1.44)	1.91(1.24)	3.48*	-2.68**	1.63
	不平的	2.11(1.13)	2.27(1.25)	2.09(1.14)	1.30	-1.31	1.51
	失望的	1.88(0.97)＜	2.29(1.35)＞	1.98(1.01)	6.52**	-3.28**	2.05*
	冷漠的	1.74(0.93)＜	2.08(1.28)	2.14(1.10)	6.33**	-2.71**	-0.55
	緊張的	2.11(1.28)＜	2.46(1.31)	2.35(1.30)	3.24*	-2.44*	0.87
因 素 四	小心翼翼	2.69(1.47)＜	3.03(1.54)	3.05(1.52)	3.50*	-2.30*	-0.10
	敬畏的	2.55(1.47)＜	2.88(1.48)＜	3.22(1.59)	9.40***	-2.20*	-2.14*
	壓抑的	2.03(1.11)＜	2.50(1.34)	2.40(1.29)	6.96**	-4.25***	0.70
因 素 五	平和的	5.10(1.05)＞	4.84(0.99)	4.78(1.14)	4.58*	2.24*	0.59
	安定的	5.02(1.11)＞	4.77(1.23)＜	5.00(0.96)	3.10*	2.21*	-2.02*

***P＜0.01　**P＜0.1　*P＜.05

　　至於三種實性和諧之間的比較，從**表7－24**中亦可得知，在各因素中的大多數項目上，其 F 值大多呈顯著差異。在因素一中的差異主要係來自前兩種和諧類型之不同，也就是說，處於投契式和諧脈絡中的人顯著地比處於親和式和諧中的人，傾向於感受到自由自在、無束縛、無壓力、配合良好、滿意、愉快、和順、踏實、理性等感覺。而親和式和諧脈絡中的人比處於合模式脈絡中的人感受到較多的輕鬆自然及美的感覺。至於在三種實性和諧脈絡中，則共同都感受到和樂融融、成長、及溫暖。

　　在因素二的各項目上，可以看出親和式和諧顯著地比投契式和諧或合模式和諧更會有相互依靠、情感深厚、及親密的感覺；而合模式和諧則有稍多的平淡感。從因素三、四、五中則可看出，親和式和諧也有稍多的緊張、失望、壓抑及糾葛不清之情緒感受，合模式和諧則有較多的敬畏及小心翼翼，也有較多的安定感。

　　表7－25所列則爲受試者在虛性和諧關係感受形容詞上所作評定的平均數與標準差。爲了便於從事組間比較，此項分析只選擇在三種虛性和諧上同時有反應的受試者，人數只有68人。從**表7－25**中可以看出，在三種虛性和諧上，凡是正向題受試者的評定平均數大多爲4分以下；至於負向題，受試者的評定平均數有4分以上者，也有4分以下者。由此可知，整體而言，在虛性和諧中，受試者傾向於對關係較少具有正向感受，至於負面的感受方面，則有的強有的弱，端視和諧類型而定。

　　至於三種虛性和諧之間的比較，從**表7－25**中亦可得知，在各因素中的多數項目上，其 F 值大多呈顯著差異。在因素一中，三種虛性和諧幾乎在所有的項目上均有顯著的差異，其中的差異主要係來自前兩種和諧類型之不同。也就是說，處於疏離式

和諧脈絡中顯著地比處於區隔式和諧中較少感受到關係是恬愉安
和的；而處於隱抑式和諧中則顯著的比處於其他兩種虛性和諧
中，更少感受到輕鬆自然、自由自在、和樂融融、滿意、愉快、
及和順。

　　在因素二中則有四項顯著的差異，顯示處於疏離式和諧脈絡
中，比起處於區隔式和諧中，較少感受到關係是親密的或幸福圓
滿的，反而感受到較多的虛偽及疏遠。但是處於疏離式和諧及隱
抑式和諧，也一樣未能感受到親近真實的關係。由此可以看出，
疏離式和諧及隱抑式和諧都較少感受到平和與安定。

　　如果仔細看因素三及因素四兩個負向感受因素所顯示的差
異，則可發現：處於隱抑式和諧中顯著地比處於其他兩種虛性和
諧中感受到較多的憤怒、敵意、糾葛不清、失望、緊張、壓抑等
負面情緒。而處於疏離式和諧中則顯著地比處於區隔式和諧中感
受較多的憤怒、排斥、不平、失望、冷漠、及壓抑。

　　最後，為了有系統地比較六種和諧類型在關係感受上的異同
及轉化情形。本研究根據因素分析之結果，以各因素所包含之高
因素負荷量之項目為基礎，分別就六種和諧類型，將各因素之原
始分數加總起來，並計算各因素之平均分數及標準差（見**表7－
26**）。然後再根據**表7－26**繪製**圖7－2**。從**表7－26**及**圖7－2**可以
得知，實性和諧與虛性和諧的確呈現顯著的差異，在因素一、因
素二及因素五三個正向感受因素上，實性和諧明顯地高於虛性和
諧，而且呈現逐漸下降之趨勢，其中只有親和式實性和諧之情緒
感受比其他兩種實性和諧之感受較差。這可以解釋為：隨著和諧
的虛化，正向的關係感受也逐漸遞減。

表7-25　三種虛性和諧感受之比較

因素	感受形容詞 (1-6分)	區隔式 (n=68)	疏離式 (n=68)	隱抑式 (n=68)	F	'12	'23
		M　SD	M　SD	M　SD			
因素一	輕鬆自然	3.51(1.48)>	2.78(1.38)>	2.34(1.31)	16.54***	3.34**	2.94**
	自由自在	3.28(1.55)>	2.75(1.42)>	2.34(1.59)	9.43***	2.67**	2.17*
	無束縛的	3.25(1.56)>	2.54(1.35)	2.28(1.30)	12.67***	3.32**	1.58
	無壓力的	3.12(1.62)>	2.60(1.38)	2.15(1.42)	4.24**	2.20*	0.50
	配合良好	3.19(1.45)>	2.50(1.31)	2.32(1.29)	11.22***	3.19**	1.04
	和樂融融	3.13(1.48)>	2.59(1.23)>	2.22(1.37)	9.16***	2.48**	1.98*
	滿意的	3.16(1.29)>	2.69(1.23)>	2.19(1.28)	11.88***	2.19*	2.97*
	愉快的	3.25(1.26)>	2.69(1.25)>	2.21(1.30)	14.97***	3.01**	2.65**
	美的感受	2.93(1.48)>	2.34(1.24)	2.09(1.26)	9.65***	2.69**	1.61
	和順的	3.57(1.16)>	3.09(1.22)>	2.69(1.24)	10.80***	2.40*	2.31*
	成長的感覺	3.06(1.53)	2.72(1.44)	2.51(1.62)	3.52*	1.53	1.04
	溫暖的	3.10(1.52)>	2.34(1.22)	2.37(1.37)	9.01***	3.26**	-0.17
	踏實的	3.32(1.43)>	2.56(1.29)	2.69(1.56)	6.86**	3.48**	-0.65
	理性的	3.71(1.25)	3.37(1.18)	2.98(1.48)	6.29**	1.70	1.98
因素二	相互依靠	2.60(1.36)	2.29(1.18)	2.31(1.39)	1.60	1.50	-0.08
	情感深厚	2.65(1.46)	2.24(1.33)	2.25(1.41)	2.83	1.92	-0.08
	親密的	2.72(1.35)	2.40(1.32)	2.18(1.36)	3.97*	1.46	1.21
	幸福圓滿	2.69(1.53)>	2.01(1.23)	1.97(1.33)	9.05***	3.23**	0.43
	互不相關	3.49(1.54)	3.72(1.64)	3.54(1.72)	0.58	-1.01	-0.82
	客套的	3.68(1.52)	3.75(1.54)	3.38(1.57)	1.20	-0.26	1.59
	平淡的	4.00(1.29)	3.27(1.53)	3.65(1.56)	1.32	1.22	-0.34
	疏遠的	3.72(1.52)<	4.12(1.68)	4.32(1.55)	3.29*	-1.53	-0.94
	虛偽的	3.50(1.37)<	4.09(1.31)	3.99(1.62)	4.79**	-2.82**	0.59
因素三	憤怒的	2.91(1.38)<	3.50(1.52)<	4.16(1.67)	12.54***	-2.40*	-2.88**
	敵意的	2.93(1.52)	3.38(1.60)<	3.91(1.60)	9.38***	-1.94	-2.52**
	排斥的	3.07(1.42)<	3.90(1.61)	4.07(1.72)	9.71***	-3.20**	-0.83
	糾葛不清	2.54(1.30)	2.85(1.46)<	3.38(1.63)	7.05**	-1.43	-2.32*
	不平的	3.35(1.42)<	3.82(1.36)	4.04(1.52)	5.05**	-2.23*	-1.17
	失望的	3.41(1.53)	3.91(1.80)	4.11(1.66)	3.74*	-1.70	0.81
	冷漠的	3.63(1.28)<	4.13(1.25)	4.09(1.53)	3.82**	-2.32*	0.24
	緊張的	3.32(1.33)	3.65(1.20)<	4.21(1.48)	8.34***	-1.59	-2.54**
因素四	小心翼翼	3.88(1.43)	4.21(1.56)	4.24(1.63)	1.46	-1.42	-0.15
	敬畏的	3.01(1.50)	3.03(1.46)	3.04(1.53)	0.01	-0.08	-0.06
	壓抑的	3.60(1.42)	3.96(1.52)	4.34(1.49)	4.83**	-1.39	-1.92
因素五	平和的	3.71(1.35)>	3.22(1.24)>	2.73(1.19)	13.09***	2.48**	2.63**
	安定的	3.57(1.38)	3.19(1.28)	2.84(1.34)	6.24**	1.91	1.80

***P<0.01　　**P<0.1　　*P<.05

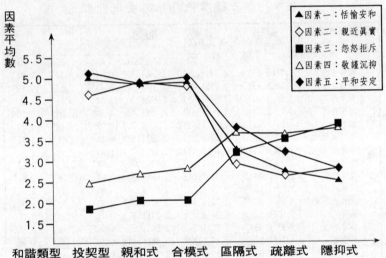

圖7-2　六種和諧類型在感受因素上之比較

表7-26　六種和諧類型在人際知覺因素上之平均分數

	投契式 (n＝214)	親和式 (n＝205)	合模式 (n＝170)	區隔式 (n＝231)	疏離式 (n＝190)	隱抑式 (n＝81)
因素一 (正向)	4.96 (0.07)	4.76 (0.83)	4.72 (0.81)	3.30 (0.90)	2.86 (0.89)	2.60 (1.16)
因素二 (正向)	4.59 (0.76)	4.79 (0.79)	4.59 (0.81)	3.02 (0.79)	2.78 (0.78)	2.93 (1.02)
因素三 (負向)	1.87 (0.81)	2.07 (0.95)	2.05 (0.88)	3.25 (0.92)	3.58 (0.95)	3.85 (1.26)
因素四 (負向)	2.45 (1.01)	2.82 (1.06)	2.89 (1.08)	3.63 (0.86)	3.66 (1.04)	3.79 (1.06)
因素五 (正向)	5.00 (0.98)	4.77 (1.02)	4.84 (0.95)	3.69 (1.05)	3.34 (1.11)	2.94 (1.27)

註：表內為平均數，括弧內為標準差

　　相反地，在因素三及因素四兩個負向感受因素上，實性和諧明顯地低於虛性和諧，而且呈現逐漸上升之趨勢。這也可解釋為：隨著和諧的虛化，負向的關係感受也隨之逐漸遞增。只是，在實性和諧中，正向感受與負向感受的平均數差距較大，顯示在實性和諧中有明顯的正向感受，負向感受則明顯地較少。但是在虛性和諧中，正負向感受因素的平均數則差異較小，這顯示在虛性和諧中，雖有負向感受，卻不強烈；至於正向感受，則或多或少亦有之。換言之，在虛性和諧中，關係的正負感受比較混雜。

　　總之，在實性和諧中，人們對關係充滿著正面的感受；在虛性和諧中，人們對關係則充斥著負面的感受。而且，隨著和諧的虛化，人們的關係感受也逐漸由正向轉為負向。

第三節　　總結與討論

　　本章的主要目的是扣緊質化研究（**研究二**）所產生的新概念與新命題，進一步根據心理衡鑑（psychological assessment）的原則，將理論概念轉為可資測量之變項，接著再以量的分析來加以確認及檢証，以便建立可概化之通則。這樣的目的在研究三中已經部份達成。

　　首先，本研究確認**研究二**中六種人際和諧類型（投契式、親和式、合模式、區隔式、疏離式及隱抑式）具有相當的構念效度。因為本研究根據六種人際和諧編擬的六段短文，與代表六種人際取向的六個類別變項（此六種人際取向——本真取向、情義取向、順適取向、領域取向、形式取向、抑制取向，係由六種和諧推論所得）之間，有高度的效標關聯效度（criterion-related validity）及區辨效度（見**表7－9**）。

　　確認了六種和諧類型在測量上的構念效度之後，本研究同時也確認了它們在一般人日常生活中的實存性。研究結果顯示：除了隱抑式和諧外，其他五種和諧類型都有三分之二以上的受試者自陳有該經驗。性別、婚姻、年齡、教育程度、職業、居住地等個人基本背景變項，雖然在各種和諧經驗上有或多或少的影響，但其關係並不明確，也不具系統性。

　　研究結果也顯現，不同的角色關係或關係特性（重要性、平等性、利益性、接觸性等）對形成不同的人際和諧經驗有較明顯的影響。如朋友間具有較多的投契式和諧，配偶間多為親和式及合模式實性和諧，同事、上司、下屬等工作關係則有較多虛性和諧。這不但印證了重要性、平等性、沒有利害性、主動接觸但並不頻繁的關係較易形成投契式和諧，同時也確認了**研究二**中有關投契式和諧形成的前置條件之命題。重要性及接觸性均高的關係（配偶、異性朋友）較多形成親和式和諧的發現，也呼應了有關親和式諧形成的前置條件之命題（見**圖6－2**）。至於重要性高、接觸性頻繁、角色關係明確（上下關係）且互為利害關係者，則較易形成合模式和諧，這也部份證實有關合模式和諧形成的命題（見**圖6－4**）。至於隱抑式和諧則較常發生在必須常在一起的重要性關係上，這也顯示若非關係特性如此，隱抑式和諧的雙方可能早就關係斷裂了。人際和諧經驗較受角色關係或關係特性的影響，而較未顯現受個人特性影響，也可呼應人際和諧的本質是脈絡性的，以及中國人社會行為是關係取向的本質。

　　在不同的人際和諧脈絡下，將顯現不同的人際行為特性，在本研究中也獲得部份的支持。其中最顯著的是，在六種和諧類型的脈絡下，分別以不同的六種人際取向（本真取向、情義取向、

順適取向、領域取向、形式取向、抑制取向）為主。在人際溝通方式方面，六種和諧脈絡間之區分雖較不顯著，但在實性和諧及虛性和諧間則有明顯的差異存在。相同地，在其他各種人際情境（如助人情境、對立意見情境、不愉悅情境、不公平情境及衝突後之情境）下，六種和諧間的反應方式雖然無法細緻地區分出來，但在實性與虛性兩類和諧脈絡下則有顯著的不同。實性和諧脈絡下傾向真誠、信任的溝通，主動、支持、接納及順任自然等人際反應方式；相反地，虛性和諧脈絡下則表現較多的小心謹慎、防衛、客套形式、甚而虛偽的溝通，還有被動、推托、忽略、排斥、劃清界線、虛與委蛇等的反應方式。這樣的結果與**研究二**的相關命題也有相當的一致性（見**表6－4**）。

　　至於和諧類型與衝突類型之間則較無一致性關係，這可能與本研究中測量衝突的方式有關。由於本研究中並未撰寫專屬衝突類型的典型性短文，而是將衝突類型的肇因作為歸因的項目，以致研究結果顯示，為數最多的受試者將衝突歸因於「論理式衝突」，次多的受試者將衝突歸因於「摩擦式衝突」。此一結果可與研究一結果相互呼應，研究一中指出，「爭理」在俗諺語（小傳統文化）中受到正向的支持，親近關係中的情緒性衝突也受到較多的包容。基於歸因時常易有「自利性偏差」（self-serving bias），受試者在本研究中傾向做較多的「論理式衝突」歸因與「摩擦式衝突」歸因是可以理解的。因而和諧類型與衝突類型之間的轉化關係，在本研究中仍未獲得確認，有待再做進一步的研究。

　　在不同的和諧脈絡下對人際知覺所造成的影響方面，本研究發現：受試者雖然未就六種不同的和諧類型對人做較細緻的區辨，但在實性和諧脈絡下卻有較正向的人際知覺，在虛性和諧脈

絡下則傾向負向的人際知覺。這些結果印證了**研究二**的推論：人
際知覺具有自証式預言（self-fulfilling prophecy）之特性，即人
們在實性和諧中傾向蒐集對方的優點或賦予對方正向的性格評
價，以符合自己對此關係的感受；相反地，在虛性和諧中（與人
不和後）則傾向蒐集對方的缺點，且賦予對方負面的性格評價。

但是不同的和諧脈絡對關係感受（情緒）的影響則有顯著的
差異及意義。在投契式和諧中清清晰晰地祇有愉悅、和順、無壓
力、無束縛、輕鬆自然、自由自在、美的感受等情緒，而無其他
負面情緒。這一點不但充份確認**研究二**中有關投契式和諧之構念
（見**圖**6－1），同時支持**研究二**中的論述：投契式和諧是人際和
諧的原型，它具有最高的和合性；它同時對應大傳統中的辯證式
和諧觀，具有悠游於善美樂境界中之特性。親和式和諧中除了情
感深厚、相互依靠、及親密感受外，還夾雜著一些緊張、失望、
壓抑等情緒。這除了確認研究二中有關親和式和諧之構念（見**圖**
6－2）外，同時印證親和式和諧與隱抑式和諧、摩擦式衝突之間
的高度扣連性。合模式和諧除了具有實性和諧共有的正向感受
外，也夾雜些許的敬畏及小心翼翼，顯示合模式和諧的受角色框
框的套繫，已經潛藏著虛化的可能性。

虛性和諧中則有較多的正向與負向情緒的混雜。其中區隔式
和諧較有正向感受（平和、安定），這可證實它處於虛實交界地
帶及隸屬部份和諧之特性。疏離式與隱抑式和諧則充斥著失望、
憤怒、不平、敵意、冷漠、壓抑、甚而糾葛不清等負面情緒，這
也可支持**研究二**中的構念（見**表**6－4）：疏離式與隱抑式都是一
種表面和諧。這些負面的情緒狀態也可呼應這兩種表面和諧的不
穩定性，即爲了確保自己的情緒衛生（健康），表面和諧通常是
衝突發生後暫時的人際處境，它們不是正向轉化至區隔式和諧，

則是持續冷漠致使關係疏遠，甚而斷裂。

　　總之，質化研究（**研究二**）中藉由深度訪談所建構的概念及概念間之關係，有一部份在本量化研究中已獲得初步驗證，其餘部份則尚待進一步的研究來確認。本研究顯示的意義是：質化研究所建構的特則式構念，可以依據心理衡鑑的原理轉化為測量的變項，甚而從事量化分析。結合質化研究及量化研究兩種研究，不但可使已建構的概念及命題獲得確認，同時也可推衍出一系列未來可從事研究的課題。

註　釋

❶idiographic 源自希臘字「idios」，意指適合個人（proper to one），它主要是在處理
結構的模式（structural patterns）。nomothetic 源自希臘字「nomos」，意指慣例或法
則（customor law），也就是說，科學主要是在尋求通則（general law）。

❷由於本研究中各種和諧類型的作答樣本之間，既不是獨立樣本，也不是關聯樣本
（correlated samples），故無適用的統計公式以檢定兩個（或多個）百分比之差異顯
著性。本研究祇好暫且將各樣本當作獨立樣本，用 z 檢定法檢定兩個百分比之差異顯
著性。這是較嚴謹的檢定方式，將低估兩個百分比之差異顯著度。本研究採取較保守
嚴謹之態度，僅就有顯著差異或較有意義之差異加以討論。

第八章
總結與綜合討論

第一節 理論建構的歷程

本書的主旨原在提出一套有關中國人的和諧觀、衝突觀、及衝突化解模式之本土化理論。經由長期的觀察與體驗，作者深感有關和諧、衝突、及衝突化解的問題是中國社會中人際心理與行為的核心之一，且為作者個人的終極關懷之所在。為了使理論具有高度的「本土契合性」（楊國樞，1993），本書採取主位式取徑（emic approach），即以本土文化、社會、及常民為主體，根據本土哲學的、歷史的、文化的、社會的觀點，進行本土心理學理論的建構。鑑於中國社會的本質是「關係本位」（梁漱溟，1963），中國人社會心理與行為的運作主調是「社會取向」（楊國樞，1993）或「關係取向」（何友暉、陳淑娟、趙志裕，1989），且中國人之「自我」是在人際網絡（Hsu, 1985）中定位的，因而作者決定從「人際衝突」入手來探索中國人的衝突問題，以有別於傳統西方心理學之多從「個體的內在衝突」（見第一章第一節）入手。

　　為了彰顯文化的主體性（黃光國，1995），研究之初作者即費心思索，從中國文化的主體性出發，中國的思想傳統中有關「和諧」、「衝突」的定義及基本看法為何。在獲知形上學中有三套關於和諧與衝突的辯證觀（即和諧化辯證觀、永恆進步辯證觀、及中觀辯證觀，見**表**1－1），且中國文化與思想隸屬「和諧化辯證觀」（dialectics of harmonization）（成中英，1977/1986）之後，旋即以「和諧化辯證觀」為思考架構進行關於「中國人的人際和諧與衝突」之理論建構。在和諧化辯證觀之下，和諧與衝突兩概念彼此互涉且為辯證之關係，同時和諧與和諧化歷程是本體，衝突則是暫時的失合。換言之，欲瞭解中國人的衝突觀與衝突化解方式，必須先探討中國人的和諧觀與和諧化機制（見第一章第二節）。

　　另一方面，為了深化理論與研究的本土性（楊中芳，1993），作者也試圖將文化／歷史納入理論建構的思考架構。於是，本書提出一套由下層結構（農業為主生產方式、親緣關係社會結構、大一統政教體系）至上層結構（天人合一思想、禮治思想、國家意識型態化儒學）的探索意識型態（文化思想體系或文化深層結構）的視角（見**圖**1－1）。此一視角具有結構性、脈絡性及時間性（歷史性），不僅適用於跨越幾千年的尋根工作，同時埋伏著理解思想文化傳統在現代化過程中所可能產生的創造性轉化。

　　確定了探索意識型態的視角，也就鎖定了本研究所要解讀的大傳統文本之範疇（即天人合一思想、禮治思想、及國家意識型態化儒學）。天人合一思想主要是論證「人與天（自然）」之辯證關係，也就是說，天人合一思想係在天人關係的和合化與分別化之辯證下不斷轉化。從歷史上有關天人關係的思辨中，本研究

推衍出兩客體間可能的和合狀態及其和諧化機制（見**表2－1**）。禮治思想主要是在差序化中追求和合化，也是「和而不同」的和諧觀。禮治思想之論證是建立在人己（個體與他人）關係的辯證上，也就是說，在個體的自主性或獨特性與人際的秩序性（倫理）之間拮抗著。相關的和諧化機制，也在自主與框限、理與情、公與私兩對立面間拉鋸著（見**表2－2**）。國家意識型態化儒學則是在大一統的和諧觀之下，將個別差異固定化（或主從關係絕對化），且在功效利益優先下，強調齊一、附從的和諧化機制（見**表2－4**）。

　　探索了天人合一思想、禮治思想、及國家意識型態化儒學中對於天人關係、人（群）己關係的和諧化辯證後，本研究從而抽離出隱含在意識型態（文化思想）中的三種和諧觀，即辯證式和諧觀、調和式和諧觀、統制式和諧觀（見**表3－1**）。此三種和諧觀分別對應三個不同的層次，即宇宙觀層次、人倫社會層次、及國家社會層次；且隨著對應層次的不同，三種和諧觀從著重心靈的境界朝著重情理的境界，再朝著現實功效的境界轉化。這種境界上的轉化，也隱含著和諧觀係從動態的和合境界，逐漸加上節制性而以調節為重，最後因功效性考量而轉為固定化（框限）、形式化。在此基礎上，本書接著再以和諧化辯證觀的思考架構，在「和諧至上」的前提下，對應於三種和諧觀推衍出中國人的三種衝突觀，即失合式衝突、失調式衝突、失序式衝突。

　　至於和諧與衝突對中國人的功能與負功能，本書也對應下層結構所隱含的意涵，就個人的理想人格、人際間的情理倫常、及群體組織的功效利益考量，歸納出和諧具有三重功能，以及衝突具有三重負功能。和諧的三重功能是：其一，內外和合是中國人自我實現的理想造型與意象，同時是中國人「道德心」的展現；

其二，人際和合勾勒出人間群居生活的融洽與秩序，也展現了中
國人的「情理心」；其三，與人和合不僅可使行事有效，且得以
利人利己，所以說，和諧是交相利之媒介，也是中國人的「情理
心」之展現。相對地，衝突也具有三重負功能，即使人在道德上
居劣勢，在情理上失去立場，且在個人、社會、生存等各方面付
出昂貴代價。總之，在意識型態中所彰顯的價值體系，都一致地
肯定和諧的正向價值及衝突的負向價值。

最後，本書再將和諧觀、衝突觀、和諧化方式、衝突化解方
式綜合起來，以「和諧化辯證觀」為思考架構，加上虛實二元對
立轉化的辯證觀點，建構了一個有關中國人「人際和諧／衝突的
動態模式」（見圖4-1）。在此動態模式中，人際和諧與衝突是
在「關係」的脈絡中動態地轉化，以「和合」為始，以「關係斷
裂」為終。人際和諧因其「和合性」與「差異性」之拉鋸消長，
呈現虛實的轉化；人際衝突則因「問題的焦點化」與「情緒的擴
昇化」之間的拉鋸消長，呈現虛實的轉化。至於人際和諧與衝突
之間的轉化機制，則是實性和諧（和）逐漸轉化為虛性和諧（不
和），虛性和諧極度虛化後，成為內隱的衝突（表面和諧），內
隱的衝突若突破表面和諧的防線（撕破臉），則成為外顯的衝
突。外顯衝突是暫時的失衡，它可能在激化後以「關係斷裂」終
止衝突；或是在衝突淡化後，暫處於虛性和諧的脈絡中，若有可
能，再藉由和諧化方式轉化為實性和諧，不然則會久處虛性和諧
之中。

簡言之，本書以和諧化辯證觀的形上學為基本思考架構，對
中華民族的意識型態（大傳統文化）進行探索，從而歸納出中國
人特有的和諧觀／衝突觀及和諧化方式／衝突化解方式。最後，
綜合以上的相關概念，建構了一套關於中國人人際和諧／衝突的

動態模式。總之，本書係直接從中國的哲學思想或智識傳統中導引出有關中國人的心理與行為之理論模式。像這樣紮根深厚的理論模式，不僅彰顯了文化的主體性，揭櫫了文化的深層結構，揭開了中國人的集體潛意識，同時銜接了人文科學與社會科學。

第二節　理論的驗證：三項實徵性研究

本書上篇從歷史文化的意識型態中探索所得之有關和諧觀／衝突觀、和諧化方式／或衝突化解方式的主要概念，以及所建構的有關「人際和諧／衝突的動態模式」，都是屬於理論性的架構。為了將這些概念與理論模式落實在中國人的具體心理與行為層次，且與現代生活連繫在一起，本書在下篇中進行了三個實徵性研究。這些研究的目的，一方面是檢証或修正既有的概念與理論模式，另方面則是藉以擴充或發展相關的新概念與新的理論模式。

一、研究一

研究一是有關中國人和諧觀／衝突觀的字義與俗諺語之分析，其目的在於確認從意識型態（大傳統文化）中探索所得的和諧觀／衝突觀，與日用語言或諺語（小傳統文化）中反映出來的和諧觀／衝突觀是否相互呼應。研究一是以 Wittgenstein（1945）有關「語言遊戲」的概念為思考進路，環繞著「和」字及其語言家族（合、同、統）進行有關字義與俗諺語之蒐集及分析，藉以暸解小傳統中的和諧觀及其功能。另外，再環繞著

「衝」字及其語言家族（沖、爭、訟、矛盾）進行字義與俗諺語之蒐集及分析，以暸解小傳統中所反映的衝突觀及其功能。

字義分析顯示，「和」的靜態性意涵可以對應意識型態層次中的三種和諧觀，「和」的動態性意涵則指涉著調和式和諧觀與統制式和諧觀的和諧化方式。「和」字的語言家族「合」字代表「協調而和」，得以反映和諧的最高境界——「和而不同」，同時對應辯證式和諧觀與調和式和諧觀。「同」與「統」分別代表「齊一而和」與「附從而和」，它們同時對應統制式和諧觀。從對與「和」字及其語言家族有關的格言、俗諺語的分析中，可知大傳統文化中所論述的和諧的三重功能，都可以在一般人常引用或奉行的格言或俗諺語中看到。

從「衝」字的字義分析亦可得知，「衝突」具有靜態性（指不和合的緊張狀態）與動態性（只外顯的爭執過程）兩種意涵，這隱含著衝突具有「內隱」與「外顯」的兩面性。「內隱衝突」可以對應「人際和諧／衝突動態模式」中的虛性和諧，動態性意涵則對應「人際和諧／衝突動態模式」中的「外顯衝突」。「衝」字及其語言家族的字義及俗諺語之分析也顯示：在一般人的日常用語中，「衝突」大多指外顯的、動態的衝突。大傳統文化中的三種衝突觀及三重負功能，也都有相當的俗諺語與之呼應。

整體而言，「和」字、與和字相聯的字詞、有關「和」及其語言家族的俗諺語等，都一致顯示，和諧具有正面價值；此外，「衝突」、與衝突相聯的字詞、有關「衝突」及其語言家族的俗諺語等，也都一致顯示，衝突具有負面價值。這樣的結果與意識型態中一再肯定和諧的正向功能與衝突的負向功能之論述，具有高度的一致性。

此外，「爭」的字義及與「爭」有關的格言或俗諺語顯示：在「禮」的規則下，公開競爭具有正面價值；「爭理」雖受支持卻不被看好，因它經常會淪為徒勞無功或演變為強詞奪理（爭嘴）；「爭（志）氣」也受到正向支持，但恐怕也有流於爭強好勝（爭閒氣、爭意氣）之嫌；親近關係中「歡喜冤家」式的「爭吵」，也受到較多的包容。這些有條件地支持「爭」的俗諺語，正可提供給一般人作為「自利性」歸因之憑藉。事實上，在俗諺語中「不爭」與息事寧人式的「止爭息訟」是具有最高價值的。簡言之，有關「爭」與「訟」的俗諺語中，蘊涵著許多大傳統文化中較受忽略的觀點與行事原則，這些都可啟發未來進一步的研究。

二、研究二

研究二主要目的是試圖瞭解本書所建構的「人際和諧／衝突動態模式」，及意識型態中探索所得的和諧觀／衝突觀落實在具體生活經驗的情形。研究二依「紮根理論」的質化研究原則，輔以「詮釋循環」及「雙重詮釋」的資料解讀方法，就蒐集所得的二十六位成人的敘說素材，一方面進行「人際和諧／衝突動態模式」之檢證，另一方面進行理論的精緻化，或產生新概念、新命題以使理論得以擴充。

首先，研究二成功地將大傳統中的和諧觀／衝突觀與「和諧／衝突動態模式」中的虛實人際和諧／衝突的抽象概念結合起來，進而從質化資料中建構出日常生活世界的六種人際和諧基本類型，以及六種人際衝突基本類型（見圖6-7）。也就是說，將大傳統中的三種和諧觀（辯證式、調和式、統制式）對應到生活

世界中的人際關係，建構出三種實性人際和諧（投契式和諧、親和式和諧、合模式和諧）。此三種實性人際和諧透過虛實轉化機制後，分別虛化為三種虛性人際和諧（疏離式和諧、隱抑式和諧、區隔式和諧）。相同地，將大傳統中的三種衝突觀（失合式、失調式、失序式）對應到生活世界中的人際關係，也建構出三種實性人際衝突（論理式衝突、摩擦式衝突、抗衡式衝突）。此三種實性人際衝突透過虛實轉化機制後，也分別虛化為三種虛性人際衝突（抬槓式衝突、糾葛式衝突、爭鬥式衝突）。

　　六種人際和諧之間也具有轉化性關係，也就是說，此六種人際和諧是在兩造間的和合性與差異性（分別性）兩力相互消長（辯證）下，呈現量變而質變的轉化，且在虛實（和諧）的不同程度上呈現出次序性（見表6-4）。其中，投契式和諧的和合性最高，以輕鬆自然、自由自在、恬和愉悅的情緒感受為主，也是所有人際和諧的原型。此六種和諧類型各有不同的人際取向（即本真取向、情義取向、順適取向、領域取向、形式取向、抑制取向），在情緒感受、相處方式及關係對象上也有所不同。另外，實性和諧的共同性是雙方彼此信任、支持、接納，且互動特性是積極主動的；虛性和諧的共同性則是雙方彼此防衛、拒斥、隔離，且互動特性是消極被動的。

　　相同地，六種人際衝突類型也是在問題焦點化與情緒化兩力相互消長（辯證）下，呈現量變而質變的轉化性關係，且在虛實（和諧）的不同程度上呈現出次序性（見表6-5）。其中論理式衝突起於「爭理」，是衝突的原型。摩擦式衝突多為擦槍走火似的情緒疏洩，也是「歡喜冤家」型的衝突。抗衡式衝突緣起於不平感，是一種爭（志）氣式衝突。六種人際衝突類型的行為特色也各有不同，分別為據理力爭、施展權術、直言不諱、唇槍舌

劍、廝殺對決、激盪擴昇等；在情緒感受及衝突化解途徑上，六種衝突類型也分別有所不同。此外，**研究二**還發展出關於各類型人際和諧／衝突間轉化關係的命題，以及初步勾勒出影響各類型人際和諧／衝突的相關因素（見**圖**6－1至**圖**6－6）。

　　簡言之，**研究二**（質化研究）一方面從日常生活的經驗性素材中確認了「人際和諧／衝突動態模式」之可運作性，另一方面又產生了新概念（六種人際和諧與六種人際衝突的基本類型）及新命題（各類型人際和諧／衝突間的轉化機制與相關因素），使理論得以擴充且更精緻化，同時又提供了未來進行系統性研究的基礎。

三、研究三

　　研究三的主要目的是扣緊質化研究（**研究二**）所獲得的新概念與新命題，進一步根據心理衡鑑原則，將理論概念轉爲可測量之變項，接著再以量的分析來加以確認及檢証，以便建立可概化之通則。

　　首先，**研究三**確認**研究二**中的六種人際和諧類型（投契式、親和式、合模式、區隔式、疏離式及隱抑式）具有相當的構念效度。因爲六種人際和諧類型與六種不同人際行爲指標（即本眞取向、情義取向、順適取向、領域取向、形式取向、抑制取向）之間，有高度的效標關聯效度及區辨效度（見**表**7－9）。另外，**研究三**也確認了六種人際和諧類型在一般人日常生活中的高度實存性（隱抑式和諧除外）。

　　研究三也證實：不同的角色關係或關係特性（重要性、平等性、利益性、接觸性等）對形成不同的人際和諧經驗有較明顯的

影響。重要性高、平等性高、無利害性、主動接觸但並不頻繁的
關係（如同性朋友、同學等）較易形成投契式和諧，這同時也可
確認**研究二**中投契式和諧形成的前置條件之命題（見**圖**6－1）。
重要性及接觸性均高的關係（如配偶、異性朋友）較多形成親和
式和諧，也呼應了有關親和式和諧形成的前置條件之命題（見**圖**
6－2）。至於重要性高、接觸性頻繁、角色關係明確（上下關
係）且互為利害關係者（如同事、上司下屬），則較易形成合模
式和諧，這也部份證實有關合模式和諧形成的命題（見**圖**6－
4）。人際和諧經驗受角色關係或關係特性的影響，正可呼應人
際和諧是脈絡性及中國人社會行為是關係取向的本質。

　　在人際溝通方式及其他各種人際情境（如助人情境、意見對
立情境、不愉悅情境、不公平情境、及衝突後之情境）下，六種
和諧類型間的反應方式雖然沒有細微的區分，但在實性與虛性兩
類和諧脈絡下則有顯著的不同。實性和諧脈絡下傾向真誠、信任
的溝通，主動、支持、接納及順任自然等人際反應方式；相反
地，虛性和諧脈絡下則表現較多的小心謹慎、防衛、客套形式、
甚而虛偽的溝通，還有被動、推托、忽略、排斥、劃清界線、虛
與委蛇等反應方式。這樣的結果與**研究二**的相關命題也有相當的
一致性（見**表**6－4）。**研究三**也發現，受試者在實性和諧脈絡下
有較正向的人際知覺，在虛性和諧脈絡下則傾向負向的人際知
覺。這結果也印證了**研究二**的推論：人際知覺具有自証式預言
（self-fulfilling prophecy）之特性。

　　研究三也顯示，在不同的和諧脈絡下，關係感受（情緒）有
顯著的差異。投契式和諧中祇有愉悅、輕鬆自然、自由自在等正
向情緒，這一點印證確認**研究二**中有關投契式和諧之構念（見**圖**
6－1）及論述：投契式和諧是人際和諧的原型，具有最高的和合

性，同時也對應大傳統中的辯證式和諧觀，具有善美樂境界之特性。親和式和諧中除了情感深厚、相互依靠、及親密感受外，還夾雜著一些緊張、失望、壓抑等情緒；這除了確認**研究二**中有關親和式和諧之構念（見**圖6－2**）外，也呼應**研究一**中有關「歡喜冤家」之觀念。合模式和諧夾雜些許的敬畏及小心翼翼，顯示合模式和諧以功效考量優先，接受角色框框的套繫，潛藏著虛化的可能性。虛性和諧混雜著較多的正向與負向情緒。其中區隔式和諧較有正向感受（平和、安定），這可證實它是處於虛實交界地帶且是一種部份和諧之特性。疏離式與隱抑式和諧充斥著失望、不平、冷漠、壓抑等負面情緒，也支持了疏離式與隱抑式都是表面和諧的構念（見**表6－4**）。

如果將衝突類型的肇因作為歸因的項目，**研究三**的結果顯示，為數最多的受試者將衝突歸因於「論理式衝突」，次多的受試者將衝突歸因於「摩擦式衝突」。此一「自利性偏差」的歸因可與研究一相呼應：「爭理」在俗諺語（小傳統文化）中受到正向的支持，親近關係中的情緒性衝突也受到較多的包容。

簡言之，質化研究（**研究二**）中藉由深度訪談所建構的概念及概念間之關係，有一部份在量化研究（**研究三**）中已獲得初步印證，其餘部份則尚待進一步的研究來確認。研究三顯示的意義是：質化研究所建構的特則式構念，可以依據心理衡鑑的原理轉化為測量變項，進而從事通則式的量化分析。

總之，本書結合理論建構與三個實徵性研究的意義是：證實以中國人的基本思維（和諧化辯證觀與陰陽辯證觀）及文化傳統（意識型態）建構本土化理論的可能性；也就是說，中國文化中的人文思想也能成功地轉化成社會科學的研究概念，提供從事實徵性研究的理論基礎，從而導引系列性的相關研究。

第三節　方法學上的重要議題

一、和諧化辯證觀的世界性意義

　　以「和諧化辯證觀」作為建構有關「中國人的人際和諧／衝突理論模式」之思考方式，究竟是使此一本土化理論「畫地自限」、或是可能為建構世界性的相關理論而有所貢獻？此一議題可由下面幾個方向來論述。

　　在有關和諧與衝突的問題上，人類共已發展了三種不同的辯證思考方式，除了中國儒家、道家特有的和諧化辯證觀之外，還有永恆進步辯證觀（黑格爾／馬克思）及中觀辯證觀（大乘佛學龍樹的四段否定式）（見表1-1）。這三種辯證觀在本體（實在界）假設、邏輯運思及思想目的上都有所不同，其產生的文化背景或所提供的問題解決（衝突化解）之道，也有明顯的分野。那麼，這三者究竟孰優孰劣？或說何者較逼近真實？何者經得起考驗？

　　成中英（1977/1986）認為：從歷史上來看，和諧化辯證觀與中觀辯證觀曾經有所接觸（約四世紀至九世紀間），中國佛學是兩者交融之結果，新儒學也是儒、道思想（和諧化辯證觀）容納佛學（中觀辯證觀）後的產物。二十世紀，和諧化辯證觀又遭遇了黑格爾、馬克斯的衝突辯證觀之挑戰，衝突辯證觀隨附西方的知識、文化及科技霸權橫掃中國社會各個領域，兩者短兵相接，結果如何，目前仍是懸而未決。

　　馮友蘭（1991）在《中國哲學史新編》第五冊中提出，作為

思考的辯證法只有一個，但人們對它的認識與強調至少有兩種，一種以「統一」（和）為主，另一種以「矛盾」（衝突）為主。馮氏又特別指出，張載氣學中的辯證法是以「仇（對立）必和而解」作為結語，而不是「仇（對立）必仇到底」，亦即勝負、屈伸、相激、相蕩（即矛盾對立）之後，宇宙是以「太和」（統一）為主要構成。這顯示馮氏最後也支持對立矛盾是普遍存在的事實，解決對立矛盾的方式也有多樣性，但最後是「**仇必和而解**」而不是「仇必仇到底」。馮氏這樣的想法最近在哲學界中似乎也廣泛流傳著❶。看來，和諧化辯證觀似乎有足夠堅韌的生命力承受各式的挑戰，未來的發展如何，且讓我們靜觀其變。

如果撇開「和諧化辯證觀」的本體預設及價值導向，純就辯證法的思考邏輯來研究人際和諧／衝突的問題，其遠景為何？誠如作者在第一章中所言，西方學術界歷來有關衝突及其解決模式的研究，大多是以博戲理論（game theory）為主流。但此一理論係源自社會交換論（social exchange theory）的理念，假設人類行為是理性的，以追求自己最大的獲利為目標。根據博戲理論所推衍出來的衝突觀及衝突化解模式，除了應用於國際衝突化解、組織中的衝突管理之外，也廣泛應用於一般人際衝突（尤其是法庭中的爭議與衝突）及親密關係衝突的處理。

近年來，有關國際衝突與組織中衝突之研究中心或研究群相繼出現，他們都嘗試超越博戲理論或資源分配理論，為人際（或群際）間的公平、正義及衝突問題尋求新的觀點與解決方案。其中，在美國維琴尼亞州喬治梅遜大學（George Mason University）的衝突研究中心，以心理學中的需求理論（need theory）為主，結合社會學、人類學及政治學中的相關概念，建構一系列關於衝突預防、管理、和解及解決的理論與行動方案（Burton,

1990a，1990b；Burton & Dukes，1990a，1990b）。以波士頓爲主的研究群則擺脫傳統以美國爲中心的研究取徑，借用辯證法的觀照方式，重構關於衝突的問題意識與範疇，並藉以提出新的衝突化解方法（Kolb & Bartunek，1992）。1984年，國際社會科學研究委員會（ISSC）更成立特別研究小組，針對國際衝突從事系列研究，企圖尋求轉化衝突的方式，以獲致國際社會的和平（Vaeyrynen，1991）。由此可見，有關衝突的研究不但是國際性的重要問題，同時尋求新的觀點及突破西方傳統的化解方式，也將成爲未來的研究新方向。

　　依此看來，以和諧化辯證觀爲基礎所建構的有關人際和諧與衝突的本土化理論模式，不但可以彰顯文化的主體性，爲解決中國人本身的社會問題而有所貢獻，同時又可迎上「袪除西方中心」（de-West-centered）的世界思潮，爲建構世界性的相關理論而有所貢獻。

二、理論建構與實證研究之接笋

　　從理論建構的過程可知，本書係以和諧化辯證觀爲思考架構，再以下層結構制約上層結構而上層結構又轉而向下影響的雙向互動過程，作爲探究文化心理結構的視角，藉而再從歷史文化的意識型態中探索有關和諧觀／衝突觀、和諧化方式／衝突化解方式的主要概念，以及建構一套有關「人際和諧／衝突的動態模式」。接著本書再進行三項實徵性研究，其中**研究一**係從字義與俗諺語的探索，檢証大傳統文化與小傳統文化的銜接情形，同時瞭解意識型態中的概念如何以日用語言呈現。**研究二**則是藉由質化研究來瞭解理論模式與各項概念如何落實於中國人具體的心理

與行為層次，一方面檢証既有的概念與理論模式，另一方面藉以
建構相關的新概念與新理論模式。

　　若從詮釋學的角度來說明本書的理論建構與**研究一、二**之間
的銜接關係，則可以說：研究者是帶著先前理解（和諧化辯證觀
的思考架構）同時解讀三個文本——大傳統（意識型態）文本、
小傳統（字義與俗諺語）文本、及日常生活（受訪者敘說）文
本，且以「詮釋的循環」（hermeneutic circle）（指對部份的理
解為整體之意義所引導，對整體的瞭解又有賴於對部份的理解以
達成）在三個文本間來回穿梭。然後，透過研究者的表述意識
（discursive consciousness），將文本中的隱然（tacit）意義論述
出來，並據此建構了一套系統性的概念與理論模式。顯然地，在
此「詮釋循環」與「雙重詮釋」的過程中，本書同時兼顧了文化
的主體性、研究者的主體性及被研究者的主體性，像這樣三重主
體性的彰顯使得本書相當符合社會科學研究本土化之核心精神
（黃光國，1995）。

　　本書之理論建構係以中國人的基本思維（陰陽辯證觀）為思
考基礎。「陰陽思維」是二元對立且相生相成的思維模式，其本
質是整體觀、動態觀、平衡觀、圓道觀（循環觀）。它是屬於歸
納性的圓式思考（東方的），而不是分析性的直線式思考（西方
的）；它也較接近 Abegg（1952）所說的東方的圍攻式（encir-
cling）思考，而不是西方的方向性思考。根據李約瑟的講法，
「陰陽思維」也是一種依靠直觀外推思考的「有機自然觀」（金
觀濤、劉青峰，1983），它容易落入以倫理為中心的結構中，讓
價值判斷汙染了自然現象的本真，也容易陷入神祕主義或迷信的
泥淖中，這也是近代科學難以在中國文化中生根發展之主要原
因。依此推論，那麼以「陰陽辯證思維」作為「社會科學」的基

本思維且藉以建構關於社會行爲的理論，豈不也是緣木求魚？

　　事實上，如果我們揚棄傳統的「邏輯實證論」而代之以「後實證主義」（見**表6－1**）或「自然主義」（見**表6－2**）；或是放寬視野，不再拘泥於「機械觀」中，而是包容「自然有機觀」作爲「科學」的論述基礎，那麼以「陰陽思維」作爲建構社會科學理論之基本思維，亦爲可行之道。在此，本書以陰陽辯證思維爲基礎，不但建構了一套有關中國人人際和諧與衝突之動態理論模式，且藉以導衍了一系列相關的概念與命題，甚而從事了實徵性研究，銜接了理論論述與經驗性素材。從中國人的根本思維著手所建構的理論與從事的研究，不但是一種內源性本土化（endogenous indigenization），而且是紮根最深的本土性研究（楊中芳，1993）。

　　在心理學研究本土化的運動思潮中，「祛除對西方心理學理論之依賴」、「建立屬於中國人自己的心理學理論」（楊國樞，1993）一直都是運動的核心所在。長期依賴西方理論作爲研究的出發點，容易造成「素樸實證主義」（naive positivism）（意指祇講究實徵研究方法而缺少理論建構或學術論述）之氾濫，與學術主體性之喪失（黃光國，1995，頁78－79）。因此，從建構理論開始且進行實徵性的檢證，即成爲心理學本土化中刻不容緩的當急之務。至於屬於中國人自己的心理學理論之建構應該從何處著手較合宜，雖爲見仁見智之問題，但將「歷史／文化／社會」納入思考架構中，卻爲多數學者的共識（朱瑞玲，1993；楊中芳，1993；楊國樞，1993；黃光國，1995）。

　　楊國樞（1993）主張「理論之建構要與華人學術傳統銜接」，換言之，建構理論時要能擺脫西方學術傳統之束縛，不再「言必稱柏拉圖、亞理斯多德」或「言必稱馬克思」，而是要重

新詮釋中國的文化傳統，將傳統的智識思想轉譯為現代的社會科學概念，以免理論建構時顯現思想或文化斷層之現象。在本土心理學的領域中，這樣的工作以黃光國（1995）之系列性論述與所建構之理論模式最為顯著。黃氏從社會心理學的角度分別重新詮釋儒家、法家、兵家思想，且試圖尋找一套「中華文化的意義結構」，以作為理解、研究華人社會行動的參考架構。祇是，目前黃氏之理論模式仍多停留在「理論語言」（Carnap，1891－1970，轉引自黃光國，1995，頁30－40）或「理論術語」（Hempel，1977，轉引自黃光國，1995，頁30－40），尚未轉變為「觀察語言」或「經驗術語」。也就是說，目前黃氏祇提出諸多連接理論之「支持」證據而非「檢驗」證據（楊中芳，1993），那麼，「從理論建構開始且進行實徵性研究」這一條研究路線，黃氏祇是在起跑點上。

　　本書的理論建構之思考進路則有別於黃氏。作者在解讀文化傳統時，即先打破儒、法、道、兵各家分門別類論述的習慣，而是將「歷史／文化／社會」納入思考架構，以一套從生態、社會政治結構為基礎，且具有歷史演變內涵的視角，鎖定大傳統文化的文本。詮釋大傳統文本後，作者進而建構了一套有關中國人人際和諧與衝突的動態模式。為了避免理論建構祇有片面的「專家語言」（即哲學或思想家的抽象論辯推理語言），作者再度閱讀日用語言、俗諺語、及受訪者敍說文本，使理論得以結合「專家心理學」（specialist psychologies）（Heelas，1981）與「常識心理學」（即存在當地人腦海中的有關心理與行為之想法或常識），且兼具「經驗性術語」。另外，本書又進行了質性與量性雙重實徵性研究，用以檢驗已建構之理論模式及概念。簡言之，「從理論建構開始且進行實徵性研究」這一條研究路線，本書嘗

試性地走了一遭，也完成了部份的理論建構與檢驗。

三、質化研究與量化研究之接筍

　　一般而言，質化研究所建構的概念與命題，係爲特則式（idiographic）的理論陳述，亦即是就個別個體（individual）的層次來陳述不同概念（或變項）間的關係。量化研究的目的則是透過數量或邏輯的分析及推論，以通則式（nomothetic）的方式，就多元個體（multiple individuals）或團體（groups of individuals）的層次來陳述概念或變項間之關係。那麼，研究三所進行的一系列概念之測量及相關變項間的分析是否已達到通則化之目的？這也是值得討論之處。

　　自從五十多年前，特則式與通則式兩種研究取徑的區分，由Allport（1937）引進心理學的研究領域之後，相關的爭議就未曾間斷過（Lamiell, 1981；Runyan, 1983；Paunonen & Jackson, 1986；）。強調特則式的研究者（大多傾向人本心理學、現象心理學及存在主義），雖然著重個體行爲的個別理解與解釋，但也致力於尋求一般性的理論架構，以便能夠精確說明其論述之焦點概念及概念間之關係。因此，尋求人類行爲的共同法則（universal law）是兩種研究者的共同心願，不同的是前者強調以單獨個體爲研究單位，理論架構也直接運用於個體之上；後者則強調以多元個體爲研究對象，理論架構則盡量概化至大多數人之上。

　　那麼，從特則式理論陳述到通則式理論論述之間，有哪些步驟要完成？而「通則」的意義又如何？根據Jaccard與Dittus（1990）看法，心理學中常用的研究取徑有三種，即嚴謹式特則

取徑（strictly idiographic approach）、聚集式通則取徑（aggre-gate-nomothetic approach）、標準化通則取徑（normative-nomo thetic approach）。嚴謹式特則取徑基本上係採主位式（emic）研究，研究者若想將主位式研究所得的概念及關係命題，推論至其他個體之上，則先要將主位式轉為客位式（etic），並建構「客位特則」（idio-etic）的理論架構。建立了「客位特則」之後，可將眾多個體的資料加總起來，以從事跨個體（across-indi-vidual）之分析。這種以個體為分析焦點，卻跨越個體作「團體性」的理論陳述，即為「聚集式通則取徑」，它不但具有特則式分析的優點，同時使通則式論述成為可能。

　　「標準化通則取徑」的焦點則在多元個體或團體，也就是在團體的脈絡下描述及解釋個體的行為。換言之，標準化通則是以其他個體為參考架構下所作的相對推論。依 Jaccard 與 Dittus（1990）的看法，標準化通則取徑的基本觀念強勢支配著目前的社會行為科學研究，許多聲稱本質是特則式的構念，也按耐不住去從事相關係數、因果模型等統計分析，而這些統計分析背後的基本假設卻是標準化通則。

　　雖然 Jaccard 與 Dittus 在文中一再強調三種研究取徑之優點與缺點並不分軒輊，其採用端視研究假設及需要而定。但現在許多研究者的的理論是特則式建構，卻以「標準化通則取徑」做超個體（變項間）的因果結論，以致錯誤累累。因此，Jaccard 與 Dittus 主張多從事「聚集式通則取徑」的研究，不但可以保持「特則式」陳述之特性，且可達到通則式陳述之目的。

　　如果以 Jaccard 與 Dittus 歸納的三種研究取徑為討論基礎，那麼本書中量化研究之定位為何。顯然地，研究三所編擬的心理與行為衡鑑題目，其理論基礎係「人際和諧／衝突動態模式」，

以及在質化研究中以此模式建構出來的概念與命題；而「人際和諧／衝突動態模式」的後設理論則爲「和諧化辯證觀」。辯證式取向的理論，其特色爲整體性、相互關聯性、轉化性、貫時性、動態性、及脈絡性（見第六章第一節），因而此理論建構的基礎是特則式，用以分析及解釋的對象也以個體（關係）層次爲優先。

　　從事質化實徵研究時，作者以深度訪談的方式蒐集資料，這是一種主位式（emic）研究策略，用以彰顯受試者主體性，並呼應理論的特則式陳述。接著，作者運用「雙重詮釋」（double hermeneutic），將「主位／特則」轉爲「客位／特則」，並建構出相關的心理與行爲之概念及命題。**研究三**所進行的量化實徵研究之目的，即試圖將特則式理論建構拓展爲通則式理論陳述，亦即想瞭解此一特則式理論運用於其他衆多個體時，其效度爲何。這樣的理論特性及研究目的正符合 Jaccard 與 Dittus 所推薦的「聚集式通則」，而不是一般性的「標準化通則」。因而，量化研究時係著重衆多個體資料的聚集，並以描述性統計（多爲百分比）闡釋概念與命題的推廣性，而不作超越個體的變項間之因果推論。

第四節　未來研究方向

　　心理分析學家 K. Horney（1937）曾說二十世紀是焦慮（anxiety）的年代，那是因爲在十九世紀末葉，心理分析學的鼻祖 S. Freud（1900）揭開了人類的潛意識面紗，讓人類赤裸裸地面對個體的內在衝突。現在時值二十世紀末葉，法國思想家

M．Foucault（1972）又揭示了知識（眞理）世界中隱藏的權力結構，且蔚爲世界風潮，讓人類再度赤裸裸地面對人際間、群體間、族群間、世代間、文化間，甚至國際之間，因處於權力結構中不同的位置，而有主體性的彰顯、需求（權利）的滿足、以及資源分配的公平性等問題。這些問題將伴隨著一連串各層級間的權力抗衡行動，產生各種型式的衝突。衝突中充斥著激情，依此推論，二十一世紀將是個憤怒（anger）的年代。那麼，有關人際（或群際）間的衝突及其化解問題，也應該是未來的重要研究主題。

　　本書主旨原在提出一套有關中國人的和諧觀、衝突觀與衝突化解模式之本土化理論。爲了彰顯文化的主體性，理論之建構即立基於和諧化辯證觀。在和諧化辯證觀之下，若要探討「衝突觀」必須先理解「和諧觀」，若要「化解衝突」也要從理解「和諧化機制」開始。因而，本書的理論建構焦點乃轉爲著重和諧觀與和諧化之理解。本書在完成理論建構後，由於時間及篇幅的限制，實徵性研究也局限於和諧觀與衝突觀之進一步探討及驗證，有關和諧化與衝突化解方面則較少觸及。未來的研究方向將可循以下幾方面進行。

一、和諧／衝突模式進一步的驗證

1.現代社會經歷生產方式、社會結構、及政治體制的迅速轉變，文化傳統積澱而得的和諧觀與衝突觀，以及和諧化方式及衝突化解方式等，是否會有所迭變？哪些有關的觀念及行爲會因深具韌性而產生拒變？哪些有關的觀念及行爲則產生創造性轉化？這種種問題都值得進一步

　　探索。

2.中國人的社會行為是以關係取向為主，因此應該進一步
　分就不同的人際角色關係（如夫妻、親子、兄弟姊妹、
　師生、同事、上司下屬），研究其和諧／衝突的原型、
　衝突的原因及和諧化、衝突化解之道。

3.本書中不論質化或量化的實徵研究結果均顯示，虛性和
　諧（或表面和諧、隱性衝突）在工具性關係（如同事、
　上司下屬）中之出現頻率最高，那麼組織中的隱性衝突
　的實際情形為何？隱性衝突如何影響各項工作或決策的
　運作？是否影響行政績效或員工的工作績效？以及為了
　避免衝突表面化，隱性衝突如何化解？誰是化解隱性衝
　突的主要媒介？中國式的衝突管理應該如何進行？這些
　都是值得進一步探索研究之處。

4.抗衡式衝突（因資源分配不公或決策過程不合程序正義
　所引發的衝突）在現代職場的出現率最高，其主要影響
　因素、化解轉化歷程、及衝突之後果等，也都值得進一
　步探索。

5.在中國人的社會裡，夫妻關係及親子關係較屬情感性關
　係，其和諧的原型是親和式和諧。但實徵研究中不斷地
　顯現出，親和式和諧同時也含藏最多的隱抑式和諧與糾
　葛式衝突。社會變遷之後，女性與子女的自主意識抬
　頭，且自主能力增進，這些情形是否會影響傳統的情義
　取向或情感表達方式？甚至影響和諧的基型？其和諧化
　及衝突化解方式是否也會因而有所迭變？這是值得進一
　步探索之處。

二、和諧╱衝突理論的拓展

1. 本書中所建立的理論主要是用來探究與解釋「兩個人之間」的和諧或衝突現象，接下來則可以試圖將該理論拓展至「小團體內」的和諧與衝突，小團體可包括家庭、工作單位、會議場、課堂等。或是拓展至「兩個團體之間」的和諧或衝突現象，兩個團體可包括兩個工作單位、兩個族群，甚至兩個國家。

2. 本書中所建構的理論模式是採脈絡論來論述人際的和諧與衝突，因而較易碰觸到非制式（informal）的和諧化及衝突化解方式。同一理論或許也可拓展至制式（formal）的和諧化及衝突化解方式。未來可自此理論的觀點，探討以下問題：法治體系中化解衝突的主要觀點或程序為何？制式的仲裁者（如法官、調解委員會、或組織中的訴願委員會等）化解衝突的主要觀點及程序又為何？人們在什麼情況下會去尋求制式的途徑或仲裁者來化解衝突？人們對制式仲裁者的期待、信任、及評價又如何？

三、與國際性相關理論之扣連

以和諧化辯證觀所建構的和諧╱衝突模式及其實徵研究結果，必須與根據博戲理論、正義規範、程序正義等社會交易典範之研究結果相扣連，或與心理需求理論、社會認同理論（social identity theory）、情緒建構理論等相扣連，以便進一步建立瞭

解人類社會行為的知識體系。以下試列舉幾項相關研究課題：

1. 正義規範的形成會因人際關係脈絡的不同而有所變動。例如，在情感性關係之下，以需求法則為正義之規範；在工具性關係之下，則以公平法則為正義規範（黃光國，1988a）。那麼，在不同的和諧脈絡之下，正義規範的不同如何影響衝突的產生及化解方式的選擇？此類問題值得進一步探索。

2. 社會中不同的權力結構是否有不同的正義規範？傳統中國強調的統制性和諧，面臨今日強調主體性彰顯的民主法治，其和諧化方式是否有所改變？其衝突的發生與化解是否也有其特殊性？這些問題都值得進一步的研究。

3. 如果人類的心理需求是行為的動機，同時也具有合理性、正當性，那麼心理需求與權利（right）的分野在哪裡？其伴隨的責任（responsibility）歸屬又如何？在滿足不同的人類心理需求之際，團體（或國家、社會）的秩序將如何維持？從而引發的衝突問題又將如何化解或轉化？這些問題也都可以進一步探討。

總之，人際（及群際）的和諧與衝突為重要的社會心理學課題，超越博戲理論尋求新觀點及新化解方式為未來研究的新方向。作者在本書中建構了本土化理論之後，未來的研究方向一方面可以向家庭心理學（family psychology）延伸，探討夫妻之間、親子之間的和諧與衝突（包括家庭暴力、兒童虐待等）。另一方面可以向組織心理學延伸，探討企業組織中的衝突管理、形式主義文化、團隊工作績效及組織中的權力運作與政治行為等。進而並可探討一般人對權利意識、法治規章、分配正義、及社會秩序之間關係的之態度與行為反應。

註　釋

❶作者年來在偶合的演講會場中，聽到兩位哲學家提及馮氏此一新觀點。

參考文獻

（佚名）（春秋）《尚書》。見屈萬里（註譯）：《尚書今註今譯》。臺
　　北：臺灣商務印書館，民五十九年出版。

（佚名）（春秋）《詩經》。見吳闓生（註）：《詩義會通》。臺北：河
　　洛出版社，民六十三年出版（重排）。

（佚名）（春秋）《周易》。見南懷瑾（註譯）：《周易今註今》。臺
　　北：臺灣商務印書館，民六十三年出版。

（佚名）（春秋）《周禮》。見林尹（註譯）：《周禮今註今譯》。臺
　　北：臺灣商務印書館，民五十九年出版。

孔丘（春秋）《論語》。見宋・朱熹（集註）、蔣伯潛（廣解）：《四書
　　讀本》。臺北：啟明書局出版（重排）。

管仲（春秋）《管子》。見李勉（註譯）：《管子今註今譯》（上下
　　冊）。臺北：臺灣商務印書館，民五十九年出版。

老子（春秋）《老子》。見陳鼓應（註譯）：《老子今註今譯》。臺北：
　　臺灣商務印書館，民五十九年出版。

孫武（春秋）《孫子兵法》。見王建東（編）：《孫子兵法思想體系精
　　解》。臺北：將門文物出版社，民七十五年出版（重排）。

左丘明（戰國）《左傳》。見李宗侗（註譯）：《春秋左傳今註今譯》。
　　臺北：臺灣商務印書館，民七十六年出版。

孟軻（戰國）《孟子》。見宋・朱熹（集註）、蔣伯潛（廣解）：《四書
　　讀本》。臺北：啟明書局出版（重排）。

荀況（戰國）《荀子》。見王忠林（註譯）：《新譯荀子讀本》。臺北：
　　三民書局，民六十二年出版。

韓非（戰國）《韓非子》。見陳奇猷（校注）：《韓非子集解》。臺北：
　　河洛出版社，民六十三年出版（重排）。

墨子（戰國）《墨子》。見清・孫詒讓（撰）：《墨子閒詁》。臺北：河
　　洛圖書出版社，民六十四年出版（重排）。

莊子（戰國）《莊子》。見黃錦鋐（註譯）：《新譯莊子讀本》。臺北：
　　三民書局，民六十二年出版。

（佚名）（戰國）《大學》。見宋・朱熹（集註）、蔣伯潛（廣解）：
　　《四書讀本》。臺北：啟明書局出版（重排）。

（佚名）（戰國）《中庸》。見宋・朱熹（集註）、蔣伯潛（廣解）：
　　《四書讀本》。臺北：啟明書局出版（重排）。

（佚名）（戰國）《禮記》。見王夢鷗（註譯）：《禮記今註今譯》。臺
　　北：臺灣商務印書館，民五十九年出版。

劉向（編）（西漢）《國語》。見張以仁（註譯）：《國語今註今譯》。
　　臺北：臺灣商務印書館，民七十六年出版。

劉向（編）（西漢）《楚辭》。見《楚辭四種》。臺南：北一出版社（仿
　　古字版）。

董仲舒（東漢）《春秋繁露》。見清・蘇輿（著）：《春秋繁露義證》
　　（清・宣統庚戌刊本）。臺北：河洛圖書出版社，民六十三年出版
　　（影印版）。

韓愈（唐）《昌黎先生集》。見《韓昌黎集》。臺北：河洛圖書出版社，
　　民六十四年出版（影印版）。

劉義慶（南朝宋）《世說新語》。見楊勇（校注）：《世說新語校箋》。
　　臺北：明倫出版社，民六十三年出版（影印版）。

朱熹（宋）《語錄》。見宋・黎靖德（編）：《朱子語類》。臺北：正中
　　書局，民五十九年出版（台二版，影印本）。

周敦頤（宋）《周子通書》。臺北：臺灣中華書局，民六十年出版（珍仿
　　宋版）。

張載（宋）《正蒙》。見明·王夫之（注）：《張子正蒙注》。臺北：河洛圖書出版社，民六十四年出版（影印版）。

呂坤（明）《呻吟語》。臺北：河洛圖書出版社，民六十三年出版（重排）。

金纓蘭生（清）《格言聯璧》。見馮作民（評註）：《格言聯璧全解》。臺北：東進文化公司，民七十三年出版（重排）。

文崇一（1972）〈從價值取向談中國國民性〉。見李亦園、楊國樞主編：《中國人的性格》。台北：中央研究院民族學研究所（桂冠圖書公司，1987年重排）。

王亞南（1948）《中國官僚政治研究》。台北：天山出版社，1980年重印。

朱介凡（1986）《中華諺語志》。臺北：臺灣商務印書館。

朱瑞玲（1993）〈臺灣心理學研究之本土化的回顧與展望〉。《本土心理學研究》（臺灣），第一期，頁89－119。

朱光潛（1983）《論美與美感》。臺北：藝軒圖書出版社。

成中英（1977/1986）〈Toward Constructing a Dialectics of Harmonization: On Harmony and Conflict in Chinese Philosophy〉Journal of Chinese Philosophy, 1977, 5(1), 1－43. 中譯文見成中英著：《知識與價值：和諧、眞理與正義的探索》。台北：聯經出版公司。

成中英（1986）〈論孔孟的正義觀〉。見成中英著：《知識與價值》。台北：聯經出版公司。

成中英（1988）〈易經之理想系統〉。見湯一介主編：《中國文化與中國哲學1988》，頁62－83。北京：三聯書店。

李亦園（1986）〈現代倫理的傳統基礎〉。見李亦園著：《文化的圖像（上）》，頁273－290。台北：允晨文化公司。

李亦園（1992）〈和諧與均衡：民間信仰中的宇宙詮釋〉。見李亦園著：《文化的圖像（下）》，頁64－94。台北：允晨文化公司。

李亦園（1993）〈從民間文化看文化中國文化中國展望〉。國際學術研討會宣讀之論文。

李澤厚（1985）《中國古代思想史論》。台北：谷風出版社，1986年重印本。

李澤厚（1990a）《莊玄禪宗漫述》。見李澤厚著：《中國古代思想史論》。台北：風雲時代出版社。年重印本。

李澤厚（1990b）《試談中國的智慧》。見李澤厚著：《中國古代思想史論》。台北：風雲時代出版社。

李杜（1978）《中西哲學思想中的天道與上帝》。台北：聯經出版公司。

李錦全（1989）〈儒家論人際關係的矛盾兩重性思想〉。見《曲阜儒學國際學術討論會論文集（1987）》。山東：齊魯書社。

呂理政（1990）《天、人、社會：試論中國傳統的宇宙認知模型》。台北：中央研究院民族學研究所。

呂紹綱（1989）〈早期儒家禮概念的歷史考察〉。見《曲阜儒學國際學術討論會論文集（1987）》。山東：齊魯書社。

余英時（1976）〈反智論與中國政治傳統〉。見余英時著：《歷史與思想》。台北：聯經出版公司。

余英時（1984）《從價值系統看中國文化的現代意義》。台北：時報文化公司。

余英時（1987）《中國思想傳統的現代詮釋》。台北：聯經出版公司。

杜正勝（1981）〈華路藍縷：從村落到國家〉。見邢義田主編：《永恆的巨流──中國文化新論（根源篇）》。台北：聯經出版公司。

杜正勝（1982）〈吾土與吾民（導言）〉。見杜正勝主編：《吾土與吾民──中國文化新論（社會篇）》。台北：聯經出版公司。

杜維明（1989）〈談中西文化比較〉。見杜維明著：《儒學第三期發展的前景問題》。台北：聯經出版公司。

汪德邁（1989）〈禮治與法治：中國傳統的儀禮制度與西洋傳統的 JUS（法治）制度之比較研究〉。見《曲阜儒學國際學術討論會論文集（1987）》。山東：齊魯書社。

何啟明（1982）〈鼎食之家：世家大族〉。見杜正勝主編：《吾土與吾民──中國文化新論（社會篇）》。台北：聯經出版公司。

何友暉、陳淑娟、趙志裕（1989）〈關係取向：為中國社會心理學方法論求答案〉。見楊國樞、黃光國主編：《中國人的心理與行為（1989）》。臺北：桂冠圖書公司。

何炳棣（1969）《黃土與中國農業的起源》。香港：中文大學出版。

沈剛伯（1973）〈從古代禮、刑的運用探討法家的來源〉。《大陸雜誌》（臺灣），四十七卷，第二期，頁1－6。

阮昌銳（1980）〈從諺語看台灣人的婚姻觀〉。《史聯雜誌》（臺灣），1卷，1期，頁81－90。

阿土伯（1992）〈從諺語看台灣人的宗教觀〉。《臺灣文摘》（臺灣），5卷，1期，頁42－44。

周丁浦生（1984）〈衝突管理：傳統與創新〉。見楊國樞、曾仕強主編：《中國人的管理觀》。臺北：桂冠圖書公司。

林語堂（1935）《吾國吾民》（中譯本）。臺北：遠景出版公司。林尹、高明（主編）（1968）《中文大辭典》。臺北：中國文化大學出版部。

林聰舜（1995）〈帝國意識形態的建立──董仲舒的儒學〉。《大陸雜誌》（臺灣），第九十一卷，第二期。

吳經熊（1967）〈中國法律與政治哲學〉。見 C. A. Moore 主編：《中國人的心靈：中國哲學與文化要義（中譯本）》，頁187－210。台北：聯經出版公司，1984年出版。

吳怡（1972）《中庸誠字的研究》。台北：華崗出版部。

吳瀛濤（1975）《臺灣諺語》。臺北：臺灣英文出版社。

金耀基（1992a）〈「面」、「恥」與中國人行為之分析〉。見金耀基著：《中國社會與文化》。香港：牛津大學出版社。

金耀基（1992b）〈人際關係中人情之分析〉。見金耀基著：《中國社會與文化》。香港：牛津大學出版社。

金觀濤、劉青峰（1983）《興盛與危機：論中國封建社會的超穩定結構》。台北：谷風出版社，1987年重印。

孟守介等（編）（1990）《漢語諺語詞典》。北京：北京大學出版。

洪惟仁（1992）〈從諺語看台灣人的命運觀〉。《臺灣文摘》，5卷，4
　　期，頁52－55。

殷海光（1966）《中國文化的展望》。臺北：活泉出版社。

韋政通（1968）《中國文化概論》。台北：水牛圖書公司，1991年重印。

韋政通（1975）《中國的智慧》。台北：牧童圖書公司。

韋政通（1979）《中國思想史》（上下冊）。台北：大林出版社。

韋政通（1990）《中國思想傳統的現代反思》。台北：桂冠圖書公司。

韋政通（1991）《中國哲學辭典》。台北：水牛圖書公司。

夏承楹（1986）〈序言〉。見朱介凡編：《中華諺語志》。臺北：臺灣商
　　務印書館。

徐復觀（1963）《中國人性論史（先秦篇）》。台北：商務印書館。

孫隆基（1983）《中國文化的深層結構》。香港：壹山出版社。

唐君毅（1953）《中國文化之精神價值》。台北：正中書局。

馬振鐸（1989）〈宗法制度和儒學的建立〉。見《曲阜儒學國際學術討論
　　會論文集（1987）》。山東：齊魯書社。

烏恩溥（1989）〈綜合傳統文化論〉。見《曲阜儒學國際學術討論會論文
　　集（1987）》。山東：齊魯書社。

陶文樓（1984）《辯証邏輯思想簡史》。天津：南開大學出版。

畢恆達（1995）〈生活經驗研究的反省：詮釋學的觀點〉。《本土心理學
　　研究》（臺灣），第四期，頁224－259。

畢恆達（1996）〈詮釋學與質性研究〉。見胡幼慧（主編）：《質性研
　　究：理論、方法及本土女性研究實例》。

許倬雲（1988）《中國古代文化的特質》。台北：聯經出版公司。

勞思光（1972）《中國文化要義》。香港：中文大學崇基學院。

曾仕強（1992）〈傳統中國文化中的價值觀及其現代詮釋〉。見《中國人
　　的價值觀國際研討會論文集》。台北：漢學研究中心出版。

梁漱溟（1963）《中國文化要義》。台北：正中書局，1989年重印。

傅雨賢等編（1981）《漢語諺語小辭典》。廣東：中山大學中文系暨人民
　　出版社。

張立文（1989）〈宋明儒學的演變〉。見《曲阜儒學國際學術討論會論文集（1987）》。山東：齊魯書社。

張亨（1992）〈天人合一觀的原始及其轉化〉。見《中國人的價值觀國際研討會論文集》。台北：漢學研究中心出版。

張德勝（1989）《儒家倫理的秩序情結：中國思想的社會學詮釋》。台北：巨流圖書公司。

張默生（1969）《莊子新釋》。台北：綠洲出版公司。

張端穗（1982）〈仁與禮——道德自主與社會制約〉。見黃俊傑主編：《天道與人道——中國文化新論（思想篇二）》。。台北：聯經出版公司。

張岱年、程宜山（1990）《中國文化與文化論爭》。北京：中國人民大學出社版。

馮友蘭（1940）《新世訓（生活方法新論）》。見馮友蘭著（涂又光編纂）：《三松堂全集》，第四卷，頁369－510。河南：人民出版社，1986年出版。

馮友蘭（1944）《中國哲學史》（上下冊）。台北：商務印書館，1990年重印。

馮友蘭（1991）《中國哲學史新編》（1－6冊）。台北：藍燈文化事業有限公司。

馮天瑜（1987）〈中國古文化的特質〉。復旦大學歷史系編：《中國傳統文化再檢討（上篇：中國傳統文化的特徵）》。香港：商務印書館。

黃光國（1988a）《中國人的權力遊戲》。台北：巨流圖書公司。

黃光國（1988b）《儒家思想與東亞現代化》。台北：巨流圖書公司。

黃光國（1992）〈自我實現與華人社會中的價值變遷〉。見《中國人的價值觀國際研討會論文集》（上冊）。台北：漢學研究中心出版。

黃光國（1993）〈互動論與社會交易：社會心理學本土化的方法論問題〉。《本土心理學研究》（臺灣），第二期，頁94－142。

黃光國（1995）〈知識與行動：中華文化傳統的社會心理詮釋〉。臺北：

　　　心理出版社。

黃俊傑、吳光明（1992）〈古代中國人的價值觀：價值取向的衝突及其消
　　　解〉。見《中國人的價值觀國際研討會論文集》（上冊）。台北：
　　　漢學研究中心出版。

黃展驥（1983）《阿茂正傳：中庸與詭辯》。香港：蝸牛叢書（自行出
　　　版）。

莊澤宣、陳學珣（1939）《民族性與教育（下）》。上海：商務印書館。

費孝通（1948）《鄉土中國、鄉土重建》。台北：（重印本）。

費孝通（1948）《皇權與紳權》。台北：（重印本）。

楊中芳（1991）〈緒論〉。見高尚仁、楊中芳主編：《中國人‧中國心——
　　　傳統篇》。臺北：遠流出版公司。

楊中芳（1992）〈中國人真是具有集體主義傾向嗎？試論中國人的價值體
　　　系〉。見《中國人的價值觀國際研討會論文集》（下冊）。台北：
　　　漢學研究中心出版。

楊中芳（1993）〈試論如何深化本土心理學研究：兼評現階段之研究結
　　　果〉。《本土心理學研究》（臺灣），第一期，頁122－183。

楊慧傑（1989）《天人關係論》。台北：水牛圖書公司。

楊懋春（1971）〈中國的家族主義與國民性格〉。見李亦園、楊國樞主
　　　編：《中國人的性格》。台北：中央研究院民族學

楊國樞（1981）〈中國人的性格與行為：形成及蛻變〉。《中華心理學
　　　刊》（臺灣），23卷，第一期，頁39－56。

楊國樞（1987）〈中國人對於人之性格的看法〉。見楊國樞著：《中國人
　　　的蛻變》。臺北：桂冠圖書公司。

楊國樞（1992）《父子軸家庭與夫妻軸家庭：運作特徵、變遷方向及適應
　　　問題》，「1992年家庭與心理衛生國際研討會」主題演講文稿，台
　　　北：行政院衛生署主辦，中國心理衛生協會協辦。

楊國樞（1993）〈中國人的社會取向：社會互動的觀點〉。見楊國樞、余
　　　安邦主編：《中國人的心理與行為：理念及方法篇（1992）》。臺
　　　北：桂冠圖書公司。

楊國樞（1993）〈我們爲什麼要建立中國人的本土心理學〉。《本土心理學研究》（臺灣），第一期，頁6-88。

楊國樞、李本華（1971）〈五百五十七個中文人格特質形容詞之好惡度、意義度及熟悉度〉。《中華心理學刊》（臺灣），13期，頁36-57。

楊國樞、余安邦、葉明華（1991）〈中國人的個人傳統性與現代性〉。見楊國樞、黃光國主編：《中國人的心理與行爲（1989）》。臺北：桂冠圖書公司。

郭穎頤（1989）〈從中國思想史的角度看"和"與"同"的範疇〉見《曲阜儒學國際學術討論會論文集（1987）》。山東：齊魯書社。

劉超驊（1981）〈山河歲月：疆域開拓與文化的地理環境〉。見邢義田主編：《永恆的巨流——中國文化新論（根源篇）》台北：聯經出版公司。

劉長林（1990）《中國系統思維》。北京：中國社會科學社出版。

劉英茂、莊仲仁（1970）〈一千二百個本國文字有意義度之評定〉。《中華心理學刊》（臺灣），12期，頁33-52。

錢穆（1951）《中國思想史》。台北：學生書局。

錢穆（1979）《從中國歷史來看中國民族性及中國文化》。台北：聯經出版公司。

陳茂泰（1993）〈從諺語的隱喻看自我表現：移居美國的台山人文化體現的研究〉。見黃應貴主編：《人觀、意義與社會》。臺北：中央研究院民族學研究所。

陳榮捷（1967）〈中國哲學史話〉。見C. A. Moore編：《中國人的心靈：中國哲學與文化要義》（中文譯本），頁21-66。台北：聯經出版公司。

陳榮捷（廖世德譯）（1987）《現代中國的宗教趨勢》。台北：文殊出版社。

陳鼓應（1970）《老子今註今譯》。台北：商務印書館。

陳舜文（1994）《人際關係與爭議解決程序之選擇：由關係性質之組型探

討》。國立臺灣大學心理學研究所碩士論文。

葉啓政（1982）〈結構、意識與權力：對社會結構概念的檢討〉。見瞿海源、蕭新煌主編：《社會學理論與方法：研討會論文集》。臺北：中央研究院民族學研究所。

魯迅（1921）《阿Q正傳》。香港：國光圖書公司重印本。

鄭德坤（1974）《中國的傳統文化：人本中庸》。臺北：地平線出版社。

鄭志明（1986）〈從台灣諺語談傳統社會的宗教思想〉。《鵝湖》，127期，頁6－14。

盧建榮（1982）〈使民無訟‧朴作教刑：帝制中國的德治與法治思想〉。見黃俊傑主編：《理想與現實——中國文化新論（思想篇一）》。台北：聯經出版公司。

蔡英文（1982）〈天人之際：傳統思想中的宇宙意識〉。見黃俊傑主編：《天道與人道——中國文化新論（思想篇二）》。台北：聯經出版公司。

蔡明田（1982）〈德合天地‧道濟天下：先秦儒道思想中的理想人格〉。見黃俊傑主編：《理想與現實——中國文化新論（思想篇一）》。台北：聯經出版公司。

戴東雄（1973）《從法實證主義之觀點論中國法家思想》。臺北：三民書局。

譚其驤（1987）〈中國文化的時代差異和地區差異〉。復旦大學歷史系編：《中國傳統文化再檢討（上篇：中國傳統文化的特徵）》，頁27－55。香港：商務印書館。

蕭公權（1982）《中國政治思想史》（上下冊）。台北：聯經出版公司。

蘇國勛（1993）〈從「社會科學綱領」看「人情與面子」理論模式：評黃教授的互動論與社會交易〉。《本土心理學研究》（臺灣），第二期，頁143－169。

Abegg, L. (1952). *The Mind of East Asia*. Trans. by A. J. Crick and & E. E. Thomas. New York: Thames and Hudson.

Allport, G. W. (1937). *Personality: A Psychological Interpretation*.

New York: Henry Holt.

Altman, I. & Taylor, D. A. (1973). *Social penetration: The development of interpersonal relationships*. New York: Holt, Rinehart and Winston.

Anastasi, A. (1988) *Psychological Testing* (6th ed.) New York: Macmillan.

Arlow, J. A. (1984). Psychoanalysis. In R. J. Corsini (Ed.): *Current Psychotherapies* (3rd. ed.). Itasca, Ill: F. E. Peacock.

Assael, H. (1969). Constructive role of interorganizational conflict. *Administrative Science Quarterly*, 13, 573–582.

Berger, P. L., & Luckmann, T. (1966/1991). *The Social Construction of Reality*. 見鄒理民譯：《知識社會學：社會實體的建構》。臺北：巨流圖書公司。

Bernard, J. (1950). Where is the modern sociology of conflict? *American Journal of Sociology*, 56, 11–16.

Bisno, H. (1988). *Managing Conflict*. Newbury Park, CA: Sage.

Bodde, D. (1962). Harmony & conflict in Chinese philosophy. In A. Wright (Ed.): *Studies in Chinese Thought*. Chicago: University of chicago Press.

Boulding, K. E. (1962). *Conflict and Defense: A General Theory*. NewYork: Harper.

Burton, J. (1990a). *Conflict: Resolution and Prevention*. London: Macmillan Press Ltd.

Burton, J. (Ed.)(1990b). *Conflict: Human Needs Theory*. London: Macmillan Press Ltd.

Burton, J., & Dukes, F. (Eds.)(1990a). *Conflict: Readings in Management and Resolution*. London: Macmillan Press Ltd.

Burton, J., & Dukes, F. (Eds.)(1990b). *Conflict: Practices in Management, Settlement and Resolution*. London: Macmillan Press

Ltd. Campbell, D. T., & Fiske, D. W. (1959). Convergemt and discriminant validation by the multitrait-multimethod matrix. *Psychological Bulletin*, 56, 81－105.

Coser, L. A. (1956). *The Functions of Social Conflict*. New York: Free Press.

Denzin, N. K. (1994). The art and politics of interpretation. In N. K. Denzin & Y. S. Lincoln (Eds.): *Handbook of Qualitative Research*. Newburg Park, CA: Sage.

Denzin, N. K., & Lincoln, Y. S. (1994). Introduction: Entering the field of qualitative research. In N. K. Denzin, & Y. S. Lincoln (Eds.): *Handbook of Qualitative Research*. Newburg Park, CA: Sage.

Deutsch, M. (1949). A theory of cooperation and competition. *Human Relations*, 2, 129－152.

Deutsch, M. (1969). Conflicts: productive and destructive. *Journal of Social Issues*, 25(1), 7－41.

Deutsch, M. (1973). *The Resolution of Conflict: Constructive and Destructive Process*. New Haven, CT: Yale Univ. Press.

Deutsch, M. (1974). The social psychology study of conflict: Rejoinder to acritique. *European Journal of Social Psychology*, 4, 441－456

Digman, J. M., & Inouye, J. (1986). Futher specification of the five robust factors of personality. *Journal of Personality and Social Psychology*, 50, 116－123.

Durkheim, E. (1893). Dela Division du Travail Social（社會分工論）。轉引自陳秉璋著：《涂爾幹：實證社會學先鋒》。見葉啓政主編：《當代學術巨擘大系（社會學系列）》。臺北：允晨文化公司，1982年出版。

Fenichel, O. (1945). *The Psychoanalytic Theory of Neurosis*. New York: Norton.

Filley, A. C. (1975). *Interpersonal Conflict Resolution*. Glenview, Ill: Scott, Foresman and Company.

Fink, C. F. (1968). Some conceptual difficulties in the theory of social conflict. *Journal of Conflict Resolution*, 12, 412 – 460.

Foucault, M. (1972). *The Archaeology of Knowledge*. Trans. by A. M. Sheridan Smith. New York: Harper Colophon.

Freud, S. (1900). *The Interpretation of Dream*. In *Standard Edition*. *Vols*. 4 *and* 5. London: Hogarth Press (1953).

Geertz, C. (1983). *Local Knowledge*. New York: Basic.

Georgoudi, M. (1984). Modern dialectics in social psychology. In K. J. Gergen, & M. Gergen (Eds.): *Historical Social Psychology*. Hillsdale, N. J: LEA.

Giddens, A. (1977). *Studies in Social and Political Theory*. New York: Basic Books.

Giddens, A. (1979). *Central Problems in Social Theory*. Berkeley: University of California Press.

Giddens, A. (1984). *The Constitution of Society: Outline of the Theory of Structuration*. Berkeley: University of California Press.

Giddens, A. (1993). *New Rules of Sociological Method: A Positive Critique of Interpretative Sociologies* (2nd ed.). Stanford CA: Stanford University Press.

Glaser, B. G. (1992). *Emergence vs. Forcing: Basics of Grounded Theory*. Mill Valley, CA: Sociology Press.

Glaser, B. G., & Strauss, A. (1967). *The Discovery of Grounded Theory: Strategies for Qualitative Research*. Chicago: Aldine.

Gorsuch, R. L. (1974). *Factor Analysis*. Philadelphia: Saunders.

Granet, M. (1930). *Chinese Civilization*. London: Kegan Paul, Trench, Trubner.

Greenberg, J. & Cohen, R. L. (1982). Why justice? Normative and Instrumental Interpretations. In J. Greenberg, & R. L. Cohen (Eds.): *Equity and Justice in Social Behavior*, 437 – 470. NY: Academic Press.

Guba, E. G. (1978). *Toward a Methodology of Naturalistic Inquiry in Educational Evaluation*. CSE Monograph Series in Evaluation, No. 8. L. A. : Universuty of California, Los Angeles, Center for the Study of Evaluation.

Guba, E. G., & Lincoln, Y. S. (1994). Competing paradigms in qualitative research. In N. K. Denzin, & Y. S. Lincoln (Eds.): *Handbook of Qualitative Research*. Newburg Park, CA: Sage.

Hall, J. (1969). *Conflict Management Survery*. Rochester, N Y: Technometrics.

Hanno, M. S. &Jones, L. E. (9173). Effects of a change in reference person on the multidimensional structure and evaluations of trait adjectives. *Journal of Personality and Social Psychology*, 28, 368 – 376.

Heelas, P. (1981). The model applied: Anthropology and indigenous psychologies. In P. Heelas, &A. Lock (Eds.): *Indigenous Psychologies – The Anthropology of the Self*. New York: Academic Press.

Hill, B. J. (1982). An analysis of conflict resolution technique: From problem-solving workshops to theory. *Journal of Conflict Resolution*, 26, 109 – 138.

Hofstede, G. (1980). *Culture's Consequences: International Differences in Work-Related Values*. CA: Sage Publications.

Holmes, J. G., & Miller, D. T. (1976). Interpersonal conflict. In J. W. Thibaut, J. T. Spence, & R. C. Carson (Eds.): *Contemporary Topics in Social Psychology*. pp. 265 – 308. Morristown, NJ: General Learning Press.

Horney, K. (1937). *Neurotic Personality of Our Times*. New York:

Norton.

Hsiao, Kung-Chuan（蕭公權）(1979). Compromise in Imperial China. ccasional Papers on China (School of International Studies), Numbers 6. Seattle, WA: University of Washington Press.

Hsu, F. L. K.（許烺光）(1985). The self in cross-cultural perspective. In A. J. Marsella, G. DeVos, & F. L. K. Hsu (Eds.): *Culture and Self: Asian and Western Perspectives*, pp. 24 – 55. New York: Tavistock.

Huang, Chun-chieh, & Wu Kuang-ming（黃俊傑、吳光明）(1993). Homo-cosmic continuum: Normativity and its difficulties in ancient China. In C. C. Huang, & E. Zurcher (Eds.): *Norms and the State in China*. New York: E. J. Brill.

Hwang, K. K.（黃光國）(1977). The dynamic process of coping with interpersonal conflicts in Chinese society. *Proceedings of the National Science Council*, vol 2 – 2, 198 – 208.

Jaccard, J., & Dittus P. (1990) Idiographic and nomothetic perspectives on research methods and data analysis. In C. Hendrick and M. S. Clark (Eds.): *Research Methods in Personality and Social Psychology. Review of Personality and Social Psychology*, 11. Newbury Park, CA: Sage.

Johnson, D. W. & Johnson, F. P. (1987). *Joining Together: Group Theory and Group Skills*. Englewood Cliffs, N J: Prentice-Hall.

Jung, C. G. (1959). The concept of the collective unconscious. In *Collective Works*, *Vol. 9, PartI*. Princeton, N J: Princeton University Press(Originally published in English, 1936).

Keil, F. C. (1989). *Concepts, Kinds, and Cognitive Development*. Cambridge, MA: MIT Press.

Kelley, H. H. (1970). Social interaction basis of cooperators' and competitors' beliefs about others. *Journal of Personality & Social*

Psychology, 16, 66 - 91.

Kessing, R. M. (1981). *Cultural Anthropology*. New York: Holt, Rinehart and Winston.

Kolb, D. M., & Bartunek, J. M. (Eds.)(1992). *Hidden Conflict in Organizations: Uncovering Behind-the-Scenes Disputes*. Newbury Park, CA: Sage.

Kris, E. (1950). Preconscious mental processes. *Psychoanalytic Quarterly*, 1950, 19, 540 - 560. 轉引自 Arlow, J. A. (1984). Psychoanalysis. In R. J. Corsini (Ed.): *Current Psychotherapies* (3rd ed.). Itasca, Ill: F. E. Peacock.

Lamiell, J. T. (1981) Toward an idiothetic psychology of personality. *American Psychologist*, 36, 276 - 289.

Leung, K. (梁覺), & Lind, E. A. (1986). Procedural justice and culture: Effects of culture, gender, & investigator status on procedural preferences. *Journal of Personality and Social Psychology*, 50(6), 1134 - 1140.

Leung, K. (梁覺)(1987). Some determinants of reactions to procedual models for conflict resolution: A cross-national study. *Journal of Personality and Social Psychology*, 53(5), 898 - 908.

Leung, K. (梁覺)(1988). Some determinants of conflict avoidance. *Journal of Cross-Cultural Psychology*, 19, 125 - 136.

Lewin, K. (1948). *Resolving Social Conflicts: Selected Paper on Group Dynamics*. New York: Haper.

Lifton, R. (1967). *Thought Reform and the Psychology of Totalism*. London: Penguin Books. 轉引自金耀基著：《中國社會與文化》。香港：牛津大學出版社。

Lincoln, Y. S. & Guba, E. G. (1985). *Naturalistic Inquiry*. Newbury Park, CA: Sage.

Liu, Whei-ching (劉惠琴)(1993). Conflict resolution processes in close relationship. *Journal of Women and Gender Studies*, 4, 207 – 242. National Taiwan University, Taipei: Wonen's Research Program, Population Studies Center

Loevinger, J. (1957). Objective tests as instruments of psychological theory. *Psychological Reports*, 3, 635 – 694.

Maddi, S. R. (1976). *Personality Theories: A Comparative Analysis* (3rd ed.). Chicago: Dorsey Press.

Maslow, A. H. (1962). *Toward a psychology of being*. Princeton, N. J. : Van Nostrand.

McCrae, R. R., & Costa, P. T. (1987). Validation of five-factor model of personality across instruments and observers. *Journal of Personality and Social Psychology*, 52, 81 – 90.

Messick, S. (1989). Validity. IN R. L. Linn (Ed.): *Educational Measurement* (3rd ed.). London: Collier Macmillan.

Miles, R. H. (1980). *Macro Organizational Behavior*. Santa Morica, CA: Good-year.

Miller, N. E. (1954). Experimental studies of conflict. In J. Hunt (Ed.): *Personality and Behavior Disorders*. New York: Ronald.

Morse, M. J. (1994). Designing funded qualitative Research. In N. K. Denzin, & Y. S. Lincoln (Eds.): *Handbook of Qualitative Research*. NewburyPark, CA: Sage.

Norman, W. T. (1963). Toward an adequate taxonomy of personality attributes: Replicated factor structure in peer nomination personality ratings. *Journal of Abnormal and Social Psychology*, 66, 574 – 583.

Nye, R. D. (1973). *Conflict Among Humans: Some Basic Psychological and Social Psychological Considerations*. New York: Springer.

Parsons, T. (1949). *Essays in Sociological Theory: Pure and Applied*. Glencoe, Ill: Free Press.

Patchen, M. (1970). Models of cooperation and conflict. *Journal of Conflict Resolution*, 3, 389 – 407.

Paunonen, S. V., & Jackson, D. N. (1986). Nomothetic and idiothetic measurement in personality. *Journal of Personality*, 54, 447 – 459.

Pruitt, D. G., & Rubin, J. Z. (1986). *Social Conflict: Escalation, Stalemate, & Settlement*. New York: Random House.

Pye, L. W. (1970/1992). *The Spirit of Chinese Politics: A Psychocultural study of Authority Crisis in Political Development*. 見胡祖慶譯：《中國人的政治文化》。臺北：風雲論壇出版社。

Pye, L. W. (1982/1989). *The Dynamic of Chinese Politics*. 見胡祖慶譯：《中國政治的變與常》。臺北：五南出版社。

Rahim, M. A., & Bonoma, T. V. (1979). Managing organizational conflict: A model for diagnosis and intervention. *Psychological Reports*, 44, 1323 – 1344.

Rahim, M. A. (1983a). A measure of style of handling interpersonal conflict. *Academy of Management Journal*, 26, 368 – 376.

Rahim, M. A. (1983b). Measurement of organizational conflict. *Journal of General Psychology*, 190, 189 – 199.

Rahim, M. A. (1986a). *Managing Conflict in Organizations*. New York: Praeger.

Rapoport, A. (1960). *Fights, Game, and Debates*. Ann Arbor, MI: University of Michigan Press.

Robbins, S. P. (1974). *Managing Organization Conflict: A Nontraditional Approach*. Englewood Cliffs, NJ: Prentice-Hall.

Rosch, E. (1978). Principles of categorization. In E. Rosch & B. B. Lloyd (Eds.): *Cognition and Categorization*. Hillsdale, NJ: Lawrence Erlbaum.

Runyan, W. M. (1983). Idiographic goals and methods in the study of lives. *Journal of Personality*, 51, 413 – 437.

Schelling, T. C. (1960). *The Strategy of Conflict*. Cambridge, MA: Harvard University Press.

Schmidt, S. M. (1974). Conflict: A powerful process (good or bad) change. *Management Review*, 63(12), 4 – 10.

Schutz, A. (1962/1973). *Collected Papers* 1 – 3: *The Problem of Reality*. The Hague: Martinus Nijhoff.

Schwartz, B. I. (1985). *The World of Thought in Ancient China*. Cambridge, MA: Harvard University Press.

Simmel, G. (1908/1955). *Conflict: The Web of Group Affiliations*. trans. by K. H. Wolff & R. Bendix. Glencoe, Ill: Free Press.

Solomon, R. H. (1971). *Mao's Revolution and the Chinese Political Culture*. Berkeley CA: University of California Press.

Sternberg, R. J., & Soriano, L. J. (1984). Style of conflict resolution. *Journal of Personality and Social Psychology*, 47, 115 – 126.

Sterberg, R. J., & Dobson, D. M. (1987). Resolving interpersonal conflict: An analysis of stylistic consistency. *Journal of Personality and Social Psychology*, 52, 794 – 812.

Strauss, A. (1987). *Qualitative Analysis for Social Scientist*. New York: Cambridge University Press.

Strauss, A., & Corbin, J. (1990). *Basics of Qualitative Research: Grounded theory Procedures and Techniques*. Newbury Park, CA: Sage.

Strauss, A. & Corbin, J. (1994). Grounded theory methodology: An overview. In N. K. Denzin & Y. S. Lincoln (Eds.): *Handbook of Qualitative Research*. Newbury Park, CA: Sage.

Taylor, S. E. (1982). Social cognition and health. *Personality and Social Psychology Bulletin*, 8, 549 – 562.

Taylor, S. E., & Brown, J. D. (1988). Illusion and well-being: A social psychological perspective on mental health. *Psychological Bulletin*,

103, 193－210.

Tedeschi, J. T., Schlenker, B. R., & Bonoma, T. V. (1973). *Conflict, Power and Games: The Experimental Study of Interpersonal Relations*. Chicago: Aldine.

Terhune, K. W. (1970). The effects of personality in cooperation and conflict. In P. Swingle (Ed.): *The Structure of Conflict*, pp. 193－234. New York: Academic Press.

Thomas, K. W. (1976). Conflict and conflict management. In M. Dunnette(ed.): *Handbook of Industrial and Organizational Psychology*, pp. 889－935. Chicago: Rand Me Nally.

Thomas, K. W. (1977). Toward multidimensional values in teaching: The example of conflict behaviors. *Academy of Management Review*, 2, 484－490.

Toynbee, A. J. (1934). *The Range of Challange And Response*. In: *A Study of History*, Vol. Ⅱ. Oxford: Oxford Univ. Press.

Trubisky, P., Ting-Toomey, S., &Lin, S. L. (1991). The influence of individualism-collectivism and self-monitoring on conflict styles. *International Journal of Intercultural Relations*, 15, 65－84.

Vayrynen, R. (Ed.)(1991). *New Directions in Conflict Theory: Conflict Resolution and Conflict Transformation*(ISSRC). Newbury Park, CA: Sage.

Vidich, A. J., & Lyman, S. M. (1994). Qualitative methods: Their history in sociology & anthropology. In N. K. Denzin, &Y. S. Lincoln (Eds.): *Handbook of Qualitative Research*. Newbury Park, CA: Sage.

Vygotsky, L. S. (1934/1962). *Thought and Language*. Trans. by E. Hanfmann, & G. Vakar. Cambridge, MA: MIT Press.

Walton, R. E. (1987). *Managing Conflict: Interpersonal Dialogue and Third-Party Roles*. Reading, MA: Addison-Wesley.

Warnke, G. (1987). *Gadamer's hermeneutics: A Reading of Truth and Method*. New Haven, CT: Yale University Press.

Wittfogel, K. A. (1957). *Oriental Despotism*. New Haven, CT: Yale University Press.

Wittgenstein, L. J. (1945). *Philosophische Undersuchungen*（哲學研討）。轉引自陳榮波著：《維根斯坦——哲學分析的天才》。見郭博文（主編）：《當代學術巨擘大系（哲學系列）》。臺北：允晨文化公司。

Yang, K. S.（楊國樞）, & Bond, M. H. (1990). Exploring implicit personality theories with indigenous and imported construct: The Chinese case. *Journal of Personality and Social Psychology*, 58, 1087–1095.

附　錄

人際相處問卷

1. 作答說明
2. 問卷內容
3. 基本資料

人際相處問卷

作答說明

一、您好！我們正在進行一項有關人際相處的研究。問卷中列舉一些生活中常出現的人際狀況與應對，請您根據自己真實的經驗、想法和感受來填答。問題的答案無所謂對或錯，好或壞，您自己的經驗就是最好的答案。

二、本問卷包含三個部分，每一部分都有一段短文，敘述著您生活中的一種人際關係。請仔細閱讀後，在您的人際經驗中搜尋出一位最符合該段描述的人。如果您想到很多個，那麼請挑選一位您現在正經常相處，或令您印象最深刻的。

三、如果您肯定了是那一位（最好三個部份是三個不同的人），請您一邊想著那個人，一邊續答第2～16題，其中第2～14題是在題號前的方格（□）內打勾（√），第15、16題則是在適當的數字上畫圈圈（○），如 1 2 3 4 5⑥7。每一題都是單選題，請挑選其中最符合您和他（她）之間狀況的答案回答。作完後請檢查一遍，看看有沒有遺漏。

四、最後，請記得在最後一頁填上您的基本資料。本問卷是採取不記名的方式，您的基本資料祇是供分類之用，請放心作答。謝謝您的幫忙！

國立臺灣大學心理學研究所

八十五年二月

第一部分

請先閱讀以下這段說明。接著回答後面幾個問題：

> 有一個人，我覺得跟他（她）很投緣，跟他（她）在一起時，感覺輕鬆自在，沒有壓力，沒有束縛，也沒有負擔，可以暢所欲言，甚至有意氣相投、相知相契之感。

1. 請問你是否曾經與某個人有過這樣的經驗？

　□(1)是

　　－答(1)時，請你在腦中一邊想著那個人，一邊續答2～16題。

　　（如果你有很多這樣的經驗，請挑選最先浮上你腦際的那一位）

　□(2)否

　　－答(2)時，請跳答第二部分。　（請翻至第7頁）

2. 他（她）跟你是什麼關係？

□(1)同性朋友	□(9)上司	□(17)兄長
□(2)異性朋友	□(10)下屬	□(18)姊姊
□(3)同學	□(11)老師(師父)	□(19)弟弟
□(4)同道	□(12)學生(徒弟)	□(20)妹妹
□(5)室友	□(13)父親	□(21)配偶
□(6)客戶	□(14)母親	□(22)前任配偶
□(7)同事(工作夥伴)	□(15)長輩	□(23)其他：＿＿＿ ＿＿＿
□(8)鄰居	□(16)晚輩	（請說明）

3. 這個關係對你的重要性如何？

□(1)非常重要	□(4)不很重要
□(2)很重要	□(5)可有可無
□(3)普通重要	

4. 你認為你們之間的利害關係為何？

　□(1)彼此互為利害關係

　□(2)彼此沒有利害關係

　□(3)主要是他（她）對我較有益

　□(4)主要是我對他（她）較有益

5.你和（她）相處的機會如何？
　□(1)幾乎每天都必須在一起
　□(2)時常有機會必須在一起
　□(3)偶爾有機會必須在一起
　□(4)想見面才連絡，幾乎每天都在一起
　□(5)想見面才連絡，但時常在一起
　□(6)想見面才連絡，祇是偶爾在一起
6.你和他（她）之間的地位關係如何？
　□(1)他（她）居較上（優勢）地位
　□(2)雙方地位大致相等
　□(3)他（她）居較下（劣勢）地位
7.你和他（她）相處時，一般的情形大致如何？
　□(1)謹守角色分際，但也有情份考量，以讓彼此共事（相處）順利滑潤
　□(2)我會以對方的需要為先為重，不計較自己的利害得失，即使有所犧牲也是心甘情願的
　□(3)不論好壞，雙方都以自然、真實的自我呈現，而且不論好壞，都可以彼此接納、尊重
　□(4)儘量把關係單純化，不相干的事情則小心謹慎，不要去踫觸
　□(5)祇以基本的日常禮儀與對方交往（或公事公辦），保持淡淡的、甚或貌合神離的關係
　□(6)總是要盡力壓抑住對他（她）的氣憤或不滿，否則忍不住會頂他、刺他一下，或跟他吵起來
8.你和他（她）交談時，一般的情形大致如何？
　□(1)彼此暢所欲言，無所顧忌，不需防衛且能深入溝通
　□(2)會注意對方的意向，可能的話，儘量遷就他，不多爭辯
　□(3)就事論事，理性、冷靜地考慮後再說，同時會注意說話的分寸
　□(4)謹慎應對，可談才談，不能談則加閃避，維持適當的防衛
　□(5)儘量維持客套的、形式化的交談，不再深入溝通
　□(6)當面虛與委蛇，敷衍一下，背地裡則是另一套想法
9.當他（她）表達和你對立的意見時，你會怎麼做？
　□(1)還是聽對方把話說完，意思充份表達完

□(2)點到為止，就把話題扯開

□(3)會表達不同的看法，稍微駁斥一下，但不會造成對立

□(4)忍不住爭辯起來，但會注意要適時停止，以免破壞關係

□(5)忍不住爭辯不休，想要爭贏至輸贏或對錯分曉才罷休

□(6)不想再聽下去，藉故離開或逕自做自己的事

10.如果他（她）做了一些你不同意或令你不愉快的事，你會如何？

□(1)我會遷就對方，對方滿意、開心即可

□(2)忍不住當面說一說，發洩一下情緒，但很快就沒事了

□(3)我會保持沈默，一切順其自然

□(4)我會謹慎考慮一下，能講才講，不能講則祇好忍受著

□(5)我會敬而遠之，跟他保持距離，以減少不愉快

□(6)當面我會當做沒事，私下則向相關的人抱怨，好讓他也不舒服

11.當他（她）有事（碰到困難）時，你會如何？

□(1)不用他（她）開口，我就會主動且盡全力幫忙

□(2)一旦他（她）開口，我就儘量幫忙

□(3)我會衡量自己的角色、身份後，再決定如何幫忙

□(4)我會謹守中立立場，公事公辦或參照舊例辦理就好

□(5)雖然幫忙，但不會盡心費力去做，能拖則拖

□(6)我會藉口婉拒或避不涉入，讓他（她）嚐嚐苦頭

12.如果在你和他（她）的交注過程中，你付出較多，你會如何？

□(1)我會慢慢調整，以讓雙方達到平衡

□(2)我會繼續付出，不會跟他（她）計較

□(3)我會考慮我的責任或義務，吃點小虧沒關係，太多則適可而止

□(4)我會設法在其他方面多要求他一些，以彌補回來

□(5)我會和他（她）疏遠，以減少付出，少讓他（她）再佔便宜

□(6)我會經常提醒他（她），且向他（她）抗議兩人間的不公平

13.你有時會跟他（她）起衝突，主要的原因是什麼？

□(1)我祇是想把道理講清楚，後來就爭論起來了

□(2)我覺得他（她）讓我很不愉快，忍不住就頂撞他（她）

□(3)我覺得自己的權益受損，所以要據理力爭

□(4)我本來以為真理愈辯愈明，沒想到後來演變成針鋒相對

□(5)在這個社會，不能贏就會輸得很慘，所以我一定要力爭到底

□(6)新仇舊恨加在一起，我實在無法再忍受他（她）了

14.你和他（她）起了衝突之後，你會如何？

□(1)不管自己有錯沒錯，我都會主動示好求和

□(2)我會自我反省一下，錯了就主動示好，沒錯的話，就順其自然

□(3)我仍按原來的步調作息，跟他應對如常，當做沒事發生

□(4)我會變得更小心謹慎，不再去碰觸會引發衝突之事，以維持和諧

□(5)跟他（她）冷戰下去，最後他走他的陽關道，我過我的獨木橋

□(6)我總是耿耿於懷，像破裂的鏡子，難以復合

15.你覺得他（她）是一個什麼樣的人？（每對形容詞祇圈選一個數字）

接納的 1 2 3 4 5 6 7 排斥的
衝動的 1 2 3 4 5 6 7 冷靜的
坦率的 1 2 3 4 5 6 7 深沉的
嚴肅的 1 2 3 4 5 6 7 幽默的
挑剔的 1 2 3 4 5 6 7 隨和的
固執的 1 2 3 4 5 6 7 有彈性的
緊張的 1 2 3 4 5 6 7 輕鬆的
民主的 1 2 3 4 5 6 7 權威的
激烈的 1 2 3 4 5 6 7 溫和的
魯莽的 1 2 3 4 5 6 7 有教養的

....

正直的 1 2 3 4 5 6 7 陰險的
理性的 1 2 3 4 5 6 7 感性的
迂迴的 1 2 3 4 5 6 7 直接的
霸道的 1 2 3 4 5 6 7 寬容的
負責的 1 2 3 4 5 6 7 散漫的
囂張的 1 2 3 4 5 6 7 客氣的
勢利眼 1 2 3 4 5 6 7 不勢利的
敏感的 1 2 3 4 5 6 7 大而化之
自私自利 1 2 3 4 5 6 7 為人設想
包容大方 1 2 3 4 5 6 7 斤斤計較

自以為是 1 2 3 4 5 6 7 謙和虛心

心思簡單 1 2 3 4 5 6 7 心機複雜

16.你跟他（她）之間的關係給你的感受如何？

（請根據以下形容詞，圈選一個數字以代表你感受的程度）

全不符合	很不符合	不太符合	有點符合	非常符合	完全符合		全不符合	很不符合	不太符合	有點符合	非常符合	完全符合	
1	2	3	4	5	6	滿意的	1	2	3	4	5	6	壓抑的
1	2	3	4	5	6	愉快的	1	2	3	4	5	6	疏遠的
1	2	3	4	5	6	冷漠的	1	2	3	4	5	6	溫暖的
1	2	3	4	5	6	虛偽的	1	2	3	4	5	6	失望的
1	2	3	4	5	6	和順的	1	2	3	4	5	6	親密的
1	2	3	4	5	6	理性的	1	2	3	4	5	6	客套的
1	2	3	4	5	6	緊張的	1	2	3	4	5	6	踏實的
1	2	3	4	5	6	平和的	1	2	3	4	5	6	憤怒的
1	2	3	4	5	6	安定的	1	2	3	4	5	6	排斥的
1	2	3	4	5	6	不平的	1	2	3	4	5	6	平淡的
1	2	3	4	5	6	敬畏的	1	2	3	4	5	6	敵意的
1	2	3	4	5	6	和樂融融	1	2	3	4	5	6	無束縛的
1	2	3	4	5	6	美的感受	1	2	3	4	5	6	小心翼翼
1	2	3	4	5	6	自由自在	1	2	3	4	5	6	相互依靠
1	2	3	4	5	6	互不相關	1	2	3	4	5	6	無壓力的
1	2	3	4	5	6	輕鬆自然	1	2	3	4	5	6	情感深厚
1	2	3	4	5	6	配合良好	1	2	3	4	5	6	糾葛不清
1	2	3	4	5	6	成長的感覺	1	2	3	4	5	6	幸福圓滿

編號：＿＿＿＿＿＿

基本資料

1.性別：
　□(1)男　　　　　　　　□(2)女
2.年齡：＿＿＿＿＿＿歲
3.婚姻狀況：
　□(1)未婚　　　　　　　□(4)已離婚或分居
　□(2)已婚　　　　　　　□(5)配偶去世
　□(3)同居　　　　　　　□(6)其他：＿＿＿＿＿＿（請說明）
4.教育程度：
　□(1)國中及以下　　　　□(4)大學
　□(2)高中（高職）　　　□(5)研究所以上
　□(3)專科或師範　　　　□(6)其他：＿＿＿＿＿＿（請說明）
5.宗教信仰：
　□(1)佛教　　　　　　　□(5)天主教
　□(2)道教　　　　　　　□(6)基督教
　□(3)一貫道　　　　　　□(7)無宗教信仰
　□(4)民間信仰　　　　　□(8)其他：＿＿＿＿＿＿（請說明）
6.您的職業：
　□(1)專業技術人員　　　□(9)農林漁牧人員
　□(2)軍警人員　　　　　□(10)運輸服務人員
　□(3)事務行政人員　　　□(11)生產作業人員
　□(4)文化工作人員　　　□(12)操作勞動工人
　□(5)行銷業務人員　　　□(13)家庭主婦
　□(6)一般買賣人員　　　□(14)學生
　□(7)教育工作人員　　　□(15)其他：＿＿＿＿＿＿（請說明）
　□(8)服務業人員
7.居住地區：
　□(1)大都市　　　　　　□(3)鄉、鎮
　□(2)縣、市　　　　　　□(4)其他：＿＿＿＿＿＿（請說明）

書　評

書評一

葉錦成　　香港理工大學應用社會科學學系

前言

　　象徵本土心理學發展的第三代的代表：《人際和諧與衝突：本土化的理論與研究》一書已經出版。黃囉莉這篇博士論文深受本土心理學的代表楊國樞所推薦，以全篇博士論文原作出版。這篇論文由 1996 年開始，分別獲取三個台灣重要學術大獎。在屢獲殊榮下，黃囉莉似乎成為本土心理學第一代代表楊國樞與第二代代表楊中芳後的第三代接棒人。種種跡象都顯示《人際和諧與衝突》是本土心理學的第三代代表作。這篇代表作正代表本土心理學未來發展的方向，其中當然有其方向和理想，也有其困惑和無奈之處，藉著黃囉莉這本書，我們去探討一下這些方向、理想、困惑和無奈。

一、本土心理學的三代風格和特色

　　首先讓我們先檢視本書的風格、內容和結構。就寫作風格而

言，因爲本書是整本博士論文的原載，所以內容和結構也和一般博士論文相似。上篇是建構理論部分，下篇是研究方法和研究成果。由於是博士論文，所以章節之間的互相聯繫性強，但卻比較冗長。這種風格與同是桂冠本土心理學叢書的其他著作有所不同。與楊國樞早年的文集式的編輯著作（李亦園、楊國樞，1981；楊國樞，1988；楊國樞、文崇一，1991）比較，這本書注重獨立的專題探討。楊國樞的文集則由多位不同背景、不同學科的學者作多向性、多角度、多面性的熱鬧討論、分析和辯思。這本書與楊中芳出版的本土心理學觀念和研究方法反思文集（楊中芳，1997；高尙人、楊中芳，1991）也有所不同。楊中芳的有關著作注重她自己在不同課題、不同層面的自我反省，風格上像一個多年浸淫在理論和研究上的學者的自我心路和研究歷程。但黃囇莉這本書的寫作風格卻像在探討和研究一個獨立命題，小心翼翼地鋪陳理論建構，如履薄冰，多方嘗試，大膽架設，小心求證。如果風格的不同代表本土心理學的發展歷程，我們就會假設，楊國樞的文集似乎代表本土心理學的探索期，楊中芳代表本土心理學的內省期，黃囇莉代表是本土心理的妥協期。

探索期的特徵是命題和討論課題不太清晰。越多不同角度、不同課題、不同學科背景的學者和有關人士參與討論，越能刺激和擴展思維，幫助找尋出路，摸索曙光。

例如楊國樞所說的一樣，代表本土心理學探索期的特色：(1)用現代的角度去看待傳統；(2)本土心理學應與中國社會、文化建構互相相連的關係；(3)對中國本土文化、人民、社會產生認同感成爲研究課題的本土文化的核心。從這些特色中可以看出第一代

本土心理學基本上是以現在角度看待傳統，希望與其他學科、社會、文化建構互交關係，以本土、本位心思和目標出發。

　　表面上來說，這些目標是遠大和廣闊的。但落實討論、進行研究探討時就很容易出現以下的矛盾和困局：

　　矛盾出現的主體型態是研究課題、理論建立、研究結果的主客問題。這些主客問題，簡略地可用下列圖表表示出來：

由於大部份的學者本質上都是受現代西方學科訓練，所以第一期本土心理學的探討都以現代、西方研究法、表面現象以及集體行為為主體去探索傳統，剖析中國文化。簡略地說是以 A 為主體，B 為客體。但當研究課題越來越深入，學者本身對中國傳統和本土文化的投入越來越強時，這種主客關係就會受到衝擊，成為學者化不開的困惑和內在反省的激動。

　　這種困惑、反省和激辯正就是本土心理學第二代的角色。這種第二代的特色在楊中芳所著《如何研究中國人》一書的文章表達得最清楚：

　　　還有些學者，在做了幾個跨文化的研究，比較了本土化下生活的人與西方人的不同後，許多的問題都應運而生：

1.怎樣研究才算是本土心理學研究？什麼樣的研究才算是本
土化程度較高的研究？

2.如何把「文化／社會／歷史」放在研究的思考架構之中？
挖掘老古董，研究傳統的概念及方法就算是在做本土研究
嗎？

3.作為認同心理學研究本土化的一個學術團體，要怎樣來分
工合作才能建立一個有系統的本土心理學？

（楊中芳，1997:322）

　　楊中芳所提出的問題就是在本土與西方、傳統與現代、表面
與深層的探索和爭辯後所提出的疑惑。如果說楊國樞是代表本土
心理學的探索期的話，楊中芳所代表的當然是本土心理學的反思
期。楊中芳在同一篇文章中更指出，心理學本土化中的兩個基本
的矛盾：

……我們必須要能解決以下兩個基本的矛盾，才能使本土化
變為可行

1.本土化與現代化的相互矛盾性

2.本土化與人類共性的相互矛盾

（楊中芳，1997:324）

　　除了兩項基本矛盾之外，楊中芳又再總結批評本土化中的兩
項疑惑：

1.接受西方心理學訓練出來的中國心理學者到底能真正擺脫
西方研究的課題框架，而做出真正的本土研究來？

2.本土研究對中國人行為的解釋及預測，並不一定比用非本
　土的方法來得好，又何必花費那麼大的力氣，進行甚麼本
　土研究？

（楊中芳，1997:324）

　　這些在內省期出現的矛盾和疑惑在某程度代表現代和傳統，
中國與西方研究方法和理念，集體現象和個別差異中的互相角
力。用上圖所表示就是 A 與 B 中間的矛盾與張力，當然較理想的
AB 主客關係應該是下列三者同時出現：

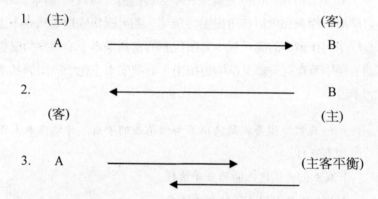

1.　(主)　　　　　　　　　　　　　　　　　　(客)
　　A　　　　　　　　　　　　　　　　　　　B

2.　　　　　　　　　　　　　　　　　　　　　B
　　(客)　　　　　　　　　　　　　　　　　(主)

3.　A　　　　　　　　　　　　　　　　(主客平衡)

　　在選擇主體理論和觀點時，一般受西方教育的學者都會不自
覺選擇取A→B的模式作爲思考和研究課題及方法。B→A 的模
式因爲學者沒有足夠的中國文化訓練與浸淫，深層哲學和研究方
法又不夠，故較難採用。於是(3)A→←B 的（主客平衡的模式）
就成爲解決(1)和(2)中間矛盾和困局的出路。這種模式正就成爲黃
囇莉人際和諧和衝突的研究和思考模式，成爲第三代本土心理學

發展的方向。這種主客平衡的感覺，正代表本土心理學面對主客矛盾所作出的多元融合和妥協。以筆者的看法來說是本土心理學的妥協期。

二、本土心理學第三代的發展和出路

面對本土心理學第一代和第二代的矛盾和困惑時，黃曬莉人際和諧和衝突就採取了不同途徑去嘗試達到現代與傳統、本土與西方、表面現象與深層意義及個人與集體之間的平衡。

（一）選取一個古今和中西互通的課題

「人際間的和諧和衝突」──「人際」（interpersonal）其實本質上是西方現代心理學和社會學的重要課題。人際關係（Interpersonal relationship）包括了人與人之間的互動和相交。「和諧」如黃曬莉所言：

> 和諧一直是各家思想的核心觀念……儒家佔據主導地位，「和諧」就成了中國傳統文化的最高價值原則……追求和諧的意識型態一直獨占鼇頭，倨居領導地位。
>
> （黃曬莉，1999:15）

「以和爲貴」是爲了達到集體和諧而不惜犧牲「個體差異」，這種意識型態一向是中國文化的深層建構（孫隆基，1983）。「人際關係的衝突」中，尤其是衝突（conflict）更一向是西方學科和哲學的基本脈絡。由黑格爾的「正」、「反」、

「合」的思辯方式開始，到馬克思所推崇的唯物辯證論，從心理學中弗洛依德的「超我」（superego）和「本我」（id）的本能與道德的內在衝突，到後現代主義對道德和絕對權威的指控等等，都充滿了矛盾和衝突的色彩和味道。黃　莉這篇博士論文在選題上就嘗試選取一個古今中西互通的課題，似乎希望在選題上能有所突破，也似乎希望想借這個選題，處理本土心理學上第一代和第二代的困惑和矛盾。

（二）用多元的質化和量化的研究方法

　　黃囇莉這篇論文採用了三種研究方法，這三種研究方法其實代表了三種取向。

　　第一種有關「和諧」的詞語的分析，其實代表了有關的傳統和現代的理念以及實踐文化的詮釋。第二種研究以質化爲主，依「紮根理論」的質化研究原則去分析二十六位成人的敘說是代表用深層意義和注重個別差異的主體研究和理念。第三種研究用心理衡鑑原則，將理論概念轉爲可測量的變項，並加以分析，確認和驗證（黃囇莉，1999:xvi-xvii），則代表西方心理學科中以現代和其集體爲主的理念和研究取向。三個研究的層次正代表第三代本土心理學的取向，先由傳統文化和現今現象的實用分析開始，然後用質化研究尋找較深層意義和建構有關理論架構，最後以大型量化和量表去證實有關理論的普及性。

（三）建構既傳統又現代的本土理論

　　爲了建構既傳統又現代的本土理論，黃囇莉在這書中採取

「多元導向的理論探索」。首先黃　莉用中國歷史和哲學角度去檢視在先秦思想中有關和諧／衝突的思想，然後再從中建構各種和諧觀和衝突觀、其功能及模式。然後再把這些模式與上述三項研究的成果加以比較，豐富其模式內容及引證其普及性及現代性。整個理念建構過程可用下列圖表表示。

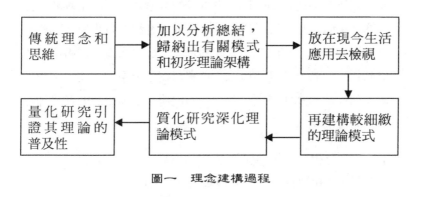

圖一　理念建構過程

三、本土心理學未解的困惑和矛盾

無可否認，黃　莉在人際和諧與衝突一書中已經盡了最大努力去解開本土心理學第一代與第二代的矛盾，細心去檢視一下，舊一代的困惑和矛盾似乎得出某程度上的疏解，但新一代的矛盾又接踵而來。這些矛盾和困惑，根據筆者有限的見解，現分述如下：

（一）多元的研究方法未必能互相銜接

質化和量化的研究方法在社會學和哲學知識論中，素來是備受爭辯和爭議的課題（阮新邦，1994；Bryant, 1985；Giddens, 1974）。主張質化的學者認爲只有質化研究才能找出現象的深層意識，在研究的過程中，研究者本身的價值判斷介入是應該受到重視的。主張量化研究的學者卻認爲只有客觀的量化研究和經嚴密量表做的研究，才能找出客觀的真理。嚴格來說，這書中的研究應該是三個各自獨立的研究。黃曬莉在這書中卻一個研究緊扣一個，前一個研究作爲下一個研究的依據。這種概念的背後卻浮出下列的背後理念：

1.語意分析只能作爲理論建設的初階。
2.深入質化研究只能爲大型量化研究鋪路。
3.只有大型量化才是最後建立的依據。

這些背後概念似乎隱隱然出現西方心理學量化爲主的研究理念，其他研究方法似乎有爲量化研究鋪路的傾向。熟悉語意分析及質化研究方法的學者當然不會贊同。

當然研究方法互相銜接緊扣是一件好事，但勉強的銜接很容易犧牲個別研究方法的特色，失去其應有的特性。例如本書研究「和諧／衝突」觀的字義與諺語，本來可以藉加入有關詞語的歷史和哲理含義而深化討論，並利用第二章中國人和諧觀的意識型態基礎把語意分析的結果作進一步的深層探討。但很可惜黃曬莉在分析時只侷限比較粗糙的歸納分類，其分析方法近似以量化爲

主的內容分類（content analysis）。例如說，「琴瑟和諧」一詞，如果不尋究古代琴瑟的意境和功用，不會明白夫唱婦隨的感覺，雖然是和諧，但卻是有主次，先後的。黃　莉在書中探索了「和」字有關的意義和句子，但卻沒有探索「諧」字的辭意，「諧」字從「言」、「皆」。《文心雕龍》中的意思 是「諧之言皆也，詞淺會俗皆悅笑也」，「和諧」二字合起的詞意比「和」字更深一層，是指「和而又皆言，互相悅笑」的溫馨。在社會學研究而言，語意分析（discourse analysis）是一門獨立的研究方法，建構詞語與社會環境和文化的相互關係。但本書卻放棄這種研究的特色。同樣第六章質化研究所得出的親和式和諧、合模式和諧和區隔式和諧其實應與第三章的「道德心」、「情理心」和「功利心」作一深入相關性探討，才能明白親和式和諧、合模式和區隔式和諧的深層意義。但爲了遷合研究三量化的進行，這種深層分析很可惜就被黃　莉放棄了。所以如果從事獨立的研究，這三個研究可能比三個「緊扣」的研究得出的成果更多更好，更具不同果效。

（二）古今中西相通的研究課題未必討好

如上文所言，「人際間的和諧與衝突」是一個古今中西混合的課題，但選擇這個課題卻未必討好，而且很容易變得既不古也不今，既不中也不西的「妥協」。雖然黃　莉這本書中已經盡力而爲，但仍有未討好的地方。舉個例說，中國文化中的「和諧」之義，如本書所言，已經超越了人際關係的層次，包括了個人內心、倫理、社會規範、思慮功效、中國人的理想人格、「道德

心」、「情理心」和「功利心」。如果用西方心理學人際關係的角度去剖析「和諧」，嚴格來說，很容易就失去「和諧」本身的完整含義。以第六章親和式和諧爲例，其實親和式和諧已經不單是人際關係而是家庭親情。親情其實超越和諧，子女與父母的血緣、親情、深層的感受都和中國傳統的孝道有關；同時這也超越了西方心理學的「人際關係」（interpersonal relationship）。如果一定要以西方心理學理論去演繹的話，相信只有較深層的有關理論，如：心理分析學派中的「親情聯繫」（affective bond）才能比較恰當地解釋其中感覺和情感。很可惜黃　莉在闡釋親情式的和諧時就只用了「淺層」的人際概念。

（三）理論建構和研究成果的縫隙

在前四章中，本書呈現的是一個複雜的思維網路，既有形上學理論，也有用哲學、文化及社會歷史的角度去看「和諧」。很可惜當最後四章透過研究一、二、三去分析研究成果時，本書就像一般社會心理學的理念架構，把前四章較系統和多角度的思維網路形成理論建構，沒有和研究成果有較深入的討論和銜接，變成理論與成果的縫隙。

楊中芳在研究中國人一書時主張要增設中國人的社會心理學這個學科（楊中芳，1997），而本書後四章又正正呈現這種中國人的社會心理學的風格。但是用同樣的觀點去看，本土心理學又是否除了中國人的社會心理學之外，也應增設中國人的性格心理學、中國人的心理分析學、中國人的思維心理學呢？這種思維正正反映了本土心理學的深層困局，既有西方心理學的枷鎖，又有

本土化中國深層文化的包袱（楊中芳，1997），由於源流不同，兩邊思維自成體系，各自有別。真正的「本土」心理學是否應打開西方心理學的界限與局限，才能容納深厚的中國文化思潮的衝擊？因為中國文化思想本身容納性很強，文、史，哲往往放在一起而並非如西方學術科目一樣有極強的學科獨立性（余英時，1997）。要完全向西方「心理學」，在這種侷限中作研究和構思，很容易失去「本土」的中國文化和思想的通性和容納能力。

四、結語

總括來說，黃曬莉的《人際和諧與衝突》一書是代表本土心理學第三代的發展。黃曬莉在本書中，用了最大的努力去處理本土心理學在第一代楊國樞和第二代楊中芳所面對的矛盾和困惑。她用了多元研究方法在合古通今、中西適用的課題中去建構既傳統又現代的本土理論，大膽假設、小心求證、勇氣和毅力都非常可嘉。但無奈的是這些方法卻又帶來本土心理學第三代的困惑和無奈。這些矛盾和無奈其實是本土心理學本質上的問題，如現代與傳統、西方學科理論與中國文化思想、表面現象與深層意義、集體現象與個別差異等；同時，又有研究方法理論及課題上的主客、孰輕孰重等問題；另外，本土心理學是否應該走多元化、多樣化的道路？這些都是本土心理學再發展時需要深思的問題。寄望黃曬莉在本土心理學第一代和第二代的鼓勵下，克服困難，再上一層樓。

（引自《香港社會科學學報》，2000 年第 18 期）

參考書目

余英時(1997)。《中國思想傳統的現代詮釋》。台北：聯經出版。

楊中芳(1997)。《如何研究中國人：心理學本土化論文集》。台北：桂冠圖書。

高尚仁、楊中芳(編)(1991)。《中國人、中國新－傳統篇》。台北：桂冠圖書。

李亦園、楊國樞(編)(1981)。《中國人的性格》。台北：民族學研究所。

楊國樞 (編)(1988)。《中國人的心理》。台北：桂冠圖書。

楊國樞、文崇一(編)(1992)。《社會及行為科學研究的中國化》。台北：桂冠圖書。

黃囇莉(1999)。《人際和諧與衝突》。台北：桂冠圖書。

孫隆基(1983)。《中國文化的深層結構》。香港：壹山圖書。

阮新邦(1994)。《批判詮釋與社會研究》。香港：八方文化企業公司。

Bryant, C. G. A. (1985). *Positivism in Social Theory and Research.* London: The MacMillian Press.

Giddens. A. (ed). (1974). *Positivism and Sociology.* London: Heinemam.

書評二

彭泗清　北京大學光華管理學院

近年來，中國人的人際關係已經成為博士論文的一個熱門選題，而且不少論文都頗有影響，得以正式出版。楊美惠（Yang, 1994）、閻雲翔（Yan, 1996）、（Kipnis, 1997）等人的論文都是如此。現在，黃曬莉博士的著作又為這份清單增添了新的一頁。

這不是普普通通的一頁，與其它著作相比，它有著值得注意的特色。

首先，它是一項目標遠大、內容廣泛的研究。上述楊、閻、Kipnis 三人都是人類學者，他們按照人類學的研究範式，依靠紮實的田野調查來說話。他們根據對一個小村莊、小單位的觀察，以小見大，從一個情節清晰的小故事來洞察其中的徹育大義。相對而言，黃曬莉的研究要「宏觀」得多，其觸角伸向了探不見底的中國傳統哲學，伸向了紛繁複雜的格言諺語，涉及質性研究和量化研究兩個領域，她的工作是要將頭緒萬千的豐富材料編織成一個線索分明的大故事。顯然，對於一個容量相當有限的博士論文，這樣宏大的研究抱負確實難能可貴，同時又相當冒險。可喜的是，黃　莉的故事講得相當成功，她的論著多次獲獎，被楊國樞教授譽為研究華人人際和諧與衝突的「重要里程碑」。

　　本書的另一個特色在於它是一項試圖實踐本土化研究取向的
開拓性研究。作者的目的是提出一套有關中國人人際和諧與衝突
的本土化理論。雖然研究的領域十分寬廣，前進的道路卻步履艱
難，用作者自己的話來說，是在「多軌夾縫中」前行。這種艱難
是作者忠實於自己的學術志趣的必然遭遇。

　　就研究的題目來說，人際和諧與衝突是華人本土心理學中極
為重要而又極為困難的課題。其重要性在於，人際關係是華人心
理與行為的核心內容，而和諧與衝突可以說是核心中的核心。其
難度在於，這個課題牽涉面廣，過去華人心理學者在這個領域中
有效的研究積累相當可憐，作者幾乎是從零開始。

　　就研究的取徑來說，作者放棄了「看得見未來」的平安大
道，即追隨國際主流研究典範的通常做法，而選擇了「充滿未
知」的道路。懷著本土研究的志向，作者披荊斬棘、開疆辟土，
開始了「主體性的追尋」：通過對中國思想史文獻的解讀，她首
先發展了一套有關中國人人際和諧與衝突的「形上學理論」，然
後再以此理論為基礎，試圖建構一套關於人際和諧與衝突的「心
理學理論」，最後，通過一系列實徵性研究來檢驗、修正或擴展
原有的理論。近年來，本土心理學已經成為一個研究熱點，但
是，高水準的研究卻不多見，學者或者滿足於一些小的本土性課
題上精耕細作，對理論思辨缺乏興趣，能夠將理論建構和實徵研
究貫通起來，一氣呵成的學者實在少見。僅就這一點來說，黃囇
莉的工作就讓人欽佩。楊國樞教授在該書的序言中指出，在黃囇
莉的研究中，形上學理論、心理學理論和實徵性研究「環環相
扣，達到了三位一體的境界」，毫無疑問，這種研究志向和研究

過程本身，就是一個良好的範例，值得從事本土心理學研究的學者們借鑒。

讓我們來看看書的具體內容。全書分上下兩篇，共八章。上篇是理論建構部份。作者的企圖是從「根」開始，進行跨越幾千年的文化尋根工作。通過考察傳統中國社會的下層結構（農業為主的生產方式、親緣關係社會結構、大一統政教體系）和上層結構（天人合一思想、禮治思想、國家意識形態化儒學），作者分析了和諧在中國文化中的重要性和中國人和諧觀的特點，即和諧化辨證觀。在梳理中國人的和諧觀與和諧化機制之後，作者進一步推衍出中國人的衝突觀與衝突化解方式。最後，作者用「虛實二元對立轉化的陰陽辨證觀點」為黏結劑，將和諧與衝突兩個方面綜合起來，建構了中國人的「人際和諧／衝突動態模式」。

為了這些理論架構層面的東西（大傳統）落實在中國人具體的心理與行為層次上，作者從事了三個實徵性研究，它們構成了該書的下篇：實徵研究部分。研究一是對於日常語言中與「和諧」及「衝突」有關的字詞與諺語進行內容分析，目的是了解「小傳統文化」中的和諧觀與衝突觀。研究二是以深度訪談為手段的質化研究，作者報告並分析了對 26 位成人的訪談材料。研究三是以問卷調查為手段的量化研究，目的是建立可以概念化的通則。

很明顯，該書的結構安排確實是「環環相扣」，條理清晰，邏輯順暢。就內容來說，該書提出了許多創新的見解，研究二中對於訪談材料的呈現和剖析，更是引人入勝。

黃曬莉博士的這本書，我讀了兩遍。第一次看的是其雛型一

她的博士論文，是以「學弟」的心態來研讀的。當時的感受是：
這本著作有抱負、有思想、有條理、而且還有趣，因此從中學習
了很多東西。第二次讀是應邀寫書評。我覺得，對同一本書，以
評論者的角色來讀與以一般讀者的身分來讀，很不一樣，因為書
評發表後可能影響潛在的讀者，評書者就有義務讀得更仔細，說
得更全面。對這本書的成功之處，楊國樞教授的〈推薦序〉有很
好的評價，在上面的文字中，我也談了自己的體會。接下來，我
想說說該書的不足。

　　第一、作者對衝突的解釋有不少值得推敲的地方。總的來
說，作者在論說「和諧」時，條理清楚，概念明晰。但是，在分
析「衝突」時，卻有不少模糊不清之處。具體表現在以下三個方
面：

1. 衝突的概念不清晰。在作者的行文中，衝突一詞的含義前
   後不一致。作者區分了「內隱的」和「外顯的」兩種衝
   突，在一些地方，作者所說的衝突包含這兩種類型；在另
   外一些地方，例如在討論「衝突的負功能」（第三章第四
   節）時，作者所說的衝突又特指外顯的衝突。另外，對於
   衝突與「不和」的關係，對於外顯衝突與「撕破臉」的關
   係，作者都沒有澄清。在 394 頁有這樣一段話：「至於人
   際和諧與衝突之間的轉化機制，則是實性和諧（和）逐漸
   轉化為虛性和諧（不和），虛性和諧極度虛化後，成為內
   隱的衝突（表面和諧），內隱的衝突若突破表面和諧的防
   線（撕破臉），則成為外顯的衝突。」在書中不少地方，

衝突是作為和諧的對立面來闡述的，即衝突等同於「不
和」，但是，在這段話裏面，「不和」卻還不是衝突，而
只是衝突的前奏。另外，這段話將外顯衝突與「撕破臉」
畫上等號，顯然難以成立。事實上，衝突外顯並不一定就
撕破臉，在其他地方，作者也暗示了這一點，例如，作者
談到在「論理式衝突」中，兩個人可以公開爭執（即衝突
外顯），但並不傷感情（也就不會撕破臉）。在實際生活
中，衝突有程度的不同、性質的分別、有隱藏與外顯的區
分，因此，作者在闡述中國人的衝突觀和衝突化解方式
時，都有必要澄清所談的衝突的具體內涵，否則很容易讓
讀者產生混淆。

2.衝突功能的分析不全面。作者在專門討論衝突功能的一節
中，列出了衝突的三種負功能：道德的劣勢、情理的失
據、高昂的代價。在分析有關「衝突及其語言家族的俗諺
語」之後，作者也得出結論：「所有的俗諺語都一致地貶
抑衝突、爭鬥及訴訟」。按照這些說法，衝突就沒有正面
功能可言了。顯然，這與事實不符合。而且，這也與書中
另外一些地方的說法自相矛盾。在 127 頁，作者指出：
「不管有理無理，一旦進入衝突場中，當事的雙方不但在
心境上陷入焦慮、不安或氣憤而失去和合、恬愉，同時行
為失控又受他人貶斥，……以至於在道德上處於劣勢。」
這段話無疑相當偏頗。人們追求和諧，並不意味著就一定
會害怕衝突、迴避衝突，更不意味著捲入衝突就帶來道德
上的劣勢。很多時候，人們恰恰是懷著崇高的道德感而去

與別人衝突的。當一個人為了道德、為了情理而與他人爭鬥時，他（她）只會有道德優勢，而非道德劣勢。作者其實也承認這一點，在 318 頁，她寫道：「中國文化也不斷賦予『論理式衝突』中的行為角色『據理力爭』以正當性」。在 295 頁，作者交代，「F10 認為她們是在吵架中慢慢建立起親密關係的，是『不打不相識』的」。在 307 頁，作者更是明確提到「摩擦式衝突有時候卻具有正向的功能」。如果作者同意「不打不相識」反映了衝突的正面功能，而且它本身也是俗諺語的話，書中對衝突功能的分析就需要修改了。

3. 不同衝突類型的區分不清楚。在 293 頁的圖表中，作者列出了六種人際衝突類型：論理式、抗衡式、摩擦式、檯槓式、爭鬥式、糾葛式。從文中的論述來看，它們之間很難清晰地區分開來，尤其是後面三種類型，例如，「爭意氣」的檯槓式衝突與「爭輸贏」的爭鬥式衝突到底有甚麼實質的分別呢？作者在研究三中發現，「和諧類型與衝突類型之間較無一致性關係」，而且，「和諧類型與衝突類型之間的轉化關係，在本研究中能未得到確認」。我猜想，這種結果可能與衝突類型本身的不清晰有一定的關聯。

第二、書中對於各個部份之間的銜接情況的分析尚嫌不夠。如上所述，作者的工作是要將頭緒萬千的豐富材料編織成一個線索分明、連接得體的故事。要做到「環環相扣」，一方面要求每

一個「環」的質量好，另一方面要求每一個「扣」都能真的扣牢。反過來，如果在「環環相扣」上存在問題，我們有必要去澄清到底是環的問題，還是扣的問題。例如：如果「作者呈現的大傳統」（理論建構部份）與「作者呈現的小傳統」（諺語分析部份）之間出現了不一致，可能有三種原因：(1)「本來的小傳統」與「本來的大傳統」之間的不一致；(2)「作者呈現的小傳統」與「本來的小傳統」之間不一致；(3)「作者呈現的大傳統」與「本來的大傳統」之間不一致。後面兩種都屬於研究者誤讀傳統所造成的偏差。在書中，理論建構與諺語分析結果之間是有一些不一致的，但是，作者卻沒有仔細地分析原因，這樣讀者也就無法知曉這種不一致到底是真實的不一致，還是研究誤差。

同樣道理，研究二和研究三之間的不一致，對於這兩個研究的發現與前面的理論建構的不一致，都可以有多種解釋。在書中，作者很少花筆墨來一一分析各種可能的解釋，這就使得「環環相扣」扣得不是很結實，而且，讀者很難判斷不結實的原因到底是環的內傷，還是扣的瑕疵。

第三、書中對於現代化過程對中國人和諧／衝突模式的影響幾乎沒有探討。作者在書中也提到這種分析的必要性，但是卻沒有付諸實踐。

此外，作者很少分析衝突觀和衝突化解方式上的文化差異，諸如作者的「實性衝突」和「虛性衝突」之分與 Homels 和 Miller 的「實質性衝突」跟「自閉性衝突」之分有何不同？中國人化解衝突的四種方式與西方理論中的五種衝突化解模式有何不同？如果能夠在這些問題上多花一些筆墨，就可以讓讀者對中國人的衝

突觀和衝突化解方式有更好的理解。

毫無疑問，我們不應該苛求一本書可以解決有關中國人人際和諧與衝突的所有問題。黃曬莉博士傾注多年心血所完成的這本著作，不僅是這個研究領域中的重大進展，而且，它本身就可以作為一個研究對象，讓我們從中體會本土研究的箇中滋味。

誠如作者所言，這本書不只是一本客觀的研究著作，同時還是一部穿梭著各種生命歷煉與體驗的作品。作者自序中有這樣一段話：「總是不時地自問著，千錘萬擊之後，除了一張以資證明的文憑，一份藉以維生的工作外，究竟還鑄造了些什麼？長期的勞心志、苦筋骨究竟成了生命的基調或是傷了身心，視研究為畏途；披荊斬棘、開疆闢土之後究竟是想要安頓休養，或是更激起了生命的原動力，生發不斷？」或許，這是全書中最值得回味的問題。

（引自《香港社會科學學報》，2000 年第 18 期）

參考資料

Kinpnis, A. B. (1997). *Producing Guanxi: Sentiment, Self, and Subculture in a North China Village*. Durham: Duke University Press.

Yan, Y. (1996). *The Flow of Gifts: Reciprocity and Social Networks in a Chinese Village*. CA: Stanford University Press.

Yang, M.F. (1994). *Gifts, Favors and Banquets: The Act of Social Relationships in China*. Ithaca: Cornell University Press.

心理學系列 47

人際和諧與衝突——本土化的理論與研究

作　　者／黃囇莉
出　版　者／揚智文化事業股份有限公司
發　行　人／葉忠賢
總　編　輯／林新倫
登　記　證／局版北市業字第 1117 號
地　　址／台北市新生南路三段 88 號 5 樓之 6
電　　話／(02)2366-0309　2366-0313
傳　　真／(02)2366-0310
網　　址／http://www.ycrc.com.tw
　E-mail　／service@ycrc.com.tw
郵撥帳號／19735365
戶　　名／葉忠賢
法律顧問／北辰著作權事務所　蕭雄淋律師
印　　刷／鼎易彩色印刷股份有限公司
ＩＳＢＮ／957-818-777-7
初版一刷／2006 年 1 月
定　　價／新台幣 450 元

國家圖書館出版品預行編目資料

人際和諧與衝突：本土化的理論與研究 / 黃囉
莉著. -- 初版. -- 臺北市 : 揚智文化, 2006[民
95]
　　面 ；　　公分. -- (心理學系列 ; 47)
參考書目:面
　ISBN 957-818-777-7(平裝)

1. 人際關係 2. 衝突(社會學)

541.76　　　　　　　　　　　　95001870